Douleur, soins palliatifs et accompagnement

LA COLLECTION DES ENSEIGNANTS

ECN Module 6   **e-ECN 2016** UE 5

Douleur, soins palliatifs et accompagnement

OUVRAGE OFFICIEL DES ENSEIGNANTS

Sous la direction du Pr Serge Perrot

- **Société Française d'Étude et
  de Traitement de la Douleur (SFETD)**
  Sous la dir. du Pr Nadine Attal et du Dr Michel Lanteri-Minet

- **Société Française d'Accompagnement
  et de Soins Palliatifs (SFAP)**
  Sous la dir. du Pr Donatien Mallet et du Dr Pascale Vinant

MED-LINE
Editions

ÉDITIONS MED-LINE
12, rue du Texel
75014 Paris
Tél. : 01 43 21 04 00
e-mail : inline75@aol.com
www.med-line.fr

DOULEUR, SOINS PALLIATIFS ET ACCOMPAGNEMENT
ISBN 978-2-84678-139-8
© 2014 ÉDITIONS MED-LINE

Composition et mise en pages : FACOMPO, LISIEUX

SOMMAIRE

I. Douleur

I.1. *Douleur : Physiopathologie et évaluation*

I.2. *Douleur : Traitement*

I.3. *Douleur : Situations cliniques*

II. Soins palliatifs et accompagnement

Introduction pour les étudiants lecteurs de cet ouvrage

Disciplines transversales, la médecine de la douleur et la médecine palliative sont deux spécialités médicales très récentes. À ce jour, il n'existait pas d'ouvrage officiel réalisé par les enseignants de ces deux spécialités pour les étudiants du DCEM/DFASM.

La mise en place d'un tel ouvrage témoigne :
- d'une reconnaissance établie de ces spécialités dans le programme de l'ECN, et notamment dans le nouveau programme e-ECN 2016, au sein de l'UE 5 ;
- d'une reconnaissance de l'importance de ces approches dans la prise en charge de tous les patients ;
- et enfin d'une collaboration pédagogique et universitaire de ces deux spécialités, qui se côtoient et collaborent tous les jours sur le terrain clinique.

Cet ouvrage se veut synthétique, clair, actualisé. **Il représente l'indispensable à connaître dans ces deux spécialités pour le programme de l'ECN, ancien programme (avant 2016) et nouveau programme (à partir de 2016).** Il a été rédigé par les enseignants de ces deux spécialités, et notamment par les professeurs associés nommés récemment dans ces deux disciplines.

Pour vous accompagner au mieux dans votre apprentissage nous avons pour chaque chapitre indiqué : les numéros d'Items de l'ancien programme (avant 2016) et du nouveau programme (à partir de 2016), le plan du chapitre, les objectifs pédagogiques, les mots-clés.

En fin de chapitre ont été systématiquement indiqués : la référence bibliographique principale et les références pour aller plus loin, les points-clés du chapitre et le coup de pouce de l'enseignant (le point essentiel à retenir, les pièges à éviter…).

Issu de ces deux disciplines, l'ouvrage est soutenu par les deux sociétés savantes, la SFETD (Société Française d'Étude et de Traitement de la Douleur) et la SFAP (Société Française d'Accompagnement et de Soins Palliatifs). La réalisation de ce projet confirme, s'il le fallait encore, que la médecine de la douleur et la médecine palliative sont bien deux spécialités médicales à part entière, qui traitent des maladies et des symptômes, avec une physiopathologie, une clinique et des traitements bien définis. Elle confirme également les liens importants qui les rassemblent.

Nous espérons que cet ouvrage saura faire apprécier ces deux approches, permettra à chacun d'aborder au mieux les épreuves de l'ECN, et notamment le nouvel e-ECN, où toutes les spécialités et items du nouveau programme seront représentés à part égale.

Enfin, gageons que cet ouvrage pourra même faire émerger des vocations, pour le bien de tous les patients.

Pr Serge Perrot
Hôpital Hôtel Dieu-Cochin
Université Paris Descartes
Coordinateur de l'ouvrage

Les auteurs

La Société Française d'Étude et de Traitement de la Douleur (SFETD)

Pour la SFETD :

Pr Nadine ATTAL, PA-PH, Centre d'Évaluation et de Traitement de la Douleur, Hôpital Ambroise Paré, Boulogne

Dr H. BALOUL, PH, Service de Médecine de la Douleur et de Médecine Palliative, Hôpital Lariboisière, Paris – Université Sorbonne Paris Diderot

Dr Anne BERA LOUVILLE, PH, Rhumatologue, Service de Rhumatologie, Centre d'Évaluation et de Traitement de la Douleur, Pôle de neurosciences, CHRU Lille

Pr Philippe BERTIN, PU-PH, Service de Rhumatologie et Centre de la Douleur, CHU Dupuytren, Limoges

Pr Bernard CALVINO, Pr Honoraire de Neurophysiologie, École Supérieure de Physique et de Chimie Industrielles de la Ville de Paris (ESPCI)

Dr Edwige DE CHAUVIGNY, PH, Médecin de la Douleur, Centre Fédératif Douleur Soins de Support, CHU Nantes

Dr Alexandre CYMERMAN, PH, Service d'Anesthésie, Hôpital Raymond Poincaré, Garches

Pr Jules DESMEULES, Professeur, Département de Pharmacologie, Faculté de Médecine, Université de Genève, Suisse

Dr Anne DONNET, PH, Centre d'Évaluation et Traitement de la Douleur, Pôle Neurosciences Cliniques, Hôpital Timone, Marseille

Pr Dominique FLETCHER, PU-PH, Service d'Anesthésie, Hôpital Raymond Poincaré, Garches

Dr Julien GUÉRIN, PH, Centre d'Évaluation et de Traitement de la Douleur, Hôpital Saint-Antoine, Paris

Dr S. HAMDI, PH, Service de Médecine de la Douleur et de Médecine Palliative, Hôpital Lariboisière, Paris – Université Sorbonne Paris Diderot

Dr Michel LANTÉRI-MINET, PH, Département d'Évaluation et Traitement de la Douleur, Pôle Neurosciences Cliniques du CHU de Nice, Hôpital Cimiez, Nice

Dr Françoise LAROCHE, PH, Centre d'Évaluation et de Traitement de la Douleur, Hôpital Saint-Antoine, Paris

Dr Aurélie LEPEINTRE, PH, Médecin de la Douleur, Centre Fédératif Douleur Soins de Support, CHU Nantes

Dr Amélie LEVESQUE, PH, Médecin de la Douleur, Centre Fédératif Douleur Soins de Support, CHU Nantes

Dr G. MAILLARD, PH, Service de Médecine de la Douleur et de Médecine Palliative, Hôpital Lariboisière, Paris – Université Sorbonne Paris Diderot

Dr Aurélie MAIRE, PH, Service de Médecine de la Douleur et de Médecine Palliative, Hôpital Lariboisière, Paris – Université Sorbonne Paris Diderot

Dr Perrine Marec-Berard, PH, Pédiatre Oncologue, IHOP, Lyon

Dr Valeria Martinez, PH, Centre d'Évaluation et de Traitement de la Douleur,
Hôpital Ambroise Paré, Boulogne

Dr K. Mezaid, PH, Service de Médecine de la Douleur et de Médecine Palliative,
Hôpital Lariboisière, Paris – Université Sorbonne Paris Diderot

Dr Gérard Mick, PH, Neurologue et Médecin Coordonnateur du Centre de la Douleur,
Centre Hospitalier, Voiron

Pr André Muller, PU-PH, Centre d'Évaluation et de Traitement de la Douleur,
CHRU, Strasbourg

Pr Julien Nizard, PA-PH, Médecin de la Douleur et Rhumatologue,
Centre Fédératif Douleur Soins de Support, CHU Nantes

Pr Jean-Paul Nguyen, PU-PH, Neurochirurgien, CHU Nantes

Pr Serge Perrot, PU-PH, Centre d'Évaluation et de Traitement de la Douleur,
Hôpital Hôtel Dieu-Cochin, Université Paris Descartes,
INSERM U 987, Paris

Dr Gisèle Pickering, Laboratoire de Pharmacologie Fondamentale et Clinique de la Douleur,
Inserm Neurodol 1107, Faculté de Médecine, Service de Pharmacologie Clinique/
Inserm CIC 501, Centre Hospitalier Universitaire, Clermont-Ferrand

Dr Françoise Radat, PH, Psychiatre et Médecin de la Douleur, CETD, CHU Bordeaux

Dr Sylvie Rostaing, PH, Centre d'Évaluation et de Traitement de la Douleur,
Hôpital Saint-Antoine, Paris

Dr Éric Salvat, PH, Centre d'Évaluation et de Traitement de la Douleur, CHRU, Strasbourg

Dr Djea Saravane, PH, Interniste et Médecin de la Douleur,
Chef de Service du Service des spécialités, CHS Ville-Évrard – Neuilly sur Marne,
Chef de Service CETD en Santé Mentale et Autisme, EPS Barthélémy Durand, Étampes

Dr Éric Serra, PH, Psychiatre et Médecin de la Douleur,
Chef de Service CETD et DISSPO, CHU Amiens Picardie, Amiens

Pr Alain Serrie, PU-PH, Chef de Service de Médecine de la Douleur et de Médecine Palliative,
Hôpital Lariboisière, Paris – Université Sorbonne Paris Diderot

Dr Daniel Timbolschi, PH, Centre d'Évaluation et de Traitement de la Douleur,
CHRU, Strasbourg

Pr Pascale Vergne-Salle, PU-PH, Service de Rhumatologie et Centre de la Douleur,
CHU Dupuytren, Limoges

Dr Bruno Veys, PH, Médecin Centre d'Évaluation et de Traitement de la Douleur,
Fondation Hopale, Berck-sur-mer

Pr Éric Viel, PA-PH, Médecine de la Douleur & Médecine Palliative,
Faculté de Médecine Montpellier-Nîmes ; Chef de Service du Centre d'Évaluation
et de Traitement de la Douleur Chronique Rebelle,
Groupe Hospitalo-Universitaire Caremeau, Nîmes

Dr Chantal Wood, PH, Médecin Algologue, Unité fonctionnelle Douleurs Chroniques,
CHU, Limoges

La Société Française d'Accompagnement et de Soins Palliatifs (SFAP)

Pour la SFAP :

Pr Régis Aubry, PA-PH, Département Douleur Soins Palliatifs, CHU Besançon

Dr Véronique Blanchet, PH, Douleur et Soins Palliatifs Hôpital Saint-Antoine, et Médecin Libéral, Paris ; Université Pierre et Marie Curie, Paris VI

Pr Jean-Michel Boles, PU-PH, Chef de Service, Service de Réanimation Médicale, Hôpital de la Cavale Blanche, CHRU de Brest et Équipe d'Accueil (EA) 4686 « Éthique, professionnalisme et santé », Université de Bretagne Occidentale, Brest

Dr M. Brugirard, PH, Équipe Soins Palliatifs Pédiatriques et Périnataux, Necker Enfants Malades, Paris

Pr Benoît Burucoa, PA-PH, Médecine Palliative, CHU de Bordeaux, Université Bordeaux Segalen

Dr Stéphane Cattan, PH, Maladies de l'Appareil Digestif et de la Nutrition, CHRU, Lille

Dr Matthieu Frasca, PH, Médecine Palliative, CHU de Bordeaux, Université Bordeaux Segalen

Dr Mathilde Giroud, PH, Équipe Mobile de Soins Palliatifs, CHU de Grenoble

Pr François Goldwasser, PU-PH, Service de Cancérologie, Faculté de Médecine Paris Descartes

Pr Guillemette Laval, PA-PH, Équipe Mobile de Soins Palliatifs et Unité de Soins Palliatifs, CHU de Grenoble

Dr Karine Liatard, PH, Équipe Mobile de Soins Palliatifs, CHU de Grenoble

Pr Donatien Mallet, PA-PH, Unité de Soins Palliatifs de Luynes, CHU de Tours

Dr M.F. Mamzer, PH, UF Éthique Clinique, Necker Enfants Malades, Paris, EA 4569, Laboratoire d'Éthique Médicale et de Médecine Légale, Paris Descartes, Sorbonne Paris Cité

Dr Vianney Mourman, PH, Service de Médecine de la Douleur et de Médecine Palliative, Hôpital Lariboisière, Paris – Université Sorbonne Paris Diderot

Mme A. Mulliez, Équipe Soins Palliatifs Pédiatriques et Périnataux, Necker Enfants Malades, Paris

Dr Bernard Paternostre, PH, Médecine Palliative, CHU de Bordeaux, Université Bordeaux Segalen

Dr Anne Renault, PH, Service de Réanimation Médicale, Hôpital de la Cavale Blanche, CHRU de Brest et Équipe d'Accueil (EA) 4686 « Éthique, professionnalisme et santé », Université de Bretagne Occidentale, Brest

Pr Marcel Louis Viallard, PA-PH, Équipe Soins Palliatifs Pédiatriques et Périnataux, Necker Enfants Malades, Paris, EA 4569, Laboratoire d'Éthique Médicale et de Médecine Légale, Paris Descartes, Sorbonne Paris Cité

Dr Pascale Vinant, PH, Unité Fonctionnelle de Médecine Palliative, Hôpital Universitaire Paris Centre-Cochin – AP-HP

Et avec le **Pr Marie-Frédérique Bacqué**, PU, Professeure de Psychopathologie Clinique à l'Université de Strasbourg, Présidente de la Société de Thanatologie

Partie I
DOULEUR

I.1. *Douleur : Physiopathologie et évaluation*

CHAPITRE **1**

Les bases neurophysiologiques de la douleur

Pr Bernard Calvino*, Pr Serge Perrot**

* Professeur Honoraire de Neurophysiologie,
  École Supérieure de Physique et de Chimie Industrielles de la Ville de Paris (ESPCI)

** PU-PH, Centre d'Évaluation et de Traitement de la Douleur,
  Hôpital Hôtel Dieu-Cochin, Université Paris Descartes

PLAN DU CHAPITRE

LA DOULEUR : UNE DÉFINITION INTERNATIONALE
Le comité de taxonomie de l'Association Internationale d'Étude de la douleur (IASP) a défini la douleur comme « une expérience désagréable, à la fois sensorielle et émotionnelle, associée à un dommage tissulaire présent ou potentiel ou simplement décrit en termes d'un tel dommage » (IASP, 1986).

La douleur est une expérience s'articulant autour de quatre composantes fondamentales : (i) sensori-discriminative ; (ii) affective et émotionnelle ; (iii) cognitive et (iv) comportementale.

En s'intéressant à la première composante sensori-discriminative de la douleur, Sherrington, neuro-physiologiste anglais de la fin du XIXᵉ siècle, avait plus particulièrement étudié la psychophysiologie des stimulations sensorielles de haute intensité, celles qui, pour reprendre son expression, étaient « susceptibles de remettre en cause l'intégrité physique de l'organisme », et c'est ainsi qu'il a créé ce terme de « **nociception** » qui caractérisait de telles stimulations.

Ainsi, **un stimulus nociceptif périphérique**, stimulation de forte intensité, déclenche une cascade d'évènements physiologiques conduisant à l'intégration des informations codant les différents aspects de la douleur. Des perturbations peuvent conduire au développement d'une **douleur chronique** parfois sans cause organique, qui laisse le plus souvent le thérapeute désarmé. La douleur perd alors sa signification de signal d'alarme pour évoluer vers un véritable syndrome chronique dont les effets délétères se font sentir dans tous les domaines de la vie.

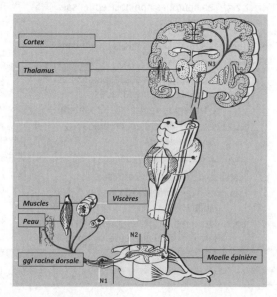

Figure 1. LES VOIES DE LA DOULEUR

> D'un point de vue physiologique, la cascade d'évènements conduisant à l'intégration des informations douloureuses met en jeu des récepteurs (nocicepteurs périphériques), des voies médullaires ascendantes, des relais dans l'encéphale intégrant ces informations douloureuses (principalement au niveau thalamique) et enfin des sites de projection corticaux (cortex somesthésiques primaire et secondaire, mais aussi insulaire, cingulaire et pré-frontal).

La complexité des bases neurophysiologiques de la douleur vient en grande partie de la multiplicité des voies spinales ascendantes et des nombreuses structures de projection de l'encéphale qui contribuent toutes à la genèse de la douleur. Cette vision extrêmement schématique des relations entre les structures impliquées dans la physiopathologie de la douleur ne rend compte que très partiellement des relations complexes entre nociception et douleur, c'est à dire entre physiologie et psychologie. La douleur est une sensation dont la perception peut être modulée en fonction de la situation psychologique de l'individu, mais aussi en fonction de l'environnement dans lequel il se situe, au sens le plus large du terme (affectif, socio-culturel, ethnologique, religieux,...). Cette modulation résulte de la mise en jeu de **contrôles inhibiteurs** exercés par les voies descendantes, issus des structures corticales ou sous-corticales.

La description classique de la physiopathologie de la douleur inclut 4 processus :
- **la Transduction** : conversion de l'énergie apportée par un stimulus douloureux (mécanique, thermique, chimique) en énergie électrique (potentiel de récepteur) par les récepteurs sensoriels à la douleur (nocicepteurs) ;
- **la Transmission** : du signal vers la moelle épinière et le cerveau ;
- **la Perception** : l'appréciation des signaux arrivant aux structures de la douleur ;
- **la Modulation** : par les voies descendantes inhibitrices et facilitatrices venant du cerveau et modifiant la transmission au niveau spinal. La modulation de la douleur, dernière étape du processus douloureux s'effectue à de très nombreux niveaux dès la périphérie jusqu'au niveau cortical. Elle s'observe par exemple lors de phénomènes cognitifs tels que l'attention, la distraction, l'anticipation.

1. Les mécanismes périphériques associés à la douleur aiguë

1.1. Les nocicepteurs périphériques

Les informations nociceptives à l'origine de la douleur par excès de nociception sont générées à la périphérie par des récepteurs de la douleur ou nocicepteurs. Ce sont les **terminaisons nerveuses libres** des fibres sensorielles primaires de fin diamètre, myélinisées (**fibres Aδ**) ou non myélinisées (**fibres C**). Ces nocicepteurs ne répondent qu'à des stimulations d'intensité nociceptive élevée.

De manière schématique, on distingue trois classes de nocicepteurs en fonction de la nature du stimulus :
- Les **mécanonocicepteurs** qui répondent à des pressions d'intensité très élevée.
- Les **thermonocicepteurs**, qui répondent soit à des températures basses (inférieures à 10 ºC, thermonocicepteurs au froid) soit élevées (supérieures à 43 ºC, thermonocicepteurs au chaud).

- Les **chémonocicepteurs** qui répondent à des molécules chimiques algogènes, comme par exemple la capsaïcine, un extrait du piment ou les médiateurs de l'inflammation, comme par exemple les prostaglandines. En plus de ces trois classes de nocicepteurs, on en identifie une quatrième, les nocicepteurs polymodaux, qui répondent à deux ou, le plus souvent, trois modalités de stimulations différentes.

1.2. La « soupe inflammatoire »

À la périphérie, au cours d'une inflammation aiguë, de nombreuses molécules sont synthétisées et libérées par les cellules des tissus périphériques, les terminaisons nerveuses et les cellules immuno-compétentes activées, susceptibles d'activer et/ou de sensibiliser les nocicepteurs.

> Ces molécules constituent la « **soupe inflammatoire** » : kinines, cytokines pro-inflammatoires (TNFα, IL1, IL6) mais aussi anti-inflammatoires (IL4, IL10, IL13 et IL1-ra), prostaglandines, neuropeptides (substance P et CGRP principalement), histamine, neurotrophines (le Nerve Growth Factor, NGF, et le Brain Derived Neurotrophic Factor, BDNF), amines biogènes (sérotonine et noradrénaline), etc.

- Le NGF :

Le NGF est synthétisé et secrété en grande quantité dans le foyer inflammatoire par les kératinocytes, après stimulation par l'interleukine-1 (IL-1, la principale cytokine de l'inflammation). Le NGF exerce une action directe de sensibilisation périphérique des fibres nociceptives C : en se fixant sur son récepteur spécifique à haute affinité TrkA, localisé sur les terminaisons périphériques de ces fibres, il permet la phosphorylation des résidus tyrosine de sa partie intracellulaire, ce qui entraîne secondairement celle d'autres molécules intracellulaires, comme les canaux ioniques, et les active. De plus le complexe NGF/TrkA est internalisé à l'intérieur de la fibre nerveuse sensorielle dans des vésicules d'endocytose qui sont transportées rétrogradement par le flux axonal jusqu'aux corps cellulaires de ces neurones dans le ganglion de la racine dorsale (GRD) : à ce niveau le NGF va activer la synthèse de nombreux peptides comme la substance P et le CGRP, mais aussi des récepteurs pour des peptides algogènes secrétés abondamment dans les foyers inflammatoires comme les récepteurs à la bradykinine, ou des récepteurs de type « canal ionique » sensibles à l'acidose inflammatoire ou à la chaleur, comme les récepteurs vanilloïdes TRPV1, et les canaux sodiques.

Il est important de connaître le NGF, car de nouveaux antalgiques, anticorps monoclonaux anti-NGF sont développés.

La synthèse d'une autre molécule de la famille des neurotrophines, le BDNF (*cf.* ci-dessous) est également activée dans le GRD par le NGF. Le BDNF est transporté et stocké dans les terminaisons centrales des fibres sensorielles dans des vésicules à cœur dense, dans la corne dorsale de la moelle épinière (CDME), où il joue le rôle de messager chimique de l'information nociceptive.

2. Le relais spinal de la corne dorsale

2.1. Anatomie de la corne dorsale de la moelle épinière

Une coupe transversale de moelle épinière permet de caractériser la substance blanche (ensemble de faisceaux d'axones principalement myélinisés, ascendants ou descendants) et la substance grise (corps cellulaires des neurones et des cellules gliales) subdivisée en corne dorsale sensorielle et corne antérieure motrice ; à partir des travaux anatomiques de Rexed, on la divise classiquement en dix couches, six dans la corne dorsale et trois dans la corne ventrale, la couche X constituant la zone centrale péri-épendymaire.

Les fibres nociceptives Aδ et C pénètrent perpendiculairement dans la couche superficielle de la corne dorsale de la moelle épinière (CDME) pour se terminer dans les **couches superficielles** (I et II), mais se prolongent également dans les **couches profondes** (V, VI, VII et X) ; elles se prolongent dans la substance blanche dans 2 ou 3 segments spinaux de part et d'autre de leur segment d'entrée, constituant le **tractus de Lissauer**.

Les fibres non nociceptives, myélinisées de gros diamètre (fibres Aα,β), contournent périphériquement la couche superficielle de la corne dorsale, se divisent en deux branches dont l'une ascendante constitue la **voie lemniscale** de la somesthésie, et l'autre segmentaire se termine dans les **couches intermédiaires** de la CDME (couches III et IV).

2.2. Les neurones post-synaptiques de la corne dorsale

Les études électrophysiologiques menées dans la CDME ont permis d'identifier trois classes de neurones recevant des afférences des fibres sensorielles primaires.

2.2.1. Les neurones nociceptifs spécifiques

Les **neurones nociceptifs spécifiques** sont principalement situés dans les couches superficielles de la CDME (couche I et secondairement II) mais aussi en plus faible quantité dans les couches profondes (couche V, mais également couches VI, VII, X) ; **ils ne répondent qu'à des stimulations périphériques de haute intensité**, de multiple origine (cutanée, articulaire et viscérale) ; ils reçoivent principalement des afférences des fibres Aδ et C et leur champ récepteur périphérique est de petite taille.

2.2.2. Les neurones nociceptifs non spécifiques

Les **neurones nociceptifs non spécifiques** (également dénommés neurones à convergence multiple, ou neurones à large gamme réceptive – **wide dynamic range, WDR en anglais** – ou neurones **polymodaux**) sont principalement situés dans les couches profondes (couche V, VI) mais aussi en plus faible quantité dans les couches superficielles (couches I, II).

Ils répondent à des stimulations périphériques aussi bien de faible que de haute intensité, et leur fréquence de réponse augmente proportionnellement avec l'intensité du stimulus, constituant un **codage** de cette intensité, dans une relation croissante (linéaire ou exponentielle) entre intensité et fréquence de décharge.

> **Le phénomène de convergence : pourquoi on a mal dans le bras gauche quand on a un infarctus du myocarde ?**
>
> Un même neurone reçoit des afférences de territoires aussi bien cutanés que viscéraux, musculaires ou articulaires, ce qui permet par l'intermédiaire de cette convergence d'expliquer le phénomène de **douleur rapportée** (une lésion viscérale, cardiaque par exemple, est rapportée comme ressentie douloureusement dans un territoire cutané, le bras gauche). Ils reçoivent des afférences de fibres sensorielles non nociceptives (fibres Aα, β), et nociceptives (fibres Aδ, C). Ces neurones jouent un rôle fondamental dans le modulation de l'information nociceptive (contrôles segmentaires spinaux, *cf.* ci-dessous).

2.2.3. Les neurones non nociceptifs spécifiques

Les **neurones non nociceptifs spécifiques** qui ne répondent à des stimulations périphériques que de faible intensité et n'interviennent pas dans l'intégration de l'information nociceptive. Ils sont principalement situés dans les couches intermédiaires de la CDME (couches III, IV).

3. Les structures supraspinales mises en jeu dans la douleur

Figure 2. STRUCTURES DOULEUR DANS LE CERVEAU

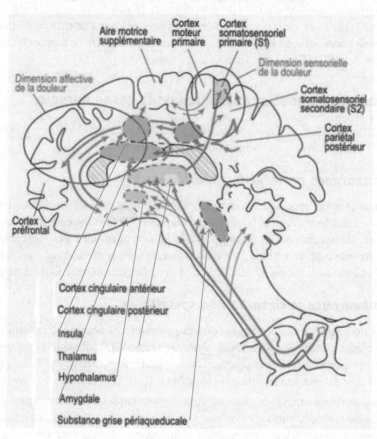

Les axones des neurones nociceptifs post-synaptiques de la CDME constituent les **faisceaux médullaires ascendants qui projettent leur information à différents niveaux supraspinaux** ; dans la mesure où la plus grande partie de ces axones décussent au niveau du segment médullaire, le trajet de ces faisceaux est controlatéral et leur cheminement est principalement localisé dans le quadrant ventrolatéral de la substance blanche de la moelle épinière. Du fait de cette organisation anatomique, les sites de projection supraspinaux sont eux aussi controlatéraux. Cependant, un nombre minoritaire de ces axones a un cheminement ascendant projetant sur des structures supraspinales ipsilatérales, dont le rôle reste à établir et dont il ne sera pas ici fait mention.

3.1. Les sites de projection supraspinaux des neurones nociceptifs médullaires

Très schématiquement, on peut distinguer quatre sites supraspinaux de projection des neurones nociceptifs spécifiques ou non.

3.1.1. Le thalamus ventro-postéro-latéral

Le principal site est constitué par les noyaux du **thalamus ventro-postéro-latéral**, noyaux spécifiques de la sensibilité tactile et de la nociception ; ces neurones thalamiques reçoivent rapidement les informations nociceptives véhiculées par les axones des neurones spino-thalamiques dont les corps cellulaires sont localisés dans les couches I et principalement V, VI de la corne postérieure. La distribution de ces informations se fait de manière parfaitement structurée du fait de l'organisation somatotopique de ces neurones thalamiques qui, du fait de leurs propriétés électrophysiologiques, semblent très vraisemblablement engagés dans la composante sensori-discriminative de la douleur.

3.1.2. Les sites de projection bulbaires

Les sites de projection bulbaires (**noyau gigantocellulaire**) et mésencéphaliques (**substance grise périaqueducale et noyau cunéiforme**) constituent des structures relais pour l'information nociceptive, véhiculée par le faisceau spino-réticulo-thalamique jusqu'au **thalamus médian** non spécifique. On a également caractérisé des faisceaux ascendants projetant directement au niveau du thalamus médian. Ces sites relais interviennent dans la mise en jeu d'une réaction d'alerte et des centres cardiorespiratoires ainsi que dans l'élaboration des réactions motrices ou émotionnelles et dans les mécanismes d'éveil associés aux réactions comportementales consécutives à une stimulation douloureuse.

3.1.3. L'hypothalamus

L'**hypothalamus** reçoit des terminaisons axonales soit directes du faisceau spino-hypothalamique, soit indirectes du faisceau spino-parabrachio-hypothalamique ; il intervient dans le contrôle des réactions végétatives de la douleur, mais aussi dans la libération d'hormones intervenant dans le contrôle du stress.

3.1.4. Le complexe amygdalien

Le **complexe amygdalien**, structure du système limbique, reçoit, après un relais dans le noyau parabrachial latéral, des informations issues des neurones nociceptifs spécifiques localisés dans la couche I de la corne postérieure, véhiculées par le faisceau spino-ponto-amygdalien. Cet ensemble pourrait intervenir dans le contrôle des réactions affectives et émotionnelles de la douleur.

3.2. Les sites de projection corticaux

3.2.1. Les aires somesthésiques du cortex pariétal

Les neurones du **thalamus ventro-postéro-latéral** projettent leurs axones vers le cortex spécifique somato-sensoriel, les **aires somesthésiques S1 et S2** du **cortex pariétal** : les caractéristiques du message nociceptif y sont décodées permettant la genèse de la perception de la sensation douloureuse (qualité, localisation, intensité, durée).

3.2.2. Les aires corticales pré-frontales, le cortex insulaire et le cortex cingulaire antérieur

De nombreux noyaux de l'encéphale impliqués dans la douleur projettent leurs axones vers les **aires corticales pré-frontales**, le **cortex insulaire** et le **cortex cingulaire antérieur**, impliquées dans les réactions émotionnelles plus élaborées à la douleur.

4. Les mécanismes de contrôle de la douleur

Cette vision extrêmement schématique, qui vient d'être présentée, des relations entre les structures impliquées dans la physiologie de la douleur ne rend compte que très partiellement des relations complexes entre nociception et douleur, c'est-à-dire entre physiologie et psychologie. La douleur est une sensation dont la perception peut être modulée en fonction de l'environnement au sens le plus large du terme (affectif, socio-culturel, religieux, géographique, …), mais aussi en fonction de la situation psychologique de l'individu. Cette modulation résulte de la mise en jeu de contrôles inhibiteurs exercés par des structures aussi bien spinales que supra-spinales. De manière schématique, on distingue quatre catégories de tels systèmes de contrôle.

Figure 3. LES VOIES DE LA DOULEUR

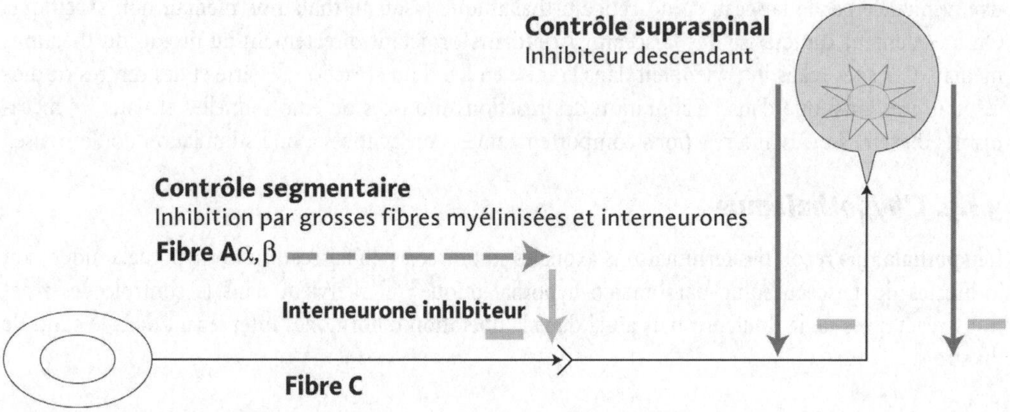

4.1. Les contrôles segmentaires spinaux

Ces contrôles ont été les plus étudiés et ont permis de mettre en évidence l'importance du rôle de la CDME dans la modulation de la transmission des messages nociceptifs. Les données établies caractérisent le fait que la CDME n'est pas qu'un simple relais de transmission de l'information douloureuse entre les fibres sensorielles périphériques et les structures supraspinales. La mise en jeu de ces contrôles a été modélisée par MELZACK et WALL dans leur « **théorie du portillon** » (« **gate control theory** » en anglais) :

LA THÉORIE DE LA PORTE « GATE CONTROL » :

Ce modèle repose sur une balance entre deux types d'activités exercées sur les neurones nociceptifs non spécifiques spinaux, à l'origine des faisceaux ascendants spino-thalamiques et spino-réticulaires :
- les unes sont activatrices d'origine segmentaire périphériques (véhiculées par les fibres nociceptives Aδ et C) ;
- les autres sont inhibitrices d'origine à la fois segmentaire périphérique (véhiculées par les fibres non nociceptives Aβ) et supraspinales (*cf.* ci-dessous).

Ainsi la douleur n'est ressentie que lorsque les neurones nociceptifs non spécifiques sont activés, lorsque la balance penche en faveur des activités excitatrices, soit pas une excès de l'activité des fibres nociceptives, soit par un déficit des contrôles inhibiteurs.

Dans le modèle de la théorie du portillon, l'activation des fibres de la sensibilité tactile légère Aβ inhibe les réponses de ces neurones nociceptifs non spécifiques à des stimulations nociceptives. Cette inhibition s'exerce par l'intermédiaire de l'activation d'**interneurones inhibiteurs** segmentaires localisés dans la couche II (Substance Gélatineuse).

Figure 4. GATE CONTROL

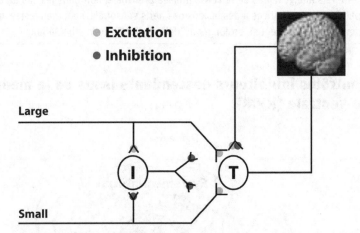

L'activation des fibres de la sensibilité tactile légère β, en augmentant l'activité des interneurones inhibiteurs, fermerait le portillon et bloquerait la transmission de l'information nociceptive vers les structures supraspinales (idée associée à une analgésie) ; alors que l'activation des fibres nociceptives Aδ et C, en inhibant l'activité des interneurones inhibiteurs, ouvrirait le portillon et favoriserait la transmission de l'information nociceptive vers les structures supraspinales (idée associée à la sensation de douleur). Ce mécanisme de régulation spinal est lui-même soumis à des contrôles descendants d'origine supraspinale (*cf.* figure 4).

Mais ce modèle était bien loin de rendre compte de toutes les données expérimentales, et des faits sont venus contredire partiellement certains de ses aspects, alors que d'autres éléments du modèle n'ont jamais pu être démontrés. D'ailleurs, Wall lui-même, prenant en compte ces éléments a modifié le modèle initial en mettant en jeu non plus une mais deux familles d'interneurones (les uns inhibiteurs activés par les fibres Aβ et les autres activateurs activés par les fibres Aδ et C), ces deux familles étant sous le contrôle de systèmes descendants d'origine supraspinale.

Figure 5. LA CORNE DORSALE DE LA MOELLE : UN RELAIS IMPORTANT

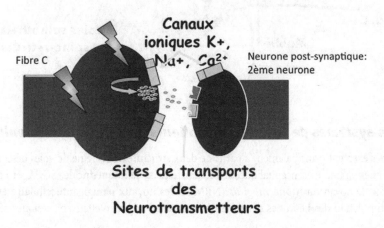

4.2. Les contrôles inhibiteurs descendants issus de la medulla rostro-ventrale (RVM)

Figure 6

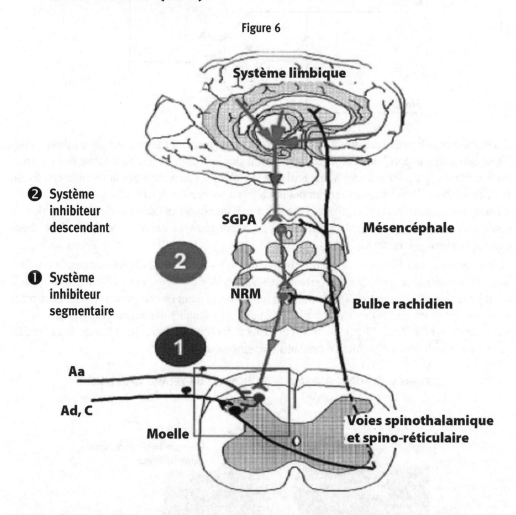

4.2.1. Les systèmes de contrôles inhibiteurs descendants sérotoninergiques

Ces contrôles s'exercent principalement à partir de deux structures à l'origine de voies descendantes dans la moelle épinière, l'une mésencéphalique, la **substance grise périaqueducale, SGPA**, et l'autre dans la RVM associant le noyau du *raphé magnus* (NRM) et les **noyaux paragigantocellulaire et gigantocellulaire**. La stimulation des neurones de ces structures est à l'origine d'effets analgésiques résultant de la mise en jeu de voies descendantes sérotoninergiques exerçant un contrôle inhibiteur sur les neurones nociceptifs non spécifiques médullaires de la CDME, bloquant la transmission des messages nociceptifs. Les axones des neurones sérotoninergiques de la RVM (en particulier ceux du NRM) se projettent, à tous les différents segments spinaux, directement dans la corne postérieure de la moelle. À partir de ces données, la SGPA et le NRM ont été impliqués dans une boucle de rétroaction négative spino-bulbo-spinale sous-tendant un système analgésique endogène mis en jeu par des stimulations nociceptives.

4.2.2. Les systèmes de contrôles inhibiteurs descendants noradrénergiques

De nombreuses données expérimentales ont permis de proposer également la mise en jeu de systèmes inhibiteurs descendants noradrénergiques issus du *locus coeruleus* et du *locus subcoeruleus*. La caractérisation, dans les couches II et V de la corne postérieure de la moelle, de **récepteurs α2-noradrénergiques** activés physiologiquement par la noradrénaline lorsqu'elle est libérée par l'activation des voies inhibitrices descendantes noradrénergiques, a permis de proposer un modèle explicatif pour les propriétés analgésiques des agonistes α2-noradrénergiques (par exemple la **clonidine**).

4.3. Les contrôles facilitateurs descendants

Également issus du tronc cérébral, ils ont été décrits exacerbant les conséquences d'une stimulation nociceptive au niveau spinal. Cette notion résulte de la mise en évidence du fait qu'une stimulation de la RVM à des intensités de stimulation élevées déclenche des effets analgésiques (*cf.* ci-dessus) mais que des stimulations de la même région à des intensités 4 à 10 fois plus faibles ont au contraire des effets facilitateurs pro-algiques, avec une possibilité de discrimination anatomique entre des sites strictement inhibiteurs antalgiques et d'autres strictement facilitateurs pro-algiques.

> **En conclusion**, l'équilibre entre les deux systèmes descendants concurrents que nous venons de décrire, l'un inhibiteur descendant (partie 4.2) et l'autre excitateur descendant (partie 4.3), déterminerait *in fine* le degré global d'excitabilité du réseau de neurones dans la corne postérieure de la moelle, degré qui à son tour modulerait la transmission de l'information douloureuse vers les structures nerveuses centrales supraspinales (modulation de l'activité des neurones nociceptifs non spécifiques du modèle de la théorie du portillon – *cf.* ci-dessus – mais dans ce cadre par l'intermédiaire de contrôles d'origine supra-spinale ; ces contrôles figuraient d'ailleurs dans le schéma initial du modèle du portillon).

4.4. Les contrôles inhibiteurs diffus induits par une stimulation nociceptive (CIDN) : analgésie induite par la douleur

Ces contrôles sont également sous-tendus par une boucle de rétroaction spino-bulbo-spinale. Ils concernent exclusivement les neurones nociceptifs non spécifiques dans l'ensemble de leur population, quel que soit le segment spinal considéré. La caractéristique essentielle des CIDN réside dans le fait qu'ils peuvent être déclenchés depuis n'importe quel territoire corporel distinct du champ excitateur des neurones nociceptifs non spécifiques activés (stimulation **hétérotopique**) y compris à partir d'un territoire viscéral, à la condition que le stimulus soit nociceptif. Plus l'intensité de stimulation est forte, plus les inhibitions déclenchées sur l'activité des neurones nociceptifs non spécifiques pendant la stimulation sont puissantes et plus les post-effets qui les prolongent sont de longue durée, pouvant atteindre plusieurs minutes. Ces CIDN constitueraient le support neurophysiologique de la **contre-irritation**, processus par lequel une douleur peut masquer une autre douleur (*cf.* ci-dessous).

L'intensité seuil de la stimulation nociceptive hétérotopique pour le déclenchement des CIDN est du même ordre de grandeur que le seuil d'activation des nocicepteurs périphériques polymodaux dont les messages sont véhiculés par les fibres nociceptives Aδ et C. Les neurones nociceptifs non spécifiques répondent aussi aux stimulations non nociceptives (*cf.* ci-dessus, 2.2.2.), et peuvent donc être activés en permanence de façon aléatoire par l'ensemble des stimuli somatiques non nociceptifs apportés par l'environnement. Cette activité transmise en permanence aux centres nerveux supérieurs pourrait constituer « une activité somesthésique de base » dont il serait difficile d'extraire un signal signifiant. Les CIDN pourraient alors jouer le rôle d'un filtre qui faciliterait l'extraction d'un message nociceptif du bruit de fond en inhibant cette « activité somesthésique de base » de l'ensemble des neurones nociceptifs non spécifiques. Dans cette hypothèse, les processus liés à la douleur résulteraient plutôt d'un effet de contraste entre cette activité des neurones nociceptifs non spécifiques activés par une stimulation nociceptive et le silence de l'ensemble de tous les autres neurones nociceptifs non spécifiques hétérotopiques non excités par le stimulus initial.

Que se passe-t-il alors lorsque deux stimulations nociceptives sont appliquées sur deux territoires corporels distincts ? L'ensemble des neurones nociceptifs non spécifiques activés de façon segmentaire par la plus faible des deux stimulations va être inhibé, comme tous les autres neurones nociceptifs non spécifiques, par la stimulation hétérotopique la plus forte. Transposée en termes de sensation douloureuse, cette notion pourrait servir de support neurophysiologique aux effets réciproques entre deux stimulations nociceptives d'intensités différentes : une douleur peut masquer une autre douleur, effet de balance entre les deux sensations douloureuses qui est le principe même de la contre-irritation.

5. Les mécanismes de sensibilisation centrale associés à la douleur chronique et la neuroplasticité

Lorsqu'elle se prolonge dans le temps, la douleur devient chronique et est à l'origine de mécanismes de **sensibilisation**, tant **périphérique** que **centrale**, qui vont modifier profondément l'activité des systèmes physiologiques de la douleur décrits ci-dessus.

Cette sensibilisation centrale s'exprimerait en grande partie au niveau du premier relais d'intégration de l'information nociceptive, là où les synapses formées par les terminaisons centrales des fibres nociceptives A-δ et C des nerfs sensoriels avec les neurones nociceptifs spécifiques et non spécifiques post-synaptiques de la CDME sont considérablement activées. De très nombreux facteurs interviennent dans la mise en place progressive de cette sensibilisation centrale.

5.1. Le récepteur NMDA glutamatergique

Le rôle joué par le système de **transmission glutamatergique** a été particulièrement étudié, neurotransmetteur synthétisé et libéré à la fois par les fibres de gros diamètre (Aβ) et de petits diamètre (Aδ et C) dans les synapses qu'elles forment avec les neurones nociceptifs post-synaptiques de la CDME. De nombreuses données expérimentales ont privilégié la participation de l'un des récepteurs du glutamate, le **récepteur NMDA** dans ce processus ; le récepteur NMDA est un récepteur-canal perméable aux cations, principalement le calcium et ce récepteur est bloqué par l'ion magnésium lorsque le potentiel membranaire du neurone est proche de son potentiel de repos. Mais lorsqu'il est dépolarisé (par exemple lorsque le récepteur NK1 – co-exprimé avec le récepteur NMDA par les neurones nociceptifs – est activé par son agoniste, la substance P, libérée par les fibres C à la suite de stimulations nociceptives) l'ion magnésium est chassé et le récepteur NMDA est activé par le glutamate co-libéré avec la substance P. L'utilisation de la **kétamine** en clinique pour le traitement des douleurs chroniques rebelles est une des applications pratiques de ce résultat, puisque cette molécule a été utilisée du fait qu'elle s'est avérée être un **antagoniste du récepteur NMDA**.

5.2. Les neurotrophines, NGF et BDNF

Depuis plus d'une décennie maintenant, les molécules de la famille des neurotrophines, facteurs de croissance nerveux, dont font partie le NGF et le BDNF, ont acquis une grande importance dans l'étude de la neuroplasticité du système nerveux central chez l'adulte. Les neurotrophines se fixent spécifiquement sur des récepteurs à haute affinité de la famille des TrK ; ces récepteurs possèdent un domaine intracellulaire au sein duquel on distingue des résidus « Tyrosine » susceptibles d'être phosphorylés par une activité enzymatique « tyrosine-kinase » lorsque la neurotrophine se lie à son récepteur spécifique : le NGF se lie à son récepteur TrkA et le BDNF à TrkB. Ainsi, après liaison d'une neurotrophine avec son récepteur à haute affinité (par exemple NGF avec TrkA), une homo-dimérisation du récepteur (TrkA-TrkA) intervient et le domaine tyrosine-kinase du récepteur est activé par auto-phosphorylation. Cette phosphorylation du récepteur déclenche l'activation du système de transduction intra-cellulaire du signal, à l'origine de la réponse biologique de la cellule, qui passe par une cascade de phosphorylations intracellulaires (*cf.* ci-dessous). De nombreux arguments plaident en faveur de l'intervention de ces neurotrophines dans le fonctionnement du système nerveux de la nociception.

5.2.1. Le NGF

La mise en évidence il y a un demi-siècle par Rita Levi-Montacini du fait que le NGF est un facteur de croissance secrété par les tissus cibles (ex : kératinocytes de l'enveloppe cutanée) des neurones du système nerveux périphérique, a été un facteur déterminant. Ses travaux ont permis de montrer la dépendance des fibres périphériques sensorielles nociceptives (fibres de petit diamètre C non myélinisées) et des fibres végétatives orthosympathiques, vis-à-vis du NGF pour leur développement au cours de l'ontogénèse du système nerveux périphérique. Cette dépendance se fait par l'intermédiaire du récepteur à haute affinité du NGF, le récepteur TrkA, que seuls ces deux types de fibres nerveuses périphériques expriment spécifiquement dans l'enveloppe cutanée, les articulations, les muscles et les viscères.

Les terminaisons périphériques de ces fibres sensorielles de type C constituent la population des nocicepteurs. Par ailleurs, les corps cellulaires des neurones associés à ces fibres, les neurones sensoriels parvocellulaires du ganglion de la racine dorsale (GRD), synthétisent des neuropeptides comme par exemple la substance P et le CGRP (Calcitonin Gene Related Peptide), qui jouent un rôle dans la transmission de l'information nociceptive au niveau du relais spinal (CDME).

5.2.2. Le BDNF

La mise en évidence du stockage du BDNF dans les terminaisons centrales des fibres sensorielles nociceptives dans des vésicules à cœur dense dans la CDME est très importante car elle a permis de formuler l'hypothèse selon laquelle le BDNF pourrait jouer un rôle possible de neuromodulateur dans la douleur chronique inflammatoire. Libéré par les terminaisons centrales des fibres sensorielles nociceptives, il pourrait réguler l'excitabilité des neurones nociceptifs post-synaptiques de la CDME.

L'ensemble de ces résultats suggère un rôle important pour le NGF, le BDNF et leurs récepteurs dans les mécanismes adaptatifs décrits au niveau des voies nerveuses à l'aide de l'étude des modèles expérimentaux de douleur chronique chez l'animal. Ainsi, même si d'autres facteurs tout aussi importants (*cf.* ci-dessus, le rôle du récepteur NMDA du glutamate) interviennent dans la neuroplasticité du système nerveux central associé à la douleur chronique, ces mécanismes seraient à l'origine, du moins en partie, de la neuroplasticité sous-tendant la douleur chronique. Dans cette hypothèse, on peut concevoir que l'interruption des voies de signalisation cellulaire du NGF et du BDNF constituerait un moyen approprié pour s'opposer à l'installation de la douleur chronique en s'opposant aux mécanismes associés à la neuroplasticité. Une telle approche a été utilisée expérimentalement avec succès chez le rat pour le NGF, en utilisant une molécule chimérique de fusion dans laquelle la séquence extracellulaire d'acides aminés du récepteur TrkA est couplée à une chaîne d'immunoglobuline (molécule « TrkA-IgG ») : en séquestrant le NGF grâce à sa séquence « TrkA », cette molécule s'est avérée capable de neutraliser l'action pro-nociceptive du NGF à la périphérie. Cette observation ouvre la voie à une nouvelle approche thérapeutique ciblant les récepteurs de ces deux neurotrophines comme site d'action possible d'une pharmacologie antalgique.

6. Les mécanismes psychologiques et neurophysiologiques sous-tendant la dimension affective de la douleur

La douleur résulte de l'expérience subjective d'une sensation émotive déplaisante, considérée comme résultant de processus adaptatifs tant nerveux que chimiques au sein de réseaux de neurones situés à différents niveaux du système nerveux central, dont les activités peuvent augmenter ou diminuer en fonction des caractéristiques du stimulus, de l'état du sujet et du contexte dans lequel ce stimulus est appliqué. Dans ce contexte, il est important de souligner la difficulté à laquelle on est confronté lorsque l'on tente de caractériser précisément la douleur, principalement du fait de la dimension affective de la douleur.

6.1. Les 4 composantes de la douleur

Quatre composantes de la douleur sont classiquement distinguées, hiérarchisées et interactives, que l'on ne peut considérer séparément tant elles se modulent réciproquement :

6.1.1. La composante sensori-discriminative

Elle correspond aux mécanismes neurophysiologiques qui, schématiquement, sous-tendent les douleurs par excès de nociception ; il s'agit du décodage des messages nociceptifs (intensité, durée, localisation et qualité du stimulus nociceptif) ;

6.1.2. La composante émotionnelle

Elle confère à la sensation douloureuse sa tonalité désagréable, pénible et insupportable et peut se prolonger vers des états émotionnels plus différenciés comme l'anxiété ou la dépression, en particulier dans le cas des douleurs chroniques. Cette composante est mise en jeu par le stimulus nociceptif lui-même du fait de l'activation du système nerveux central limbique (en particulier le **complexe amygdalien**), mais aussi par les conditions environnementales dans lesquelles survient le stimulus (nature de la maladie à l'origine de la douleur ; incertitude sur son évolution ; environnement social ou familial du malade).

6.1.3. La composante cognitive

Elle correspond à l'ensemble des processus modulant la perception de la douleur. Il s'agit par exemple de l'attention (modulation de la perception de la douleur en détournant l'attention du sujet par l'exercice d'une tâche neutre), de l'anticipation (élaboration par apprentissage d'une stratégie comportementale qui autorisera une atténuation voire un évitement de la douleur), de l'interprétation et de la valeur attribuées à la douleur en référence à une culture, une religion, un milieu social, de la référence à une expérience douloureuse antérieure, etc.

6.1.4. La composante comportementale

Elle correspond à l'ensemble des manifestations, verbales et non verbales, du patient douloureux, comme la plainte, le gémissement, la posture, les mimiques, qui constituent pour une large part une fonction de communication avec l'entourage et un élément du diagnostic en clinique.

6.2. La dimension affective de la douleur

La dimension affective de la douleur résulte de sentiments de déplaisir et d'émotions associées à des implications susceptibles d'intervenir dans le futur à court terme (telles que l'angoisse, la peur ou la détresse), mais aussi à long terme (telles que la souffrance), dénommées « **émotions secondaires** ». Ces émotions sont souvent associées à la vie personnelle de chacun, aux difficultés rencontrées pour supporter la douleur au cours du temps et aux conséquences qu'elles peuvent entraîner pour le futur.

Les études cliniques qui ont été réalisées ont permis de mettre en évidence des interactions associant l'intensité de la sensation douloureuse, le sentiment de déplaisir associé à la douleur et les émotions secondaires. Ces dimensions de la douleur associées aux interactions qui les lient entre elles sont à mettre en relation avec un réseau de structures du système nerveux central les sous-tendant, qui traitent l'information nociceptive à la fois « en série » et « en parallèle ». Des voies spinales ascendantes conduisent l'information nociceptive vers le **thalamus médian** et les structures limbiques en particulier le **complexe amygdalien** (*cf.* ci-dessus), structures du système nerveux central mises en jeu dans la dimension affective des comportements. Une autre composante met en jeu les voies spinales ascendantes vers le **thalamus latéral** sensori-discriminatif puis vers les **aires corticales somesthésiques**, prolongées par une voie cortico-limbique qui intègre l'information nociceptive en association avec une information contextuelle et une mémoire qui établissent une médiation cognitive à la dimension affective de la douleur.

Une cause possible à cette variabilité d'activité des structures nerveuses mises en jeu est l'intensité elle-même de la douleur : il a été mis en évidence expérimentalement chez l'Homme à l'aide de techniques d'imagerie médicale en temps réel que plus l'intensité d'un stimulus thermique cutané augmente (entre 46, 48 et 50 °C), plus le nombre de structures activées augmente. Ces voies aussi bien directes (**spino-ponto-amygdalienne**) qu'indirectes (**cortico-limbiques**) convergent ensuite sur les aires du **cortex cingulaire antérieur** et du **cortex insulaire**, aires corticales spécifiquement associées à la dimension affective déplaisante de la douleur : chez l'Homme, des lésions du cortex cingulaire entraînent un syndrome d'**asymbolie de la douleur**, par lequel les patients n'ont plus aucune appréciation de la signification destructrice de la douleur ; ils perdent leurs réactions comportementales de retrait lorsqu'ils sont soumis à des stimulations nociceptives ou à des gestuelles de menaces, alors qu'ils gardent intactes leur capacité à détecter les composantes sensorielles de la douleur.

Chapitre **2**

Reconnaître et évaluer une douleur aiguë et chronique chez l'adulte et la personne âgée / peu communicante

Dr Françoise Laroche*, Dr Julien Guérin*, Dr Sylvie Rostaing*

* PH, Centre d'Évaluation et de Traitement de la Douleur, Hôpital Saint-Antoine, Paris

PLAN DU CHAPITRE

© MEDLINE

La douleur est de nature polymorphe et complexe, et c'est une plainte très fréquente en médecine. La préoccupation majeure des médecins est de rechercher une cause lésionnelle et de la traiter. Pourtant, il ne faut pas oublier que la douleur doit aussi être analysée pour elle-même surtout lorsqu'elle est chronique. En effet, il n'y a pas toujours concordance entre la douleur et les éventuelles lésions qui en sont responsables. Le retentissement de la douleur peut en majorer sa propre perception.

1. Définitions

1.1. Douleur

Le comité de taxonomie de l'Association Internationale d'Étude de la douleur (IASP) a défini la douleur comme « une expérience désagréable, à la fois sensorielle et émotionnelle, associée à un dommage tissulaire présent ou potentiel ou simplement décrit en termes d'un tel dommage ».

La douleur, de manière générale est un phénomène subjectif complexe de mécanismes multiples avec des différences interindividuelles, des profils évolutifs variables, et une absence de parallélisme anatomo-clinique strict. C'est-à-dire qu'il n'y a pas de corrélation parfaite entre l'intensité de la douleur et la gravité des lésions causales.

La douleur est néanmoins évaluable par des méthodes standardisées.

1.2. Nociception (*cf.* chapitre 3)

Il s'agit du mécanisme le plus habituel des douleurs. Le terme nociception a été introduit par Sherrington, pour désigner le système physiologique qui permet de détecter les stimulations susceptibles de menacer l'intégrité de l'organisme. On qualifie de « nociceptives » ces stimulations, ainsi que les réponses induites par celles-ci (*nocere* en latin = nuire). La finalité biologique de la nociception est celle d'un signal d'alarme utile, qui détermine, chez l'animal, un ensemble de réflexes et de comportements protecteurs (réflexe de retrait, immobilisation de la région lésée, comportement d'évitement…).

Les notions de nociception et de douleur ne sont donc pas superposables. La douleur n'est pas un stimulus. En clinique, il existe des lésions tissulaires sans perception de douleur et à l'inverse certaines douleurs peuvent survenir en l'absence de cause nociceptive identifiée (douleurs psychogènes).

1.3. Souffrance

Toute douleur somatique est donc une souffrance par elle-même et pas simplement une sensation corporelle. Il est important de la considérer comme telle, sachant que la composante émotionnelle est existante dès la genèse de la douleur.

On parle de « souffrance morale » lorsque seule « l'âme » souffre en cas de dépression sans (ou avec très peu de) symptômes somatiques.

2. Différentes composantes de la douleur

2.1. La composante sensorielle ou sensori-discriminative

Elle correspond aux mécanismes neurophysiologiques de la nociception qui permettent de « décoder » la qualité de la douleur (torsion, brûlure…), son intensité, sa durée…

2.2. La composante affective, émotionnelle

Elle exprime la connotation désagréable, pénible liée à la perception douloureuse, et peut évoluer jusqu'aux états d'anxiété ou dépression.

2.3. La composante cognitive

Elle se réfère à un ensemble des processus mentaux susceptibles de moduler les autres dimensions de la douleur : signification, interprétations, croyances, référence à des expériences passées vécues ou observées, anticipation… Elle est aussi modulée par le contexte et la motivation. En effet, la perception de la douleur peut être atténuée momentanément quand le patient est « distrait » par une occupation « plus importante » à ces yeux que la douleur (par exemple entorse au cours d'un match de foot très important pour le joueur blessé).

2.4. La composante comportementale

Elle correspond à l'ensemble des manifestations observables :
- physiologiques, neuro-végétatives (sueur, tachycardie, hypertension artérielle, tachypnée…), non pathognomoniques de douleur ;
- comportementales :
  - ➤ verbales (plaintes, discours élaboré, gémissements, ou cris) ;
  - ➤ motrices non verbales (grimaces, agitation, évitement, immobilité ou prostration, position antalgique, déplacements précautionneux, contre-stimulation par massage…).

Les dimensions de la douleur, ses composantes et l'expression de la douleur par le patient, sont la résultante de l'ensemble des éléments décrits ci-dessus qui confère au patient une compétence « d'expert » de sa propre douleur.

3. Quatre grands cadres de douleurs

Selon les mécanismes de douleur, on classe les douleurs en 4 grands cadres :

3.1. Douleurs par excès de nociception (*cf.* chapitre)

3.2. Douleurs neuropathiques (*cf.* chapitre)

3.3. Douleurs psychogènes

Il s'agit de douleurs dont l'origine est purement psychique. Il s'agit par exemple des douleurs thoraciques aiguës lors d'une attaque de panique ou des douleurs somatiques au cours de la dépression, souvent appelées « dépression masquée ».

3.4. Douleurs idiopathiques, fonctionnelles ou dysfonctionnelles

Ces douleurs idiopathiques, fonctionnelles ou dysfonctionnelles sont aussi appelées « symptômes médicalement inexpliqués » et qualifiées par le DSM 5 (Diagnostic and Statistical Manual-5) comme « somatic symptom disorders » ou « troubles somatoformes ». Les comorbidités psychiatriques sont fréquentes (troubles anxieux, dépression) mais il ne s'agit pas de l'expression somatique d'un trouble psychiatrique. Dans ce groupe de symptômes, on inclut les céphalées de tension, le syndrome du côlon irritable, les cystalgies à urines claires (cystites interstitielles), les douleurs pelviennes, les vulvodynies, les coccycodynies, les glossodynies, les douleurs de l'articulation temporo-mandibulaire, les rachialgies idiopathiques, la fibromyalgie…

3.5. Enfin, on peut proposer une dernière catégorie, les douleurs associées ou mixtes

Un patient peut avoir une douleur qui présente plusieurs composantes, l'une nociceptive et l'autre neuropathique (périphérique ou centrale), chacune de ces composantes répondant différemment (pour son propre compte) au traitement instauré. Un patient peut aussi avoir plusieurs douleurs, chacune ayant son propre mécanisme physiopathologique.

4. Différenciation : douleur aiguë et douleur chronique

On distingue deux catégories de douleur : la douleur aiguë et la douleur chronique.

4.1. Douleur aiguë

Une douleur d'installation récente est une douleur aiguë, présente depuis moins de 3 mois : c'est avant tout un symptôme, un signal d'alarme qui vise à protéger l'individu, notamment en révélant une affection, et qui, dans de nombreux cas : « sentinelle rapprochée qui protège notre corps ». Elle pourra être guérie par un traitement curatif adapté. Il est important de noter que l'emploi du terme « aigu » fait référence à la notion de durée de la douleur (moins de 3 mois) et non pas à son intensité.

4.2. Douleur chronique

Selon l'HAS, la douleur chronique est définie comme une douleur évoluant depuis plus de trois mois, susceptible d'affecter de façon péjorative le comportement ou le bien-être du patient, et qui persiste malgré un traitement étiologique bien conduit (HAS 1999 et HAS 2008).

La douleur chronique est souvent appelée douleur-maladie, ou douleur chronique-syndrome, maladie à part entière, par opposition à la douleur aiguë-symptôme. Elle est « inutile, destructrice, délétère », car, devenue maladie à part entière, elle va occasionner un retentissement physique et psychologique et évoluer pour son propre compte.

Ainsi, du fait de sa persistance, une douleur qui est initialement un simple symptôme signal d'alarme, peut se modifier et devenir un syndrome à part entière, du fait d'un ensemble de répercussions plus ou moins marquées : sur l'humeur, sur les activités quotidiennes (physiques, professionnelles, ludiques…), sur le sommeil, sur le comportement relationnel avec l'entourage (proches, amis…), et donc sur la qualité de vie. Les syndromes anxio-dépressifs réactionnels sont, de ce fait, fréquents, aggravant l'intensité de la douleur et le vécu de la maladie elle-même ; on entre alors dans un véritable cercle vicieux.

4.3. Conséquences : le modèle multidimensionnel bio-psycho-social de la douleur chronique

Il est donc fondamental de prendre en charge toute douleur le plus précocement possible, avant que ne s'installe la douleur-maladie aux répercussions considérables.

L'évaluation de la douleur doit se faire dans le cadre d'une prise en charge globale, par des médecins bien informés ; elle nécessite une relation de vérité et de confiance entre le médecin et le malade, basée sur l'écoute, l'examen clinique attentif, et sur un travail de collaboration réciproque, avec des objectifs partagés réalistes.

En effet, les objectifs de la prise en charge de la douleur chronique sont réadaptatifs et non curatifs.

	DOULEUR AIGUË (symptôme)	DOULEUR CHRONIQUE (syndrome)
Finalité biologique	Utile Protectrice Signal d'alarme	Inutile Destructrice Maladie à part entière
Mécanisme générateur	Unifactoriel : souvent nociceptif	Plurifactoriel
Réactions somato-végétatives	Réactionnelles	Habituation ou entretien
Composante affective	Anxiété	Dépression
Comportement	Réactionnel	Appris, conditionné, renforcé
Approche thérapeutique	Médicale classique	Pluridimensionnel « somato-psycho-social »
Objectif thérapeutique	Curatif Modèle médical	Réadaptatif biopsycho-social (gestion du handicap)

5. Évaluer la douleur

Recommandations sur l'évaluation et le suivi de la douleur chronique chez l'adulte en médecine ambulatoire (HAS 1999).

1. L'évaluation initiale du malade douloureux chronique demande du temps. Elle peut se répartir sur plusieurs consultations.

2. L'évaluation du malade douloureux chronique implique un bilan étiologique avec un entretien, un examen clinique et si besoin des examens complémentaires.

3. Les éléments cliniques essentiels sur lesquels se fonde l'entretien avec le malade douloureux chronique sont indiqués dans la grille d'entretien semi-structuré (*cf.* tableau ci-après).

GRILLE D'ENTRETIEN SEMI-STRUCTURÉ AVEC LE PATIENT DOULOUREUX CHRONIQUE

- **Ancienneté de la douleur**
  - Mode de début
  - Circonstances exactes (maladie, traumatisme, accident de travail...)
  - Description de la douleur initiale
  - Modalités de prise en charge immédiate
  - Événements de vie concomitants
  - Diagnostic initial, explications données
  - Retentissement (anxiété, dépression, troubles du sommeil, incapacités fonctionnelle et professionnelle...)

- **Profil évolutif du syndrome douloureux**
  - Comment s'est installé l'état douloureux persistant à partir de la douleur initiale
  - Profil évolutif : (douleur permanente, récurrente, intermittente...)
  - Degré du retentissement (anxiété, dépression, troubles du sommeil, incapacités fonctionnelle et professionnelle...)

- **Traitements effectués et actuels**
  - Traitements médicamenteux et non médicamenteux antérieurs, actuels
  - Modes d'administration des médicaments, doses, durées
  - Effets bénéfiques partiels, effets indésirables, raisons d'abandon
  - Attitudes vis-à-vis des traitements

- **Antécédents et pathologies associées**
  - Familiaux
  - Personnels (médicaux, obstétricaux, chirurgicaux et psychiatriques) et leur évolutivité
  - Expériences douloureuses antérieures

- **Description de la douleur actuelle**
  - Topographie
  - Type de sensation (brûlure, décharge électrique...)
  - Intensité
  - Retentissement (anxiété, dépression, troubles du sommeil, incapacités fonctionnelle et professionnelle...)
  - Facteurs d'aggravation et de soulagement de la douleur

- **Contextes familial, psychosocial, médico-légal et incidences**
  - Situation familiale
  - Situation sociale
  - Statut professionnel et satisfaction au travail
  - Indemnisations perçues, attendues ; implications financières
  - Procédures
- **Facteurs cognitifs**
  - Représentation de la maladie (peur d'une maladie évolutive...)
  - Interprétation des avis médicaux
- **Facteurs comportementaux**
  - Attitude vis-à-vis de la maladie (passivité...)
  - Modalités de prise des médicaments
  - Observance des prescriptions
- **Analyse de la demande**
  - Attentes du patient (faisabilité, reformulation)
  - Objectifs partagés entre le patient et le médecin

6. Échelles d'évaluation de la douleur

Il existe différents outils permettant d'analyser les dimensions de la douleur, en particulier la qualité, le niveau et son retentissement. Nous présentons ici les outils les plus courants et les plus utiles en pratique clinique quotidienne.

6.1. Dimension qualitative

La composante neuropathique d'une douleur doit impérativement être étudiée chez un patient douloureux afin de proposer les alternatives thérapeutiques les plus adaptées (*cf.* chapitre). On utilisera le questionnaire DN4.

Le caractère nociceptif d'une douleur est retenu lorsqu'il n'existe ni élément neuropathique ni systématisation neurologique de celle-ci.

Il existe des douleurs dites « mixtes », associant éléments neuropathiques et nociceptifs.

6.2. Dimension quantitative

Le niveau d'intensité est bien sûr un élément majeur de l'évaluation de la douleur, qu'elle soit aiguë ou chronique. Le recueil de cette information permet d'apprécier « l'urgence » à traiter, le niveau ou palier d'antalgiques à utiliser (ou prescrire) et surtout, l'évolution de cette douleur ainsi que le niveau de soulagement du patient.

La douleur étant une donnée subjective et multidimensionnelle, il convient de privilégier l'utilisation d'échelles d'autoévaluation (évaluation par le patient lui-même). Quand l'évaluation par le patient n'est pas possible, on utilise des échelles d'hétéroévaluation (évaluation par les soignants).

6.2.1. Échelles d'autoévaluation de la douleur

Elles concernent les patients dits « communiquants ». On entend par ce terme : patients capables de comprendre les questions posées et de communiquer en retour (verbalement, par écrit, par gestes...) et de façon fiable leur niveau de douleur.

- **L'Échelle Visuelle Analogique ou EVA**

  Permet, à l'aide d'une réglette graduée côté soignant et portant les mentions « aucune douleur » et « douleur maximale imaginable » à chaque extrémité d'une ligne côté patient, d'évaluer le niveau de douleur à un moment donné sur une échelle numérique de 0 à 10.

- **L'Échelle Numérique ou EN**

  Reprend le mode de notation numérique de la précédente mais sans support visuel. Il est demandé au patient de « noter » sa douleur de 0 à 10 à un moment donné. C'est probablement le mode le plus courant d'évaluation de l'intensité douloureuse en pratique.

- **L'Échelle Verbale Simple ou EVS**

  S'adresse aux patients n'étant pas capable d'utiliser les 2 précédentes (incompréhension, difficultés d'abstraction). On propose dans ce cas des qualificatifs au patient pour coter sa douleur : Aucune douleur, douleur faible, douleur moyenne, douleur intense ou douleur très intense.

Ces 3 échelles n'étant pas superposables, il est nécessaire d'utiliser toujours la même échelle au cours d'un suivi chez un patient donné.

6.2.2. Échelles d'hétéroévaluation de la douleur

Elles s'adressent aux patients dits « non communiquants ». On entend par ce terme : patients incapables de comprendre les questions posées (barrière de langue, certaines aphasies, démence, confusion, …) ou incapables de communiquer leur niveau de douleur (aphasie, coma, mutisme…). Les questionnaires spécifiques à la pédiatrie sont indiqués dans le chapitre correspondant.

- **L'échelle DOLOPLUS 2** (*cf.* Annexe)

  « Échelle d'évaluation comportementale de la douleur chez les personnes âgées présentant des troubles de la communication verbale ». C'est une échelle d'évaluation du niveau de douleur chronique validée chez le patient âgé. Elle se décompose en 10 éléments cotés chacun de 0 à 3 et répartis en 3 sous-groupes. Un score supérieur ou égal à 5/30 évoque une douleur chez le patient. Elle présente un intérêt dans le suivi douloureux.

- **L'échelle ALGOPLUS** (*cf.* Annexe)

  « Échelle d'évaluation comportementale de la douleur aiguë chez la personne âgée présentant des troubles de la communication verbale ». Version synthétique de la précédente et adaptée à la douleur aiguë, elle est particulièrement adaptée à la détection de la douleur chez le patient non-communiquant au cours d'une affection aiguë, de soins potentiellement douloureux (douleur iatrogène) ou d'accès douloureux transitoires. Cinq catégories d'éléments sont étudiées. Chaque réponse positive (oui) compte pour 1 point. Un score supérieur ou égal à 2/5 signe la présence d'une douleur.

- **L'échelle ECPA** (*cf.* Annexe)

  Également validée chez le sujet âgé, cette échelle a l'avantage d'étudier à la fois la composante au repos de la douleur (4 premiers éléments) et sa composante au moment des soins (4 derniers éléments). Chaque élément est coté de 0 à 4 donnant un total sur 32 points. Elle permet un suivi régulier du niveau de douleur du patient.

Comme les échelles utilisées chez le patient dit communiquant, ces 3 dernières échelles ne sont pas équivalentes entre elles. Il convient donc de choisir la même échelle en début d'évaluation et pour le suivi du patient.

6.3. Échelles multidimensionnelles

Ce sont des échelles prenant en compte différents aspects de la douleur chronique et de son retentissement dans différentes dimensions :

- **Le QDSA (Questionnaire Douleur Saint-Antoine)** (*cf.* Annexe)

Explore les dimensions sensorielles et affectives à l'aide 61 qualificatifs. Il donne des indications sur la tonalité des douleurs ainsi que sur le vécu de celles-ci par le patient. Il existe une version abrégée du QDSA (*cf.* Annexe) ne retenant que 15 qualificatifs, chacun devant être coté de 0 à 4 en fonction de l'intensité du symptôme.

- **L'échelle HADs (Hospital Anxiety and Depression Scale)** (*cf.* Annexe)

Évaluant la composante anxieuse et/ou dépressive chez le patient douloureux chronique. Elle comprend deux groupes de 7 questions, chaque réponse est cotée de 0 à 3 par le patient. Le score (0 à 21) de chacune des deux sous-échelles donne une idée sur la sévérité du retentissement de la douleur sur les composantes anxieuse et dépressive.

- **L'échelle du retentissement de la douleur sur le comportement quotidien** (*cf.* Annexe)
Questionnaire Concis de la Douleur

Le patient évaluant pour chaque élément de 0 à 10 (à la manière d'une EVA), le niveau de gêne occasionné par sa douleur sur son activité en général, son humeur, sa capacité à marcher, son aptitude au travail habituel, ses relations avec les autres, son sommeil et son goût de vivre.

POINTS-CLÉS

- **La douleur doit être évaluée selon 4 axes :**
  - savoir si on est dans un cadre de douleur aiguë ou chronique ;
  - sujet communicant ou non communicant ;
  - savoir quel est le mécanisme des douleurs : nociceptive, neuropathique, psychogène, fonctionnel, mixte ;
  - analyser les 4 dimensions de la douleur : sensori-discriminatif, affectif et émotionnel, cognitif, comportemental.
- **Les questionnaires indispensables à utiliser :**
  - évaluation quantitative : EN, EVA, EVS ;
  - évaluation qualitative : DN4 ;
  - évaluation du retentissement : HADs, QCD ;
  - évaluation chez le sujet âgé non communicant : algoplus.

+++ LE COUP DE POUCE DE L'ENSEIGNANT

- L'évaluation de l'intensité de la douleur se fait le plus simplement par une échelle numérique en 11 points, de 0 à 10. C'est cette échelle que l'on doit utiliser en pratique courante. L'EVA est surtout utile en recherche clinique.

ANNEXES

QUESTIONNAIRE DN4 : un outil simple pour rechercher les douleurs neuropathiques

Pour estimer la probabilité d'une douleur neuropathique, le patient doit répondre à chaque item des 4 questions ci dessous par « oui » ou « non ».

QUESTION 1 : la douleur présente-t-elle une ou plusieurs des caractéristiques suivantes ?

	Oui	Non
1. Brûlure	☐	☐
2. Sensation de froid douloureux	☐	☐
3. Décharges électriques	☐	☐

QUESTION 2 : la douleur est-elle associée dans la même région à un ou plusieurs des symptômes suivants ?

	Oui	Non
4. Fourmillements	☐	☐
5. Picotements	☐	☐
6. Engourdissements	☐	☐
7. Démangeaisons	☐	☐

QUESTION 3 : la douleur est-elle localisée dans un territoire où l'examen met en évidence :

	Oui	Non
8. Hypoesthésie au tact	☐	☐
9. Hypoesthésie à la piqûre	☐	☐

QUESTION 4 : la douleur est-elle provoquée ou augmentée par :

	Oui	Non
10. Le frottement	☐	☐

OUI = 1 point   NON = 0 point   **Score du Patient :   /10**

MODE D'EMPLOI

Lorsque le praticien suspecte une douleur neuropathique, le questionnaire DN4 est utile comme outil de diagnostic.

Ce questionnaire se répartit en 4 questions représentant 10 items à cocher :
- ✓ Le praticien interroge lui-même le patient et remplit le questionnaire
- ✓ A chaque item, il doit apporter une réponse « oui » ou « non »
- ✓ A la fin du questionnaire, le praticien comptabilise les réponses, 1 pour chaque « oui » et 0 pour chaque « non ».
- ✓ La somme obtenue donne le Score du Patient, noté sur 10.

Si le score du patient est égal ou supérieur à 4/10, le test est positif (sensibilité à 82,9 % ; spécificité à 89,9 %)

D'après Bouhassira D *et al. Pain* 2004 ; 108 (3) : 248-57.

ECHELLE DOLOPLUS

EVALUATION COMPORTEMENTALE DE LA DOULEUR CHEZ LA PERSONNE AGEE

NOM :   Prénom :

Service :

Observation comportementale

		DATES			
RETENTISSEMENT SOMATIQUE					
1• Plaintes somatiques	• pas de plainte	0	0	0	0
	• plaintes uniquement à la sollicitation	1	1	1	1
	• plaintes spontanées occasionnelles	2	2	2	2
	• plaintes spontanées continues	3	3	3	3
2• Positions antalgiques au repos	• pas de position antalgique	0	0	0	0
	• le sujet évite certaines positions de façon occasionnelle	1	1	1	1
	• position antalgique permanente et efficace	2	2	2	2
	• position antalgique permanente inefficace	3	3	3	3
3• Protection de zones douloureuses	• pas de protection	0	0	0	0
	• protection à la sollicitation n'empêchant pas la poursuite de l'examen ou des soins	1	1	1	1
	• protection à la sollicitation empêchant tout examen ou soins	2	2	2	2
	• protection au repos, en l'absence de toute sollicitation	3	3	3	3
4• Mimique	• mimique habituelle	0	0	0	0
	• mimique semblant exprimer la douleur à la sollicitation	1	1	1	1
	• mimique semblant exprimer la douleur en l'absence de toute sollicitation	2	2	2	2
	• mimique inexpressive en permanence et de manière inhabituelle (atone, figée, regard vide)	3	3	3	3
5• Sommeil	• sommeil habituel	0	0	0	0
	• difficultés d'endormissement	1	1	1	1
	• réveils fréquents (agitation motrice)	2	2	2	2
	• insomnie avec retentissement sur les phases d'éveil	3	3	3	3
RETENTISSEMENT PSYCHOMOTEUR					
6• Toilette et/ou habillage	• possibilités habituelles inchangées	0	0	0	0
	• possibilités habituelles peu diminuées (précautionneux mais complet)	1	1	1	1
	• possibilités habituelles très diminuées, toilette et/ou habillage étant difficiles et partiels	2	2	2	2
	• toilette et/ou habillage impossibles, le malade exprimant son opposition à toute tentative	3	3	3	3
7• Mouvements	• possibilités habituelles inchangées	0	0	0	0
	• possibilités habituelles actives limitées (le malade évite certains mouvements, diminue son périmètre de marche)	1	1	1	1
	• possibilités habituelles actives et passives limitées (même aidé, le malade diminue ses mouvements)	2	2	2	2
	• mouvement impossible, toute mobilisation entraînant une opposition	3	3	3	3
RETENTISSEMENT PSYCHOSOCIAL					
8• Communication	• inchangée	0	0	0	0
	• intensifiée (la personne attire l'attention de manière inhabituelle)	1	1	1	1
	• diminuée (la personne s'isole)	2	2	2	2
	• absence ou refus de toute communication	3	3	3	3
9• Vie sociale	• participation habituelle aux différentes activités (repas, animations, ateliers thérapeutiques,...)	0	0	0	0
	• participation aux différentes activités uniquement à la sollicitation	1	1	1	1
	• refus partiel de participation aux différentes activités	2	2	2	2
	• refus de toute vie sociale	3	3	3	3
10• Troubles du comportement	• comportement habituel	0	0	0	0
	• troubles du comportement à la sollicitation et itératif	1	1	1	1
	• troubles du comportement à la sollicitation et permanent	2	2	2	2
	• troubles du comportement permanent (en dehors de toute sollicitation)	3	3	3	3
	SCORE				

ECHELLE ALGOPLUS

Evaluation de la douleur

Echelle d'évaluation comportementale de la douleur aigüe chez la personne âgée présentant des troubles de la communication verbale

Identification du patient

Date de l'évaluation de la douleur												
Heure	___h___		___h___		___h___		___h___		___h___		___h___	
	OUI	NON	OUI	NON	OUI	NON	OUI	NON	OUI	NON	OUI	NON
1 • Visage Froncement des sourcils, grimaces, crispation, mâchoires serrées, visage figé.												
2 • Regard Regard inattentif, fixe, lointain ou suppliant, pleurs, yeux fermés.												
3 • Plaintes « Aïe », « Ouille », « J'ai mal », gémissements, cris.												
4 • Corps Retrait ou protection d'une zone, refus de mobilisation, attitudes figées.												
5 • Comportements Agitation ou agressivité, agrippement.												
Total OUI	/5		/5		/5		/5		/5		/5	
Professionnel de santé ayant réalisé l'évaluation	☐ Médecin ☐ IDE ☐ AS ☐ Autre Paraphe		☐ Médecin ☐ IDE ☐ AS ☐ Autre Paraphe		☐ Médecin ☐ IDE ☐ AS ☐ Autre Paraphe		☐ Médecin ☐ IDE ☐ AS ☐ Autre Paraphe		☐ Médecin ☐ IDE ☐ AS ☐ Autre Paraphe		☐ Médecin ☐ IDE ☐ AS ☐ Autre Paraphe	

Échelle comportementale de la douleur chez la personne âgée (ECPA)
Personne NON communicante

OBSERVATIONS AVANT LES SOINS	
1° L'expression du visage : REGARD et MIMIQUE	
0 : Visage détendu	0
1 : Visage soucieux	1
2 : Le sujet grimace de temps en temps	2
3 : Regard effrayé et/ou visage crispé	3
4 : Expression complètement figée	4
2° POSITION SPONTANÉE au repos (recherche d'une attitude ou position antalgique)	
0 : Aucune position antalgique	0
1 : Le sujet évite une position	1
2 : Le sujet choisit une position antalgique	2
3 : Le sujet recherche sans succès une position antalgique	3
4 : Le sujet reste immobile comme cloué par la douleur	4
3° Sur les MOUVEMENTS (ou MOBILITÉ) DU PATIENT (hors et/ou dans le lit)	
0 : Le sujet bouge ou ne bouge pas comme d'habitude *	0
1 : Le sujet bouge comme d'habitude * mais évite certains mouvements	1
2 : Lenteur, rareté des mouvements contrairement à son habitude *	2
3 : Immobilité contrairement à son habitude *	3
4 : Absence de mouvement ** ou forte agitation contrairement à son habitude *	4
4° Sur la RELATION À AUTRUI, il s'agit de toute relation, quel qu'en soit le type : regard, geste, expression...	
0 : Même type de contact que d'habitude *	0
1 : Contact plus difficile que d'habitude *	1
2 : Évite la relation contrairement à l'habitude *	2
3 : Absence de tout contact contrairement à l'habitude *	3
4 : Indifférence totale contrairement à l'habitude *	4

* se référer au(x) jour(s) précédent(s)
** ou prostration
N. B. : les états végétatifs correspondent à des patients ne pouvant être évalués par cette échelle

OBSERVATIONS PENDANT LES SOINS	
5° Anticipation ANXIEUSE aux soins	
0 : Le sujet ne montre pas d'anxiété	0
1 : Angoisse du regard, impression de peur	1
2 : Sujet agité	2
3 : Sujet agressif	3
4 : Cris, soupirs, gémissements	4
6° Réactions pendant la MOBILISATION	
0 : Le sujet se laisse mobiliser ou se mobilise sans y accorder une attention particulière	0
1 : Le sujet a un regard attentif et semble craindre la mobilisation et les soins	1
2 : Le sujet retient de la main ou guide les gestes lors de la mobilisation ou des soins	2
3 : Le sujet adopte une position antalgique lors de la mobilisation ou des soins	3
4 : Le sujet s'oppose à la mobilisation ou aux soins	4
7° Réactions pendant les SOINS des ZONES DOULOUREUSES	
0 : Aucune réaction pendant les soins	0
1 : Réaction pendant les soins, sans plus	1
2 : Réaction au toucher des zones douloureuses	2
3 : Réaction à l'effleurement des zones douloureuses	3
4 : L'approche des zones est impossible	4
8° PLAINTES exprimées PENDANT le soin	
0 : Le sujet ne se plaint pas	0
1 : Le sujet se plaint si le soignant s'adresse à lui	1
2 : Le sujet se plaint en présence du soignant	2
3 : Le sujet gémit ou pleure silencieusement dès qu'on le soigne	3
4 : Le sujet crie ou se plaint violemment dès qu'on le soigne	4

ECPA - 4° version, 1999 - Personne âgée NON communicante

R. morello, m. Alix (CHU Caen), A. Tosin , T. Bern et an -CH La Rochefoucauld - 1999
In 'Douleurs'; n 61 de la revue "La Gérontologie et la Gérontologie") avril 2000.

Questionnaire douleur de Saint-Antoine – QDSA
(forme abrégée)
Qualificatifs de la douleur

Ce questionnaire permet d'analyser qualitativement et quantitativement (échelle en 5 classes) des mots pour décrire la douleur orientant vers une douleur neuropathique mais aussi le ressenti émotionnel de la douleur :

	PAS DE DOULEUR	LÉGÈRE	MODÉRÉE	FORTE	TRÈS FORTE
Pulsatile	0)	1)	2)	3)	4)
En éclairs	0)	1)	2)	3)	4)
Coup de poignard	0)	1)	2)	3)	4)
Vive	0)	1)	2)	3)	4)
À type de crampe	0)	1)	2)	3)	4)
Qui ronge	0)	1)	2)	3)	4)
Chaude/brûlante	0)	1)	2)	3)	4)
Sourde	0)	1)	2)	3)	4)
Lourde	0)	1)	2)	3)	4)
Sensible au contact	0)	1)	2)	3)	4)
Déchirante	0)	1)	2)	3)	4)
Fatigante-épuisante	0)	1)	2)	3)	4)
À rendre malade	0)	1)	2)	3)	4)
Angoissante	0)	1)	2)	3)	4)
Cruelle – qui punit	0)	1)	2)	3)	4)

Échelle HADs Anxiété Dépression
H.A.D.

Hospital and anxiety depression scale (Zigmond A.S & Snait R.P).

Traduction française : J.P. Lépine

Les médecins savent que les émotions jouent un rôle important dans la plupart des maladies. Si votre médecin est au courant des émotions que vous éprouvez, il pourra mieux vous aider.

Ce questionnaire a été conçu de façon à permettre à votre médecin de se familiariser avec ce que vous éprouvez vous même sur le plan émotif. Ne faites pas attention aux chiffres ni aux lettres imprimés à la gauche du questionnaire. Lisez chaque série de questions et <u>soulignez</u> la réponse qui exprime le mieux ce que vous avez <u>éprouvé au cours de la semaine qui vient de s'écouler</u>.

Ne vous attardez pas sur la réponse à faire : votre réaction immédiate à chaque question fournira probablement une meilleure indication de ce que vous éprouvez, qu'une réponse longuement méditée.

Je me sens tendu ou énervé :
3	la plupart du temps
2	souvent
1	de temps en temps
0	jamais

Je prends plaisir aux mêmes choses qu'autrefois :
0	Oui, tout autant
1	Pas autant
2	Un peu seulement
3	Presque plus

J'ai une sensation de peur comme si quelque chose d'horrible allait m'arriver :
3	Oui, très nettement
2	Oui, mais ce n'est pas trop grave
1	Un peu, mais cela ne m'inquiète pas
0	Pas du tout

Je ris facilement et vois le bon côté des choses :
0	Autant que par le passé
1	Plus autant qu'avant
2	Vraiment moins qu'avant
3	Plus du tout

Je me fais du souci :
3	Très souvent
2	Assez souvent
1	Occasionnellement
0	Très occasionnellement

Je suis de bonne humeur :
3	Jamais
2	Rarement
1	Assez souvent
0	La plupart du temps

Je peux rester tranquillement assis à ne rien faire et me sens décontracté :

0	Oui, quoi qu'il arrive
1	Oui, en général
2	Rarement
3	Jamais

J'ai l'impression de fonctionner au ralenti :

3	Presque toujours
2	Très souvent
1	Parfois
0	Jamais

J'éprouve des sensations de peur et j'ai l'estomac noué :

0	Jamais
1	Parfois
2	Assez souvent
3	Très souvent

Je ne m'intéresse plus à mon apparence :

3	Plus du tout
2	Je n'y accorde plus autant d'attention que je le devrai
1	Il se peut que je n'y fasse plus autant attention
0	J'y prête autant d'attention que par le passé

J'ai la bougeotte et n'arrive pas à tenir en place :

3	Oui, c'est tout à fait le cas
2	Un peu
1	Pas tellement
0	Pas du tout

Je me réjouis d'avance à l'idée de faire certaines choses :

0	Autant qu'avant
1	Un peu moins qu'avant
2	Bien moins qu'avant
3	Presque jamais

J'éprouve des sensations soudaines de panique :

3	Vraiment très souvent
2	Assez souvent
1	Pas très souvent
0	Jamais

Je prends plaisir à un bon livre ou à une bonne émission de radio ou de télévision :

0	Souvent
1	Parfois
2	Rarement
3	Très rarement

Maintenant, vérifiez que vous avez répondu à toutes les questions :

Si score ≥ 7 éléments anxieux ou dépressifs.

Si score ≥ 11 : anxiété ou dépression caractérisée.

Échelle QCD : questionnaire concis de la douleur

Pour chacune des questions suivantes indiquez le chiffre qui correpond le mieux à la gène occasionnée par votre douleur la semaine précédente :

A/ Activité générale

0	1	2	3	4	5	6	7	8	9	10
Ne gêne pas										Gêne complètement

B/ Humeur

0	1	2	3	4	5	6	7	8	9	10
Ne gêne pas										Gêne complètement

C/ Capacité à marcher

0	1	2	3	4	5	6	7	8	9	10
Ne gêne pas										Gêne complètement

D/ Travail habituel (y compris à l'extérieur de la maison et les travaux domestiques)

0	1	2	3	4	5	6	7	8	9	10
Ne gêne pas										Gêne complètement

E/ Relation avec les autres

0	1	2	3	4	5	6	7	8	9	10
Ne gêne pas										Gêne complètement

F/ Sommeil

0	1	2	3	4	5	6	7	8	9	10
Ne gêne pas										Gêne complètement

G/ Goût de vivre

0	1	2	3	4	5	6	7	8	9	10
Ne gêne pas										Gêne complètement

CHAPITRE **3**

Les douleurs par excès de nociception

Pr Serge Perrot*, Pr Éric Viel**

* PU-PH, Centre d'Évaluation et de Traitement de la Douleur,
Hôpital Hôtel Dieu-Cochin, Université Paris Descartes, INSERM U 987, Paris

** PA-PH, Médecine de la Douleur & Médecine Palliative,
Faculté de Médecine Montpellier-Nîmes ; Chef de Service du Centre d'Évaluation
et de Traitement de la Douleur Chronique Rebelle,
Groupe Hospitalo-Universitaire Caremeau, Nîmes

PLAN DU CHAPITRE

1. Les situations les plus fréquentes de douleur nociceptive

   1.1. Les douleurs nociceptives per et post-opératoires

   1.2. Les douleurs inflammatoires

   1.3. Les douleurs induites par les gestes et les soins

   1.4. Les douleurs induites par le mouvement

2. Mécanismes des douleurs nociceptives

2.1. La douleur nociceptive, une douleur utile ?

2.2. Activation des nocicepteurs : quels mécanismes ?

3. Douleurs nociceptives : clinique et évaluation

   3.1. Clinique

   3.2. Les douleurs nociceptives : évaluation clinique

4. Traitement et prise en charge des douleurs nociceptives

OBJECTIFS PÉDAGOGIQUES

- **Connaître la physiopathologie des douleurs par excès de nociception.**
- **Connaître les grandes étiologies des douleurs par excès de nociception.**
- **Connaître les particularités thérapeutiques des douleurs par excès de nociception.**

MOTS CLÉS : nociception ; douleurs induites ; inflammation ; aiguë ; péri-opératoire.

Le terme de nociception a été introduit pour désigner le système qui permet de détecter les stimulations menaçant l'intégrité de l'organisme, stimulations dites nociceptives. La finalité de la nociception est un signal d'alarme utile. On le réserve souvent à ce que l'on observe chez l'animal, le terme de douleur étant appliqué à l'expérience humaine.

© MEDLINE

Les douleurs par excès de nociception sont liées à une activation du système nocicepteur périphérique, lors d'une lésion ou agression tissulaire aiguë. Ces douleurs nociceptives se rencontrent essentiellement lors d'états inflammatoires et post-traumatiques et sont en général aiguës. Ce sont des douleurs de mécanisme périphérique et probablement les douleurs les plus accessibles à un traitement médicamenteux. En réalité, les douleurs nociceptives sont souvent associées à des phénomènes neuropathiques, pour former les douleurs dites mixtes, les plus fréquentes.

Douleurs nociceptives / par excès de nociception : définition
Douleurs liées à une activation des nocicepteurs périphériques par une lésion tissulaire locale.

---

1. Les situations les plus fréquentes de douleur nociceptive

LES SITUATIONS LES PLUS FRÉQUENTES DE DOULEURS NOCICEPTIVES :

- Post-traumatique
- Péri et post-opératoire
- Inflammation aiguë : arthrite, colique néphrétique
- Induite par les gestes et les soins
- Douleurs du cancer (qui sont souvent mixtes)
- Douleur induite par le mouvement

1.1. Les douleurs nociceptives per et post-opératoires

La douleur fait partie intégrante de l'acte chirurgical, quel qu'il soit. La douleur n'est pas directement corrélée avec l'importance de l'agression tissulaire chirurgicale, elle est extrêmement variable d'un opéré à l'autre et l'on considère que 10 à 15 % environ des opérés ne souffrent pas ou peu. Il peut donc exister une dissociation plus ou moins marquée entre l'importance des lésions tissulaires et la douleur.

Il faut ici distinguer deux temps différents :
- **la douleur per-opératoire**, qui est liée directement à l'acte chirurgical, et qui nécessite une anesthésie ;
- **la douleur post-opératoire**, suite de la chirurgie mais qui dépend également de l'état physiologique sous-jacent et va être très importante à prendre en charge dans la phase de récupération et de rééducation. Elle nécessite une analgésie.

1.2. Les douleurs inflammatoires

Les douleurs inflammatoires sont des douleurs très intenses, en général aiguës.

Les deux situations les plus représentatives de douleurs aiguës inflammatoires :
- **la colique néphrétique** : douleur extrêmement intense, lombaire, liée à une dilatation et inflammation des voies urinaires par un obstacle ;
- **la poussée d'arthrite** : au cours de la polyarthrite rhumatoïde, de la goutte, de la chondrocalcinose, ou d'une atteinte infectieuse.

1.3. Les douleurs induites par les gestes et les soins

Les douleurs induites par les gestes et les soins sont des douleurs très fréquentes en hospitalisation. Elles surviennent dans des situations très variées.

DOULEURS INDUITES PAR LES SOINS :

- Lors de geste de soin : pansement, soin d'escarre, soin de brûlure…
- Lors de ponctions : prélèvement sanguin, drain, ponction pleurale, ponction lombaire, prélèvement articulaire, ponction sternale, fibroscopie…
- Lors de mobilisation : kinésithérapie, rééducation, transfert sur table d'examen, transfert sur table d'imagerie.

1.4. Les douleurs induites par le mouvement

On parlera ici souvent de douleurs mécaniques, lors de la marche par exemple, survenant lors d'une arthrose des membres inférieurs. Il s'agit aussi de douleurs induites lors de certains soins : rééducation, kinésithérapie…

2. Mécanismes des douleurs nociceptives

La description classique de la physiopathologie de la douleur inclut 4 processus :
- **la Transduction** : conversion de l'énergie apportée par un stimulus douloureux (mécanique, thermique, chimique) en énergie électrique (potentiel de récepteur) par les récepteurs sensoriels à la douleur (nocicepteurs) ;
- **la Transmission** : du signal vers la moelle épinière et le cerveau ;
- **la Perception** : l'appréciation des signaux arrivant aux structures de la douleur ;
- **la Modulation** : par les voies descendantes inhibitrices et facilitatrices venant du cerveau et modifiant la transmission au niveau spinal. La modulation de la douleur, dernière étape du processus douloureux s'effectue à de très nombreux niveaux dès la périphérie jusqu'au niveau cortical. Elle s'observe par exemple lors de phénomènes cognitifs tels que l'attention, la distraction, l'anticipation.

Les douleurs nociceptives ou par excès de nociception sont liées à l'activation des récepteurs nociceptifs tissulaires présents dans la plupart des tissus, sauf le cartilage qui n'est ni innervé ni vascularisé. Ces phénomènes concernent donc surtout la phase de transduction.

2.1. La douleur nociceptive, une douleur utile ?

On considère cette douleur aiguë comme un signal d'alarme et cette douleur a longtemps été considérée comme une douleur dite utile, car permettant d'alerter sur un dysfonctionnement, une lésion, une fracture, une tumeur… À une époque encore récente, il était déconseillé de traiter la douleur en post-opératoire, pour ne pas masquer un problème post-opératoire. Heureusement, d'autres moyens existent pour dépister une complication post-opératoire et la douleur nociceptive n'est plus considérée comme utile, elle doit être traitée.

2.2. Activation des nocicepteurs : quels mécanismes ?

Les nocicepteurs peuvent être activés directement par la lésion tissulaire, ou être préalablement sensibilisés par la lésion tissulaire et dans ce cas activé par une stimulation minime. Les nocicepteurs peuvent être activés par des stimuli thermique, mécanique ou chimique. Des flux transmembranaires d'ions sont à l'origine de l'apparition d'un potentiel d'action. La réactivité de ce système peut se modifier essentiellement à la suite d'une modification de l'environnement tissulaire. Il a été montré que certaines substances étaient algogènes (sérotonine, bradykinine, ions H^+ et K^+) déclenchant l'influx douloureux alors que d'autres sont sensibilisatrices (prostaglandines, leucotriènes, histamine).

On observe ici deux phénomènes périphériques :
- **activation du nocicepteur :** déclenche une sensation douloureuse ;
  Le seuil de la douleur est globalement identique chez tous les êtres humains : on perçoit la douleur à partir de la même intensité de stimulus. Par ex : la chaleur est perçue comme sensation douloureuse à partir de 44 °C, pour une température ou elle commence à endommager les tissus ;
- **sensibilisation du nocicepteur :** le récepteur est sensibilisé par une inflammation, une substance chimique, et va s'activer pour une stimulation habituellement non douloureuse : diminution du seuil d'activation, activation spontanée de nocicepteurs jusque-là « silencieux », augmentation de l'excitabilité et de la fréquence de décharge.

> La sensibilisation des nocicepteurs périphériques est due à l'action de substances libérées lors de l'inflammation (prostaglandines, leucotriènes, histamine) ou par les terminaisons nerveuses.

Dans tous les cas, le message douloureux va ensuite être conduit vers la moelle épinière, et toutes les structures centrales de la douleur, pour être modulé et donner naissance à la sensation douloureuse.

La physiopathologie de ces douleurs est décrite de façon approfondie dans le chapitre « physiopathologie de la douleur ».

3. Douleurs nociceptives : clinique et évaluation

3.1. Clinique

Les douleurs nociceptives sont en général aiguës et plutôt intenses. Habituellement, le vocabulaire utilisé par les patients est limité, peu métaphorique, au contraire des douleurs neuropathiques.

Dans les douleurs nociceptives, on observera surtout une hyperalgésie.

> **L'allodynie** correspond à la réduction d'un seuil douloureux ; un stimulus normalement non nociceptif va donc être perçu comme douloureux par le patient. Une allodynie doit toujours être caractérisée par la modalité de stimulation (mécanique, thermique, chimique) et le type de stimulus utilisé (mécanique : toucher, pression, piqûre, distension ; thermique : chaud, froid ; chimique : type de substance).
>
> **L'hyperalgésie** correspond à une perception douloureuse anormalement intense à un stimulus normalement douloureux. Là encore la nature du stimulus utilisé doit être précisée.

3.2. Les douleurs nociceptives : évaluation clinique

Les douleurs nociceptives sont en général essentiellement décrites par leur intensité : Échelle numérique (EN) ou échelle visuelle analogique (EVA). Au contraire des douleurs neuropathiques, où la description est très imagée, avec de nombreuses sensations douloureuses et non douloureuses (picotements, démangeaisons, brûlures…), il n'existe habituellement pas de sensations anormales associées à la douleur dans les douleurs nociceptives.

4. Traitement et prise en charge des douleurs nociceptives

La prise en charge des douleurs nociceptives, comme pour toutes les douleurs, repose sur une prise en charge médicamenteuse et non médicamenteuse.

PRINCIPES GÉNÉRAUX DE LA PRISE EN CHARGE DES DOULEURS NOCICEPTIVES :

- Le traitement de la cause de la douleur nociceptive permet souvent de réduire les douleurs : traiter l'inflammation, traiter le cancer, la lésion traumatique…
- Chercher à prévenir les douleurs, à les anticiper : douleurs du cancer, douleurs induites par les soins, douleurs post-opératoires, douleur induite par la rééducation, la mobilisation…
- Réduire l'anxiété des patients, en les informant, en préopératoire, avant un soin, avant une mobilisation…
- Utiliser essentiellement les médicaments antalgiques des 3 paliers, et notamment les morphiniques, en les associant éventuellement à des techniques locales : anesthésiques locaux, radiothérapie locale, ou générales : MEOPA, relaxation…
- Préférer la gestion des douleurs par le patient lui-même, par voie orale.
- La gestion des douleurs nociceptives permet une récupération plus rapide, et moins de séquelles douloureuses.
- Dans le cas de douleurs nociceptives prévisibles, comme dans le cancer (accès douloureux paroxystique), prévoir un traitement adapté systématiquement.
- Ne pas se référer aux paliers de l'OMS pour les douleurs non cancéreuses ; les paliers de l'OMS sont validés dans les douleurs du cancer.
- Les traitements modulateurs de la douleur, à action centrale, tels que les antidépresseurs ou antiépileptiques sont peu efficaces ici et n'ont pas d'indication.

Conclusion

Les douleurs nociceptives sont fréquentes, et encore insuffisamment traitées. Leur mécanisme est simple ainsi que leur évaluation et nécessite si possible de traiter la cause, l'inflammation étant souvent au premier plan. Si les progrès majeurs de l'anesthésie ont permis d'améliorer de façon notable les douleurs péri-opératoires, il reste encore des progrès importants à faire dans la prise en charge des douleurs induites ou encore des douleurs du cancer.

BIBLIOGRAPHIE

– Viel E., Gache A., de La Coussaye J-E. L'analgésie pour douleur traumatique de l'adulte, *in* : DEQUAD URGENCES, Douleurs aiguës en situation d'urgence : des techniques à la démarche qualité, G. Bleichner, F. Brunet, M. Chauvin, J-L. Ducassé, B. Mangola, P. Ravaud, A. Ricard-Hibon, É. Viel, C. Wood eds, Arnette : Paris, 2004 : 148-156.

– Fletcher D., Chauvin M. Douleurs aiguës, Collection Références en douleur et analgésie, L. Brasseur, D. Bouhassira & M. Chauvin eds, Paris : Arnette, 2006.

POINTS-CLÉS

- Savoir que les douleurs par excès de nociception sont fréquentes en aigu et dans l'inflammation, beaucoup moins fréquentes en chronique.
- La douleur par excès de nociception ne doit plus être considérée comme une douleur utile.
- Il n'existe pas de questionnaire spécifique des douleurs par excès de nociception, au contraire des douleurs neuropathiques.
- Les douleurs par excès de nociception, ou nociceptives, sont traitées avant tout par des médicaments, et en général avec efficacité.

+++ LE COUP DE POUCE DE L'ENSEIGNANT

- Différencier l'anesthésie (blocage complet de la sensation douloureuse par voie locale ou générale) pour permettre un geste, et l'analgésie (atténuation ou traitement de la douleur).
- Savoir que les anti-inflammatoires et les opioïdes sont les traitements les plus utilisés pour les douleurs nociceptives.

CHAPITRE **4**

Douleurs neuropathiques

Situations cliniques particulières, description clinique, étiologies

Dr Valeria Martinez*, Pr Nadine Attal**

* PH, Centre d'Évaluation et de Traitement de la Douleur,
Hôpital Ambroise Paré, Boulogne

** PA-PH, Centre d'Évaluation et de Traitement de la Douleur,
Hôpital Ambroise Paré, Boulogne

OBJECTIFS PÉDAGOGIQUES

– **Connaître la définition de la douleur neuropathique.**
– **Connaître les différentes caractéristiques que peut prendre la douleur neuropathique.**
– **Savoir poser le diagnostic de douleur neuropathique.**

MOTS CLÉS : le diagnostic est clinique ; descripteurs spécifiques de la douleur ; déficit sensitif ; allodynie.

© MEDLINE

1. Définitions

1.1. Définition de la douleur neuropathique

La douleur neuropathique est une douleur secondaire à une lésion ou une maladie du système somatosensoriel.

1.2. Douleurs neuropathiques, douleurs nociceptives

Les douleurs neuropathiques s'opposent classiquement aux douleurs « nociceptives » ou « par excès de nociception » qui sont liées à une activation anormale des nocicepteurs notamment du fait d'une inflammation (cas des douleurs d'arthrose, d'arthrite ou de la plupart des douleurs cancéreuses).

1.3. Douleur neuropathique périphérique ou centrale

Selon la localisation de la lésion nerveuse, on distingue la douleur neuropathique périphérique de la douleur neuropathique centrale (ou « douleur centrale »). La douleur neuropathique périphérique est liée à une lésion intéressant le tronc nerveux, le ganglion sensitif, le plexus, ou la racine nerveuse ; la douleur neuropathique centrale est liée à une lésion située au niveau de la moelle épinière ou du cerveau.

1.4. Douleur neuropathique isolée ou mixte

Les douleurs neuropathiques peuvent être isolées ou être associées à des douleurs nociceptives, notamment dans les pathologies cancéreuses ou au cours des lombosciatiques. On parle alors de douleurs mixtes.

2. Épidémiologie

Les douleurs neuropathiques ont longtemps été sous-estimées, mais en réalité ne sont pas rares. Ainsi, selon une large étude épidémiologique en population générale en France, 6,9 % de la population générale (après 18 ans) présenterait des douleurs de caractéristique neuropathique, soit l'équivalent d'un quart de la population souffrant de douleur chronique.

3. Étiologies

Il existe une grande diversité des contextes cliniques et de lésions nerveuses en cause dans les douleurs neuropathiques. Ces lésions ne correspondent pas nécessairement à des maladies neurologiques, et peuvent être mécaniques, infectieuses, toxiques ou métaboliques. Les douleurs neuropathiques n'apparaissent donc pas seulement dans un contexte neurologique et concernent toutes les spécialités médicales (tableau 1).

Tableau 1. ÉTIOLOGIES DES DOULEURS NEUROPATHIQUES

CAUSES LES PLUS FRÉQUENTES

- *Étiologies périphériques*

Radiculopathies (hernie discale, canal lombaire étroit, radiculopathie après chirurgie du rachis...).

Lésions nerveuses post-opératoires ou post-traumatiques (exemple : douleurs post-thoracotomie, post-mastectomie, douleurs après chirurgie inguinale, après prothèse totale du genou...).

Syndromes canalaires (canal carpien notamment).

Neuropathies diabétiques.

- *Étiologies centrales*

Accident vasculaire cérébral.

CAUSES MOINS FRÉQUENTES

- *Étiologies périphériques*

Douleurs post-zostériennes.

Plexite radique (notamment après radiothérapie pour cancer du sein).

Neuropathies chimio-induites (exemple : neuropathies des chimiothérapies par sels de platine).

Douleurs neuropathiques associées au cancer (par compression ou envahissement nerveux).

Neuropathies du SIDA.

Neuropathies alcooliques.

- *Étiologies centrales*

Lésions médullaires traumatiques.

Sclérose en plaques.

CAUSES RARES

- *Étiologies périphériques*

Neuropathies dans le cadre des maladies de système ou de pathologies endocriniennes (exemple syndrome de Goujerot Sjögren, hypothyroïdie...).

Carences vitaminiques (exemple vitamine B1, B12...).

Neuropathies médicamenteuses (autres que chimiothérapies) (exemple : isoniazide, disulfiram, amiodarone...).

Neuropathies toxiques (exemple : organophosphorés...).

Maladies génétiques (exemple : maladie de Fabry...).

- *Étiologies centrales*

Syringomyélie.

Autres lésions médullaires (tumeurs, lésions vasculaires...).

Lésions cérébrales (autres que les AVC).

4. Sémiologie de la douleur neuropathique

Devant toute douleur, il est nécessaire de faire la part entre la douleur nociceptive et neuropathique.

C'est la convergence des éléments de l'interrogatoire et de l'examen clinique qui permet de reconnaître une douleur neuropathique. En pratique, le diagnostic de douleur neuropathique repose sur un interrogatoire et un examen clinique bien conduits.

4.1. Les éléments de l'interrogatoire

4.1.1. Le contexte

L'interrogatoire recherche un contexte de lésion ou de maladie du système nerveux. Un intervalle libre entre la lésion et l'apparition de la douleur est possible mais pas constant. La chronicité est établie par la persistance de la douleur depuis plus de trois mois.

4.1.2. Description des douleurs

La sémiologie de la douleur neuropathique est riche et s'oppose à celle de la douleur nociceptive (tableau 2).

Tableau 2. COMPARAISON DES DIFFÉRENTES CARACTÉRISTIQUES DES DOULEURS CHRONIQUES NEUROPATHIQUES ET PAR EXCÈS DE NOCICEPTION		
TYPE DE DOULEUR	**DOULEUR PAR EXCÈS DE NOCICEPTION**	**DOULEUR NEUROPATHIQUE**
Prévalence en population générale	25 % (15 % pour les douleurs modérées à sévères)	6,9 % (5 % pour les douleurs modérées à sévères)
Physiopathologie	Stimulation anormale des nocicepteurs.	Lésion ou maladie nerveuse périphérique ou centrale.
Sémiologie	Rythme mécanique ou inflammatoire.	Composante continue ou paroxystique. Composante spontanée ou évoquée. Descripteurs particuliers (brûlure, décharges électriques…) Dysesthésies, paresthésies (picotements, fourmillements, engourdissement, démangeaisons).
Topographie	Sans systématisation neurologique.	Douleur dans un territoire neuro-anatomique systématisé.
Examen clinique	Examen neurologique normal. On peut souvent trouver une manœuvre reproduisant la douleur (douleur à la pression musculaire, lors de la mobilisation articulaire…)	Signes négatifs ou déficitaires (hypoesthésie, anesthésie, hypoalgésie). Signes positifs ou douleurs provoquées (allodynie notamment au frottement ; hyperalgésie notamment au froid, à la piqûre).

4.1.2.1. Type de douleur

La douleur peut être **continue ou paroxystique**, et survenir de façon spontanée ou être déclenchée par des stimulations diverses (douleur provoquée). Les douleurs peuvent être **spontanées ou provoquées** par une stimulation habituellement perçue comme non douloureuse, on emploie alors le terme d'**allodynie.** Cette allodynie peut être déclenchée par un stimulus mécanique par exemple le frottement, le contact ou un stimulus thermique, on parle alors d'allodynie mécanique ou thermique. Quand une douleur exagérée est provoquée par une stimulation perçue habituellement comme douleureuse, on utilise alors le terme d'**hyperalgésie**. Celle-ci peut être également mécanique ou thermique.

4.1.2.2. Descripteurs de la douleur neuropathique

Le vocabulaire utilisé par le patient pour décrire ses douleurs doit attirer l'attention, certains descripteurs sont plus fréquemment utilisés que d'autres pour décrire la douleur neuropathique : il s'agit des mots tels que **brûlure, décharges électriques, froid douloureux**. Les symptômes douloureux sont fréquemment accompagnés de sensations anormales non douloureuses (paresthésies) non douloureuses, mais souvent désagréables (dysesthésies), telles que des **fourmillements, picotements, démangeaisons, engourdissement**.

4.2. Examen clinique

4.2.1. Topographie

L'examen neurologique retrouve des signes évocateurs d'une atteinte dans un territoire neuro-anatomique compatible avec une atteinte du système nerveux. L'atteinte d'une zone sensitive limitée et systématisée à un territoire nerveux évoque une atteinte nerveuse ou tronculaire, l'atteinte d'un dermatome évoque plutôt une lésion au niveau d'une racine, la latéralisation sur hémicorps une atteinte du système nerveux central supérieur et enfin une lésion médullaire est suspectée en cas d'atteinte bilatérale, en particulier de la partie inférieure du corps. Cependant la topographie douloureuse peut être trompeuse, et non parfaitement superposable au territoire nerveux concerné par la lésion.

4.2.2. Association de signes négatifs et positifs

L'examen recherche l'association de signes neurologiques négatifs et positifs localisées dans un territoire compatible avec une lésion neurologique périphérique ou centrale. Les signes négatifs dépendent de la lésion du système nerveux et se caractérisent par un déficit le plus souvent sensitif. Si la lésion nerveuse touche les grosses fibres myélinisées, on peut observer un déficit moteur (lésions des fibres A alpha) ou un déficit de la sensibilité tactile grossière (lésion des fibres A bêta). En général, ce sont cependant les fibres plus fines, non myélinisées (fibres A delta et C) ou leur prolongements spino-thalamiques, qui sont principalement lésées. On retrouve alors un déficit sensitif à la piqûre ou au chaud/froid. Les signes négatifs notés ci-dessus s'associent ou co-existent avec des signes positifs représentés notamment par l'allodynie au frottement et l'allodynie thermique au chaud et au froid.

4.2.3. Outils de dépistage

Il existe désormais plusieurs outils d'aide au diagnostic de la douleur neuropathique regroupant les éléments sémiologiques et parfois les éléments d'examen clinique. En France, l'outil DN4 est un questionnaire de dépistage des douleurs neuropathiques (périphériques ou centrales), comportant 7 items d'interrogatoire et 3 items d'examen clinique, côtés chacun de façon dichotomique (oui, non) (Tableau 3). Une réponse positive à au moins 4 items sur 10 oriente vers une douleur neuropathique avec une excellente sensibilité et spécificité.

Tableau 3. QUESTIONNAIRE DN4

Questionnaire DN4

Répondez aux 4 questions ci-dessous en cochant une seule case pour chaque item.

INTERROGATOIRE DU PATIENT

Question 1 : La douleur présente-t-elle une ou plusieurs des caractéristiques suivantes ?

	OUI	NON
1 - Brûlure	☐	☐
2 - Sensation de froid douloureux	☐	☐
3 - Décharges électriques	☐	☐

Question 2 : La douleur est-elle associée dans la même région à un ou plusieurs des symptômes suivants ?

	OUI	NON
4 - Fourmillements	☐	☐
5 - Picotements	☐	☐
6 - Engourdissement	☐	☐
7 - Démangeaisons	☐	☐

EXAMEN DU PATIENT

Question 3 : La douleur est-elle localisée dans un territoire où l'examen met en évidence ?

	OUI	NON
8 - Hypoesthésie au tact	☐	☐
9 - Hypoesthésie à la piqûre	☐	☐

Question 4 : La douleur est-elle provoquée ou augmentée par :

	OUI	NON
10 - Le frottement	☐	☐

Score du Patient : __ /10

4.2.4. Examens complémentaires

Le diagnostic de douleur neuropathique est avant tout clinique : aucun examen complémentaire n'est nécessaire pour reconnaître le caractère neuropathique de la douleur et débuter un traitement analgésique adapté. Des examens complémentaires peuvent être nécessaires dans un second temps, dans le cadre d'une enquête sur la pathologie en cause. Ils peuvent comporter selon le contexte par exemple un électromyogramme (si on recherche une neuropathie périphérique, un entrapement nerveux par exemple), une IRM cérébrale ou médullaire (si l'on suspecte une lésion centrale à l'origine des douleurs) ou un bilan biologique (dans le cadre du bilan d'une neuropathie douloureuse par exemple).

BIBLIOGRAPHIE

■ **LA RÉFÉRENCE À RETENIR**

– Martinez, V., Attal, N., Bouhassira, D., & Lantéri-Minet, M. (2010), « Les douleurs neuropa-thiques chroniques : diagnostic, évaluation et traitement en médecine ambulatoire », *Recommandations pour la pratique clinique de la Société française d'étude et de traitement de la douleur, Douleurs : Évaluation-Diagnostic-Traitement*, 11(1), 3-21.

■ **POUR ALLER PLUS LOIN**

– Bouhassira D., Attal N. « Douleurs neuropathiques », 2nde édition, *in* : Brasseur L., Bouhassira D., Chauvin M., editors, « Référence en douleur et analgésie », Paris, Éditions Arnette, 2011.

LES 10 POINTS-CLÉS

- Une **lésion ou une maladie du système nerveux** est à l'origine de la douleur neuropathique.
- La douleur neuropathique peut être **isolée ou associée** à une douleur nociceptive.
- **Le diagnostic** de douleur neuropathique **est avant tout clinique**.
- Douleur et sensations anormales non douloureuses (paresthésies, dysesthésies) coexistent dans un même territoire.
- Les **descripteurs** les plus souvent utilisés pour décrire la douleur neuropathique sont la **brûlure, les décharges électriques, le froid douloureux**.
- Les **sensations anormales** les plus souvent rapportées sont **les fourmillements, les picotements, les engourdissements, les démangeaisons**.
- L'examen clinique retrouve **des signes positifs et négatifs** dans un territoire compatible avec une systématisation neuro-anatomique.
- Les signes négatifs le plus souvent retrouvés sont le déficit sensitif à la piqûre et au toucher.
- Le signe positif le plus souvent rapporté est l'**allodynie au frottement**.
- L'**allodynie** correspond à une douleur provoquée par une stimulation non douloureuse.

+++ LE COUP DE POUCE DE L'ENSEIGNANT

- **Le piège à éviter :** L'étiologie ne doit pas orienter votre diagnostic de douleur. Des pathologies neurologiques peuvent ne pas être douloureuses, alors que la douleur neuropathique peut être présente dans des contextes non neurologiques (par exemple : la douleur neuropathique post-chirurgicale).

- **Ne pas oublier :** Les douleurs neuropathiques coexistent souvent avec des douleurs nociceptives, réalisant alors des tableaux de douleurs mixtes (par exemple : lombo-radiculalgie).

CHAPITRE **5**

Douleurs du cancer
– Mécanismes et traitement

Pr Alain Serrie*, Dr Vianney Mourman, Dr Aurélie Maire**,
Dr G. Maillard**, Dr K. Mezaid**, Dr H. Baloul**, Dr S. Hamdi****

* PU-PH, Service de Médecine de la Douleur et de Médecine Palliative,
Hôpital Lariboisière, Paris – Université Sorbonne Paris Diderot

** PH, Service de Médecine de la Douleur et de Médecine Palliative,
Hôpital Lariboisière, Paris – Université Sorbonne Paris Diderot

PLAN DU CHAPITRE

MOTS CLÉS : OMS ; opioïdes à libération immédiate ; opioïdes à libération prolongée ; titration ; accès douloureux paroxystiques ADP ; rotation des opioïdes ; citrates de fentanyl transmuqueux ; effets secondaires ; co-analgésiques.

1. Épidémiologie

– 800 000 personnes vivent avec un cancer en France,
– 278 000 nouveaux cas de cancer par an,
– 63 % d'augmentation en vingt ans, liée en partie :
  ➤ au vieillissement de la population,
  ➤ à l'augmentation du risque de cancer : 35 %,
  ➤ localisations expliquant l'essentiel de cette augmentation : prostate, sein,
  ➤ localisations présentant des fortes augmentations : LMNH*, mélanomes, thyroïde pour les 2 sexes et poumon chez la femme.
– 150 000 décès par an : 20 % d'augmentation en vingt ans (augmentation inférieure au chiffre attendu en raison d'une diminution du risque de décès de 8 %).
– Selon une enquête de l'Inca pour le deuxième plan cancer en 2010, tous cancers et tous stades confondus, 53 % des patients disent souffrir et 28 % jugent la douleur sévère. Parmi ceux qui ont un cancer avancé, 62 % semblent sous-traités. La douleur persiste même chez 14 % des patients en rémission.

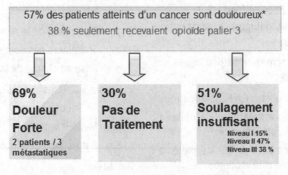

Prévalence de la douleur

57% des patients atteints d'un cancer sont douloureux*
38 % seulement recevaient opioïde palier 3

69%
Douleur Forte
2 patients / 3 métastatiques

30%
Pas de Traitement

51%
Soulagement insuffisant
Niveau I 15%
Niveau II 47%
Niveau III 38 %

* F.Larue, BMJ 1995

2. Mécanismes des douleurs chez les cancéreux

Comme pour toutes les douleurs, les douleurs cancéreuses relèvent de plusieurs mécanismes : nociceptifs, neuropathiques, mixtes, psychogènes.

CARATÉRISTIQUES COMPARÉES DES DOULEURS PAR EXCÈS DE NOCICEPTION ET DES DOULEURS NEUROPATHIQUES		
	EXCÈS DE NOCICEPTION	**NEUROPATHIQUE**
Mécanismes	excès de stimulation somatique, viscéral lésion tissulaire sans lésion nerveuse	dysfonctionnement du système nerveux lésion périphérique ou centrale
Caractères	très variés douleurs continues ou intermittentes	assez stéréotypés fond douloureux permanent + paroxysmes
Données	topographie non neurologique sensibilité normale, inflammation	déficit sensitif dans un territoire d'examen neurologique. Allodynie, hyperpathie

3. Classification des douleurs cancéreuses

FAIRE L'INVENTAIRE ET RECHERCHER LES ÉTIOLOGIES DES SYNDRÔMES DOULOUREUX AIGUS ET CHRONIQUES

• **Douleur liée au cancer : aiguë ou chronique**
   – en rapport avec la tumeur
   – en rapport avec le traitement (chirurgie, chimiothérapie, radiothérapie, hormonothérapie)
 	
• **Les types de douleurs selon la durée et l'évolution**
   – douleurs de fond
   – douleurs paroxystiques, accès douloureux paroxystiques (ADP) ou « breakthrough pain »

3.1. La douleur liée à la tumeur

- **Le mécanisme :** En général ressentie comme intense, elle est secondaire, dans la grande majorité des cas à un mécanisme nociceptif. Elle persiste jusqu'à la fin du processus de cicatrisation. Un traitement étiologique va, en général, la faire disparaître. Cependant, cette fonction d'alarme est imparfaite ; en effet les lésions cancéreuses n'induisent une douleur que lorsqu'elles ont évolué localement, et dans ce cas la destruction tissulaire est permanente, ou lorsqu'elles ont métastasé. Quand ces lésions se manifestent, le plus souvent elles ne sont plus accessibles aux thérapeutiques.

- **Dans quels cas ?** C'est le symptôme majeur qui peut motiver la consultation initiale et qui va amener au diagnostic de cancer. Cependant dans un nombre non négligeable de cas, elles peuvent survenir à un stade avancé de la maladie. Dans 40 à 50 % des cancers du sein, de l'ovaire, de la prostate, du colon et du rectum et dans 20 % des cancers de l'utérus la douleur est de survenue précoce [6]. Par contre, elle peut être subaiguë en cas de complications occlusives intestinales ou coliques. À un stade avancé, l'existence d'une douleur est généralement en rapport avec des lésions osseuses métastatiques vertébrales ou des os longs.

> Les douleurs sont une intrication de plusieurs mécanismes : nociceptifs avant tout mais aussi neuropathiques. L'intensité de la douleur n'est pas corrélée à la gravité du cancer ou des métastases.

3.1.1. Les tumeurs osseuses

- Primaires ou secondaires : première cause de douleur.
- Localisations secondaires : les plus fréquentes.
- Constante, fond douloureux permanent, intensité augmentée la nuit.
- Siège : bien localisé (côtes, rachis, base du crâne, genou, hanche, sacro-iliaque).

3.1.2. Les compressions ou infiltrations des structures nerveuses

- Atteinte du plexus brachial (syndrome de l'apex pulmonaire ou de Pancoast-Tobias, sein, lymphome).
- Atteinte du plexus lombaire souvent secondaire (cancer urologique, gynécologique ou tumeur colique) douleur : seul signe clinique (24 %) :
  - atteinte haute : radiculalgie L1, L2 ou L3 souvent associée à des troubles de la sensibilité mais rarement à des troubles moteurs ;
  - atteinte basse : topographie S1.
- Envahissement du plexus sacré : douleur intense, basse, médiane, perte de la sensibilité (territoires S2-S4) et troubles sphinctériens.
- Atteinte du système nerveux central :
  - métastases cérébrales, méningites carcinomateuses (cancer pulmonaire, rectal, testiculaire ou mélanome du sein) ;
  - métastases vertébrales : compression médullaire si diffusion dans le canal rachidien ;
  - tumeurs extra-rachidiennes avec progression intra-foraminale : douleur souvent localisée au segment vertébral concerné, trajet radiculaire et signes neurologiques déficitaires.

3.1.3. Les douleurs abdominales

- Cause intra-abdominale : douleur de topographie imprécise (référée sur la paroi abdominale).
- Lésion intra-abdominale : douleur référée dans une autre région :
  - inflammation du péritoine pariétal ;
  - infiltration ou obstruction d'un viscère creux (estomac, intestin, voies biliaires, uretère, utérus, vessie) ;
  - irritation ou distension du parenchyme des organes pleins ;
  - mécanismes chimiques : destruction tumorale du parenchyme pancréatique, sténose des canaux excréteurs.

3.1.4. Infiltration et occlusion des vaisseaux sanguins

- Lymphangites péri-vasculaires, vasospasme.
- Douleurs diffuses, intensité progressive, brûlure non radiculaire, non métamérique.
- Œdème membre supérieur : cancer du sein, syndrome « cave supérieur » : carcinomes bronchiques, lymphomes malins, thymomes.

3.1.5. La nécrose, l'inflammation et les ulcérations des muqueuses

• Douleurs très intenses.
• Cancers ORL, digestif, génito-urinaire.

3.2. les douleurs en rapport avec le traitement

3.2.1. Les douleurs post-chimiothérapiques

• **Les neuropathies périphériques sensitives et motrices :**
  – symétriques (mains et pieds) ;
  – brûlures intenses, paresthésies souvent fréquentes (46 à 57 %) ;
  – examen clinique, allodynie, hyperesthésie ;
  – diminution à l'arrêt du produit.

• **Les mucites :**
  – 2 à 3 semaines après début de traitement ;
  – plus intenses si association radiothérapie et chimiothérapie ;
  – ulcérations buccales, pharyngées, oesophagiennes ou ano-rectales.

• **Les névralgies zostériennes et post-zostériennes :**
  – plus fréquentes quand immunosuppresseurs ou chimiothérapie ;
  – apparition douleur avant, après ou concomitante de l'éruption, persistance : 1 mois ou plus (9 à 14 %) ;
  – siège : 1re branche du nerf trijumeau (V1), thorax, tumeur ou région irradiée ;
  – fond douloureux permanent (brûlure) avec douleurs fulgurantes (éclairs ou décharges électriques) ;
  – allodynie, hyperesthésie, hypoesthésie.

• **La nécrose aseptique :**
  – tête fémorale ou humérale ;
  – douleur constante, profonde, genou épaule, bilatérale, mécanique ;
  – après traitement continu ou intermittent – ostéoporose dans les 6 semaines après début de la corticothérapie ;
  – diagnostic : scanner, IRM ;
  – traitement : diminution et arrêt des corticoïdes.

• **Les fractures pathologiques.**

• **Le pseudo-rhumatisme :**
  – après un sevrage ou pendant diminution d'un traitement par corticoïdes ;
  – myalgies, arthralgies et fatigabilité.

3.2.2. Les douleurs post-radiothérapiques : fibrose, ischémie tissulaire, nécrose ou inflammation

• **L'ostéoradionécrose :**
  – complication la plus sévère et la moins réversible ;
  – asymptomatique avec signes radiologiques minimes ;
  – cas sévères : os dévitalisé, infection, nécrose, fistule ;
  – toujours accompagnée d'une douleur intense ;

- plus fréquente après 50 ans ; siège préférentiel : mâchoire ;
- prévention : mesures d'hygiène, antibiotiques, chirurgie.

- **Les myélopathies post-radiques :**
    - forme transitoire : 4 mois après irradiation (pulmonaire, médullaire cervicale) ; régression en 2 à 36 mois ;
    - forme évolutive : 5 à 13 mois après irradiation (crâne, cou, médiastin, régions axillaire ou sus-claviculaire) ;
    - la douleur est souvent intense, c'est le premier signe dans 15 % des cas, localisée au niveau des lésions médullaires ou référée en-dessous du niveau de la lésion ;
    - symptomatologie neurologique, syndrome de Brown-Séquard.

3.2.3. Les douleurs post-chirurgicales

- **Les douleurs post-thoracotomie :**
    - trajet d'un nerf intercostal ;
    - 1 à 2 mois après l'intervention, douleur constante ;
    - troubles neurologiques : anesthésie, hypoesthésie.

- **Les douleurs post-mastectomie :**
    - peu fréquentes : 5 % des femmes, 1 à 2 mois après l'intervention ;
    - partie postérieure du bras, région axillaire et irradiation thoracique antérieure ;
    - dues à une lésion de la branche cutanée de la réunion des deux racines issues de D1 et D2 ;
    - brûlures exacerbées au moindre mouvement du bras ;
    - hyperesthésie, hyperalgésie.

- **Les douleurs post-néphrectomie**

- **Les douleurs d'amputation :**
    - Les douleurs de moignon ;
    - Les douleurs de membre fantôme.

3.3. Les différents types évolutifs de douleur du cancer

3.3.1. La douleur de fond

La douleur de fond : douleur dite continue, souvent permanente, qui peut être nociceptive ou neuropathique. Elle peut être variable, mais son caractère quasi permanent impose un traitement de fond.

3.3.2. L'Accès douloureux paroxystiques (ADP)

Les ADP sont une exacerbation transitoire et de courte durée de la douleur, d'intensité modérée à sévère. Ils surviennent sur une douleur de fond contrôlée par un traitement opioïde fort efficace, ou parfois même en l'absence de douleur de fond. Ils imposent un traitement de courte durée, adapté au type et à la fréquence de l'ADP. Le terme anglo-saxon proche est celui de « breakthrough pain ».

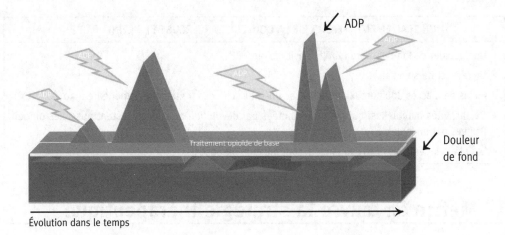

ADP

Traitement opioïde de base

Douleur
de fond

Évolution dans le temps

Les ADP peuvent être :
- spontanés et imprévisibles, survenant sans facteurs déclenchant identifiés ;
- avec des facteurs identifiés mais imprévisibles comme la toux, l'éternuement, les spasmes digestifs, vésicaux, les douleurs solaires, les céphalées… ;
- prévisibles et survenir lors d'actions volontaires du patient (mouvement, alimentation, défécation, miction, déglutition…) ;
- provoqués par des soins (mobilisation, toilette…) ou des actes médicaux à visée diagnostique ou thérapeutique.

> Si la douleur de fond n'est pas bien contrôlée, il ne s'agit pas **d'ADP**. Les accès douloureux de fin de dose ne sont pas des ADP et inciteront à réévaluer le traitement de fond : augmentation de dose notamment. **(Accord professionnel)**

4. Objectifs et principes thérapeutiques des douleurs du cancer

Ces principes ont été énoncés dans le fascicule spécial N° 86-32 bis du bulletin officiel (Soulager la souffrance, Ministère des Affaires Sociales, de la Santé et de la Ville) :

- Avant d'envisager toute forme de traitement un bilan sérieux doit donc être effectué, et dans la mesure du possible, des traitements étiologiques doivent être proposés.
- Il faut chercher à prévenir la douleur plutôt qu'à calmer les symptômes une fois qu'ils se manifestent. Pour y arriver, il faut administrer, régulièrement des doses optimales d'un antalgique approprié, sans attendre que le malade ne le demande.
- Cette attitude, qui atténue la crainte du malade devant la survenue d'une nouvelle crise, permet souvent de diminuer à terme la dose d'antalgique nécessaire.
- Il faut traiter le malade en préservant une lucidité suffisante pour qu'il puisse communiquer avec ses proches, et qu'il reste aussi autonome que possible.
- Il faut traiter également les autres symptômes (nausées, vomissements, incontinence, constipation, diarrhée, faiblesse, insomnie, dyspnée…) et en particulier les facteurs psychologiques susceptibles d'aggraver la douleur : anxiété, dépression, fatigue.
- Il ne faut jamais utiliser de procédés qui risqueraient d'altérer la confiance du malade en son médecin.

5. Mettre en œuvre la stratégie thérapeutique

Dans la plupart des cas, le traitement étiologique (chirurgie d'éxérèse, radiothérapie, chimiothérapie, hormonothérapie) va entraîner une diminution de la douleur. Les différentes thérapeutiques symptomatiques « anti-douleur » seront entreprises de façon concomitante au traitement curatif. La sémiologie clinique ainsi que l'analyse des mécanismes physiopathologiques (excès de nociception, désafférentation) vont orienter les indications des traitements de la douleur.

On distingue (tableau 1) :
- les douleurs entraînées liées à un excès de nociception pour lesquelles les analgésiques périphériques et centraux seront utilisés selon les recommandations de l'O.M.S. (3 paliers) (tableau 2) ;
- les douleurs neuropathiques qui répondent mieux aux médicaments antidépresseurs, aux antiépileptiques, à la stimulation électrique externe transcutanée…

Tableau 1. TRAITEMENT DE LA DOULEUR SELON LA CAUSE (exemples)		
CAUSE DE LA DOULEUR	**TRAITEMENT**	**AUTRES THÉRAPEUTIQUES**
* Excès de nociception *** Neuropathique**	Analgésiques AINS Morphiniques Tricycliques Antidépresseurs Gabapentine Prégabaline	Blocs nerveux Blocs nerveux Stimulation transcutanée
Douleurs osseuses (tumeur primitive ou métastases)	Radiothérapie Analgésiques Blocs nerveux Bisphosphonates AINS Chirurgie, cimentoplastie, vertébroplastie	Immobilisation
Infiltration des tissus mous	Analgésiques AINS Corticoïdes	Blocs nerveux
Lymphœdème	Massage doux Surélévation Bas de contention	Corticoïdes Analgésiques

L'intensité de la douleur va guider le niveau de la prescription, indépendamment du début précoce ou tardif, de la localisation de la douleur circonscrite ou étendue, du degré d'évolution.

Tableau 2. LES 3 PALIERS DE L'OMS, ADAPTÉS À LA DOULEUR DU CANCER

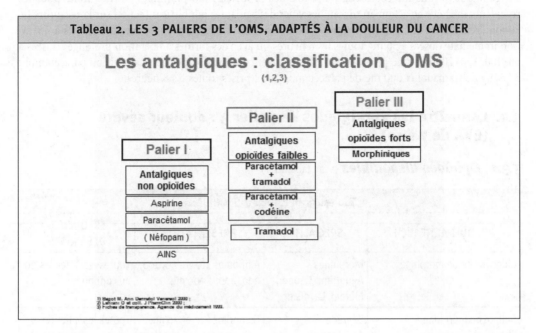

5.1. Connaître les antalgiques de palier 1 : douleur de faible intensité (EVA < 4)

- Le *paracétamol* (5 à 25 mg/kg/jour au rythme de toutes les 4 à 6 heures) ; l'aspirine de 500 à 1 000 mg toutes les 4 heures, soit une dose journalière de 4 à 6 g ; le *néfopam* par voie injectable si besoin (classé aussi dans les paliers 2).
- Les AINS ne doivent pas être considérés comme des adjuvants. Dans les douleurs de métastases osseuses, ils sont efficaces et doivent être utilisés per os, 5 à 6 jours avant la radiothérapie, et peuvent être poursuivis 2 à 3 jours à la fin de ce traitement. L'inefficacité d'un AINS ne laisse pas obligatoirement préjuger de l'inefficacité d'un autre.

5.2. Connaître les antalgiques de palier 2 : douleur d'intensité modérée (EVA de 4 à 7)

5.2.1. La codéine

La codéine : 2 à 5 mg/kg/jour, soit 30 à 60 mg toutes les 4 ou 6 heures.

- Dihydrocodéine, à libération prolongée couvrant 12 heures et à la posologie de 60 mg par comprimé.
- Sous forme de sirop pour les enfants : de 3 mg/kg/j en 4 à 6 prises, soit *1 mg/kg/prise toutes les 6 heures*.
- Associée à des antalgiques mineurs, il existe une potentialisation antalgique. Elle peut être associée :
  - au *paracétamol* : 400 mg de *paracétamol*-25 mg de *codéine*, 300 mg de *paracétamol*-25 mg de *codéine*, 500 mg de *paracétamol*-30 mg de *codéine* ou 400 mg de *paracétamol*-20 mg de *codéine* ;
  - d'autres produits contenant de la morphine ou de l'opium-base peuvent être utilisés : Lamaline* : extrait d'opium 15 mg (soit environ 3 mg de morphine), paracétamol, caféine.

5.2.2. Le tramadol

Le tramadol est une molécule ayant à la fois des propriétés morphiniques (forte affinité pour les récepteurs mu) et une action au niveau des voies descendantes inhibitrices (action sur la recapture de la noradrénaline et/ou de la sérotonine). L'administration orale est possible avec des formes à libération immédiate dosées à 50 mg toutes les 6 heures ou avec des formes à libération prolongée dosées à 50, 100, 150, 200 mg, une prise toutes les 12 heures. Le tramadol, peut être associé au paracétamol : 37,5 mg de tramadol et 300 mg de paracétamol, 1 à 2 prises toutes les 8 heures.

5.3. Connaître les antalgiques de palier 3 : douleur sévère (EVA de 7 à 10)

5.3.1. Opioïdes disponibles (voir tableau 3)

Tableau 3. OPIOÏDES DISPONIBLES			
PRODUIT ACTIF (DCI)	**SPÉCIALITÉ**	**PRÉSENTATION**	**FRÉQUENCE DES PRISES**
Chlohydrate de morphine	Morphines Aguettant, Cooper, Meram, Lavoisier	Ampoules 10, 20, 50, 100, 200, 400, 1 000 mg	Toutes les 4 heures ou en continue
Sulfate de morphine à libération immédiate	Sévrédol® Actiskénan®	Comprimés 10 et 20 mg Gélules 5, 10, 20 et 30 mg	Toutes les 4 heures
Sulfate de morphine à libération prolongée	Skénan® LP	Gélules 10, 30, 60, 100 et 200 mg	Toutes les 12 heures
	Moscontin® LP	Comprimés 10, 30, 60, 100 et 200 mg	Toutes les 12 heures
Chlorhydrate d'hydromorphone	Sophidone® LP	Gélules 4, 8, 16 et 24 mg	Toutes les 12 heures
Chlorhydrate d'oxycodone à libération prolongée	Oxycontin® LP	Comprimés 10, 20, 40 et 80 mg	Toutes les 12 heures
Chlohydrate d'oxycodone à libération immédiate	Oxynorm®	Comprimés 10, 20 mg	Toutes les 4 heures
Fentanyl transcutanée (libération prolongée)	Durogésic® LP	Patchs 12,5, 25, 50, 75, 100 µg/h	Tous les 3 jours

5.3.2. Opioïdes dans les douleurs cancéreuses

5.3.2.1. Douleur de fond : les formes à Libération Prolongée (LP)

- Douleurs persistantes intenses ou rebelles aux autres antalgiques de niveau plus faible : Sulfate de morphine, Chlorhydrate d'oxycodone…
- **Douleurs intenses d'origine cancéreuse en cas de résistance ou d'intolérance à la morphine** (> 7 ans) : Chlorhydrate d'Hydromorphone.

5.3.2.2. Douleurs de fond stables – forme patch : Douleurs chroniques d'origine cancéreuses, stables, intenses ou rebelles aux autres antalgiques (adulte) : Fentanyl transdermique.

5.3.2.3. Accès Douloureux Paroxystiques : les formes à Libération Immédiate (LI)

– Sulfate de morphine LI,
– Oxycodone LI,
– Fentanyl spray ou oral transmuqueux.

5.3.2.4. La titration ou recherche de dose efficace sur la douleur de fond

La titration ou recherche de dose efficace sur la douleur de fond peut être également réalisée en continue en sous-cutanée ou en intra-veineux par auto-administration déclenchée par le patient (Patient Controlled Analgesia ou PCA) si l'administration orale n'est pas possible (vomissements, lésion oro-pharyngée…).

5.3.2.5. Substitution entre forme orale et transdermique

• **Passage d'une forme orale à transdermique** : la dernière dose de morphine devra être prise lorsque le premier patch est appliquée.
• **Passage du fentanyl transdermique à la morphine orale** : première administration de la morphine orale à libération prolongée 12 à 24 heures après le retrait du dispositif transdermique.

Dispositifs transdermiques	25 gamma/h	50 gamma/h	75 gamma/h	100 gamma/h
Interdose de morphine à libération immédiate	10 mg	20 mg	30 mg	40 mg

5.4. La rotation des opioïdes ? un concept discuté

La notion de **rotation des opioïdes** s'appuie sur un rapport bénéfice-risque différent pour chaque produit et sur l'absence ou l'existence incomplète de tolérance croisée entre les principaux opioïdes.

Elle permettrait de réduire les effets secondaires, mais elle peut aussi être indiquée en raison d'une analgésie insuffisante.

En fait, ce concept a été remis en question, et le changement de morphinique peut induire une meilleure tolérance ou un meilleur contrôle de la douleur par une modification de la dose plus que par une véritable différence d'action opioïde.

5.5. Les voies d'administration parentérales

La réalisation pratique du traitement par voie sous-cutanée continue peut se faire grâce à l'utilisation d'infuseur ou de pousse-seringue. La dose de morphine départ est de 0,5 mg/kg/24 h. Une dose de charge est souvent nécessaire (0,2 mg/kg). Chez un patient, qui a déjà un traitement morphinique par voie orale, la détermination de la posologie est calculée en divisant par deux la dose orale de 24 h.

On peut utiliser la morphine ou l'oxycodone par voie injectable si besoin.

6. Traitement de l'accès douloureux paroxystique (ADP)

6.1. Morphine et oxycodone à libération immédiate

Les interdoses de morphine ou d'oxycodone sont utilisées soit pour la période de titration, soit pour les douleurs intercurentes, résiduelles ou prévisibles Si un soin est douloureux, si un examen inconfortable (scanner, IRM) est programmé, un transport en ambulance est prévu, et si une douleur est prévisible, il est licite de la prévenir en proposant une interdose 30 à 45 minutes avant la réalisation du geste douloureux.

La posologie des interdoses est de 6 à 10 % de la posologie de 24 heures. Par exemple, si 300 mg de morphine à libération prolongée toutes les douze heures sont nécessaires, la posologie des interdoses sera de 40 à 60 mg de morphine à libération immédiate pour chaque interdose.

6.2. Citrates de fentanyl transmuqueux (tableau 4)

6.2.1. L'AMM

L'AMM précise :

- Que les différentes formes absorbées par voie transmuqueuse sont indiquées pour le traitement des ADP chez des patients adultes recevant déjà un traitement de fond opioïde pour des douleurs chroniques d'origine cancéreuse.

- Les patients sous traitement de fond opioïde sont définis comme prenant au moins 60 mg par jour d'équivalent morphine par voie orale, depuis au moins une semaine de traitement (25 microgrammes par heure de fentanyl transdermique, 30 mg par jour d'oxycodone, 8 mg par jour d'hydromorphone par voie orale ou une dose équiantalgique d'un autre opioïde).

- Le citrate de fentanyl est indiqué pour traiter les ADP quel que soit l'opioïde utilisé en traitement de fond.

- Les différentes formes ne doivent pas être utilisées pour équilibrer ou traiter la douleur de fond.

- Chez les patients recevant déjà un traitement de fond opioïde pour des douleurs chroniques d'origine cancéreuse, il peut être utilisé pour traiter de façon préventive un **ADP** prévisible (ex : soins). Selon la spécialité, l'administration aura lieu 10, 15 ou 30 minutes au moins, avant le soin (tableau 4). (**Accord professionnel**)

- Les solutions transmuqueuses nasales ont les mêmes indications que les spécialités administrées par voie transmuqueuse buccale et peuvent être préférées chez les sujets ayant des mucites et des lésions bucco-gingivales.

- L'utilisation des solutions nasales est déconseillée en cas de congestion nasale traitée par un vasoconstricteur local (risque de réduction de l'absorption) et contre indiquée en cas d'obstruction sévère des voies aériennes, d'épistaxis chronique ou de radiothérapie de la face. (**Accord professionnel**)

Le citrate fentanyl transmuqueux n'est pas indiqué chez des patients traités avec des opioïdes administrés par voie intraveineuse, et notamment avec une pompe d'analgésie autocontrôlée (PCA) qui par définition, permet un soulagement efficace des **ADP. (Accord professionnel)**

La majorité des ADP, quel que soit leur mécanisme physiopathologique, répond à l'administration de citrate de fentanyl transmuqueux. Toutefois en cas d'**ADP** de type neuropathique, la réévaluation du traitement de fond spécifique aux douleurs neuropathiques (en particulier le traitement antiépileptique et/ou antidépresseur) est indispensable pour en réduire le nombre, l'intensité et la dose totale d'opioïdes. (**Accord professionnel**)

6.2.2. *Les modalités pratiques d'utilisation*

Il est nécessaire de réaliser une titration en commençant par la plus faible dose pour la forme galénique prescrite : Il n'a pas été possible d'établir de corrélation entre la dose efficace et la dose du traitement opioïde de fond (**AMM**). Si la douleur est insuffisamment soulagée, il convient de ré-administrer une dose supplémentaire, selon les modalités exposées au **tableau 4**.

Une fois que la dose efficace a été déterminée (c'est-à-dire qu'un **ADP** est traité par une seule unité bien tolérée), les malades doivent ensuite utiliser cette dose pour traiter les **ADP** ultérieurs et une nouvelle ordonnance de traitement spécifique sera effectuée (**AMM**).

L'HAS stipule que les patients doivent attendre 4 heures avant de traiter un nouvel **ADP**. Ainsi, si selon le principe de toute titration, la prise d'une dose supplémentaire dans un délai plus court peut se justifier chez un patient toujours douloureux, celle-ci doit se faire sous couvert d'une surveillance clinique rapprochée : évaluation de l'intensité de la douleur et des effets indésirables (somnolence, score de sédation, fréquence respiratoire...). (**Accord professionnel**)

La survenue de plus de 4 ADP par jour pendant plusieurs jours consécutifs doit conduire à une adaptation du traitement de fond (après réévaluation de la douleur et de son mécanisme). (**AMM**)

En ambulatoire, il est recommandé de conseiller au patient de ne pas prendre de dose supplémentaire s'il est somnolent à l'issue d'une administration précédente, quel que soit le délai écoulé depuis la dernière prise. (**Accord professionnel**)

L'absorption du citrate de fentanyl se fait à la fois par voie transmuqueuse, responsable d'un passage sanguin rapide, et par voie digestive pour une fraction déglutie, à l'origine d'un deuxième pic retardé. **Ces produits ne sont pas interchangeables dose pour dose. (Accord professionnel)**

Tableau 4. MODALITÉS PRATIQUES D'ADMINISTRATION DU FENTANYL TRANSMUQUEUX	
SPÉCIALITÉS PARTICULARITÉS DES DIFFÉRENTES FORMES GALÉNIQUES DE FENTANYL TRANSMUQUEUX	TEMPS NÉCESSAIRE AVANT ÉVALUATION ET NOUVELLE PRISE ÉVENTUELLE
Le comprimé avec dispositif pour application buccale d'**Actiq**® doit être frotté contre la face interne de la joue et la face externe des gencives jusqu'à 15 minutes (AMM).	**15 min après dissolution soit : Jusqu'à 30 min après le début d'utilisation (HAS)**
Le comprimé d'**Abstral**® doit être placé sous la langue (AMM), la dissolution intervient souvent en moins d'une minute.	**15 min après mise en place sous la langue (HAS)**

Le comprimé d'**Effentora**® doit être placé entre joue et gencive ou sous la langue. Il se dissout en général en 10 à 15 minutes (s'il n'est pas entièrement dissous après 30 minutes, le patient peut avaler ce qui reste avec un peu d'eau) (AMM).	**15 min après dissolution soit : Jusqu'à 30 min après mise en place du comprimé (HAS)**
La solution d'**Instanyl**® est pulvérisée dans une narine. Il est recommandé que le patient se trouve en position assise ou debout au moment de l'administration (AMM) (risque de désamorçage du dispositif d'administration en décubitus). Les patients doivent être avertis qu'ils peuvent ne pas sentir l'administration de la pulvérisation. Ils ne doivent pas se réadministrer de dose en cas de doute.	**10 min dans l'autre narine, après première pulvérisation (HAS)**
La solution de **Pecfent**® est administrée par voie nasale. Lors d'une pulvérisation un « clic » se fait entendre et le nombre affiché par le compteur de doses augmente d'une unité (8 maximum) (AMM).Les patients doivent être avertis qu'ils peuvent ne pas sentir l'administration de la pulvérisation et qu'ils doivent donc se fier au clic sonore et à la modification de l'affichage du compteur pour avoir confirmation de la délivrance effective d'une pulvérisation.	**15 à 30 min dans l'autre narine, après première pulvérisation (accord professionnel)**

À ce jour, aucune étude clinique ne permet de recommander une forme galénique par rapport à une autre.

7. Gérer les effets secondaires des morphiniques

7.1. Principes

À l'exception de la constipation qui doit être systmatiquement prévenue, les autres sont moins fréquents et tendent à disparaitre dans les premiers jours du traitement.

7.2. Traitement de la constipation

- Règles hygiéno-diététiques.
- Monothérapie laxative osmotique : macrogol 4000 10 g, 1 à 2 sachets/j en 1 à 2 prises ou stimulante : bisacody® 15 mg, 2 cps le soir.
- Si absence de selles > 72 heures : glycérol 1 suppo/j le matin.
- En cas d'inefficacité : association par bithérapie osmotique et stimulante, ou association à un lavement rectal si selles au toucher rectal (dihydrogénophosphate et hydrogénophosphate de sodium récipient unidose 130 ml).
- En cas de constipation liée aux opioïdes dans contexte de stade avancée et de soins palliatifs : bromure de méthylnatrexone 12 mg/0,6 ml sol. Inj. Sc, 8 ou 12 mg selon le poids toutes les 48 h jusqu'à reprise d'un transit.

7.3. Traitement des vomissements

Métoclopramide 10 mg, 1 cp 3f/j Ou Halopéridol 2 mg/ml sol. buvable, 20 gouttes 3 à 6 fois /j.

7.4. Prise en charge de la somnolence

Elle survient essentiellement lors de la phase d'instauration du traitement et disparaît en quelques jours. Elle peut survenir initialement chez les patients dont la douleur avait entraîné une dette de sommeil. La survenue d'effets indésirables ne signifie pas surdosage. Les risques de surdosage sont extrêmement faibles, dès lors que le patient est suivi et la douleur correctement évaluée.

Le surdosage est caractérisé par une somnolence croissante.

8. Utiliser les autres analgésiques et co-analgésiques

Les co-analgésiques sont des moyens thérapeutiques, essentiellement médicamenteux, dont la fonction première n'est pas l'antalgie, mais de potentialiser l'action des antalgiques, ou d'améliorer le confort en agissant électivement sur certains symptomes associés.

8.1. Anti-dépresseurs

Ils sont justifiés car ils possédent une action antalgique propre (essentiellement les imipraminiques tricycliques ou IRSNa).

8.2. Myorelaxants

Ils auraient un effet antalgique propre (études cliniques en nombre insuffisant) et supprime la composante douleur en rapport avec une contracture musculaire réflexe. On distingue :

- Les myorelaxants antispastiques (action centrale, système gabaergique) : le baclofène, antispastique de référence, action antalgique propre, se fixe sur les récepteurs GABA B, utilisé pour les douleurs dans les spasticités neurologiques, posologie progressive de 5 à 75 mg/j.
- Les benzodiazépines comme le diazépam sont utiles dans les contractures musculaires en particulier lors de métastases osseuses associées.

8.3. Autres thérapeutiques

À côté des prescriptions antalgiques classiques, on pourra proposer selon les cas :

- La Neurostimulation trans-cutanée électrique externe (TENS) si neuropathie localisée voire neurostimulation médullaire dans les douleurs incontrolables par des traitements médicamenteux.
- L'administration de traitements antalgiques par voie intra-médullaire : pompes implantables intra-médullaires pour injection de morphiniques dans les douleurs très intenses et si morphine mal tolérée par voie générale.
- La physiothérapie, la kinésithérapie, notamment dans les douleurs postopératoires ou post-radiques.
- L'Acupuncture, la cryothérapie, la vibrothérapie, les techniques de toucher-massage comme contre-stimulation antalgique.
- Techniques de blocs loco-régionaux.
- En dehors des thérapeutiques médicamenteuses, il faut souligner que l'approche psychologique, les techniques comportementales, la relaxation, le biofeed-back et l'hypnose, peuvent être intégrés dans une stratégie thérapeutique globale.

© MEDLINE

- Les traitements chirurgicaux : chirurgie de la douleur, neurochirurgie.
- Les traitements à application locale en cas de douleur neuropathique localisée :
  - capsaïcine,
  - emplatres d'anesthésiques locaux.

Conclusion

Les douleurs du cancer relèvent de causes très variées qui nécessitent chacune des traitements spécifiques. On parlera plutôt de douleurs du cancer que de la douleur du cancer.

Les douleurs du cancer restent encore sous-évaluées et sous traitées, même si les freins à l'utilisation des morphiniques ont été levés et si d'autres approches ont été développées.

Les méthodes thérapeutiques permettent actuellement une meilleure qualité de vie et un retour du malade à son domicile grâce à une collaboration étroite entre le médecin traitant, l'hospitalisation à domicile et le centre d'oncologie.

BIBLIOGRAPHIE

■ LES RÉFÉRENCES À RETENIR

- Recommandations pour la pratique clinique : Standards, Options et Recommandations pour l'évaluation de la douleur chez l'adulte et l'enfant atteints d'un cancer. Mise à jour 2003 et 2013.

- http://www.sfetd-douleur.org/douleur/cancer/article.phtml?id=rc%2forg%2fsfetd%2fhtm%2f Article%2f2011%2f20110122-180509-395)

■ POUR ALLER PLUS LOIN

- AN Davies, The managements of cancer related breakthrough pain : recommendations of a task group of the science committee of the association for palliative medicine of Great Britain and Ireland, Eur. J. Pain 2009 ; 13 : 331-338.

- Caraceni A., Hanks G., Kaasa S. et al., Use of opioid analgesics in the treatment of cancer pain : evidence-based recommendations from the EAPC, Lancet Oncol 2012 ; 13 : 58-68.

- Il faut évaluer et réévaluer périodiquement non seulement l'intensité mais aussi le mécanisme physiopathologique qui peut évoluer dans le temps : généralement au début par excès de nociception, puis mixte et qui peut avoir, par la suite, une composante neuropathique majeure (évolution tumorale naturelle ou traitement chimio/radio...). C'est cette analyse qui va conditionner les thérapeutiques choisies. La douleur est souvent mixte (excès de nociception, neuropathique).

- Pour chaque proposition thérapeutique, il faut faire le bilan efficacité/effets secondaires. Les objectifs doivent être crédibles et pas forcément ambitieux.

- Si la douleur de fond est en général prise en considération, il n'en est pas de même pour les ADP.

  Pour les ADP il est nécessaire de procéder à une titration afin de définir la posologie des prises. En ce qui concerne la morphine à libération immédiate le calcul est facile : 6 à 10 % de la consommation de la morphine à libération prolongée des dernières 24 heures. Ce principe n'existe plus, si l'on prescrit des citrates de fentanyl ; il faut déterminer la posologie minimale nécessaire qui sera celle qui sera utilisée pour tous les autres ADP ultérieurs et ceci indépendamment de la posologie de la morphine à libération prolongée.

- Il faut garder en réserve les traitements dits « agressifs », la rotation des opioïdes repoussent ces indications.

  Il faut tenir compte de la composante neuropathique.

+++ LE COUP DE POUCE DE L'ENSEIGNANT

- **Ne pas oublier :**
  - évaluer et réévaluer non seulement l'intensité mais penser aussi au mécanisme physiopathologique. Évaluation = interrogatoire, examen clinique et utilisation d'outils de mesure ;
  - expliquer la prescription (la morphine est en général considérée comme « le médicament de fin de vie »), prendre des exemples (opioïdes chez le patient brûlé, post-opératoire...).

- **Très important :**
  - prescrire un antalgique en fonction de l'intensité de la douleur dans le cas par excès de nociception, ne pas hésiter à proposer un palier 3 d'emblée si l'intensité de la douleur est > 6. Prescrire un antalgique de palier 1 en association avec un antalgique de palier 3 ;
  - prendre en compte systématiquement les ADP, les analyser et prescrire des interdoses ;
  - savoir prescrire la morphine à libération immédiate (6 à 10 % de la consommation de 24 h). Pour le fentanyl à libération prolongée, les interdoses de morphine à libération immédiate seront respectivement 10 mg pour 25 gamma/h, 20 mg pour 50 gamma/h, 30 mg pour 75 gamma/h, 40 mg pour 100 gamma/h ;
  - savoir titrer les citrates de fentanyl transmuqueux en fonction du principe actif choisi.

- **Les pièges à éviter :**
  - ne pas réévaluer l'intensité de la douleur, le mécanisme physiopathologique (interrogatoire, examen clinique, DN4) ;
  - continuer à augmenter la posologie des antalgiques sans réévaluation ;
  - ne pas interroger le patient sur la survenue d'effets secondaires indésirables et donc ne pas les traiter.

CHAPITRE **6**

Douleur de la personne âgée : évaluer et traiter

Dr Gisèle Pickering

Laboratoire de Pharmacologie Fondamentale et Clinique de la Douleur,
Inserm Neurodol 1107, Faculté de Médecine,
Service de Pharmacologie Clinique/ Inserm CIC 501,
Centre Hospitalier Universitaire, Clermont-Ferrand

PLAN DU CHAPITRE

1. Particularités de la douleur chez la personne âgée

    1.1. Prévalence élevée

    1.2. Population hétérogène

    1.3. Particularités physiopathologiques chez le sujet âgé

2. Particularités de la prise en charge de la douleur chez la personne âgée

    2.1. Démarche multidisciplinaire et en équipe

    2.2. Changements pharmacologiques liés à l'âge

    2.2.1. Changements pharmacocinétiques

    2.2.2. Changements pharmacodynamiques

3. Évaluer

    3.1. Autoévaluation et hétéroévaluation

    3.2. Recommandations pour l'évaluation du sujet âgé

4. Traiter

    4.1. Traitements antalgiques

    4.1.1. Douleur aiguë

    4.1.2. Douleur chronique

    4.2. Traitements non-médicamenteux

OBJECTIFS PÉDAGOGIQUES

– **Connaître les modifications de la physiopathologie chez le sujet âgé.**
– **Connaître les syndromes douloureux les plus fréquents chez le sujet âgé.**
– **Savoir utiliser les bons médicaments antalgiques chez le sujet âgé.**
– **Éviter les préjugés liés à l'évaluation et la prise en charge de la douleur chez le sujet âgé.**

MOTS CLÉS : repérer ; évaluer ; traiter ; polymédication ; pro-actif ; effets indésirables ; interactions médicamenteuses ; observance ; empathie.

© MEDLINE

1. Particularités de la douleur chez la personne âgée

1.1. Prévalence élevée

La prévalence de la douleur chronique est élevée chez les sujets âgés, touchant de 40 à 80 % des personnes vivant à leur domicile ou en institution. Les causes les plus fréquentes sont les pathologies ostéo-articulaires, le cancer et la neuropathie. En dépit des recommandations internationales et de campagnes de sensibilisation, la douleur demeure **sous-estimée et sous-traitée** chez la personne âgée en particulier lorsque des troubles de la communication verbale et/ou de la cognition sont présents.

> **La douleur est un des motifs les plus importants de consultation en gériatrie.**
> - Elle est le signe essentiel d'appel d'un grand nombre de maladies aiguës ou chroniques.
> - La prise en charge est capitale chez le sujet âgé, fragile.

- Prévalence de la douleur chez le sujet âgé :
  - 25 à 50 % chez les sujets à domicile ;
  - 45 à 80 % des sujets en institution.

- Types de douleur chez le sujet âgé :
  - douleurs aiguës : les pathologies aiguës habituellement douloureuses peuvent avoir une symptomatologie atypique et silencieuse (infarctus du myocarde, pathologie chirurgicale) ;
  - douleurs chroniques : très fréquentes, avec un retentissement sur l'état général, le psychisme, la vie socio-familiale du sujet, un isolement ;
  - douleurs neuropathiques fréquentes.

- Douleurs chroniques les plus fréquentes :
  - chez les sujets valides ; douleurs musculo-squelettiques (arthrose, polyarthrite, ostéoporose…), neurologiques (douleurs post-zostériennes, névralgies faciales), algodystrophies, douleurs viscérales (cancers évolués) ;
  - chez les sujets grabataires ; douleurs de décubitus, intriquées : ostéoarticulaires, attitudes vicieuses et rétractions tendineuses, douleurs d'appui et d'ischémie tissulaire, douleurs neurologiques (AVC, Parkinson évolué), douleurs dans le cadre de la fin de vie.

1.2. Population hétérogène

La population « âgée » est une population très hétérogène pluri-générationnelle allant de 65 ans au centenaire avec différents niveaux de vieillissement biologique et de déclin cognitif lié à l'âge ou à une pathologie neuro dégénérative. La prise en charge et la stratégie thérapeutique devront donc être **individualisées et adaptées** en fonction de l'état de santé du patient.

1.3. Particularités physiopathologiques chez le sujet âgé

- La « presbyalgie » n'existe pas : la tolérance à la douleur est la même que chez un sujet jeune.
- La diminution de la sensibilité des nocicepteurs à certains stimulus et la fragilisation des fibres myéliniques pourraient être responsables d'une diminution de la discrimination sensorielle : la douleur est moins précise, mais tout aussi importante.
- Au cours du vieillissement, on observe une augmentation des douleurs neuropathiques.
- Le processus d'intégration corticale semble être altéré dans les états démentiels.

2. Particularités de la prise en charge de la douleur chez la personne âgée

2.1. Démarche multidisciplinaire et en équipe

La prise en charge de la douleur bénéficie de la multidisciplinarité des intervenants et selon les situations, inclura les équipes soignantes et/ou la famille. Elle repose sur 4 piliers : Repérer, Évaluer, Traiter et toujours ré-Évaluer la douleur afin de juger de l'efficacité de la démarche adoptée.

2.2. Changements pharmacologiques liés à l'âge

Le vieillissement modifie la pharmacologie des médicaments dont les antalgiques.

2.2.1. Changements pharmacocinétiques

> Des **changements pharmacocinétiques** peuvent affecter l'**absorption**, la **distribution**, le **métabolisme** et l'**excrétion**.

De façon générale, chez le sujet âgé, l'inefficacité de certains antalgiques est rarement imputable à une altération de l'**absorption**. La diminution du débit sanguin hépatique peut réduire l'effet de premier passage des opioïdes avec un risque potentiel de surdosage. La voie transdermique utilisée avec le fentanyl ou la lidocaïne est très utile chez la personne âgée, avec quelquefois un temps de latence plus long que chez le sujet jeune avant d'atteindre le plateau, probablement à cause d'une moindre perfusion de la peau avec l'âge.

La **distribution** des médicaments peut quant à elle être affectée par les modifications des liaisons aux protéines plasmatiques, les changements de composition corporelle et de vascularisation. La diminution de la concentration plasmatique de l'albumine avec l'âge (pouvant aller jusqu'à 20 %) peut être déterminante pour les antalgiques fortement liés à l'albumine, comme le naproxène, puisque seule la fraction libre traversera les membranes biologiques pour atteindre les sites d'activité pharmacologique. Le vieillissement est accompagné d'augmentation de masse grasse, de diminution de masse musculaire et d'eau corporelle totale. Il en résulte une augmentation du volume de distribution des antalgiques liposolubles comme le fentanyl, qui traverseront plus facilement les membranes biologiques, avec un risque potentiel de toxicité.

Le **métabolisme** hépatique chez le sujet âgé est diminué surtout au cours de la phase I (phase d'oxydation, réduction et d'action du cytochrome CYP450), alors que la phase II (conjugaison) est peu modifiée, et les variations interindividuelles sont importantes. Le métabolisme hépatique des opioïdes donnera des métabolites plus puissants que la molécule mère (morphine, morphine-6-glucuronide ou O-déméthyl-tramadol, comme métabolites respectifs de codéine, morphine et tramadol) et dont l'accumulation pourrait être un facteur d'augmentation de sensibilité aux opioïdes du sujet âgé.

L'excrétion rénale des antalgiques est certainement l'étape la plus affectée par l'âge. La clairance rénale du paracétamol est diminuée (moins 43 %) chez le sujet âgé. Il en est de même pour certains AINS (kétoprofène, naproxène, ibuprofène), connus pour entraîner – une insuffisance rénale par inhibition des prostaglandines rénales vasodilatatrices et par vasoconstriction de la médullaire, et – une hyperkaliémie liée à l'état d'hyporénine – hypoaldostérone associé au vieillissement. Enfin, le rein sénescent, à cause de la diminution de la filtration glomérulaire, est moins capable d'excréter une charge sodique, et les médicaments comme l'indométacine, qui induisent une rétention sodique,

© MEDLINE

peuvent conduire à une expansion volumique et à une insuffisance cardiaque. La pharmacocinétique de la codéine, de la dihydrocodéine (éliminées par glucuronidation et excrétion rénale) et de leurs métabolites est mal connue, mais les variables pharmacocinétiques ne semblent pas modifiées de façon significative avec l'âge.

2.2.2. Changements pharmacodynamiques

En ce qui concerne les effets de l'âge sur la **pharmacodynamie** des antalgiques, le sujet âgé est sensible aux morphiniques et une diminution des posologies par rapport à l'adulte jeune est recommandée. En post-opératoire, le besoin en morphiniques est moindre que chez les sujets plus jeunes, le risque de tolérance aux opiacés est également moindre, et l'âge a été suggéré comme une variable essentielle dans la titration des opiacés.

3. Évaluer

3.1. Autoévaluation et hétéroévaluation

Le repérage et l'évaluation de la douleur peuvent être difficiles chez la personne âgée surtout lorsque l'expression de la douleur est limitée par le déclin cognitif. L'autoévaluation se fait par **échelle numérique ou verbale simple** plutôt que l'EVA. En cas d'échec, ou chez le sujet non communicant, une observation des comportements par **échelle d'hétéroévaluation** (Algoplus®, Doloplus®, ECPA®) est utilisée, de préférence en équipe, et cette évaluation est répétée régulièrement. Une évaluation gériatrique exhaustive, incluant dépression et cognition) aidera aussi au repérage de la douleur.

3.2. Recommandations pour l'évaluation du sujet âgé

Il est recommandé de rechercher de manière pro-active les situations potentiellement douloureuses, de tenter une auto-évaluation quel soit le niveau cognitif puis en cas d'échec, de faire une échelle d'hétéro évaluation avec l'aide de personnes connaissant bien le patient. En cas de doute, un **test antalgique** sera pratiqué et le patient sera réévalué régulièrement.

4. Traiter

4.1. Traitements antalgiques

Les médicaments antalgiques utilisés sont les mêmes que chez l'adulte plus jeune, mais les effets indésirables et les contre-indications sont plus nombreux à cause des **comorbidités** et de la **polymédication** [de 19,6 % (75-79 ans) à 38,2 % des patients (> 85 ans)]. Avant toute prescription d'antalgique doivent être renseignés l'état de santé, le traitement médicamenteux, la fonction rénale, le poids, l'état nutritionnel, l'état cognitif et émotionnel, la situation sociale et l'observance. **Effets indésirables et interactions potentielles** du médicament antalgique ajouté seront **anticipés** et la voie d'administration orale sera privilégiée. Souvent chez la personne âgée coexistent des douleurs mixtes, nociceptives et neuropathiques (par exemple les escarres et l'artérite), et la stratégie doit être bien réfléchie.

4.1.1. Douleur aiguë

4.1.1.1. Paracétamol et AINS

Pour les douleurs de **faible intensité**, le **paracétamol** est le traitement de choix : il est préférable à l'aspirine qui, comme les AINS, a des effets secondaires connus (liés aux Cox-1) sur la muqueuse gastrique et sur la fonction rénale, ainsi que sur la fonction cardio-vasculaire en ce qui concerne les coxibs. La dose recommandée de paracétamol est de 500 mg à 1 g toutes les 4 à 6 h, maximum 3 à 4 g/j, avec des précautions d'emploi dans l'insuffisance hépatique ou rénale. Bien que peu fréquent à posologie thérapeutique, le risque d'hépatotoxicité du paracétamol même à posologie faible existe, avec une production amplifiée de métabolite toxique, en particulier lors d'une déplétion en glutathion, fréquente chez le sujet âgé dénutri ou/et en période postopératoire. Attention aussi à ne pas prescrire de paracétamol avec les antivitamines K. Les **AINS** doivent être prescrits avec une vigilance toute particulière, avec un inhibiteur de la pompe à protons et une surveillance de la fonction rénale si le patient prend des inhibiteurs de l'enzyme de conversion ou des diurétiques.

4.1.1.2. Opiacés

Pour les **douleurs d'intensité modérée**, la **codéine et le tramadol** (produits opiacés de palier 2) sont donnés seuls ou en association avec le palier 1. L'association des opiacés faibles avec le paracétamol limite le développement des effets secondaires des opiacés et est très utile dans les douleurs mixtes.

Quand les douleurs sont **sévères**, les **opiacés** forts sont utilisés avec, outre le risque de tolérance, de dépendance physique ou de dépression respiratoire, des effets indésirables très handicapants pour la personne âgée : constipation, nausées, vomissements, rétention d'urine, somnolence, confusion, risque de chutes et de fractures, d'autant plus que l'association opiacés/psychotropes augmente avec l'âge. Toutefois, un bon nombre de ces **effets indésirables** peuvent être **anticipés**, et leur risque d'occurrence ne doit pas être un frein à l'utilisation de la morphine. La morphine n'est pas le médicament de la fin de vie, et les patients ne doivent pas être privés de morphine parce qu'ils sont âgés. Il convient de titrer avec des formes à libération immédiate en débutant à de faibles posologies (2,5 mg/ 4 h) et en augmentant lentement en fonction de l'intensité de la douleur qui détermine la dose efficace, avec des inter-doses si elles sont nécessaires de $1/10^e$ à $1/6^e$ de la dose par 24 heures. La prise par voie orale doit toujours être préférée à la pompe à morphine, que le sujet âgé sait mal utiliser même lorsque ses fonctions cognitives sont intactes. Les formes transmuqueuses buccales sont utiles lors d'accès douloureux paroxystiques chez le sujet non naïf en morphiniques, en prenant soin de maintenir une muqueuse humide, et en modulant les interdoses au traitement morphinique de fond.

4.1.2. Douleur chronique

Une **réévaluation** de la douleur chronique doit être **régulière** afin de limiter les effets indésirables et les interactions médicamenteuses des antalgiques pris sur le long terme.

La prise en charge de la **douleur neuropathique** est spécifique et quatre groupes de médicaments ont montré un bon niveau de preuve : les **antidépresseurs tricycliques** (TCA), les antidépresseurs **ISRN** (inhibiteurs de la recapture de la sérotonine et de la noradrénaline) et **ISRS** (inhibiteurs spécifiques de la recapture de la sérotonine), les antiépileptiques **prégabaline/gabapentine** et les **opiacés**. Actuellement préconisés en première intention, les antiépileptiques ont des effets indésirables (somnolence, vertiges) et la posologie doit être réduite dans l'insuffisance rénale. Les TCA sont également utilisés avec précaution : l'amitriptyline doit être évitée et la toxicité cardiaque des TCA avec risque de mort subite et d'infarctus du myocarde est connue. Il est recommandé de commencer avec des doses minimes et de titrer lentement jusqu'au soulagement ou jusqu'à l'apparition des effets indésirables, et de les contre-indiquer chez les patients avec une pathologie cardio-vasculaire, ce qui est fréquent après 65 ans. Les effets anticholinergiques périphériques : sécheresse buccale, constipation, rétention urinaire, mydriase, vision trouble et tachycardie, et centraux sont observés à posologie thérapeutique, ce qui les contre-indique de principe chez les patients atteints de pathologie démentielle et traités par des anticholinestérasiques, non seulement de par leur association illogique, mais également du fait de la susceptibilité de ces patients aux anticholinergiques. De plus, les TCA sont contre-indiqués chez les patients porteurs d'un glaucome ou d'une hypertrophie de la prostate ; ils entraînent également des troubles de l'équilibre, une altération des performances cognitives, et majorent le risque de confusion. Les ISRS et les ISRN semblent en général mieux tolérés que les TCA. Les opiacés sont utilisés en seconde ligne du traitement.

Le **patch de lidocaïne 5 %** (et de capsaïcine, mais avec moins de données chez le sujet âgé) est utile pour les neuropathies périphériques localisées (neuropathie post-zostérienne) ; toutefois, les patchs doivent être évités chez les patients recevant des antiarythmiques de classe I (mexilétine) et chez les insuffisants hépatiques, en raison du risque de surdosage.

L'**échec thérapeutique** est fréquent dans la douleur neuropathique (40 à 60 % des patients), avec des retentissements délétères sur l'activité physique, l'autonomie, la qualité de vie, et avec un arrêt précoce du traitement prescrit. Enfin, les règles d'**administration** des médicaments doivent être bien respectées, en particulier pour les médicaments à libération prolongée qui ne doivent pas être ouverts ou écrasés, au risque de modifier la cinétique et le rapport bénéfice/risque du médicament.

En plus de la maximisation du ratio bénéfice/risque, il est important de faire de l'éducation thérapeutique auprès du patient, et d'expliquer le traitement de manière empathique afin de favoriser l'**effet placebo**.

4.2. Traitements non-médicamenteux

Il est recommandé **d'associer les antalgiques à des techniques non-pharmacologiques.** Une personne âgée sur trois souffrant de douleur chronique a eu recours à des techniques non pharmacologiques au cours de l'année précédente. Yoga, massage, Taï-Chi, hypnose, biofeedback, relaxation, méditation, musicothérapie, artthérapie, apporteraient un bénéfice dans 96 % des études, avec une meilleure acceptation de la douleur et de leur qualité de vie. Avec quelques **adaptations aux déficits sensoriels** dus au vieillissement (vue, audition, mobilité), toutes ces approches sont tout à fait envisageables chez les personnes âgées. Des approches préventives sont également recommandées : activité physique modérée, adaptée et régulière, vaccination contre le zona...

BIBLIOGRAPHIE

■ **LES RÉFÉRENCES À RETENIR**

– Livre, Institut Upsa de la Douleur. Douleur de la personne âgée coordonné par G. Pickering. À télécharger sur www.institut-upsa-douleur.org

– Recommandations de l'HAS. Évaluation et prise en charge de la douleur chez les personnes âgées. www.has-sante.fr

POINTS-CLÉS

- **Optimiser la prise en charge de la douleur de la personne âgée**
- **R**epérer-**É**valuer-**T**raiter-ré-**É**valuer la douleur (RETE)
- Être **pro-actif** dans le repérage et l'évaluation de la douleur
- **Anticiper** effets indésirables et interactions médicamenteuses des antalgiques
- **Adapter** posologie et augmenter lentement la posologie
- **Surveiller** la fonction rénale
- Combiner approches **pharmacologiques et non-pharmacologiques**
- **Réévaluer la douleur et l'efficacité du traitement proposé**
- Expliquer, Écouter, Être patient et Empathique

+++ LE COUP DE POUCE DE L'ENSEIGNANT

- **Utile :** Les interactions entre douleur, dépression et démence font qu'il est essentiel d'évaluer et de prendre en charge ces trois domaines chez la personne âgée.

- **Ne pas oublier :** La douleur est sous-estimée et sous-traitée. Les effets indésirables des antalgiques peuvent se présenter de manière atypique chez la personne âgée.

- **Très important + erreurs à ne pas commettre :** Surveiller la fonction rénale, adapter la posologie, titrer lentement, mais inversement, ne pas sous-traiter la douleur par crainte des effets indésirables.

- **Préjugés à éviter :**
  - Le patient ne se plaint pas, donc il n'a pas mal.
  - La douleur de la personne âgée est « normale » avec le vieillissement.
  - Les patients déments ont une moindre perception de la douleur.

CHAPITRE **7**

Prise en charge de la douleur chez l'enfant

Dr Perrine Marec-Berard*, Dr Chantal Wood**

* PH, Pédiatre Oncologue, IHOP, Lyon

** PH, Médecin Algologue, Unité fonctionnelle Douleurs Chroniques, CHU, Limoges

PLAN DU CHAPITRE

OBJECTIFS PÉDAGOGIQUES

- Connaître les spécificités de la prise en charge de la douleur de l'enfant.
- Savoir utiliser les outils d'évaluation de la douleur adaptés à l'âge de l'enfant et au contexte.
- Connaître les caractéristiques et savoir rechercher une composante neuropathique a une douleur de l'enfant.
- Connaître les médicaments antalgiques utilisables chez l'enfant et leurs posologies.
- Connaître et savoir utiliser les moyens non médicamenteux de traitement de la douleur chez l'enfant.
- Savoir prévenir et anticiper la douleur induite par les soins.

MOTS CLÉS : auto-évaluation ; développement cognitif ; douleur aiguë ; douleur prolongée ; douleur induite ; douleur nociceptive ; douleur neuropathique ; échelles comportementales ; hétéro-évaluation ; médicaments antalgiques ; traitements non médicamenteux.

© MEDLINE

1. Spécificités de la douleur de l'enfant

1.1. Développement cognitif de l'enfant

L'enfant n'est pas un adulte miniature, et il va aborder le monde ainsi que la douleur de manière différente, selon son **stade de développement cognitif**. Sa connaissance du monde, sa relation avec autrui, sa compréhension de la douleur et de la maladie vont évoluer progressivement jusqu'à ce qu'il atteigne une pensée de type adulte, vers l'âge de 12-13 ans.

Le modèle de Jean Piaget, psychologue suisse, est celui qui est encore utilisé dans la plupart des études sur la douleur de l'enfant et son développement cognitif. Piaget s'est intéressé à la genèse des structures logiques fondamentales et à l'élaboration de la pensée catégorielle. Pour Piaget, la pensée naît de l'action. Il existe, pour lui, une interaction entre l'inné et l'acquis et il centre son intérêt sur les relations entre l'enfant et le monde extérieur. Le développement et l'intégration des fonctions cognitives naissent de l'enrichissement de la structure de base de l'enfant, grâce à des expériences successives et répétées. Ce modèle a été depuis validé par de nombreuses études, justifiant que l'on continue encore actuellement à s'y intéresser (tableau 1).

Tableau 1. STADES DU DÉVELOPPEMENT COGNITIF DE L'ENFANT SELON PIAGET	
Période Sensori – motrice (0-2 mois) → *6 stades*	*La pensée du bébé se manifeste par sa motricité* *Il apprend à coordonner perceptions et mouvements* *Prédominance du mode de l'agir, du vécu, pas de la pensée* 1. Découverte par la succion / mise en bouche (0-1 mois) 2. Réflexes, reproductions d'action sur son corps propre (1-4 mois) 3. S'oriente vers les objets. Coordination vision/préhension (4-8 mois) 4. Mise en relation des objets entre eux (8-12 mois) 5. Découverte des propriétés des objets, expérimente ++ (12-18 mois) 6. Fonction symbolique, combine différentes actions, imitation, langage (18-24 mois) → Permanence de l'objet débute à 8 mois

Période pré – opératoire (2-7 ans)	*Intelligence pratique très développée*
	    Développe une pensée intuitive
	    Dimension égocentrique ++
	    Évolution de la fonction symbolique (jeu)
	
	→ Langage, images mentales, dessin, imitation

Période des opérations concrètes (7-12 ans)	*Capacité de raisonnement « pensée opérative »* → *prise en compte de la démarche et non plus du résultat* *Conservation physique, sériations...* *Notion de réversibilité acquise*
Période des opérations formelles (> 12 ans)	*Pensée hypothético – déductive* → *pensée formelle, réfléchie qui permet l'abstraction* *N'a plus besoin de la présence de l'objet pour penser*

1.2. Les principaux types de douleur chez l'enfant

Comme chez l'adulte, les principaux types de douleur de l'enfant sont :
- douleurs par excès de nociception provoquées par la chirurgie, les traumatismes, les maladies aiguës, certains actes thérapeutiques, les soins, les explorations ;
- douleurs neuropathiques liées à une atteinte spécifique du système nerveux (traumatisme, infection, toxicité…) ;
- douleurs idiopathiques (inexpliquées), dysfonctionnelles ;
- douleurs psychogènes.

On distingue par ailleurs la **douleur aiguë** de courte durée de la **douleur prolongée** évoluant depuis plusieurs semaines et susceptible d'affecter de façon péjorative le comportement ou le bien-être du patient. Selon l'âge de l'enfant et la durée de la douleur, les manifestations ses manifestations diffèrent. La douleur aiguë voire suraiguë génère cris, grimace et agitation ; dès qu'elle se prolonge quelques heures, le comportement se modifie avec postures antalgiques, retrait, immobilité, apathie : c'est l'atonie psychomotrice initialement décrite en cancérologie et qui peut être source d'erreur diagnostique et de sous-estimation de l'intensité douloureuse.

1.3. L'évaluation de la douleur de l'enfant

L'évaluation est une étape fondamentale et indispensable à la prise en charge de la douleur de l'enfant. Elle apporte des informations sur l'intensité de la douleur, son évolution au cours du temps et sur l'efficacité des moyens mis en œuvre pour la traiter. Elle s'appuie sur des outils validés qui diffèrent en fonction de l'âge des enfants, de leur stade de développement cognitif, et du contexte clinique.

Il est recommandé que toute prescription d'antalgique soit précédée et suivie (dans les 30 à 60 minutes) d'une évaluation systématique de la douleur au moyen d'une échelle validée, adaptée à l'âge de l'enfant, à un rythme dépendant de la sévérité de la douleur, une réévaluation régulière étant nécessaire :

- *entre 0 et 4 ans* : le choix de l'échelle d'observation comportementale ou échelle **d'hétéro-évaluation** telle que EVENDOL, FLACC, DAN, OPS (CHEOPS simplifiée), EDIN, DEGR, HEDEN est déterminé par la tranche d'âge, la durée de la douleur et la situation clinique) ;

- *entre 4 et 6 ans* : une **auto-évaluation** peut être proposée, en utilisant une échelle des visages ou une échelle verbale simple, sachant que certains enfants à cet âge ont tendance à choisir les extrêmes des échelles faute d'être capables de comprendre le principe de sériation. Les outils d'hétéro-évaluation sont souvent plus adaptés à cette tranche d'âge ;

- *à partir de 6 ans* : l'auto-évaluation peut faire appel à une échelle visuelle analogique, une échelle verbale simple, une échelle numérique simple ou une échelle des visages. Le dessin peut aussi être un outil d'aide au diagnostic précieux a partir de 4 ou 5 ans.

En cas d'handicap cognitif ou de sédation en réanimation, des grilles spécifiques sont à utiliser (Échelle Douleur San Salvadour, Grille d'Évaluation Douleur Déficience Intellectuelle, la FLACC en version enfant handicapé et la Pediatric Pain Profile).

Tableau 2. OUTILS D'HÉTÉRO-ÉVALUATION DE LA DOULEUR DE L'ENFANT		
ÉCHELLES D'HÉTÉRO-ÉVALUATION	**TYPE DE DOULEUR**	**ÂGES**
NFCS simplifiée : Neonatal Facial Coding System	Douleur aiguë	**0 - 18 mois**
DAN : Douleur Aiguë du Nouveau-né	Douleur aiguë	**Prématuré - 3 mois**
EDIN : Échelle de Douleur et d'Inconfort du Nouveau-né	Douleur et inconfort permanent	**0 - 3 mois**
Amiel Tison inversée	Douleur post-opératoire	**1 - 7 mois**
CHEOPS : Children's Hospital Of Eastern Ontario Pain Scale	Douleur post-opératoire, salle de réveil	**1 - 6 ans**
FLACC : Face, Legs, Activity, Cry, Consolability	Douleur post-opératoire ou liée aux soins	**4 - 18 ans**
EVENDOL : EValuation ENfant DOuLeur (aux urgences)	Douleur aiguë aux Urgences	**0 - 6 ans**
OPS : Objective Pain Scale	Douleur post-opératoire	**6 mois - 13 ans**
PPPM : Parents' Post-operative Pain Measure (au domicile)	Douleur post-opératoire	**2 - 12 ans**
DEGR : Échelle Douleur Gustave Roussy	Douleur prolongée chez l'enfant atteint de cancer	**2 - 6 ans**
HEDEN : HEtéro-évaluation Douleur ENfant	Douleur prolongée chez l'enfant atteint de cancer	**2 - 6 ans**
Douleur Enfant San Salvadour **(DESS)**	Douleur chez l'enfant polyhandicapé	

Figure 1. ÉCHELLE VISUELLE ANALOGIQUE OU EVA

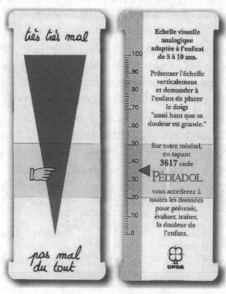

Copyright © 1998, Association SPARADRAP

Figure 2. ÉCHELLE DES VISAGES

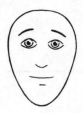     

1.4. Les douleurs à composante neuropathique chez l'enfant

- **La douleur d'origine neuropathique** est difficile à reconnaître chez le jeune enfant, et peu de médecins connaissent son existence, ce qui explique qu'elle soit souvent méconnue, non diagnostiquée et non traitée [Fournier-Charriere et al.].

- **Les symptômes classiques de la douleur neuropathique** associent des sensations désagréables spontanées et provoquées par le toucher. Ils sont décrits aisément par les grands enfants ou les adolescents, mais leur diagnostic est plus difficile chez les plus jeunes du fait de leur développement cognitif encore limité et d'un défaut de vocabulaire pour les décrire. La recherche de signes pouvant orienter vers une composante neuropathique doit être systématique et passe par un examen clinique orienté qui doit être réalisé dans un environnement calme et rassurant afin d'obtenir la collaboration de l'enfant.

- **Tout examen est précédé et accompagné par un entretien** avec l'enfant, ses parents et/ou ses soignants quand il s'agit d'enfants hospitalisés. Le dialogue instaure la confiance et recherche minutieusement les caractères descriptifs des douleurs (localisation, caractère continu ou par accès), leur chronologie (diurnes, nocturnes), les facteurs déclenchant, les signes d'évitement (vêtements, coiffage, contact avec les draps), les gestes évocateurs de contre-stimulation (frottement, soulagement par un massage, le froid ou le chaud par exemple).

L'EXAMEN CLINIQUE SYSTÉMATISÉ COMPREND PLUSIEURS ÉTAPES :

- *Examen topographique* : localisation de la douleur et évaluation de son étendue ; recherche d'une systématisation à un territoire neuro-anatomique.
- *Évaluation d'un déficit* : le déficit sensitif (anesthésie, hypoesthésie) est recherché, au minimum avec le classique pique-touche. La force musculaire est étudiée, avec si besoin le recours à un testing musculaire détaillé.
- *Évaluation des douleurs provoquées* : on recherche une allodynie (douleur ressentie lors d'une stimulation non nociceptive comme l'effleurement, le toucher léger, le froid), une hyperesthésie ; une hyperpathie (envahissement global et prolongé du corps par la douleur générée par une stimulation modeste).

Bien entendu l'examen clinique est comparatif par rapport au côté controlatéral, ou si l'atteinte est bilatérale, par rapport à une zone saine à distance.

- **Des outils d'aide au diagnostic ont été validés chez l'adulte, en particulier en France le questionnaire DN4.** Avec dix questions simples, le diagnostic d'une composante neuropathique est probable si le score est supérieur à 4/10, [Bouhassira D., Attal N., Alchaar H., et al.]. Même si ce questionnaire n'a pas fait l'objet de validation spécifique chez l'enfant, il est utilisable dès que l'enfant peut comprendre les termes employés, en général à partir de 10 ans (accord professionnel, AFSSAPS 2009 et SFETD 2007). Une version adaptée à l'enfant plus petit, illustrée par des images, est actuellement en cours de validation.

2. Traitement médicamenteux de la douleur de l'enfant

- **Le traitement de la douleur de l'enfant diffère peu de celui de l'adulte et fait appel à trois méthodes** qui se complètent et s'associent entre elles dans une prise en charge globale : **les traitements médicamenteux, les méthodes physiques et les méthodes psychologiques.**

Le traitement doit être si possible préventif, en particulier en ce qui concerne les douleurs induites. Dans la douleur aiguë, il doit être précoce et d'emblée efficace afin de réduire le risque de chronicisation et les phénomènes de mémorisations de la douleur. Dans les douleurs prolongées ou chroniques, la prescription « à la demande » doit être évitée. Le traitement doit être donné de façon systématique afin d'empêcher la douleur de se réinstaller et de limiter les risques de sensibilisation.

- Certains éléments de base sont à préciser avant la mise en route du traitement. **Il faut faire un diagnostic précis** sur le type de douleur que présente l'enfant. En effet, la prise en charge sera différente selon que la douleur est d'origine nociceptive ou neuropathique.

> **Une première évaluation précise de l'intensité de la douleur est nécessaire** afin de choisir le traitement optimum. Des **évaluations ultérieures,** selon les mêmes modalités que la première évaluation, doivent être effectuées afin d'adapter le traitement si nécessaire.

- **Enfin, surtout chez l'enfant plus âgé et lors de douleurs prolongées, il faut connaître les attentes du patient et chercher à y répondre.** Il peut être préférable de mettre en route un traitement à faible dose, en l'adaptant progressivement, par la suite, plutôt que d'instaurer, dans un but d'efficacité, un traitement lourd qui sera refusé rapidement, du fait des effets secondaires.

- **Dans le domaine de l'antalgie, l'effet placebo est très présent**, comme chez l'adulte. Il contribue d'ailleurs à l'efficacité des médicaments antalgiques : attentes, convictions, empathie participent à l'effet. Mais donner sciemment un placebo n'est pas éthique : c'est tromper l'enfant et dénier la réalité de sa douleur. Le placebo se justifie uniquement dans le cadre d'études randomisées contrôlées qui posent d'ailleurs un problème éthique chez l'enfant, expliquant probablement la pauvreté de la littérature disponible.

- Il est important enfin, de **donner des explications claires à l'enfant et sa famille**, en s'aidant, au besoin, de livres et de schémas afin qu'ils soient partie prenante et qu'ils adhèrent à la prise en charge. Des brochures explicatives éditées pour les enfants sont disponibles via certaines associations comme « sparadrap ».

2.1. Traitements médicamenteux de la douleur nociceptive

La douleur nociceptive est probablement la plus fréquente des douleurs rencontrées chez l'enfant. Elle est habituellement sensible aux antalgiques classiques. De nombreux médicaments sont disponibles en pédiatrie et leur puissance d'efficacité varie. Il est habituel de les classer en paliers selon l'OMS et d'adapter la prescription à l'intensité de la douleur. Autant que faire se peut la voie orale doit être privilégiée.

2.1.1. Les paliers I

- **Le paracétamol**, disponible sous différentes formes galéniques (suspension buvable, poudre pour solution buvable, comprimés ou gélules, suppositoires ou injectable) demeure le médicament de référence du palier I. La voie orale est la plus utilisée. La voie rectale ne doit plus être recommandée du fait d'une biodisponibilité basse et variable d'un individu à l'autre, et d'une absorption rectale aléatoire. L'utilisation de la voie injectable ne présente, pas d'avantage en termes d'efficacité par rapport à la voie orale. [AFSSAPS 2009]

- **L'Acide acétylsalicylique** est peu employé actuellement en raison des risques d'hémorragie et de syndrome de Reye. Néanmoins, l'effet anti-inflammatoire le rend utile dans certaines indications.

2.1.2. Les paliers II

- **La codéine**, agoniste opioïde pur, avec une forme sirop (1 ml = 1 mg) dont l'administration aux nourrissons et jeunes enfants est aisée, à l'AMM dès l'âge de 12 mois. Il existe des formes associées au paracétamol, utilisables chez l'enfant, qui présentent un intérêt du fait d'une action synergique. Néanmoins suite à une alerte de la FDA en 2012, l'ANSM a publié en 2013 des recommandations de prudence quant à la prescription de Codéine en pédiatrie qui modifieront probablement l'usage de ce médicament dans les années à venir.

RECOMMANDATIONS DE L'ANSM : COMMUNIQUÉ DU 12 AVRIL 2013
• N'utiliser la codéine chez l'enfant de plus de 12 ans qu'après échec du paracétamol et/ou AINS.
• Ne plus utiliser ce produit chez les enfants de moins de 12 ans.
• Ne plus utiliser ce produit après amygdalectomie ou adénoïdectomie.
• Ne plus utiliser ce produit chez la femme qui allaite.

- **Le Tramadol** existe sous forme de sirop (1 ml = 100 mg = 40 gouttes) mis sur le marché en septembre 2005 avec une AMM à partir de 3 ans et constitue une alternative à la codéine pour l'administration orale d'un antalgique de palier II. Il existe des formes associées au paracétamol qui sont utilisables chez l'enfant à partir de 12 ans et qui présentent un intérêt du fait d'une action synergique.

- **La nalbuphine**, agoniste antagoniste, peut être utilisée chez l'enfant de plus de 18 mois, par voie intra-veineuse en milieu hospitalier. La voie intra-rectale est fréquemment utilisée sans données pharmacocinétiques.

2.1.3. Les paliers III

- **La douleur de l'enfant est parfois très intense**, justifiant l'administration d'un opioïde fort (selon les recommandations de l'OMS). Dans certains contextes tels que l'oncologie ou la traumatologie, il est indispensable de savoir manipuler les antalgiques palier III (Lervat et al). **La mise en route d'un traitement morphinique en pédiatrie nécessite des ajustements réguliers** qui doivent prendre en compte la tolérance et l'efficacité du traitement. Le but est de soulager le fond douloureux permanent et durable par une forme à libération prolongée mais également les accès de douleur qu'ils soient prévisibles (mobilisation, toilette de l'enfant) ou non. Les doses employées sont parfois supérieures à celles de l'adulte. Quand l'équilibration du traitement devient difficile par voie orale ou que ce mode d'administration n'est pas ou plus compatible avec l'état de l'enfant, la voie IV est requise.

- **Toute prescription de palier III doit motiver une information claire et la prévention active des effets indésirables** en particulier la sédation, les nausées, la constipation, la rétention urinaire, le prurit, les hallucinations. Un traitement symptomatique de la constipation doit être associé, de manière systématique, au traitement morphinique. Les nausées répondent à de faibles doses de neuroleptiques ou d'anti-émétiques.

> *En cas de surdosage*, le risque est d'induire une sédation et une dépression respiratoire (bradypnée) qui impose d'arrêter le traitement, et d'administrer un antagoniste des morphiniques (Naloxone 2 à 5 µg/kg voie IV à renouveler toutes les 3 mn jusqu'à récupération).

- **Morphine :** La morphine est actuellement disponible par voie orale (Suspension buvable, gélules à libération immédiate = LI ou prolongée = LP) et intraveineuse dés l'âge de 6 mois. Les formes à libération prolongée avec des interdoses de morphine à libération immédiate seront privilégiées en cas de douleur prolongée. La dose journalière sera adaptée en fonction de l'efficacité obtenue et des effets secondaires.

Par voie intraveineuse, il est conseillé de faire une titration jusqu'à l'obtention d'une analgésie satisfaisante, à condition que la sédation de l'enfant ne soit pas trop importante. La dose totale ainsi injectée servira de base au calcul de la dose journalière nécessaire qui sera ensuite administrée soit en discontinu (en général toutes les 4 heures), soit en continu au pousse-seringue ou en mode PCA si l'enfant a plus de 5 ans (analgésie contrôlée par le patient). Les pompes d'analgésie auto-contrôlée sont utilisables chez l'enfant à partir de 5-6 ans.

> L'utilisation de morphine par voie intra-veineuse, impose, outre la surveillance de l'effet antalgique, une surveillance de la fréquence respiratoire et de la sédation et un monitorage correct du malade.

- **D'autres opioïdes sont utilisables chez l'enfant.** Le libellé de leurs AMM concerne en général la douleur liée au cancer. Les règles de prescription, de surveillance et de gestion des effets secondaires sont les mêmes que ceux décrits plus haut :
  - **l'hydromorphone** (dose équianalgésique 1 mg pour 7,5 mg de Morphine) est un dérivé semi-synthétique de la Morphine agoniste sélectif mu. Il est disponible par voie orale sous forme de gélules à libération prolongée avec une AMM à 7 ans ;
  - **l'oxycodone** (dose équianalgésique de 1 mg pour 2 mg de Morphine), est un dérivé semi-synthétique de la Morphine agoniste sélectif mu et kappa. Il est disponible sous forme de comprimés à libération prolongée et / ou à libération immédiate avec une AMM à 18 ans ;
  - **le fentanyl** est une alternative possible chez les enfants. Il s'agit d'une molécule 1 000 fois plus puissante que la morphine. Une étude récente, rapporte l'intérêt et la sécurité de son utilisation par pompe PCA. L'administration percutanée est possible grâce à des patch dont le plus petit dosage (12 µg/h équivalent à 30 mg de morphine orale/j) a une AMM en pédiatrie.

2.1.4. Les co-analgésiques

- **Les anti-inflammatoires non stéroïdiens (AINS)** sont utiles lorsqu'il existe une composante inflammatoire à la douleur (rhumatologie, douleur post opératoire) ou dans le cadre du traitement des migraines de l'enfant. Leurs posologies antalgiques sont supérieures aux posologies utilisées à visée antipyrétique. Leur prescription doit toutefois tenir compte de certaines précautions d'emploi et contre-indications en particulier en ce qui concerne la fonction rénale, et les risques liés à certaines infections concomitantes comme la varicelle. Aucun anti-inflammatoire injectable par voie iv ne possède d'AMM en pédiatrie. Malgré une restriction de l'AMM à 15 ans, le kétoprofène intraveineux est fréquemment utilisé en France chez l'enfant, en particulier en post-opératoire.

- **Les Antispasmodiques** : Certaines douleurs viscérales comme les douleurs liées aux troubles fonctionnels du tube digestif ou des voies biliaires, ou encore les douleurs spasmodiques urinaires ou gynécologiques, peuvent bénéficier de la prescription de molécules antispasmodiques. Certains sont disponibles par voie orale (Phloroglucinol 6 mg/kg/j ; le Tiémonium 6 mg/kg/j ; Trimébutine 5 à 10 mg/kg/j). Le Phloroglucinol (0,5 mg/kh/6h) ou le Tiémonium (0,1 à 0,2 mg/kg/8h) sont aussi disponible par voie IV.

- **Les Corticoïdes** sont peu utilisés en tant qu'antalgiques en pédiatrie générale, mais peuvent être des co-antalgiques intéressant dans certaines pathologies inflammatoires ou cancéreuses.

Tableau 3. POSOLOGIE DES PRINCIPAUX ANALGÉSIQUES UTILISABLES POUR LE TRAITEMENT DE LA DOULEUR NOCICEPTIVE CHEZ L'ENFANT		
MÉDICAMENT	**VOIE D'ADMINISTRATION**	**POSOLOGIE**
Paracétamol	orale ou iv.	15 mg/kg/ 6 h
Ibuprofène	orale	10 mg/kg/8 h ou 7,5 mg/kg/6 h
Tramadol	orale	1 à 2 mg/kg par prise – 3 à 4 fois par jour sans dépasser 8 mg/kg/j
Codéine	orale	0,5 à 1 mg/kg toutes les 4 à 6 heures sans dépasser 6 mg/kg/j
Kétoprofène (AMM 15 ans)	iv.	1 mg/kg toutes les 6 à 8 heures
Nalbuphine	iv. rectale	0,2 mg/kg/4 h en bolus IV lent ou 1,2 mg/kg/24 h en IV continu 0,4 mg/kg
Morphine	titration iv.	Dose de charge de 0,1 mg/kg puis bolus de 0,025 mg/kg/5 min selon score de douleur et signes de surdosage Pour un enfant de 20 kg : dose de charge de 2 mg et bolus de 0,5 mg si nécessaire
	iv. continue	Posologie initiale 0,5 mg/kg/24 h Augmentation par paliers de 33 % si insuffisant Pour un enfant de 20 kg : démarrer avec 10 mg/24 h puis augmenter à 14 mg/24 h si analgésie insuffisante après 2 heures de perfusion
	PCA	Après titration IV : bolus : 0,025 mg/kg Période réfractaire : 6 - 8 min Débit continu : 0,020 mg/kg/h principalement pour les situations médicales (crise vaso-occlusive, cancer...) Augmentation par paliers de 33 % si insuffisant Pour un enfant de 20 kg : bolus de 0,4 mg, débit continu de 0,4 mg/h
	orale	Posologie initiale 0,2 mg/kg/4 h Augmentation par paliers de 50 % si insuffisant Pour un enfant de 20 kg : 4 mg/4 h

2.2. Traitements médicamenteux de la douleur neuropathique

Les médicaments dont nous disposons pour le traitement des douleurs neuropathiques sont encore limités par rapport à ceux de la douleur nociceptive.

Les deux grandes classes médicamenteuses utilisées sont, comme chez l'adulte et à partir des résultats obtenus dans cette classe d'âge, **les antiépileptiques et les antidépresseurs.** Il n'existe en effet aucune publication évaluant l'efficacité de ces traitements dans la douleur neuropathique de l'enfant.

- **Les anticonvulsivants** agissent sur les sensations fulgurantes. Les molécules les plus utilisées sont la gabapentine et la prégabaline. Le Clonazepan quant à lui, même si il a été utilisé par de nombreux médecins avec un faible niveau de preuve dans cette indication, fait depuis 2011 l'objet de restriction d'utilisation qui en limitent la prescription (http://ansm.sante.fr) :
  - **la gabapentine** (AMM à 12 ans) est introduite à doses progressives par paliers de 3 jours avec des augmentations de 50 % (débuté à 5 mg/kg/j en 3 fois, maximum 30 mg/g/j) ;
  - **la prégabaline** (AMM est à 12 ans) est un anti épileptique dont le délai d'action semble plus court que la gabapentine, mais aucune étude n'a comparé ces deux médicaments et la prégabaline n'a pas prouvé de supériorité par rapport aux autres médicaments des douleurs neuropathiques. Le traitement est débuté à 150 mg/j en 3 fois avec une augmentation possible jusqu'à 600 mg ;
  - **le clonazepam** ne peut être prescrit que par des neurologues ou des pédiatres (recommandation ANSM 2012). Il est en général débuté à la dose de 0,02 à 0,03 mg/kg/J de préférence le soir avec une augmentation progressive des doses sans dépasser 2 mg/j. Le problème principal reste la gestion des effets secondaires et en particulier de la somnolence.
- **Les imipraminiques**, comme chez l'adulte, constituent la seconde classe de choix avec l'amitriptyline administré préférentiellement le soir à la dose de 0,3 à 0,5 mg/kg mais avec une possibilité de prescrire jusqu'à 1,5 mg/kg/j en 2 prises et la clomipramine utilisée chez l'enfant à la dose de 1 mg/kg/j (avec une possibilité de débuter le traitement par voie IV le temps de l'équilibration). Ces deux molécules agissent essentiellement sur la composante dysesthésique des douleurs neuropathiques.

Des associations sont possibles et souvent nécessaires. Il n'existe pas à l'heure actuelle de consensus sur le choix des traitements des douleurs neuropathiques de l'enfant. Les arbres décisionnels publiés chez l'adulte peuvent être extrapolés à l'enfant tout en tenant compte des effets secondaires potentiels des différents traitements et de la connaissance que nous avons de l'utilisation de ces traitements chez l'enfant.

3. Traitements non médicamenteux de la douleur chez l'enfant

Différentes méthodes peuvent être proposées, seules ou en association (dans la plupart des cas) aux traitements médicamenteux. **On peut séparer ces méthodes en méthodes physiques, comportementales ou cognitives.**

3.1. Méthodes physiques

Les différentes techniques proposées sont :
  - **l'exercice** : qu'il soit actif ou passif, il permet non seulement de restaurer une force musculaire, mais également redonne confiance à l'enfant, confiance dans son corps et dans ses capacités ; il permet de réduire le stress et favorise la détente. On fait souvent appel à cette technique lors de douleurs récurrentes (céphalées, migraines, douleurs abdominales).

- **la kinésithérapie et le massage** sont utiles pour les douleurs musculaires, mais favorisent aussi, par le biais du contact physique, la relation thérapeutique avec l'enfant ;
- **l'acupuncture** est encore peu utilisée chez l'enfant ;
- **la neurostimulation transcutanée** se développe un peu en pédiatrie. Elle est indiquée dans les douleurs neuropathiques, les douleurs post-zostériennes, les douleurs du membre fantôme et les douleurs musculaires ;
- **le toucher, le « holding », le massage** : l'enfant hospitalisé est souvent privé de « câlins » ou d'un toucher affectueux et chaleureux. Un certain nombre d'auteurs ont montré les bénéfices du toucher. Ces méthodes sont également des moyens pour communiquer avec l'enfant et favoriser l'empathie ;
- **les traitements locaux**, tels que l'application de froid ou de chaud (avec des packs de cryo ou thermothérapie).

3.2. Méthodes comportementales

Différentes méthodes peuvent être proposées : le conditionnement opérant, la relaxation, le biofeedback, le modelling et la désensibilisation.

- **Conditionnement opérant** : toutes les méthodes de prise en charge cognitivo-comportementales sont également utilisées chez l'enfant douloureux chronique. Un bilan préalable cherche à identifier ces facteurs et permet d'intervenir, afin de diminuer les conduites mal adaptées, et de renforcer au contraire les comportements ou les stratégies adaptées de « coping », c'est-à-dire les méthodes pour « faire face ».
- **Relaxation, yoga, méditation** permettent de diminuer l'anxiété, le stress et la douleur chez les adultes et les enfants. Différentes techniques peuvent être proposées telles que la relaxation musculaire progressive, la relaxation-suggestion, la méditation. La plupart des thérapeutes associent, cependant, plusieurs techniques, avec, par exemple, des exercices de respiration et une relaxation musculaire progressive.
- **Biofeedback** est un appareillage composé d'un ordinateur relié à des électrodes réparties en différents points du corps, et à un écran. Il permet à l'enfant, lors d'une séance de relaxation, de mieux comprendre, dans un contexte ludique, comment il peut contrôler et modifier certaines réponses physiologiques (tension musculaire, température corporelle, fréquence cardiaque, etc.).
- **Modelling** : il s'agit d'observer le comportement d'un autre sujet lors d'une situation particulière… Cette technique est utile lors de comportements d'évitement, de craintes, ou de peurs de gestes iatrogènes. En regardant un autre enfant « se gérer » de manière pertinente, lors d'une situation douloureuse, l'enfant qui observe pourra apprendre à relativiser ses craintes et à « faire face » à sa douleur. Le thérapeute est là pour guider l'enfant et le gratifier lors de ses efforts… (certificats, etc.)
- **Désensibilisation** : c'est une technique d'apprentissage où le patient est confronté, de manière progressive, à une situation ou un objet anxiogène. L'enfant apprend à faire de la relaxation (faisant disparaître l'anxiété associée) et à établir un lien entre cet état de détente et la situation stressante. Cette technique est particulièrement intéressante pour l'anxiété liée aux gestes iatrogènes.

3.3. Méthodes psychologiques cognitives

Ces méthodes incluent la distraction, l'imagerie mentale, l'hypnose.

- **Distraction et attention** : ce sont les méthodes les plus utilisées par les parents lors des petits « bobos » de la vie quotidienne. Plus l'enfant est absorbé par quelque chose, plus le vécu de la douleur est moindre. La technique utilisée doit être adaptée à l'âge cognitif de l'enfant, à son niveau de fatigabilité, et doit chercher à mettre en jeu les différentes modalités sensorielles (la vue, l'ouïe, le toucher, les mouvements) en cherchant celles préférées par l'enfant.

- **Imagerie mentale** : grâce à son imaginaire, l'enfant se concentre ou se focalise sur une situation ou une expérience agréable, cherchant à se rappeler les sensations perçues. Il peut aussi imaginer « sa douleur qui part en flottant », la glace qui refroidit une brûlure, ou se voir comme un « superman » qui n'a pas peur de la piqûre du petit moustique… Cette technique peut être utilisée avec l'administration de MEOPA.
- **Hypnose** : les enfants adhèrent plus facilement à l'hypnose que les adultes lors de la prise en charge de la douleur. L'hypnose a été utilisée avec succès pour des gestes iatrogènes, ainsi que pour des pathologies chroniques comme le cancer, l'hémophilie, le diabète, la drépanocytose, les migraines, l'arthrite chronique juvénile. L'hypnose présenterait une supériorité par rapport à d'autres techniques cognitives, grâce aux suggestions hypnotiques d'analgésie, très utiles dans le contrôle de la douleur et à l'apprentissage par le patient de techniques d'auto-hypnose.

3.4. Méthodes psychothérapeutiques

La prise en charge d'un enfant souffrant comporte obligatoirement une part relationnelle : l'empathie est au rendez-vous. Parfois la part des difficultés psychologiques, facteurs de maintien, ou d'aggravation de la douleur, voire source de douleur psychogène, nécessite un recours spécifique. De simples consultations de soutien à des psychothérapies plus élaborées sont alors indiquées.

4. Prévention et traitement de la douleur liée aux soins

Aborder le problème de la prévention de la douleur liée aux soins douloureux en pédiatrie est incontournable puisque ces soins représentent une cause fréquente des douleurs de l'enfant. Actuellement, alors que nous disposons de nombreux moyens médicamenteux pour soulager la douleur, ils sont encore insuffisamment et irrégulièrement utilisés et de nombreux soins restent réalisés dans de mauvaises conditions, avec des moyens antalgiques insuffisants.

> Les enfants, encore plus que les adultes, ont souvent peur des soins qui seront réalisés et cette anxiété va majorer la douleur.

Les gestes et les soins habituellement dispensés en pédiatrie (ponctions veineuses, ponctions lombaires, ponctions osseuses, poses de sondes nasogastriques) provoquent des douleurs de légères à très intenses. La lourdeur du soin va faire proposer des moyens plus ou moins lourds, de la simple anesthésie locale à une sédation profonde voire une anesthésie générale. L'utilisation large des anesthésiques topiques (EMLA®) et du mélange oxygène protoxyde d'azote (MEOPA) permet la réalisation de soins modérément douloureux avec une sécurité excellente. Mais ces moyens restent insuffisants dans certaines situations, comme certains pansements, réductions de fractures, soins répétés, ou bien soins chez des enfants très anxieux ou phobiques. Il est alors nécessaire de réaliser une sédation-analgésie en associant un antalgique plus puissant palier II voire III et parfois même un sédatif.

> **Toute association médicamenteuse dans ce contexte doit être réalisée en respectant des consignes strictes de *sécurité*** (formation des médecins aux gestes de réanimation, respect du jeune, modalités de surveillance, équipement des salles en matériel de réanimation) afin d'éviter des complications (sédation trop profonde, dépressions respiratoires). En cas de soin douloureux nécessitant une sédation-analgésie puissante, la situation optimale consiste à pratiquer la sédation avec l'aide d'un anesthésiste ou d'un réanimateur pédiatre.

Et en plus :

- **Solutions sucrées** : Lorsque ces gestes concernent des nouveau-nés (services de néonatologie) ou des nourrissons (urgences, cabinets de ville), l'administration orale d'une solution sucrée (0,5 à 2 ml de sucrose à 25 %, donnée par une seringue ou avec une tétine, 2 minutes avant le stimulus douloureux) associée à la succion (pouce ou tétine) est un moyen antalgique efficace chez le nourrisson de moins de 4 mois. La durée de l'analgésie sucrée est de 5 à 7 minutes. Il est conseillé de maintenir une succion pendant toute la durée du geste douloureux. La solution sucrée peut être ré-administrée en cas de besoin. L'allaitement maternel est une alternative aussi efficace qu'une solution sucrée.

- **Anesthésie locale par infiltration** : est indiquée dans la prévention de la douleur liée à certains gestes comme les sutures, retraits de drains, ou ponctions osseuses. L'infiltration est précédée de tests d'aspiration lors des différentes modifications de position de l'aiguille. L'injection doit être lente afin d'éviter une distension douloureuse et traumatisante des tissus. La quantité d'anesthésiques locaux est souvent importante, les concentrations très basses sont recommandées pour éviter tout accident de surdosage. L'absorption est difficilement contrôlable surtout chez le petit enfant.

> Chez l'enfant on utilisera principalement la Xylocaïne® non adrénalinée, faiblement concentrée (0,5 % ou 1 %) sans dépasser la dose de 0,7 mg/kg de poids.

- **Les anesthésiques locaux topiques** et en particulier le mélange Lidocaïne/Prilocaïne (EMLA®) sont couramment utilisés. Ils permettent une anesthésie de la peau de 3 mm de profondeur au bout de 1 heure et de 5 mm au bout de 2 heures. Sa sécurité d'emploi a été largement démontrée. Son AMM a été étendue aux nouveau-nés à partir de 37 semaines. L'utilisation chez le prématuré nécessite certaines précautions. Elle est disponible en crème et en patch.

> L'AFSSAPS recommande son usage systématique chez l'enfant pour tout geste comportant une effraction cutanée.

Tableau 4. DOULEURS INDUITES PAR LES SOINS : RECOMMANDATIONS ANAES-HAS (2000)		
SOIN	**TRAITEMENT DE PREMIÈRE INTENTION**	**TRAITEMENT DE DEUXIÈME INTENTION** (si 1ʳᵉ intention insuffisant : EVA > 3 ou pas de retour aux activités de base)
Ponction veineuse	EMLA pour les enfants de moins de 11 ans et pour ceux qui le demandent	MEOPA en association à l'EMLA pour les enfants difficiles à piquer ou ceux ayant une phobie du geste Sédation* si échec de EMLA + MEOPA
Suture	MEOPA puis anesthésie locale avec lidocaïne tamponnée injectable	Sédation* voire anesthésie générale
Ponction lombaire	MEOPA et/ou EMLA	
Myélogramme	MEOPA et EMLA et infiltration de lidocaïne	Sédation* voire anesthésie générale
Réduction de paraphimosis	Gel de lidocaïne et MEOPA	Sédation* voire anesthésie générale
Ablation de verrues	MEOPA et lidocaïne injectable	Sédation* voire anesthésie générale

* Kétamine faible dose.

- À coté des techniques médicamenteuses, nous disposons d'un large choix de **techniques non médicamenteuses** qui ont largement fait la preuve de leur efficacité et qui, en association avec la pharmacopée permettront de nettement diminuer la douleur et l'anxiété liées aux soins. Des techniques telles que la relaxation, la sophrologie, la distraction, l'hypno-analgésie doivent être connues des soignants, disponibles facilement et utilisées dans toutes les structures pédiatriques susceptibles de réaliser des gestes douloureux.

5. Conclusion

La douleur de l'enfant, qu'elle soit ou non induite, ne doit pas être une fatalité. Nous devons, en tant que soignant, mettre tout en œuvre pour la réduire, la supprimer et la prévenir.

BIBLIOGRAPHIE

– AFSSAPS, Recommandations de bonne pratique : traitement médicamenteux de la douleur aiguë et chronique chez l'enfant, juin 2009, www.afssaps.fr.
– Fournier-Charrière E., Marec-Berard P., Schmitt C., Delmon P., Ricard C., Rachieru P., « Prise en charge des douleurs neuropathiques chez l'enfant : recommandations de bonne pratique clinique », *Arch Pediatr*, 2011 ; 18 : 905-13.

POINTS-CLÉS

- **Savoir identifier la douleur** doit être la préoccupation de tout soignant prenant en charge un enfant. Les soignants doivent être formés au maniement des différentes échelles d'évaluation de la douleur, en fonction de l'âge.

- **La prise en charge de la douleur induite par les soins est une priorité**, par des moyens médicamenteux et non médicamenteux, et le plus possible en préventif.

- **Le traitement de la douleur de l'enfant** ne doit pas reposer que sur des médicaments, les approches non médicamenteuses sont très efficaces, seules ou associées aux médicaments, car le plus souvent amplifiant l'action de ces médicaments.

- **Les médecins doivent savoir proposer une stratégie thérapeutique adaptée** au niveau de douleur identifié et toujours s'assurer de l'efficacité et de la sécurité de leurs prescriptions.

+++ LE COUP DE POUCE DE L'ENSEIGNANT

- L'EMLA et le MEOPA sont deux techniques indispensables à savoir maîtriser chez l'enfant.

CHAPITRE **8**

Douleur en santé mentale : patient psychiatrique

Repérer, prévenir et traiter les manifestations douloureuses chez le patient psychiatrique et la personne atteinte de troubles envahissants du développement

Dr Éric Serra*, Dr Françoise Radat**, Dr Djea Saravane***

* PH, Psychiatre et Médecin de la Douleur,
Chef de Service CETD et DISSPO, CHU Amiens Picardie – Amiens

** PH, Psychiatre et Médecin de la Douleur, CETD, CHU Bordeaux

*** PH, Interniste et Médecin de la Douleur,
Chef de Service du Service des spécialités, CHS Ville-Évrard – Neuilly sur Marne,
Chef de Service CETD en Santé Mentale et Autisme, EPS Barthélémy Durand – Étampes

© MEDLINE

OBJECTIFS PÉDAGOGIQUES

- **Connaître les principales comorbidités psychiatriques rencontrées chez les patients douloureux chroniques.**
- **Utiliser l'auto-évaluation et au besoin l'hétéro-évaluation de la douleur pour les patients ayant des troubles de la communication.**
- **Repérer le risque addictif.**
- **Savoir traiter les co-morbidités.**
- **Comprendre l'intérêt de l'évaluation, du diagnostic étiologique et du traitement de la douleur en Santé mentale pour prévenir la surmorbidité et la surmortalité.**

MOTS CLÉS : anxiété ; stress post-traumatique ; dépression ; risque suicidaire ; trouble somatoforme ; schizophrénie ; autisme ; addiction ; effet placebo.

Introduction : les populations vulnérables

Chez les patients suivis en psychiatrie et chez les personnes atteintes de troubles envahissants du développement, existent **une surmorbidité et une surmortalité** d'origines organiques.

Des explications sont avancées : troubles de communication du patient, négligence sanitaire du patient, désocialisation du patient, patient suivi par des équipes psychiatriques spécialisées dans les troubles mentaux, défaut de la prise en charge médicale somatique des patients psychiatriques.

Patients psychiatriques et personnes atteintes de troubles envahissants du développement font partie de **populations vulnérables** qui imposent une attention particulière de la médecine. La douleur, expérience sensorielle et émotionnelle, est à la fois subjective et pluridimensionnelle. Elle est plus difficile à repérer, à évaluer, à diagnostiquer, à prévenir, à traiter, chez ces patients.

Les dimensions psychologiques : affectives, cognitives et comportementales y sont particulièrement importantes, ainsi que les facteurs et les mécanismes psychologiques.

Parmi les explications des plus grandes morbidité et mortalité, on note des **comportements de santé à risque** : sédentarité, tabagisme, troubles alimentaires, altération de l'hygiène, isolement. Une des conséquences est la **prévalence importante du syndrome métabolique**.

1. Les comorbidités psychiatriques de la douleur

Le modèle bio-psycho-social ou multidimensionnel de la douleur favorise la reconnaissance de syndromes associés. De façon à améliorer la prise en charge globale du patient douloureux chronique, la notion de **comorbidité** permet de décrire et traiter simultanément des syndromes psychiatriques ou psychologiques associés à la douleur et à ses causes.

Attention : Il ne faut pas croire que plus les dimensions psychologiques de la douleur sont présentes, moins probable serait la cause organique. « **Plus c'est psy et moins c'est organique** » **est une affirmation fausse et dangereuse.**

1.1. Anxiété et stress post-traumatique

Les plaintes douloureuses physiques sont habituelles dans l'**anxiété** : trouble attaque de panique, trouble anxiété généralisée. L'anxiété étant constitutive de la douleur, les personnes les plus anxieuses rapportent plus de douleurs.

> Toute douleur aiguë est accompagnée d'une émotion à type d'inquiétude, voire d'anxiété. Le niveau perçu de la douleur est proportionnel à cette anxiété. C'est notamment le cas en douleur post-opératoire.
>
> L'anxiété est un signe de douleur chronique retrouvé chez 20 à 50 % des patients.

Le symptôme douleur peut être retrouvé parmi les plaintes somatiques associées dans les **états de stress post-traumatique**.

Les antécédents d'état de stress post-traumatique sont fréquents chez les patients douloureux chroniques. Cela est le cas de certaines lombalgies, certaines céphalées, certaines fibromyalgies.

1.2. Dépression et risque suicidaire

La **dépression** associe des symptômes émotionnels, cognitifs et physiques : tristesse avec anhédonie, inhibition psychomotrice, angoisse, idées suicidaires, symptômes somatiques.

> Des douleurs sont retrouvées chez 77 % des patients en population déprimée ambulatoire. La douleur y est chronique dans 24,5 % des cas.
>
> Chez les patients déprimés ou hospitalisés, la douleur s'élève à 92 %.
>
> Les douleurs rencontrées sont : douleurs musculaires, cervicalgies, céphalées, lombalgies, douleurs articulaires, douleurs thoraciques ou abdominales.

Attention, la douleur morale est un symptôme de dépression sévère. Il s'agit d'un symptôme psychique. La douleur morale n'est pas le versant psychologique de la douleur physique.

Le syndrome douloureux chronique associe : tristesse, troubles du caractère, perte des intérêts, fatigabilité, troubles de l'attention, insomnie.

> La dépression est habituelle dans la douleur chronique. Chez les patients douloureux chroniques suivis en population générale, 20 % d'entre eux présentent une dépression.
>
> Le pourcentage de dépression chez les patients reçus en consultation de la douleur chronique s'élève à 31,5 % de trouble dépressif majeur et jusqu'à 64 % lorsqu'on y associe le trouble dysthymique.

En cas de dépression, le **risque suicidaire** doit être obligatoirement évalué.

1.3. Somatisation et troubles somatoformes

La **somatisation** est un processus selon lequel des souffrances psychologiques s'expriment préférentiellement par des plaintes corporelles.

Les symptômes médicalement inexpliqués sont attribués par le patient à une maladie physique et entraînent des comportements de recours aux soins.

Le processus de somatisation se retrouve dans la catégorie diagnostique psychiatrique des **Troubles somatoformes**.

Quand un sujet présente un Trouble de somatisation ou un Trouble de conversion, ou une personnalité histrionique, la douleur est décrite d'une façon dramatisée, riche dans la clinique, imprécise dans sa localisation, mobile, insaisissable, systématiquement résistante aux traitements.

Dans l'hypochondrie, la douleur est décrite comme étant terrible, fixe, probablement en rapport avec une maladie très grave, encore incomprise des médecins.

Les troubles somatoformes sont, avec la dépression et l'anxiété, les diagnostics psychiatriques les plus associés aux mécanismes douloureux psychogènes.

1.4. Troubles psychotiques

Certains patients souffrant de **schizophrénie** expriment différemment leurs douleurs.

Cela peut être caractérisé par une apparente indifférence, une apparente insensibilité aux stimulations nociceptives ou une interprétation délirante. Ces situations cliniques entraînent un retard de diagnostic.

1.5. Autisme

Dans les **troubles envahissants du développement** comme l'autisme, certaines stimulations nociceptives sont exprimées différemment, faisant croire à une insensibilité à la douleur.

> Les personnes autistes se blessent deux fois plus que les autres. L'automutilation est fréquente. Elle doit faire rechercher une douleur préalable et sa cause.

1.6. Addictions et dépendances

L'inconfort, voire la douleur, est un signe de manque dans la **toxicomanie**. L'examen clinique doit éliminer une autre étiologie.

Dans les phénomènes d'addiction, 89 % des patients présentent des douleurs, dont 37 % des douleurs chroniques. Chez les patients sous Méthadone pour toxicomanie, 55 à 60 % présentent des douleurs chroniques.

> • **La prescription de médicaments opioïdes forts peut-elle entraîner une toxicomanie ?**
>
> Cette crainte est surestimée. Elle est un des facteurs de l'insuffisance d'utilisation des opioïdes forts dans la douleur.
>
> Cette crainte est toutefois en partie fondée. Le mésusage des médicaments opioïdes est retrouvé chez 20 à 40 % des patients douloureux chroniques.
>
> Le risque addictif doit être dépisté avant la mise en route des traitements antalgiques par opioïdes forts.

DÉPISTAGE DU RISQUE ADDICTIF AVANT TRAITEMENT ANTALGIQUE EN 5 QUESTIONS

- Les causes et mécanismes de la douleur sont-ils établis ?
- Le patient comprend-il bien la place des opioïdes dans son traitement ?
- Le patient fume-t-il sa première cigarette dès le matin, boit-il régulièrement de l'alcool ?
- Le patient est-il anxieux ou dépressif ?
- Le patient prend-il des anxiolytiques ou hypnotiques comme les benzodiazépines ?

FACTEURS DE RISQUE DE DÉPENDANCE
Les recommandations de Limoges 2010

- Antécédents d'abus ou de dépendance psychique : alcool, tabac, opioïdes, benzodiazépines, marijuana, cocaïne.
- Antécédents familiaux d'abus.
- Antécédents d'automédication.
- Antécédents ou existence de troubles du comportement alimentaire.
- Affection psychiatrique.
- Jeune âge.
- Contexte médico-légal.

Chez un patient toxicomane, les doses antalgiques peuvent être plus importantes que celles utilisées en population générale.

Lorsqu'un patient bénéficie de la prescription d'opioïdes forts, une éventuelle addiction débutante doit être repérée.

SIGNE DE DÉPENDANCE
Les recommandations de Limoges 2010

- Augmentation inhabituelle des doses.
- Majoration de la plainte douloureuse sans aggravation de la pathologie.
- Prescription par de multiples praticiens.
- Absence de production des ordonnances.
- Prescriptions ou traitements perdus.
- Résistance au changement de traitement.
- Refus des génériques.
- Détérioration des activités sociales familiales et professionnelles.
- Troubles du caractère, modification du sommeil.
- Signes de sevrage physique.

REPÉRAGE D'UN COMPORTEMENT ADDICTIF. Le POMI

Le POMI (Prescription Opioïde Misuse Index) est un bref questionnaire de 6 questions spécifiques des patients sous opioïdes.

- Vous arrive-t-il de prendre plus de médicaments (c'est-à-dire une dose plus importante) que ce qui vous est prescrit ?
- Vous arrive-t-il de prendre plus souvent vos médicaments (c'est-à-dire de raccourcir le temps entre deux prises) que ce qui vous est prescrit ?
- Vous arrive-t-il de faire renouveler votre traitement contre la douleur plus tôt que prévu ?
- Vous arrive-t-il de vous sentir bien ou de « planer » après avoir pris votre médicament antalgique ?
- Vous arrive-t-il de prendre votre médicament antalgique pour vous aider à faire face ou à surmonter des problèmes autres que la douleur ?
- Vous est-il arrivé de consulter plusieurs médecins y compris les services d'urgence pour obtenir vos médicaments antalgiques ?

2. Évaluation de la douleur chez les personnes psychiatriques

Chez les patients suivis en psychiatrie ou pour des troubles envahissants du développement, l'évaluation de la douleur est comparable à celle de la population générale. On accorde la **préférence aux outils d'auto-évaluation**, en fonction de l'âge.

C'est la présence de particularités de la communication qui amène à utiliser des **outils d'hétéro-évaluations** actuellement disponibles pour la personne polyhandicapée, pour la personne âgée communicante, pour l'enfant, à défaut d'évaluation spécifique.

L'échelle des 6 visages ou Face Pain Scale est utilisée chez l'enfant. Pour les patients communicants, elle peut être proposée en autoévaluation chez les personnes âgées ou en milieu psychiatrique.

On peut utiliser l'échelle d'hétéro-évaluation de l'expression de la douleur chez l'adolescent ou l'adulte polyhandicapé (EDAAP).

- **ÉCHELLE EDAAP :**

  L'échelle d'évaluation de l'expression de la douleur chez l'adolescent ou adulte polyhandicapé (EDAAP) a été élaborée par le CLUD de l'hôpital marin d'HENDAYE, à partir des échelles DOLOPLUS et DESS.

  Elle comprend 11 items répartis en 2 catégories : retentissement somatique et retentissement psychomoteur et corporel. Elle est disponible sur le site du CNRD **www.cnrd.fr** avec son guide d'utilisation.

> **Toute douleur inhabituelle ou toute modification du comportement doit entraîner un examen somatique. L'examen clinique doit être proposé avec prudence,** le médecin se montrant rassurant.

3. Traitements de la douleur

3.1. Les traitements : principes antalgiques en psychiatrie

Le diagnostic de la douleur est plus difficile qu'en population générale.

L'environnement sera mis à contribution pour ce diagnostic : la famille, les amis, les soignants, les travailleurs sociaux.

On utilise **les mêmes traitements** qu'en population générale. Plus encore qu'en population générale, l'existence d'un problème de santé et la nécessité de son traitement doivent être expliqués. On utilisera **l'entretien motivationnel**. On s'appuiera, si besoin, sur les proches.

Des **médicaments psychotropes possèdent un effet antalgique prouvé** : certains antidépresseurs, certains antiépileptiques.

Des médicaments antalgiques possèdent un impact psychotrope prouvé : les opioïdes.

Certains médicaments psychotropes traitent des symptômes ou syndromes associés à la douleur : anxiété, dépression, insomnie, agitation.

Les neuroleptiques ne possèdent pas d'effet antalgique.

L'utilisation des **traitements non médicamenteux** à visée antalgique peut être plus facile dans les milieux soignants et médico-sociaux qui accompagnent les patients psychiatriques et les personnes atteintes de troubles envahissants du développement.

3.2. L'addiction et l'usage des antalgiques

Le **traitement de la douleur chez les patients toxicomanes respecte le principe général.** Toutefois, les doses d'antalgiques peuvent être plus importantes que celles habituellement utilisées en population générale.

Le **mésusage des médicaments antalgiques** contribue à l'aggravation du tableau de syndrome douloureux chronique. La réponse thérapeutique médicamenteuse est une adaptation du traitement médicamenteux antalgique comme une rotation des opioïdes ou le sevrage d'un médicament antalgique. C'est, par exemple, le cas dans les céphalées par abus médicamenteux.

3.3. Prévention de la douleur

Pour réduire la surmorbidité et la surmortalité, une attention sanitaire particulière est nécessaire.

La douleur doit être systématiquement recherchée et prévenue.

L'organisation de la lutte contre la douleur en Santé mentale s'appuie sur : les protocoles, les recommandations scientifiques, les Comités de lutte de contre la douleur (CLUD), la formation des professionnels de santé.

BIBLIOGRAPHIE

■ **LA RÉFÉRENCE PRINCIPALE**

– Marchand, S., Saravane, D., Gaumont, I., *Santé mentale et douleur*, Springer-Verlag France, Paris, 2013.

■ **POUR ALLER PLUS LOIN**

– Radat F., Koleck M., Douleur et dépression : les médiateurs cognitifs et comportementaux d'une association très fréquente, *L'Encéphale* 2011, 37 : 172-179.

– Serra É., Les outils de repérage d'un risque d'addiction chez les patients douloureux traités par opioïdes, *Douleur et Analgésie*, 2012, 25 : 67-71.

– Serra É., Douleur en santé mentale. Partie 2. Diagnostic et traitement, **La Revue du Praticien**, volume 63, octobre 2013.

- **Surmorbidité et surmortalité des patients psychiatriques** justifient évaluation, diagnostic étiologique et traitement de la douleur.

- **Les comorbidités de la douleur** sont fréquentes avec les troubles anxieux, les troubles dépressifs et les troubles somatoformes.

- **L'évaluation de la douleur dans la schizophrénie ou l'autisme** repose sur l'auto-évaluation, au besoin aidée des proches et des professionnels, et si nécessaire sur l'hétéro-évaluation selon les outils disponibles.

- Avant et pendant un traitement antalgique, **le risque addictif** doit être évalué.

- **La prévention et la promotion de la santé dans ces populations vulnérables** s'appuient sur une organisation des soins adaptée. La thérapeutique privilégie les médicaments, dans le respect des AMM, et les traitements non médicamenteux, souvent disponibles en Santé mentale, actifs sur les comorbidités.

+++ LE COUP DE POUCE DE L'ENSEIGNANT

- Utiliser en priorité les traitements communs des comorbidités, dans le respect des AMM des médicaments, et en associant les traitements non médicamenteux disponibles en Santé mentale.

- Traiter efficacement la douleur y compris en toxicomanie : le toxicomane aussi a droit à un soulagement de ses douleurs.

CHAPITRE **9**

Douleur en santé mentale : bases psychopathologiques

Connaître les bases en psychopathologie de la douleur aiguë et chronique, et les dimensions psychologiques en lien avec la plainte douloureuse

Dr Éric Serra*, Dr Françoise Radat**

* PH, Psychiatre et Médecin de la Douleur,
Chef de Service CETD et DISSPO, CHU Amiens Picardie

** PH, Psychiatre et Médecin de la Douleur, CETD, CHU Bordeaux

1. Généralités

1.1. Définition

« Expérience sensorielle et émotionnelle », la douleur est un phénomène autant physique que psychologique. La douleur, phénomène subjectif et pluridimensionnel, implique également la personnalité de celui qui souffre, l'apprentissage de certaines modalités de réponses et les événements situationnels auxquels il est confronté. La plainte est l'expression individuelle de la douleur. Elle dépend de ces diverses dimensions.

1.2. Composantes

On distingue **4 composantes** qui interagissent dans la perception de la douleur :

• La **composante sensorielle** correspond aux mécanismes neurophysiologiques qui permettent le décodage du stimulus douloureux en définissant sa qualité, son intensité, sa localisation.

• La **composante émotionnelle** traduit la tonalité désagréable, pénible, difficilement supportable du stimulus douloureux. Elle correspond à tout ce que le patient douloureux ressent. L'anxiété accompagne et peut aggraver la douleur aiguë. Lorsqu'on est confronté à la douleur chronique, le retentissement émotionnel (émotions à tonalité angoissante ou dépressive) est particulièrement important.

• La **composante cognitive** favorise l'identification des informations concernant l'environnement et la planification de réactions adaptées. Elle permet au patient d'attribuer une signification à sa douleur. Cette composante englobe tout ce que la personne peut dire ou croire au sujet de sa douleur.

• Enfin, la **composante comportementale** correspond à toutes les manifestations verbales ou motrices observables chez le patient douloureux. Elle constitue une réaction directe à la douleur, mais également une manière pour la personne de « montrer » sa douleur à son entourage.

La douleur peut être entretenue par des apprentissages. Ceci est le cas de ses composantes cognitives et comportementales.

1.3. Mécanismes : Mécanisme psychogène

À côté du **mécanisme par excès de nociception** et du **mécanisme neuropathique**, existe un troisième mécanisme : le **mécanisme psychogène**. On peut retenir ce diagnostic de mécanisme douloureux lorsque la douleur est le signe d'un trouble psychiatrique comme l'anxiété, la dépression, les troubles somatoformes tels l'hystérie et l'hypochondrie. La douleur psychogène est toujours difficile à affirmer.

On décrit un quatrième mécanisme : le **mécanisme dysfonctionnel**. Il était appelé, naguère, idiopathique. La physiopathologie en est mieux connue aujourd'hui. Il correspond à un trouble des systèmes de régulation de la douleur, à une sensibilisation centrale. Ce mécanisme est une illustration de la douleur définie comme expérience à la fois sensorielle et émotionnelle. Les troubles qui correspondent à ce mécanisme sont : fibromyalgie, syndromes myo-fasciaux, céphalées de tension, colopathie fonctionnelle. On en rapproche parfois la migraine et pour partie : toutes les douleurs chroniques comme la lombalgie et même les troubles somatoformes.

Les **4 mécanismes** peuvent être associés chez un même patient.

1.4. Profil évolutif

La douleur aiguë est un signal d'alarme pour l'organisme. Elle est un symptôme qui appelle un diagnostic du mécanisme douloureux et de l'étiologie de la douleur.

La douleur aiguë s'associe à l'anxiété. Une appréhension, une peur peut également se développer à l'encontre de cette douleur aiguë ou de son contexte d'apparition.

La douleur chronique définie comme une douleur persistante au-delà de 3 à 6 mois, affecte négativement le comportement ou le bien être du patient. La douleur perd son rôle de signal d'alarme et devient, en elle-même, une maladie. Elle altère la qualité de vie du patient. **La douleur chronique est souvent associée à un état dépressif** qui s'ajoute à l'état anxieux.

2. Facteurs psychologiques ou relationnels de la douleur. Leurs traitements

2.1. La personnalité

Il n'existe **pas de personnalité typique** du patient douloureux chronique. Toutefois, les patients les plus anxieux rapportent le plus de symptômes somatiques, dont la douleur. Les patients les plus dépendants peuvent aussi avoir tendance à exprimer leur demande d'aide à travers les plaintes somatiques. C'est le cas des patients à personnalité histrionique.

2.2. Stress et traumatisme

Le traumatisme psychologique provoqué par des événements de vie péjoratifs, pourrait favoriser l'apparition de plaintes somatiques, dont les douleurs. C'est le cas des états de stress post-traumatique. On rapporte, chez certains patients douloureux chroniques, plus d'antécédents de maltraitance dans l'enfance que dans la population générale.

Selon le modèle interactionnel du stress, le sujet douloureux procède à une double évaluation :
- celle du stress perçu, c'est-à-dire de l'intensité de la menace des implications de la douleur ;

– celle du contrôle perçu, c'est-à-dire des ressources dont il dispose pour faire face à la douleur, avec, en particulier, son soutien social.

2.3. Les émotions

2.3.1. Anxiété et peur

La douleur entraîne de l'**anxiété**.

L'anxiété accroît la perception et la gêne occasionnée par la douleur. Elle accroît la tension musculaire facteur de douleur. Ainsi, un des facteurs prédictifs de la douleur post-opératoire est-il le niveau d'anxiété pré-opératoire.

> - **L'anxiété doit être systématiquement recherchée.** Sa présence peut aboutir à un diagnostic psychiatrique de trouble anxieux. Le dépistage peut s'appuyer sur l'échelle Hôpital Anxiété Dépression HAD.
> - **Le traitement** consiste d'abord à informer correctement le patient de façon à diminuer son anxiété anticipatoire. Un traitement spécifique de l'anxiété peut être nécessaire.

Chez certains patients, la peur de la douleur entraîne des **comportements d'évitement** de l'activité physique, voire même de tout mouvement. La **peur du mouvement** ou kinésiophobie entraîne une restriction d'activités, désignée parfois comme un comportement maladie. Se dessine alors un cercle vicieux de la douleur chronique avec un **déconditionnement à l'activité** qui favorise, à son tour, l'apparition de douleurs en raison de l'affaiblissement musculaire et de l'enraidissement articulaire. Le traitement consiste à remettre le patient en activité physique adaptée, progressivement, selon un programme personnalisé précis. Cela constitue **l'apprentissage d'un comportement de bonne santé**.

2.3.2. Dépression

> - Parmi les symptômes de la douleur chronique ou syndrome douloureux chronique, on trouve : tristesse, trouble du caractère, perte des intérêts, fatigabilité, trouble de l'attention, insomnie. La douleur chronique entraîne une **dépression** caractérisée chez 20 % des patients douloureux chroniques en population générale.
> - La dépression accroît la perception de la douleur.
> - La dépression doit être systématiquement recherchée, plus spécifiquement dans la douleur chronique. Sa présence peut aboutir à un diagnostic psychiatrique de trouble dépressif. Le dépistage peut s'appuyer sur l'échelle HAD.
> - La coexistence d'un trouble dépressif et d'un trouble douloureux impose le traitement des deux comorbidités selon les règles qui leur sont propres. **Les traitements communs seront favorisés :** les médicaments à la fois antidépresseurs et antalgiques, le développement des stratégies d'ajustement positif.

2.3.3. Somatisation

La somatisation est un processus de santé marqué par des symptômes somatiques, dont l'origine organique n'est pas avérée, qui s'accompagne d'une grande consommation de soins. Ces préoccupations de santé se retrouvent particulièrement chez les anxieux. Elles sont au cœur du diagnostic du trouble somatoforme.

Le traitement est celui des troubles somatoformes.

Les individus qui se montrent hypervigilants concernant leurs sensations douloureuses, endurent une augmentation de la douleur. Chez certains sujets douloureux chroniques, et notamment certains fibromyalgiques, **l'hypervigilance somatique** aggrave le handicap. L'hypervigilance est un facteur prédictif de la douleur chronique après une intervention chirurgicale. Les patients présentant une hypervigilance à la douleur, ont plus tendance que les autres, à présenter des symptômes médicalement inexpliqués, des somatisations et à rechercher des soins médicaux de façon inappropriée.

2.4. Comportement

2.4.1. Évitement

Ce **comportement d'évitement**, tant des activités physiques que des activités sociales, familiales, professionnelles, doit être repéré. Il est pris en charge dès que possible. Au mieux, il est prévenu en remettant précocement en activité, selon leurs possibilités, les individus malades.

2.4.2. Hyperactivité

Certains patients n'évitent pas les activités. Au contraire, considérés comme très actifs avant leurs problèmes de santé, ils continuent à être **hyperactifs**. On parle aussi d'ergomanie pour désigner les patients qui s'adonnent au travail, parfois sans limite. L'hyperactivité peut entretenir une lésion sous-jacente ou, plus généralement, la douleur et la fatigue. Dans ce cas, elle doit être combattue en invitant le patient à diminuer ses activités ou à les fractionner.

2.5. Cognitions

2.5.1. Croyances et attentes

Certains patients souffrent autant de la douleur, que des idées qu'ils se font sur celle-ci. Parmi les **croyances erronées** ou erreurs cognitives, on peut citer : généralisation abusive (« Je ne supporte aucun médicament »), dramatisation (« Je ne m'en sortirai jamais »), attente irréaliste (« Je devrais guérir totalement. Ma douleur devrait disparaître rapidement »).

> - **Le traitement cognitif** consiste à apprendre au patient à critiquer ses croyances erronées : concernant les traitements, concernant la douleur et le trouble d'origine, concernant le pronostic de la douleur ou de la maladie.
> - Cette démarche thérapeutique permet au patient douloureux chronique d'adhérer à un **objectif thérapeutique réaliste**.

2.5.2. Coping ou ajustement

Les croyances ou cognitions du patient peuvent s'organiser en des styles **de coping ou d'ajustement inadaptés** comme l'évitement, l'hyperactivité, la dramatisation ou catastrophisme. Le catastrophisme fondé sur le pessimisme se retrouve chez certains patients douloureux chroniques. Il s'accompagne d'une altération de la qualité de vie et d'une plus grande difficulté thérapeutique.

Le **catastrophisme** consiste pour le patient à ruminer des pensées négatives à propos de sa douleur (« C'est terrible, j'ai l'impression que ça n'ira jamais », « Ma douleur est de pire en pire », « Les médicaments sont de moins en moins efficaces », « J'ai l'impression de ne plus pouvoir continuer comme cela »). Le catastrophisme comporte 3 dimensions : une amplification de la douleur, une rumination à propos de la douleur, un sentiment d'impuissance face à la douleur. Le catastrophisme est associé à plus de pensées négatives à propos de la douleur, à plus de détresses émotionnelles, et enfin à une évaluation plus importante de l'intensité de la douleur. Dans la douleur chronique, le catastrophisme est associé à plus de comorbidités dépressives, à un handicap plus important, à un plus mauvais pronostic.

L'accumulation des problèmes rapportés par le patient amène le médecin à gérer successivement chacun de ces problèmes, en commençant par le plus facile à résoudre.

2.5.3. Acceptation, flexibilité, efficacité personnelle

Certaines stratégies de contrôle doivent être soulignées :

- L'**efficacité personnelle** est la croyance d'un sujet en ses capacités à contrôler la situation. Plus l'efficacité perçue est importante, et plus le sujet met en place des stratégies de coping face à la douleur qui sont efficientes. Sa détresse émotionnelle est alors moins élevée. À l'inverse une détresse émotionnelle élevée, par exemple lorsqu'il y a une dépression, réduit l'efficacité personnelle perçue. L'efficacité perçue permet de mettre en œuvre efficacement les traitements, en particulier les prises en charge pluridisciplinaires nécessaires dans les maladies chroniques dont la douleur chronique.

- Le **contrôle perçu** est la croyance d'un sujet dans le fait que les événements qui lui arrivent sont dépendants de lui-même (locus de contrôle interne) ou, au contraire, indépendants de lui-même dus au hasard ou à l'intervention des professionnels de santé (locus de contrôle externe). Plus le sujet à un locus de contrôle interne, et plus il va s'engager activement dans ses traitements. Les sujets ayant surtout un locus de contrôle externe risquent de se montrer plus passifs au cours des traitements.

- Le **soutien social** perçu est aujourd'hui reconnu comme fondamental. Les patients peuvent faire part d'un sentiment d'incompréhension, de solitude, d'incommunicabilité de l'expérience douloureuse. Les conflits avec les instances médico-sociales contribuent à ce sentiment d'incompréhension, de non reconnaissance dans la société, dans leur souffrance. L'important en matière de souffrance sociale est la présence de personnes proches. Les associations d'usagers peuvent remplir ce rôle. Les professionnels de santé les plus chaleureux et les plus disponibles ont les meilleurs résultats thérapeutiques.

Ces différentes stratégies de contrôle participent à l'acceptation, par le patient, d'une situation de maladie chronique, dont la douleur chronique, lorsque celle-ci ne connaît plus d'évolution favorable. Les patients les plus souples, les plus **flexibles psychologiquement**, ont une plus grande chance d'**adaptation** face à leurs événements de santé.

2.6. Les influences sociales qui peuvent favoriser la douleur

- Insatisfaction au travail.
- Éviction sociale due à la douleur.
- Réglementations médico-légales liées à la douleur.
- Stress domestiques et familiaux.
- Conflits médico-sociaux.
- Contradiction médico-sociale entre l'évolution des compensations sociales. professionnelles, financières, et l'évolution de la douleur ou du trouble qu'elle exprime.

BIBLIOGRAPHIE

■ LA RÉFÉRENCE À RETENIR

SFETD, *Référentiel. La prise en considération de la dimension psychologique des patients douloureux*, Les Cahiers de la SFETD, n° 1, 2013.

■ POUR ALLER PLUS LOIN

- Cathebras P., « Trouble psychosomatique », *La Revue du Praticien*, vol. 62, novembre 2012, 1299-1304.

- Laroche F, Roussel P., *Douleur chronique et thérapies comportementales et cognitives*, Éditions In Press, Paris 2012.

- Monestes J.-L., Serra E., « Modèles cognitifs et comportementaux dans la compréhension du phénomène de douleur chronique », *Douleurs*, 2005, 6 : 122-129.

- Radat F., Koleck M., « Douleur et dépression : les médiateurs cognitifs et comportementaux d'une association très fréquente », *L'Encéphale* 2011, 37 : 172-179.

- Serra E., « Douleur en santé mentale. Partie 1. Les bases psychologiques de la douleur », *La Revue du Praticien*, vol. 63, octobre 2013.

POINTS-CLÉS

- **Dans le modèle multidimensionnel de la douleur :**
  - **La composante affective** se caractérise par l'anxiété dans la douleur aiguë et par la dépression dans la douleur chronique.
  - **La composante cognitive** comporte des croyances et des attentes positives ou négatives qui favorisent ou empêchent l'ajustement de la douleur chronique.
  - **La composante comportementale** repose sur des apprentissages amenant le patient à s'adapter par des comportements de bonne santé ou à se chroniciser par des évitements ou des hyperactivités inappropriées.

- **Toute douleur s'accompagne de symptômes psychologiques.** Quand leur importance est grande, ils aggravent la douleur. Ils peuvent aboutir à un trouble psychiatrique anxieux ou dépressif.

- **Le traitement de la dimension psychologique** améliore le patient douloureux. Il est le plus souvent du ressort du médecin.

• Le modèle bio-psycho-social de la douleur (d'après Waddell, 1993) :

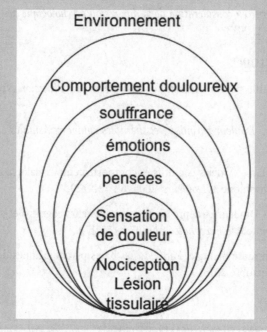

Environnement

Comportement douloureux

souffrance

émotions

pensées

Sensation
de douleur

Nociception
Lésion
tissulaire

I.2. *Douleur : Traitement*

CHAPITRE **10**

Antalgiques de palier I et AINS

Pr Philippe Bertin*, Pr Pascale Vergne-Salle*

* PU-PH, Service de Rhumatologie et Centre de la Douleur, CHU Dupuytren, Limoges

---

PLAN DU CHAPITRE

1. Le paracétamol
   - 1.1. Prescription en pratique
   - 1.2. Efficacité
   - 1.3. Tolérance
     - 1.3.1. Hépatotoxicité du paracétamol
     - 1.3.2. Tolérance gastro-intestinale
     - 1.3.3. Toxicité rénale
     - 1.3.4. Hypertension
     - 1.3.5. Troubles de l'hémostase
     - 1.3.6. Réactions d'hypersensibilité
2. Les anti-inflammatoires non stéroïdiens (AINS)
   - 2.1. Mécanismes d'action
   - 2.2. Utilisation dans le traitement des douleurs
   - 2.3. Les effets indésirables
     - 2.3.1. Troubles digestifs
     - 2.3.2. Effets secondaires rénaux
     - 2.3.3. Effets cutanés et muqueux
     - 2.3.4. Effets allergiques et respiratoires
     - 2.3.5. Effets indésirables hématologiques
     - 2.3.6. Effets indésirables hépatiques
     - 2.3.7. Effets indésirables neurosensoriels et psychiques
     - 2.3.8. Tolérance cardio-vasculaire
   - 2.4. Les interactions médicamenteuses
   - 2.5. Les règles d'utilisation pratique

OBJECTIFS PÉDAGOGIQUES

- **Connaître les indications du paracétamol et des AINS.**
- **Connaître les différentes actions des AINS.**
- **Connaître les modalités d'utilisation des AINS à action antalgique et à action anti-inflammatoire.**
- **Savoir prévenir et traiter les complications des AINS.**

MOTS CLÉS : paracétamol ; AINS ; aspirine ; inflammation ; douleur nociceptive.

© MEDLINE

Les antalgiques sont classiquement hiérarchisés par l'OMS en palier I, II et III. Le palier I comprend le paracétamol et les anti-inflammatoires non stéroïdiens (AINS).

Les antalgiques de palier I sont classiquement dédiés à la prise en charge des douleurs qualifiées de faibles à modérées. Ils sont souvent recommandés en première intention lorsque l'intensité de la symptomatologie douloureuse semble accessible à leur niveau d'efficacité.

1. Le paracétamol

Toutes les recommandations, qu'elles soient émises par des sociétés rhumatologiques ou gériatriques font du paracétamol un antalgique de première intention surtout dans la douleur chronique, du fait de son bon rapport efficacité/tolérance (1). Néanmoins de plus en plus de questions sont soulevées concernant son efficacité et sa tolérance.

1.1. Prescription en pratique

Le paracétamol existe sous forme orale, rectale, injectable, pour adulte et pour enfant ou nourrisson.

Chez l'adulte, la posologie usuelle per os est de 3 à 4 grammes par 24 heures en respectant un intervalle de 4 à 6 heures entre chaque prise. Le pic plasmatique étant obtenu entre 30 et 60 minutes après l'absorption per os, le délai d'action est le plus souvent de 1 heure. La durée d'action est de 4 à 6 h.

Chez l'insuffisant rénal sévère (clearance inférieure à 15 ml/mn) la posologie est de moitié et l'intervalle entre 2 prises est de 8 heures. Il est possible de le prescrire chez une femme enceinte.

Chez l'enfant la dose recommandée est de 60 mg/kg/24 h en 4 prises espacées au minimum de 4 heures, habituellement de 6 heures.

1.2. Efficacité

Le paracétamol a une efficacité supérieure au placébo dans la prise en charge de la douleur post-opératoire ou de la douleur arthrosique. Le paracétamol est prescrit seul pour les douleurs faibles à modérées, ou en association avec des opioïdes pour les douleurs plus intenses.

1.3. Tolérance

La plupart des études concluent que le paracétamol est « d'une excellente tolérance clinique et biologique », ce qui explique d'ailleurs sa très large utilisation dans le monde entier.

Il n'en reste pas moins que le paracétamol peut être hépatotoxique, cause de réactions d'hypersensibilité, d'une augmentation de la tension artérielle, et pourrait interagir avec l'hémostase.

1.3.1. Hépatotoxicité du paracétamol

L'hépatotoxicité du paracétamol est bien connue en cas de surdosage : c'est d'ailleurs le risque majeur de ce médicament puisqu'il est utilisé dans certains pays (en Angleterre par exemple) pour des tentatives d'autolyse.

En cas d'intoxication massive et volontaire, apparaissent des nausées et des vomissements dans les 12 heures suivant l'ingestion. Un (quelque fois moins) à trois jours après, les enzymes hépatiques augmentent de même que la bilirubine et des troubles de la coagulation apparaissent. Dans les cas les plus sévères, des saignements importants, une acidose métabolique, un coma puis le décès peuvent survenir. La toxicité hépatique du paracétamol relève d'une nécrose centro-lobulaire.

La prise en charge thérapeutique doit être immédiate, basée prioritairement sur l'administration de N-acétylcystéine (dont l'efficacité est optimale si elle est administrée dans les 8 heures suivant le surdosage). Le recours à la transplantation hépatique est quelquefois nécessaire.

Des données récentes suggèrent que des surdosages réguliers, même modérés, c'est-à-dire juste au dessus de 4 g par jour de paracétamol, sont d'autant plus dangereux que les personnes sont âgées, éthyliques, dénutries. Dans des conditions normales d'utilisation, c'est-à-dire 4 g par jour au maximum, chez des patients n'ayant pas de pathologie hépatique sous jacente, l'hépato-toxicité du paracétamol est tout à fait exceptionnelle, mais il faut prévenir le patient de la nécessité absolue de ne pas dépasser 3 g ou au plus 4 g par jour notamment dans le cadre d'une éventuelle automédication ou d'association de plusieurs antalgiques contenant du paracétamol, et de respecter le délai de 4 heures minimum entre deux prises de 1 g.

1.3.2. Tolérance gastro-intestinale

La tolérance gastro-intestinale du paracétamol est classiquement considérée comme excellente, mais certaines publications auraient suggéré le contraire, mettant en évidence un risque d'ulcère ou de saignement digestif sous paracétamol, supérieur au placebo. On peut malgré tout considérer que si le risque gastro-intestinal ne peut être totalement nul, il reste tout à fait exceptionnel, considérant l'ensemble des données de la littérature comme globalement rassurantes.

1.3.3. Toxicité rénale

Un surdosage massif en paracétamol peut induire une insuffisance rénale aiguë avec nécrose tubulaire bien que ceci soit bien moins fréquent que l'atteinte hépatique.

À priori le risque de néphrotoxicité est donc tout à fait exceptionnel.

1.3.4. Hypertension

À l'inverse le risque d'hypertension artérielle sous paracétamol, suggéré par une étude en 2002, semble se confirmer dans une étude récente publiée en 2010. Il est donc nécessaire de surveiller la tension artérielle sous paracétamol notamment chez les patients hypertendus ou coronariens.

1.3.5. Troubles de l'hémostase

Une thrombocytopénie peut accompagner l'hépatotoxicité du paracétamol dans le cadre des surdosages massifs, mais est extrêmement rare aux doses thérapeutiques. Quant à l'hypothétique inhibition de l'agrégation plaquettaire que pourrait suggérer la très faible inhibition du thromboxane A2 par le paracétamol, elle ne se confirme pas en clinique.

1.3.6. Réactions d'hypersensibilité

Des réactions d'hypersensibilité de type rashs cutanés, urticaire, voire choc anaphylactique, ont été décrits sous paracétamol mais restent tout à fait exceptionnelles.

2. Les anti-inflammatoires non stéroïdiens (AINS)

Les anti-inflammatoires non stéroïdiens (AINS) sont utilisés dans les douleurs rhumatologiques tant pour leurs propriétés antalgiques qu'anti-inflammatoires. Longtemps très largement prescrits du fait de leur excellente puissance antalgique, leur prescription est actuellement restreinte, du fait de leur profil de tolérance, aux situations ou ils sont indispensables, et à la dose la plus faible possible pour la durée la plus courte possible.

2.1. Mécanismes d'action

Les AINS inhibent les isoformes 1 et 2 de la cyclo-oxygenase (COX-1 et COX-2). COX-1 et COX-2 permettent schématiquement la synthèse de prostaglandines aux propriétés différentes :
- la COX-1 permet de synthétiser préférentiellement les prostaglandines participant à la protection de la muqueuse gastro-duodénale et à l'agrégation plaquettaire (effet pro-agrégant) ;
- la COX-2 permet de synthétiser préférentiellement les prostaglandines impliquées dans la réaction inflammatoire et dans l'agrégation plaquettaire (effet anti-agrégant) ;
- la COX-1 et la COX-2 sont aussi responsables de la synthèse de prostaglandines qui contribuent à la régulation de l'hémodynamique intrarénale, dans le but de maintenir la perfusion glomérulaire. Le profil de sécurité d'emploi des AINS dépend du rapport d'affinité pour ces 2 isoformes. Une action préférentielle sur la COX-2 augmente le risque de complication cardio-vasculaire et une action préférentielle sur la COX-1 augmente le risque de complication au niveau du tube digestif.

2.2. Utilisation dans le traitement des douleurs

Pharmacologiquement, les AINS ont tous une courbe dose-effet avec un plateau précoce. Cela signifie que l'effet antalgique pur (et non l'effet anti-inflammatoire) est obtenu dès l'utilisation de faibles doses et surtout qu'il n'y a pas toujours de gain en terme d'activité antalgique en augmentant les posologies. Plusieurs AINS ont démontré par des essais cliniques une réelle efficacité antalgique à des posologies inférieures à celles utilisées pour rechercher un effet anti-inflammatoire.

L'évaluation de l'activité antalgique des AINS repose sur des essais thérapeutiques concernant les douleurs dentaires, postopératoires, les douleurs de l'accouchement, les névralgies, les céphalées et migraines, les douleurs cancéreuses, mais aussi les douleurs rhumatologiques (pathologies inflammatoires, microcristallines, dégénératives et abarticulaires) où l'activité des AINS passe à la fois par l'effet antalgique et l'effet anti-inflammatoire.

Ainsi, il a été mis en évidence que les AINS pouvaient diminuer l'intensité de la douleur, retarder le délai d'installation de la douleur, raccourcir la période douloureuse et diminuer les temps et les quantités de recours à des traitements antalgiques de secours.

Les indications sont de façon globale : les douleurs ostéo-articulaires (rhumatismes inflammatoires en poussée, arthrites microcristallines, arthrose en deuxième intention après le paracétamol, rhumatismes abarticulaires, lumbago et lombosciatiques), les douleurs traumatiques, post-opératoires ou néoplasiques, les coliques néphrétiques, les dysménorrhées essentielles, les migraines.

Cependant, les indications libellées par l'autorisation de mise sur le marché (AMM) sont différentes d'un AINS à l'autre, en fonction des essais cliniques réalisés et de la tolérance propre à chaque AINS. Il est donc nécessaire, avant de prescrire un AINS dans une indication précise de se reporter au libellé précis de l'AMM.

Les AINS sont commercialisés sous différentes formes galéniques :
- systémiques : per os, injectable IM ou IV ;
- locales : pommade ou gel.

Les formes injectables n'ont pas d'intérêt pharmacologique puisque la biodisponibilité des AINS par voie orale est excellente. Par ailleurs, ces formes injectables exposent aux mêmes risques d'effets indésirables que la voie orale (les risques locaux liés aux injections en plus). Si pour des raisons de situation clinique particulière la voie IM ou IV est choisie, cela ne doit être que pour une période limitée de 24 à 48 heures avec ensuite un relai per os.

2.3. Les effets indésirables

Les différences pharmacologiques entre les AINS ne doivent pas occulter la similitude des effets secondaires auxquels exposent ces médicaments.

Même si les AINS inhibiteurs préférentiels de COX-2 (Coxibs) offrent une meilleure tolérance digestive, leurs effets indésirables cardio-vasculaires ont conduit à restreindre leurs indications.

2.3.1. Troubles digestifs

• **Manifestations cliniques mineures**

De fréquence variable (10 à plus de 50 %), elles sont souvent dose-dépendantes. Les symptômes le plus souvent en cause sont les nausées, les vomissements, les gastralgies, les douleurs abdominales.

• **Accidents digestifs graves : ulcère, perforation digestive, hémorragie**

Ces accidents graves représentent 0,5 à 3 % des complications des AINS ; ils sont le plus souvent précoces, mais peuvent survenir tout au long du traitement et pendant plusieurs mois après l'arrêt (d'où l'intérêt de raccourcir le plus possible la durée de traitement). Ils contre-indiquent la reprise du traitement AINS.

• **Autres complications digestives :**
- *l'ulcère œsophagien s'observe* chez les malades qui ne respectent pas une règle fondamentale dans la prise des AINS : jamais à jeun, toujours avec un verre d'eau et en position debout ;
- *aggravation d'une diverticulose*, compliquée de diverticulite (surtout chez les sujets âgés). Le risque majeur est ici la perforation digestive basse.
- *Anorectites, brûlures anales* : c'est une des raisons pour lesquelles les suppositoires d'AINS sont moins utilisés que les formes orales, surtout en cas d'hémorroïdes.

• **Particularités des coxibs**

Les coxibs diminuent la probabilité de développer un ulcère simple ou compliqué avec perforation et/ou saignement par rapport aux AINS classiques. Ils réduisent d'environ 50 % le risque de survenue d'un événement digestif grave. Cette amélioration de tolérance n'est plus certaine lorsqu'il existe une coprescription d'aspirine à faible dose à visée anti-agrégante. L'amélioration des troubles fonctionnels bénins (dyspepsie, gastralgies, nausées...), toujours par rapport aux autres AINS, reste modeste. Il existerait également un risque de retard de cicatrisation d'un ulcère gastrique aigu évolutif avec les coxibs. Les ulcères évolutifs restent donc une contre-indication à la prescription des coxibs.

- **Facteurs de risque des complications digestives graves des AINS**
  - *Liés au terrain :*
    - ➤ âge > 65 ans,
    - ➤ antécédent d'ulcère ou d'hémorragie digestive +++,
    - ➤ infection à Helicobacter Pylori,
    - ➤ existence d'une maladie générale sévère (maladie cardio-vasculaire en particulier) ;
  - *Liés aux traitements :*
    - ➤ nature et dose de l'AINS, association AINS ou en OTC,
    - ➤ utilisation simultanée de corticoïdes,
    - ➤ utilisation simultanée d'anticoagulants ou d'anti-agrégants,
    - ➤ co-prescription avec l'aspirine.

- **Comment réduire les risques digestifs sous AINS ?**

  Il est important de bien évaluer les facteurs de risque chez chaque patient et ainsi d'évaluer le rapport bénéfice-risque d'une prescription d'AINS. Le tableau ci-dessous propose une conduite à tenir en fonction de 4 niveaux de risque différents.

	FAIBLE RISQUE	RISQUE MODÉRÉ	RISQUE ÉLEVÉ	RISQUE TRÈS ÉLEVÉ
Nombre de facteurs de risque	0	1 à 2	3 ou + ou aspirine	ATCD de complications digestives graves
Complications ulcéreuses graves : %/an	0,8 %	2 %	3 = 8 % 4 = 18 %	30-40 %
Traitement proposé	AINS seul ou Coxib	– AINS + IPP – Coxib	Si indispensable Coxib + IPP	À éviter +++

2.3.2. Effets secondaires rénaux

Ils sont nombreux, souvent liés à l'inhibition de la synthèse des prostaglandines rénales mais aussi à des mécanismes toxiques et immunoallergiques. Il faut se méfier des sujets à risque d'*hypovolémie* (insuffisant cardiaque, sujet atteint de cirrhose décompensée, malade sous régime désodé ou traité par diurétique), atteints de néphropathies (diabète, lupus, insuffisance rénale même discrète), des patients âgés et des associations médicamenteuses avec les diurétiques, les inhibiteurs de l'enzyme de conversion (IEC) et les antagonistes des récepteurs de l'angiotensine II.

Les principales complications rénales auxquelles exposent les AINS sont :
- une insuffisance rénale fonctionnelle, dépistée par une surveillance systématique de la créatinine chez les sujets à risques ;
- une rétention hydrosodée, car les œdèmes peuvent se voir avec la plupart des AINS, et une augmentation de la pression artérielle en moyenne de 5 mmHg (qui peut être délétère chez les sujets déjà hypertendus ou insuffisants cardiaques) ;
- une hyperkaliémie ;
- une néphropathie interstitielle avec ou sans syndrome néphrotique ;
- une nécrose papillaire est exceptionnelle.

La tolérance rénale des coxibs semble comparable à celle des autres AINS. En effet, il est prouvé maintenant qu'il existe une COX-2 rénale physiologique.

2.3.3. Effets cutanés et muqueux

Ils sont fréquents (jusqu'à 30 % des malades sous AINS), non dose-dépendants ; bénins ou sévères, ils paraissent liés à une exacerbation de la synthèse des leucotriènes.

Les effets cutanés bénins sont des éruptions polymorphes maculo-papuleuses ou purpuriques, plus ou moins prurigineuses.

L'urticaire est possible.

Les accidents sévères sont très rares : syndrome de Lyell, syndrome de Stevens-Johnson.

Les effets indésirables cutanés sont identiques avec les coxibs.

2.3.4. Effets allergiques et respiratoires

Les AINS, tout comme l'aspirine, peuvent provoquer, chez les allergiques notamment, une *rhinite*, une *conjonctivite*, un *œdème de Quincke* et une *crise d'asthme*.

Les *effets pulmonaires* (toux, fièvre, hyperéosinophilie avec infiltrat bilatéral) sont possibles là encore chez les allergiques. L'évolution est favorable à l'arrêt de l'AINS en cause.

2.3.5. Effets indésirables hématologiques

Une anémie sous AINS révèle un saignement digestif et impose une fibroscopie digestive. La thrombopénie et l'anémie hémolytique sont rares.

L'aplasie médullaire est exceptionnelle.

2.3.6. Effets indésirables hépatiques

Tous les AINS peuvent être hépatotoxiques, y compris les coxibs. L'hépatite est le plus souvent silencieuse, découverte par les contrôles biologiques. Le mécanisme est souvent mixte, toxique et immunoallergique.

2.3.7. Effets indésirables neurosensoriels et psychiques

L'indométacine, AINS puissant, se complique dans 10 % des cas de céphalées, de vertiges et/ou d'étourdissements. Les AINS peuvent être responsables d'un syndrome confusionnel chez les sujets âgés.

2.3.8. Tolérance cardio-vasculaire

Les AINS peuvent favoriser :
- une **rétention hydrosodée**. Ce risque doit être pris en compte tout particulièrement chez les patients présentant des antécédents à type d'hypertension artérielle, d'insuffisance cardiaque, de dysfonctionnement ventriculaire gauche, d'œdèmes ;
- une **faible augmentation du risque thrombotique artériel**, particulièrement à posologie élevée et lors d'utilisation au long cours. En conséquence, une évaluation approfondie avant la décision de prescrire un AINS est nécessaire en cas de : hypertension artérielle non contrôlée, insuffisance cardiaque congestive, cardiopathie ischémique avérée, artériopathie périphérique et/ou pathologie vasculaire cérébrale, facteurs de risque cardiovasculaire (hypertension, hyperlipidémie, diabète, tabagisme…). Les coxib et le diclofénac exposent à un risque cardio-vasculaire plus important que les autres AINS, alors qu'avec le naproxène ce risque semble le moins élevé. L'augmentation du risque cardiovasculaire concerne plus particulièrement les sujets ayant des antécédents récents (infarctus du myocarde, accident vasculaire cérébral).

2.4. Les interactions médicamenteuses

- **AINS entre eux ou associés à l'aspirine :**

  L'association est déconseillée du fait de l'augmentation du risque ulcérogène et d'hémorragie digestive (synergie additive). Il existe une perte de l'effet anti-agrégant plaquettaire de l'aspirine en cas d'association avec de l'ibuprofène par compétition sur le site actif de la COX-1 plaquettaire. Cette association pourrait donc être contre-indiquée.

- **Anticoagulants (héparine et anti-vitamine K per os) et Ticlopidine (Ticlid) :**

  L'association est fortement déconseillée du fait de la nette augmentation du risque hémorragique (déplacement des liaisons protéiques avec les AVK et synergie de toxicité).

- **Diurétiques et inhibiteurs de l'enzyme de conversion de l'angiotensine (IECA) :** Par l'action d'inhibition de la synthèse des prostaglandines notamment au niveau rénal, les AINS peuvent entraîner, lorsqu'ils sont prescrits avec des diurétiques, des IEC ou des antagonistes des récepteurs de l'angiotensine II, surtout chez le sujet âgé et/ou déshydraté, une insuffisance rénale par diminution de la filtration glomérulaire. L'association entre ces médicaments et les AINS impose donc une surveillance clinique et biologique stricte.

- **Lithium :** Il y a un risque d'augmentation de la lithémie, y compris avec les coxibs.

- **Les corticoïdes :** Il est préférable d'éviter l'association AINS et corticoïdes car il existe une augmentation du risque de complications digestives, sauf si cette association a pour but de diminuer la dose nécessaire de corticoïdes au cours des rhumatismes inflammatoires.

- **Méthotrexate :** Utilisé à faible dose (< 15 mg par semaine), il peut être associé à un AINS. À forte dose, doses oncologiques, cette association est interdite du fait du risque de toxicité hématologique.

2.5. Les règles d'utilisation pratique

1) **Les AINS sont surtout efficaces dans les douleurs aiguës.** Ils ont surtout été étudiés en dose unique ou en traitement bref où ils semblent efficaces quelle que soit l'origine de la douleur. Leur activité antalgique pure n'étant pas bien évaluée dans des traitements prolongés, ils ne doivent donc pas être prescrits au long cours.

2) **Chaque molécule a plutôt été étudiée dans certaines pathologies mais il n'est pas possible d'établir une hiérarchie des AINS entre eux en terme d'activité antalgique.** En dehors d'une sensibilité individuelle, il est possible qu'ils aient tous une activité comparable.

3) **Les posologies à but antalgique sont plus faibles que lorsque l'on recherche un effet anti-inflammatoire.**

4) **Les risques d'effets secondaires sont toujours présents quelle que soit la posologie utilisée,** bien que la toxicité digestive soit moindre à faible qu'à forte dose (mais n'est pas nulle).

5) **L'échec d'un AINS ne préjuge pas de l'efficacité d'un autre AINS.**

6) **La prescription des AINS est guidée par les recommandations médicales suivantes :**
   - il n'y a pas lieu de poursuivre un traitement par un AINS lors des rémissions complètes des rhumatismes inflammatoires chroniques et en dehors des périodes douloureuses dans les rhumatismes dégénératifs ;
   - il n'y a pas lieu de poursuivre un traitement par un AINS au-delà d'une période d'une à deux semaines et sans une réévaluation clinique dans les lombalgies aiguës et/ou lombosciatiques aiguës et dans les rhumatismes abarticulaires en poussée ;

- il n'y a pas lieu de prescrire un AINS à des doses supérieures aux doses recommandées ;
- il n'y a pas lieu de prescrire un AINS par voie intramusculaire au-delà des tout premiers jours de traitement, la voie orale prenant le relais (la voie parentérale ne diminue pas le risque digestif, comporte des risques spécifiques et n'est pas plus efficace au-delà de ce délai) ;
- il n'y a pas lieu, car généralement déconseillé en raison du risque hémorragique, de prescrire un AINS chez un patient sous anti-vitamine K, ou sous héparine ou ticlopidine ;
- il n'y a pas lieu, particulièrement chez le sujet âgé, en raison du risque d'insuffisance rénale aiguë, de prescrire un AINS chez un patient recevant un traitement par IEC, diurétiques ou antagonistes des récepteurs de l'angiotensine II, sans prendre les précautions nécessaires ;
- il n'y a pas lieu d'associer un AINS à l'aspirine (sauf coxib s'il s'agit d'une indication à visée cardiovasculaire), ou de l'associer à un autre AINS, même à doses antalgiques ; il n'y a pas lieu d'associer AINS et corticoïdes, sauf dans certaines maladies inflammatoires systémiques évolutives (cas résistants de polyarthrite rhumatoïde, lupus érythémateux disséminé, angéites nécrosantes...).

7) **Précautions liées au terrain :**
- il n'y a pas lieu, car dangereux, de prescrire un AINS à partir du 6e mois de la grossesse, sauf indications obstétricales précises ;
- il faut associer une protection gastrique (inhibiteurs de la pompe à protons, misoprostol) chez les sujets ayant des facteurs de risque digestif et chez les patients de plus de 65 ans ;
- chez les sujets âgés, il faut éviter si possible la prescription d'AINS, éviter la polymédication en hiérarchisant les traitements. Les AINS sur ce terrain exposent à plus d'effets indésirables digestifs (plus fréquents et plus graves), à l'insuffisance rénale aiguë (surtout si déshydratation, traitements diurétiques ou IEC), aux hépatites médicamenteuses et aux syndromes confusionnels. Si la prescription d'AINS est nécessaire, il faut choisir la posologie la plus faible possible, des AINS de demi-vie courte et une durée de traitement brève avec surveillance clinique.

8) **Information du malade :** Il faut donner une information claire au malade concernant les modalités de traitement, les effets indésirables potentiels, les signes cliniques faisant suspecter une complication, et les risques de l'automédication (association d'un AINS en vente libre comme antalgique).

BIBLIOGRAPHIE

- 1. Report of the American College of Rheumatology Pain Management Task Force, American College of Rheumatology Pain Management Task Force, Arthritis Care & Research, 2010, 62, 590-599.

- 2. http://ansm.sante.fr. Rappel des règles de bon usage des anti-inflammatoires non stéroïdiens, juillet 2013.

© MEDLINE

1. LE PARACÉTAMOL

- Le paracétamol est proposé comme antalgique de première intention du fait de son excellent rapport efficacité-tolérance, pour lutter contre les douleurs faibles à modérées.

- Chez l'adulte il est prescrit à la posologie de 1 gramme, 3 à 4 fois par jour, avec un espacement minimum de 4 heures entre deux prises.

- Chez l'enfant la dose recommandée est de 60 mg/kg/24 h en 4 prises espacées au minimum de 4 heures, habituellement de 6 heures.

- Quelle que soit la voie d'administration (forme orale, rectale, injectable, pour adulte et pour enfant ou nourrisson), le délai d'action est environ de 30 mn et la durée d'action de 4 à 6 heures.

- Sur les terrains à risque (insuffisance rénale, insuffisance hépatique, sujet âgé, sujet dénutri, sujet alcoolique), la posologie doit être réduite et/ou les prises espacées et la surveillance clinique et biologique doit être rapprochée.

- Même si la tolérance clinique du paracétamol est consacrée par la littérature et l'usage, le paracétamol expose à des effets secondaires potentiels :
  - en cas d'intoxication aiguë par mésusage, il est responsable d'une hépatotoxicité potentiellement mortelle ;
  - en situation normale de prescription, le paracétamol peut être hépatotoxique, cause de réactions d'hypersensibilité, d'une augmentation de la tension artérielle, et pourrait interagir avec l'hémostase. Néanmoins il reste l'antalgique le mieux toléré de tous les antalgiques.

2. LES AINS

- Les AINS ont des propriétés anti-inflammatoires et antalgiques leur conférant une efficacité importante dans la prise en charge des douleurs nociceptives inflammatoires ou mécaniques ; médicales, traumatiques ou post-opératoires ; d'origine bénigne ou néoplasique.

- Les indications des AINS sont donc très variées et leur prescription très fréquente mais il ne faut pas oublier que, chaque AINS a ses propres indications libellées par l'AMM, que les AINS sont pourvoyeurs de nombreux effets indésirables et qu'ainsi leur prescription doit toujours tenir compte du rapport bénéfice-risque attendu.

- Avant de prescrire un AINS il faut évaluer le risque digestif, cardio-vasculaire et global du patient (notamment les co-prescriptions).

- La prescription d'un AINS doit toujours se faire à la dose minimale nécessaire au soulagement et à la durée la plus courte possible en fonction de l'évolution clinique du patient.

Antalgiques de palier II

CHAPITRE 11

Pr Pascale Vergne-Salle*, Pr Philippe Bertin*

* PU-PH, Service de Rhumatologie et Centre de la Douleur,
CHU Dupuytren, Limoges

PLAN DU CHAPITRE

1. Les indications
2. Les différents antalgiques de palier II
   2.1. La codéine
   2.2. Le tramadol
   2.3. L'opium
3. Les contre-indications

4. Les effets indésirables
   4.1. Les effets indésirables communs aux opioïdes
   4.2. Effets indésirables liés à l'activité mono-aminergique du tramadol
5. Prescriptions en fonction du terrain
   5.1. Chez la femme enceinte
   5.2. Chez la personne âgée

OBJECTIFS PÉDAGOGIQUES

– **Connaître les indications des antalgiques de palier II.**
– **Connaître les différents antalgiques de palier II.**
– **Connaître les contre-indications, effets indésirables et précautions d'emploi en fonction du terrain.**
– **Savoir prescrire les antalgiques de palier II.**

MOTS CLÉS : antalgiques de palier II ; opioïdes faibles ; codéine ; tramadol ; douleur aiguë ; douleur chronique ; adaptation à l'évaluation de la douleur ; effets indésirables des opioïdes ; association au paracétamol ; association aux anti-inflammatoires ; adaptation chez les sujets âgés.

© MEDLINE

1. Les indications

Les antalgiques de palier II regroupent les opioïdes faibles dont l'effet antalgique passe par les récepteurs opioïdes pour lesquels ils ont une faible affinité. Il s'agit de la codéine, du tramadol et de la poudre d'opium. Le dextropropoxyphène n'est plus disponible en France.

Leur puissance antalgique comparée à la morphine est donnée dans le tableau suivant :

DCI	RAPPORT ÉQUIANALGÉSIQUE	ÉQUIVALENCE DE LA DOSE DE MORPHINE
Codéine	1/6	60 mg codéine = 10 mg morphine
Tramadol	1/5	50 mg tramadol = 10 mg morphine

> **Les antalgiques de palier II sont indiqués dans le traitement symptomatique :**
> – des douleurs modérées à intenses d'emblée,
> – ou des douleurs ne répondant pas à l'utilisation des antalgiques de palier I.

Ils sont utilisés fréquemment dans les **douleurs aiguës** souvent sur une courte période. Leur prescription doit être accompagnée d'une évaluation fréquente de la douleur, de manière à adapter au mieux le traitement. Il ne faut pas hésiter à passer au palier III si l'évaluation de la douleur ne s'améliore pas suffisamment. Il n'y a pas de chiffre exacte d'échelle EVA ou numérique pour dicter le passage à un palier III. Cette décision dépend de l'évaluation de la douleur, de l'appréciation du prescripteur, mais aussi du contexte.

Dans les **douleurs chroniques**, la prescription peut se faire sur une courte période en cas de poussée douloureuse ou au long cours lorsque la pathologie douloureuse chronique le nécessite. Il est possible d'associer aux antalgiques de palier II du paracétamol, des anti-inflammatoires stéroïdiens et non stéroïdiens, des coanalgésiques lorsqu'ils sont nécessaires en fonction des mécanismes de la douleur.

2. Les différents antalgiques de palier II

2.1. La codéine

- **La codéine est un agoniste opioïde naturel de faible puissance.** Elle est dépourvue d'activité analgésique intrinsèque. Il s'agit d'un de ses métabolites, la morphine, qui confère à la codéine ses propriétés analgésiques. La codéine se transforme en morphine dans une faible proportion après biotransformation par le cytochrome CYP 2D6. Toutefois 5 à 10 % de la population caucasienne ne possède pas de CYP 2D6 fonctionnel et la codéine reste donc inactive après son administration.

- **La codéine est disponible** soit en association avec le paracétamol (Efferalgan codéiné, codoliprane, klipal,...) ou seule sous forme de sirop en pédiatrie (Codenfan) ou sous forme de dihydrocodéine.

- **Pour les associations**, la dose de paracétamol varie de 300 à 600 mg par unité. La dose de codéine varie elle aussi de 20 à 50 mg par unité. Pour la plupart des spécialités, il est recommandé de prescrire 1 à 2 comprimés toutes les 6 à 8 heures, ce qui permet d'obtenir 150 à 180 mg de codéine par jour et jusqu'à 3 g par jour de paracétamol.

- **Des posologies faibles** peuvent ainsi être choisies en initiation de traitement par exemple chez la personne âgée.

- **La dihydrocodéine** est commercialisée sous le nom de Dicodin à libération prolongée (posologie : 60 mg toutes les 12 h).

2.2. Le tramadol

- **Le tramadol est un opioïde synthétique d'action centrale mixte.** En effet, cet agent et son principal métabolite (O-desméthyl-tramadol ou composé M1) se lie aux récepteurs opioïdes de type μ (agoniste partiel). D'autre part, la molécule mère inhibe la recapture de la noradrénaline et de la sérotonine. Ainsi les propriétés analgésiques du tramadol ne sont que partiellement liées au système opioïde puisque uniquement 30 % de son effet analgésique est renversé par la naloxone (antagoniste opioïde).
- **Le métabolisme du tramadol** est effectué à 80 % par le CYP 2D6. Chez les patients qui présentent une déficience génétique du CYP 2D6 ou en cas d'interaction d'une autre molécule plus affine pour ce cytochrome, l'effet analgésique global est amoindri.
- **Le tramadol existe** seul sous forme à libération prolongée (LP) (durée d'action de 12 heures = 2 prises/j ou 24 heures = 1 prise/j) ou sous forme à libération immédiate (LI) (1 prise toutes les 4 à 6 heures).

  Il existe également sous forme d'association avec le paracétamol (37,5 mg de tramadol à LI + 300 mg de paracétamol par comprimé) à prendre toutes les 4 à 6 heures.
- **La dose maximale de tramadol** est de 400 mg/j.
- **Il est possible de prescrire une forme LP** toutes les 12 ou 24 heures et d'y associer des interdoses de forme à LI en fonction des accès douloureux paroxystiques à condition de ne pas dépasser au total 400 mg/j.
- **La voie intraveineuse lente est réservée à l'usage hospitalier.**

2.3. L'opium

La poudre d'opium est disponible en association avec du paracétamol, commercialisée sous le nom de Lamaline avec deux formes galéniques : gélules avec 500 mg de paracétamol et 25 mg de poudre d'opium et suppositoires avec la même dose de paracétamol et 15 mg de poudre d'opium.

AMM : douleurs aiguës modérées

La posologie est de :
- 1 à 2 gélules par prise toutes les 4 heures, sans dépasser 10 gélules/j,
- 1 suppositoire par prise toutes les 4 à 6 heures sans dépasser 6/j.

3. Les contre-indications

- Insuffisance respiratoire, asthme grave.
- Insuffisance hépato-cellulaire sévère.
- Enfants < 1 an pour la codéine, < 3 ans pour le tramadol (en 2013, l'ANSM **recommande** de ne plus utiliser la codéine en dessous de 12 ans).
- Allaitement.
- Épilepsie non contrôlée pour le tramadol.
- Association aux agonistes – antagonistes morphiniques (nalbuphine, buprenorphine, pentazocine)

- Association aux inhibiteurs de la monoamine oxydase (IMAO) pour le tramadol.
- Celles liées au paracétamol quand il est associé.

4. Les effets indésirables

4.1. Les effets indésirables communs aux opioïdes

- **Les opioïdes faibles et forts ont des effets indésirables communs liés à leur activité sur les récepteurs opioïdes.** L'intensité de ces effets indésirables est plus faible avec les antalgiques de palier II comparés au palier III.

Il s'agit de :
- la sédation, les vertiges ;
- la constipation, les nausées, les vomissements ;
- le bronchospasme, la dépression respiratoire qui est très rare ;
- la rétention d'urine ;
- le risque de dépendance aux doses supra thérapeutiques et syndrome de sevrage à l'arrêt.

- **Nausées, vomissements et constipation** peuvent être améliorés par un traitement symptomatique (voir chapitre sur les opioïdes forts).
- **En cas de surdosage :** manœuvre de réanimation cardio-respiratoires et prescription d'un antagoniste : la naloxone (voir chapitre sur les opioïdes forts).

4.2. Effets indésirables liés à l'activité monoaminergique du tramadol

- Sécheresse buccale.
- Douleurs abdominales.
- Troubles visuels.
- Convulsions chez les patients ayant des facteurs favorisants.
- L'association à des traitements sérotoninergiques est à éviter en raison du risque de syndrome sérotoninergique.

5. Prescriptions en fonction du terrain

5.1. Chez la femme enceinte

Il est recommandé d'éviter la codéine depuis 2013. Le tramadol peut être prescrit mais moins bien connu sur ce terrain.

5.2. Chez la personne âgée

Les personnes âgées sont plus sensibles aux effets indésirables des opioïdes faibles, avec des risques plus importants de vertiges, somnolence, troubles cognitifs, rétention d'urine, constipation, etc. La posologie initiale doit être plus faible.

BIBLIOGRAPHIE

■ **LA RÉFÉRENCE À RETENIR**

– Site ansm.sante.fr : Mise au point – Prise en charge des douleurs de l'adulte modérées à intenses.

■ **POUR ALLER PLUS LOIN**

– Beaulieu P., « La Douleur – Guide pharmacologique et thérapeutique », Éd Maloine 2013, Les opioïdes : p. 75-99.

POINTS-CLÉS

- Administrer les **antalgiques** à **intervalles réguliers**.
- **Évaluer** régulièrement la douleur pour adapter la posologie en fonction de la douleur.
- Choisir des **posologies initiales plus faibles** chez les **personnes âgées**.
- Surveiller et prendre en charge les **effets indésirables** (nausées, vomissements, constipation, etc).
- Traiter les **accès douloureux paroxystiques** par exemple en rajoutant du paracétamol (sans dépasser 4 g/j) ou des formes à libération immédiate.
- Les antalgiques de palier II peuvent être **associés** aux antalgiques de palier I, aux anti-inflammatoires stéroïdiens et non stéroïdiens, au néfopam, aux anti-épileptiques, aux anti-dépresseurs (sauf pour la tramadol) et autres co-analgésiques en fonction de la pathologie douloureuse, dans le but d'améliorer la prise en charge de la douleur.
- Dans la douleur aiguë, passer aux antalgiques de **palier III** sans tarder en l'absence d'efficacité des antalgiques de palier II.

+++ LE COUP DE POUCE DE L'ENSEIGNANT

- Attention à l'**automédication** en paracétamol lorsque l'on prescrit une association paracétamol/opioïde faible : risque de surdosage en paracétamol !
- **La codéine n'agit pas directement**, elle n'agit qu'en étant transformée en morphine par des enzymes hépatiques. Ainsi son efficacité est variable, dépend du capital génétique. Si un patient indique que cela n'est pas efficace, cela peut être du à l'absence de métabolisation.
- **Il n'existe pas d'équivalence formelle entre les doses d'opioïdes de palier II et III** : cela dépend du type de douleur et du patient.

CHAPITRE 12

Antalgiques de palier III – Opioïdes forts

Pr Pascale Vergne-Salle*, Pr Philippe Bertin*

* PU-PH, Service de Rhumatologie et Centre de la Douleur,
CHU Dupuytren, Limoges

PLAN DU CHAPITRE

1. Les différentes formes d'opioïdes forts
    1.1. Les agonistes purs
        1.1.1. La morphine
        1.1.2. L'hydromorphone
        1.1.3. L'oxycodone
        1.1.4. Le fentanyl
        1.1.5. La méthadone
    1.2. Les agonistes partiels
    1.3. Les agonistes antagonistes
2. Les contre-indications des opioïdes forts
3. Les effets indésirables des opioïdes forts
    3.1. La constipation
    3.2. Nausées, vomissements
    3.3. La somnolence
    3.4. Dépression respiratoire
    3.5. Troubles confusionnels, troubles cognitifs

3.6. Dysurie et rétention d'urine
3.7. Prurit
3.8. La tolérance et la dépendance aux opioïdes : définitions à connaître
4. Le surdosage en opioïdes
5. Les indications des opioïdes forts
    5.1. Les douleurs aiguës
        5.1.1. Les indications
        5.1.2. Les voies d'administration
    5.2. Les douleurs chroniques
        5.2.1. Les indications
        5.2.2. Modalités de prescription
6. Équianalgésie et rotation des opioïdes
    6.1. Indications de Switch d'un opioïde fort
    6.2. Conseils d'utilisation
7. Les aspects réglementaires de la prescription

OBJECTIFS PÉDAGOGIQUES

– **Connaître les différentes formes d'opioïdes forts utilisés en pratique clinique.**
– **Savoir surveiller un traitement par opioïde fort.**
– **Savoir prendre en charge un surdosage en opioïde fort.**
– **Connaître les indications et les modalités de prescription.**
– **Connaître les principes d'équianalgésie et de rotation.**
– **Connaître les aspects réglementaires de la prescription.**

Parmi les antalgiques de palier III, la morphine, alcaloïde du pavot purifié en 1806 par Sertuner, reste le produit de référence.

> Les opiacés sont les substances naturelles dérivées de l'opium, les opioïdes rassemblent toutes les substances, naturelles et synthétiques.

Les opioïdes peuvent être classés en fonction de leur action pharmacologique sur les différents types de récepteurs opioïdes : récepteur mu (μ) responsable de la majorité des effets antalgiques, récepteur delta (δ), récepteur kappa (κ) et récepteurs ORL1 (opioid receptor like 1).

ON CLASSE LES OPIOÏDES EN 4 GROUPES :

- **Les agonistes purs – opioïdes forts :** morphine, hydromorphone, oxycodone, fentanyl, méthadone et agonistes – opioïdes faibles : codéine, poudre d'opium.
- **Les agonistes partiels :** buprénorphine.
- **Les agonistes antagonistes :** nalbuphine, pentazocine (n'est plus disponible).
- **Les antagonistes :** utilisés comme traitement des effets indésirables des médicaments des 3 premiers groupes : naloxone.

> Les récepteurs opioïdes sont localisés à des endroits stratégiques pour exercer un contrôle central et périphérique des voies de la douleur. Les opioïdes agissent à 3 niveaux différents : au niveau cérébral, au niveau médullaire et en périphérie.

AMM DES DIFFÉRENTS OPIOÏDES :
SUR ORDONNANCE SÉCURISÉE, PRESCRIPTION LIMITÉE À 28 JOURS

- **Dans les douleurs non cancéreuse : morphine, oxycodone et fentanyl** transdermique patch. Délivrance limitée à 14 jours pour le fentanyl transdermique.
- **Dans les douleurs cancéreuses : morphine, oxycodone, fentanyl transdermique patch, fentanyl transmuqueux, hydromorphone.** Délivrance limitée à 14 jours pour le fentanyl transdermique, délivrance limitée à 7 jours pour le fentanyl transmuqueux.
- **Traitements de substitution : la méthadone** a l'AMM en France uniquement en traitement de substitution. Prescription initiale semestrielle par un médecin de centre de traitement de toxicomanie. Durée de prescription 14 jours, délivrance 7 jours. **La buprénorphine** : faibles doses utilisées comme antalgique, fortes doses utilisées comme traitement de substitution. N'est pas classé comme stupéfiant, prescription par tout médecin, mais limitée à 28 jours, délivrance 7 jours pour substitution.

1. Les différentes formes d'opioïdes forts

Tableau 1. AFFINITÉ DES DIFFÉRENTS OPIOÏDES FORTS POUR LES RÉCEPTEURS OPIOÏDES			
INTERACTIONS DES OPIOÏDES AVEC LES RÉCEPTEURS	RÉCEPTEUR μ	RÉCEPTEUR δ	RÉCEPTEUR κ
Morphine	+ + +	+	+
Oxycodone	+ + +	+	+
Hydromorphone	+ + +	+	+
Fentanyl	+ + +	+	-
Buprénorphine	(+ + +)	-	*
Pentazocine	*	+	++
Nalbuphine	*	+	(++)
Naloxone	* * *	*	* *

+ : agoniste   ( ) : agoniste partiel   * : antagoniste

1.1. Les agonistes purs

Il existe 4 agonistes opioïdes purs utilisés comme antalgique.

Tableau 2. LES DIFFÉRENTES FORMES D'OPIOÏDES FORTS AGONISTES PURS					
DCI	SPÉCIALITÉS	VOIES D'ADMI-NISTRATION	DURÉE D'ACTION	AMM	DURÉE MAXIMALE DE PRESCRIPTION
Chlorhy-drate de morphine	Morphine	SC, IM, IV, péridurale, intrathécale		Douleurs sévères can-céreuses et non cancéreuses	7 jours sauf pompe portable : 28 j
Sulfate de morphine	Skenan LP 10, 30, 60, 100, 200 mg	Per os	12 h	Douleurs sévères can-céreuses et non cancéreuses	28 jours
	Moscontin LP 10, 30, 60, 100, 200 mg		12 h		
	Kapanol LP 20, 50, 100 mg		24 h		
	Actiskenan 5, 10, 20, 30 mg		4 h		
	Sevredol 10, 20 mg		4 h		
	Oramorph solution 10 mg/5 ml ; 30 mg/ 5 ml ; 100 mg/5 ml ; flacon 20 mg/1 ml		4 h		

© MEDLINE

>>>

UE 5 - ITEM 132 / UE 10 - ITEM 326 ┃ ANTALGIQUES DE PALIER III – OPIOÏDES FORTS **143** ◀

Tableau 2. LES DIFFÉRENTES FORMES D'OPIOÏDES FORTS AGONISTES PURS *(suite)*					
DCI	**SPÉCIALITÉS**	**VOIES D'ADMI- NISTRATION**	**DURÉE D'ACTION**	**AMM**	**DURÉE MAXIMALE DE PRESCRIPTION**
Hydromor- phone	Sophidone LP 4, 8, 16, 24 mg	Per os	12 h	Douleurs can- céreuses en cas de résistance ou intolérance aux opioïdes forts	28 jours
Oxycodone	Oxycontin LP 5, 10, 15, 20, 30, 40, 60, 80, 120 mg Oxynorm, Oxynormoro 5, 10, 20 mg Oxynorm injectable 10 mg/ ml	Per os Per os IV	12 h	Douleurs sévères cancé- reuses, dou- leurs aiguës, douleurs neuropathiques	28 jours 28 jours 7 jours
Fentanyl	Durogesic, Matrifen 12, 25, 50, 75 et 100 µg/heure	Transdermique	72 h	Douleurs sévères cancé- reuses et non cancéreuses	28 jours mais délivrance fractionnée de 14 jours
	Actiq 200, 400, 600, 800, 1200, 1600 µg	Applicateur buccal	1 - 2 h	Traitement des accès doulou- reux paroxys- tiques chez des patients rece- vant déjà un traitement de fond morphi- nique pour des douleurs cancéreuses	28 jours mais délivrance fractionnée de 7 jours
	Abstral 100, 200, 300, 400, 600, 800 µg	Sublingual	1 - 2 h		
	Effentora 100, 200, 400, 600, 800 µg	Gingival	1 - 2 h		
	Instanyl 50, 100, 200, 600 µg Pecfent 100, 400 µg	Pulvérisation nasale	1 - 2 h		

1.1.1. *La morphine*

La morphine est l'opioïde fort de référence.

Elle existe sous 2 formes :
- le **chlorhydrate de morphine** commercialisé sous forme injectable (sous cutanée, IM, IV, péridu- rale, intrathécale) (tableau 2) ;
- le **sulfate de morphine** pour une utilisation par voie orale avec des formes **à libération pro- longée** autorisant une ou deux prises quotidiennes adaptées au traitement de fond et des formes **à libération immédiate** d'efficacité limitée à 4 heures adaptées à l'initiation d'un traite- ment, à l'urgence, aux accès douloureux et douleurs iatrogènes (tableau 2).

1.1.2. L'hydromorphone

Le chlorhydrate d'hydromorphone (Sophidone) est un opioïde agoniste (dérivé semi-synthétique) dont le rapport d'équianalgésie avec la morphine est de 7,5 (tableau 2).

Son délai d'action est de 2 heures et la durée d'action de 12 heures. Il est utilisé **dans les douleurs cancéreuses en 2ᵉ intention** en cas de résistance ou intolérance à la morphine.

1.1.3. L'oxycodone

L'oxycodone est un agoniste semi-synthétique. Elle est 1,5 à 2 fois plus puissante que la morphine après administration orale. Elle existe sous forme orale et intraveineuse (tableau 2).

Les formes orales sont soit à libération prolongée avec une durée d'action de 12 heures, soit à libération immédiate avec une durée d'action de 4 heures. Le passage de la forme orale d'oxycodone à la forme intraveineuse nécessite de diviser les doses par 2.

Prochainement devrait être commercialisée une association oxycodone/naloxone, la naloxone ayant pour but de diminuer la constipation induite en antagonisant localement l'action de l'oxycodone sur les récepteurs opioïdes intestinaux.

1.1.4. Le fentanyl

Le fentanyl, dérivé de synthèse, est 50 à 150 fois plus puissant que la morphine.

Il se caractérise par une liposolubilité très élevée, ce qui permet son utilisation par voie transdermique et transmuqueuse.

- **Voie transdermique :**

  Il s'agit du fentanyl patch (tableau 2). Le délai d'action est de 12 à 18 heures et la durée d'action est de 72 heures. Le patch est changé toutes les 72 heures et collé sur une peau indemne de toute lésion, plane et glabre. Cette forme galénique n'est donc pas adaptée pour l'initiation d'un traitement. Il est donc préférable de le prescrire en relais d'un traitement opioïde fort dans une douleur stable. Il a pour avantage de diminuer les prises médicamenteuses orales. Le délai d'action relativement long fait qu'en relais le patch sera posé immédiatement après la dernière prise d'opioïde fort à LP par voie orale, en prévoyant la possibilité d'interdose à libération immédiate.

  Inversement à l'arrêt du fentanyl transdermique, le relais sera pris par un opioïde fort 12 h après l'ablation du patch.

- **Voie transmuqueuse :**

  La voie transmuqueuse permet un passage très rapide dans la circulation sanguine et évite le premier passage hépatique. Plusieurs formes galéniques existent : comprimé sublingual, comprimé avec applicateur buccal, comprimé gingival et pulvérisateur nasal. Le délai d'action est court de 10 à 15 minutes et la durée d'action de 1 à 2 heures. Ces formes sont donc tout à fait adaptées aux accès douloureux paroxystiques chez des patients ayant déjà un traitement de fond par opioïde fort pour des douleurs cancéreuses, sans dépasser plus de 4 doses par jour. Si le patient a besoin de plus de 4 doses/j, il est nécessaire d'augmenter la posologie du traitement opioïde de fond.

1.1.5. La méthadone

En France, la méthadone est un opioïde dévolu au traitement substitutif des pharmacodépendances aux opiacés.

1.2. Les agonistes partiels

La buprénorphine (Temgesic® à visée antalgique, Subutex® en traitement de substitution) est une molécule semi-synthétique dérivée de la thébaïne, 25 à 30 fois plus puissante que la morphine. Elle possède une activité d'agoniste partiel des récepteurs mu ce qui explique l'existence d'un effet plafond. En effet l'augmentation de la posologie ne s'accompagne pas d'une augmentation de l'effet antalgique.

Du fait de sa forte fixation aux récepteurs mu, la buprénorphine est également peu sensible à la naloxone.

Elle peut diminuer l'effet antalgique des autres opioïdes. Il n'est donc pas recommandé de l'associer.

En pratique clinique, cet opioïde fort est peu utilisé.

1.3. Les agonistes antagonistes

Ils possèdent une affinité élevée pour les récepteurs kappa et à l'inverse se comportent comme des antagonistes des récepteurs mu. Leur association aux autres opioïdes forts est donc contre-indiquée.

Il s'agit de la pentazocine, actuellement non commercialisée, et de la nalbuphine dont la puissance antalgique est équivalente à la morphine. La nalbuphine a également un effet plafond, sa durée d'action est courte (2 à 4 heures) et les voies d'administration sont uniquement parentérales (IV, IM, SC), limitant son utilisation. La nalbuphine est souvent utilisée en pédiatrie.

2. Les contre-indications des opioïdes forts

Les contre-indications des opioïdes forts sont les suivantes :
- insuffisance respiratoire décompensée,
- insuffisance hépatocellulaire sévère,
- insuffisance rénale sévère (clairance de la créatinine < 15 ml/min),
- épilepsie non contrôlée,
- traumatisme crânien et hypertension intracrânienne,
- intoxication alcoolique aiguë et delirium tremens,
- associations aux IMAO et associations des agonistes avec les agonistes-antagonistes ou agoniste partiel.

3. Les effets indésirables des opioïdes forts

Les effets indésirables sont en grande partie liés aux propriétés pharmacologiques des opioïdes forts et à leur activité sur les récepteurs opioïdes.

Ils sont la première cause de défaut d'observance et d'arrêt prématuré du traitement. Des mesures symptomatiques sont possibles pour prévenir ou réduire certains d'entre eux. Les effets indésirables sont plus fréquents chez les personnes âgées et en cas d'insuffisance rénale, appelant une prudence de prescription sur ces terrains (posologie faible et augmentation très progressive).

3.1. La constipation

Sa fréquence est élevée et cet effet indésirable persiste tout au long du traitement (pas de phénomène de tolérance).

Elle est liée à une diminution des sécrétions digestives et à un ralentissement du transit intestinal.

- **Traitement préventif :**
  - un traitement laxatif par voie orale (osmotique ou stimulant) doit être systématiquement associé à toute prescription d'opioïde fort quelles que soient la dose et la durée ;
  - mesures hygiéno-diététiques : activité physique, limitation de l'alitement, apports liquidiens suffisants, augmentation des fibres alimentaires ;
  - un traitement associant oxycodone et naloxone devrait être commercialisé pour réduire la constipation induite (AMM obtenue mais remboursement et prix en discussion en 2013). La naloxone orale a une action antagoniste sur les récepteurs mu intestinaux : elle réduit la constipation, sans avoir d'effet antagoniste général, car ne passe pas dans le système nerveux central lorsqu'elle est administrée par voie orale.
- **Traitement curatif une fois la constipation installée :**
  - augmenter la posologie des laxatifs ;
  - vérifier l'absence de fécalome ;
  - traitement rectal ;
  - en cas d'absence de selles : bithérapie laxative, lavement rectal et antagoniste morphinique périphérique (méthylnaltrexone ayant une AMM chez les patients relevant de soins palliatifs en cas d'inefficacité des laxatifs).

3.2. Nausées, vomissements

Ils sont liés à une action sur le système nerveux central par stimulation de la zone chémoréceptrice et émétisante et/ou à une action vestibulaire.

Ces effets indésirables sont fréquents chez 1/2 à 2/3 des patients mais s'estompent en général en 2 à 3 semaines.

- **Traitement préventif :**

  Il est conseillé de prescrire un anti-émétique (gastrokinétiques type dompéridone ou métoclopramide) dès le début du traitement et pendant 8 à 15 jours.

- **Traitement curatif :**

  Si les vomissements sont installés et que les anti-émétiques gastrokinétiques sont inefficaces, il est possible d'utiliser :
  - des neuroleptiques à action centrale : halopéridol ou chlorpromazine à faible dose et à utiliser avec prudence chez les sujets âgés ;
  - les corticoïdes ;
  - les sétrons ou antagonistes des récepteurs 5-HT3 (hors AMM) ;
  - le droperidol par voie intraveineuse si le patient est sous morphine par voie intraveineuse.

Attention, si les vomissements persistent malgré le traitement symptomatique, il est nécessaire de rechercher une autre cause (troubles métaboliques, occlusion intestinale…).

3.3. La somnolence

Après titration, une somnolence peut s'observer et s'estomper en quelques jours.

Attention à ne pas méconnaître un surdosage en opioïde nécessitant l'injection de naloxone.

Penser à rechercher : une cause métabolique, une cause iatrogène (potentialisation par l'association de traitements psychotropes), une prise anarchique du traitement opioïde.

• **Conduite à tenir :** diminuer les doses d'opioïde ou faire une rotation des opioïdes.

3.4. Dépression respiratoire

La dépression respiratoire est rare, elle survient essentiellement après l'administration d'une posologie trop rapidement élevée d'opioïde, en aigu. Elle est plus à craindre chez les patients insuffisants respiratoires, chez les malades prenant de façon concomittante des substances sédatives (psychotropes, alcool).

Elle est liée à une diminution de la sensibilité des récepteurs bulbaires aux taux sanguins de dioxyde de carbone, une inhibition du centre de la toux et à une bronchoconstriction.

Elle se définit par un rythme respiratoire < 10 min.

• **Conduite à tenir :** mesures de réanimation et injection de naloxone (voir chapitre sur le surdosage).

3.5. Troubles confusionnels, troubles cognitifs

Ralentissement psychomoteur, troubles cognitifs et état confusionnel s'observent surtout chez les personnes âgées. Il est donc important de débuter le traitement par des doses faibles et d'augmenter progressivement.

Comme pour la somnolence, il faut rechercher d'autres causes (troubles métaboliques, potentialisation par d'autres médicaments).

• **Conduite à tenir :** diminution des doses d'opioïde, rotation des opioïdes, en cas d'hallucinations : faibles doses de neuroleptiques.

3.6. Dysurie et rétention d'urine

Les opioïdes augmentent le tonus du sphincter vésical et diminuent la tonicité et l'activité des fibres longitudinales (détrusor). La rétention d'urine est favorisée par la présence d'une hypertrophie de prostate.

Il faut penser à cette complication en cas de douleurs abdominales, d'agitation inhabituelle et de poussée d'HTA.

• **Conduite à tenir :** diminution des doses d'opioïde, sondage urinaire, recherche de médicaments favorisants de type anticholinergique (par exemple antidépresseurs tricycliques).

3.7. Prurit

Le prurit est lié à l'effet histaminolibérateur des opioïdes. Il peut être amélioré par la prise d'antihistaminiques et la rotation des opioïdes.

3.8. La tolérance et la dépendance aux opioïdes : définitions à connaître

- **La tolérance (ou accoutumance)** est une augmentation de la dose nécessaire pour obtenir le même effet pharmacologique. Elle peut affecter tous les effets pharmacologiques des opioïdes en dehors de la constipation.

- **La dépendance psychologique (ou addiction)** se définit comme un trouble du comportement qui conduit à une **recherche compulsive** du produit. Elle est rare dans les pathologies douloureuses cancéreuses où l'augmentation des doses signe plutôt l'aggravation des douleurs ou l'installation d'un phénomène de tolérance à l'effet antalgique (pseudo-addiction).

  Par contre, elle est probablement plus fréquente dans les douleurs chroniques non cancéreuses, mais peut être limitée en évitant de prescrire des opioïdes chez les personnes à risque : patients aux antécédents d'abus (alcool, psychotropes, substances illicites, opioïdes...), patients atteints de troubles psychiatriques, contexte psychosocial instable.

- **La dépendance physique**, phénomène purement pharmacologique, se traduit par la survenue d'un **syndrome de sevrage** à l'arrêt brutal des opioïdes (sueurs, crampes musculaires, céphalées, asthénie, anxiété, agitation, insomnie, troubles digestifs, tachycardie, HTA, hyperthermie, déshydratation, mydriase). Sa prévention repose sur une diminution progressive des doses.

4. Le surdosage en opioïdes

Le surdosage se traduit par une somnolence, une respiration irrégulière et une diminution de la fréquence respiratoire (FR) < 10/ min.

La conduite à tenir repose sur des mesures de réanimation et l'injection d'antagoniste : la naloxone. La surveillance et les mesures à prendre en fonction sont reprises ci dessous ; en fonction de l'échelle de sédation (EDS) et de la respiration (R) :

Si EDS $\geq$ 2 + R2 ou R3	SURVEILLANCE
• Arrêter l'opioïde + stimuler patient • + si R 3 → Ventilation au masque avec O2 • Narcan® *(naloxone)* : 0,4 mg (1 *ampoule*) dilué dans 10 ml de sérum physiologique Titration par administration IV : 1 ml (0,04 mg) / 2 minutes, jusqu'à R1 ou R0 Si FR < 4 mn ou arrêt respiratoire : injecter 5 ml (0,2 mg)/ 2 min • Puis perfusion de naloxone sur 4 h de la dose titrée (en mg) dilué dans 250 ml de serum physiologique • Surveillance toutes les heures pendant le temps correspondant à l'élimination de l'opioïde à l'origine du surdosage	• **Échelle de sédation (EDS) :** – EDS = 0 : Patient éveillé – EDS = 1 : Patient somnolent, facilement éveillable – EDS = 2 : Très somnolent, éveillable par stimulation verbale – EDS = 3 : Très somnolent, éveillable par stimulation tactile • **Échelle de qualité de la respiration (EQR) :** – R0 : Respiration normale, régulière et FR $\geq$ 10/mn – R1 : Ronflements et FR > 10 / mn – R2 : Respiration irrégulière et/ou FR < 10/mn – R3 : Pauses ou apnée

5. Les indications des opioïdes forts

5.1. Les douleurs aiguës

Les opioïdes forts sont indiqués :
- d'emblée dans des douleurs très intenses ;
- dans les douleurs modérées à sévères ne répondant pas aux antalgiques de palier II.

5.1.1. Les indications

Les indications peuvent être les douleurs rhumatologiques (radiculalgies, fractures vertébrales, arthrite…), les douleurs traumatiques, dentaires, les douleurs viscérales (infarctus du myocarde, douleur abdominale en dehors du syndrome occlusif, colique néphrétique…), un accès aigu d'une douleur chronique, les douleurs post-opératoires, les douleurs induites par les soins.

5.1.2. Les voies d'administration

La voie orale doit être privilégiée en utilisant une méthode de titration soit avec des formes à libération immédiate, soit avec des formes à libération prolongée (tableau 3). Dans tous les cas, il faudra diminuer les doses chez les personnes âgées ou en insuffisance rénale, respiratoire et hépatocellulaire et surveiller la survenue des effets indésirables.

Dans un contexte d'urgence thérapeutique de la douleur ou de douleurs post-opératoires, la voie parentérale peut être nécessaire. Il est alors possible de réaliser une titration par voie intraveineuse ou une administration auto-contrôlée par le patient (PCA) (tableau 4).

Les voies péridurales ou intrathécales sont réservées à des cas particuliers de douleurs post-opératoires ou cancéreuses rebelles.

5.2. Les douleurs chroniques

5.2.1. Les indications

Les opioïdes sont indiqués :
- dans les douleurs chroniques cancéreuses. Toutes les formes ont une AMM dans cette indication, pour certains après échec ou intolérance à la morphine (tableau 2) ;
- mais aussi dans les douleurs chroniques non cancéreuses (DCNC) après échec des traitements étiologiques recommandés, des antalgiques de palier 1 et 2 et des techniques antalgiques non médicamenteuses.

Alors que la prescription des opioïdes forts dans les douleurs cancéreuses posent peu de problèmes, leur indication dans les DCNC doit être prudente et respecter un certain nombre de règles (voir mise au point de la HAS sur le bon usage des opioïdes forts dans le traitement des douleurs chroniques non cancéreuses).

> **PRINCIPALES RÈGLES DE PRESCRIPTION DES OPIOÏDES FORTS
> DANS LES DOULEURS CHRONIQUES NON CANCÉREUSES**
>
> - **Évaluation préalable globale de la douleur** en tenant compte des composantes sensorielle, psycho-logique, cognitive et socio-professionnelle.
> - **Prescription d'opioïde fort uniquement en cas d'échec des traitements étiologiques et antalgiques symptomatiques correctement prescrits et évalués.**
> - **Les opioïdes forts sont à éviter** dans les pathologies mal définies, en cas d'antécédents d'abus, de toxicomanie et de troubles psychiatriques. S'ils sont envisagés, un avis psychiatrique ou en centre de la douleur est fortement conseillé.
> - **Un contrat de soins** doit être préalablement défini entre le médecin et le patient délimitant les objectifs du traitement opioïde, les limites, les modalités et les critères d'arrêt de traitement. Une information claire doit être fournie au patient.
> - **En début de traitement**, une évaluation de l'efficacité (sur la douleur et la fonction), des éventuels effets indésirables et signes de dépendance doit être réalisée de façon rapprochée.
> Le rapport bénéfice/risque doit être évalué avant chaque augmentation de posologie.
> - **La prescription** doit être renouvelée par le même médecin.
> - **Le traitement** par opioïde fort doit être arrêté :
>   – en cas d'inefficacité sur la douleur, la fonction ou la qualité de vie,
>   – de mésusage ou signes d'addiction,
>   – d'amélioration nette permettant d'espérer un sevrage.

5.2.2. *Modalités de prescription*

Il est préférable d'utiliser la voie orale et les formes à libération prolongée.

Il est possible de débuter à une dose de 10 à 30 mg d'équivalent morphine une ou deux fois par jour en fonction de l'horaire des douleurs et du terrain (faibles doses chez les sujets âgés, les insuffisants rénaux et respiratoires). Des interdoses d'opioïdes à libération immédiate peuvent être rajoutées en fonction des accès douloureux paroxystiques (soins, activité physique, kinésithérapie…). Un traite-ment par opioïde fort peut être prescrit sur une courte période ou au long cours en privilégiant les cures courtes. L'arrêt d'un traitement de longue durée doit être progressif.

6. Équianalgésie et rotation des opioïdes

La rotation est une stratégie thérapeutique visant à remplacer un opioïde fort par un autre dans l'objectif d'améliorer le rapport bénéfice/risque. **Ce concept est discuté et n'a pas fait la preuve scientifique de sa pertinence pour réduire les effets indésirables.**

6.1. Indications de Switch d'un opioïde fort

- Insuffisance d'analgésie (la réponse aux différents opioïdes peut être variable d'un individu à l'autre).
- Effets indésirables non contrôlés par les traitements symptomatiques dans le but de les diminuer.
- Amélioration de la qualité de vie en modifiant la forme galénique ou la voie d'administration (exemple : diminution du nombre de médicaments pris par la bouche avec la voie transdermique).

6.2. Conseils d'utilisation

Le remplacement d'un opioïde fort par un autre doit respecter des règles d'équianalgésie pour éviter un sur- ou sous-dosage.

Pour fournir une aide au calcul des doses, il existe des tables d'équianalgésie (voir sur le site de la Société Française d'Accompagnement et soins Palliatifs – table d'équianalgésie 2010). Cependant, les valeurs données sont uniquement indicatives et les doses d'équianalgésie peuvent varier d'un patient à l'autre et en fonction du terrain (insuffisance rénale, âge…). Ces doses sont proposées pour les douleurs du cancer, et ne sont pas valables dans d'autres situations. Chez les patients fragiles, il est préférable de diminuer la dose fournie par la table d'environ 25 %. La rotation d'opioïde nécessite donc toujours une surveillance rapprochée de la douleur et des effets indésirables.

ÉQUIANALGÉSIE ENTRE LES DIFFÉRENTES VOIES D'ADMINISTRATION :
• 1 morphine orale = 1/2 morphine SC = 1/3 morphine IV
• 1 morphine IV = 1 oxycodone IV ou SC
• 1 oxycodone orale = 1/2 oxycodone SC ou IV

7. Les aspects réglementaires de la prescription

La prescription des opioïdes forts obéit à la réglementation des stupéfiants. Elle doit être réalisée sur des **ordonnannces sécurisées** (qui comportent l'identification du prescripteur, le numéro d'identification du lot d'ordonnances, un carré où le prescripteur doit indiquer le nombre de médicaments prescrits).

Le médecin doit renseigner :
- l'identité du patient (nom, prénom, âge et sexe, si nécessaire taille et poids), la date ;
- la voie d'administration clairement précisée ;
- le nombre de lignes de traitement (encadré en bas de l'ordonnance) ;
- la durée du traitement et le nombre d'unités de conditionnement en toutes lettres ;
- sa signature apposée immédiatement au dessous de la dernière ligne et l'espace résiduel sera rendu inutilisable.

Pour tous les opioïdes forts, il existe une durée maximale de prescription à respecter (tableau 2).

Si l'ordonnance est présentée dans les 24 h qui suivent la prescription, le pharmacien sera tenu de dispenser les quantités totales prescrites. Au-delà de ce délai, la dispensation sera limitée à la durée du traitement restant à couvrir. **Le pharmacien ne pourra délivrer deux ordonnances de stupéfiants qui se chevauchent sauf mention expresse du prescripteur sur l'ordonnance établie en second.**

BIBLIOGRAPHIE

- Livre : *La Douleur – Guide pharmacologique et thérapeutique*, P. Beaulieu, Éd. Maloine, 2013, Les opioïdes : p. 75-99.

- Site ansm.sante.fr : Mise au point sur le bon usage des opioïdes forts dans les douleurs chroniques non cancéreuses.

– Standards, Options et Recommandations 2002 pour les traitements antalgiques médicamenteux des douleurs cancéreuses par excès nociception, *Bulletin du cancer*, 2002 ; 89 : 1067-74.

– DeQuad Urgences, douleurs aiguës en situations d'urgence : des techniques à la démarche qualité. Ducassé, *et al.*, Paris, Arnette éd., 2004.

– Table pratique d'équiantalgie des opioïdes forts dans la douleur cancéreuse par excès de nociception (version 5 – janvier 2010), *www.sfetd-douleur.org*

– *www.sfap.org* : La constipation sous opioïde.

POINTS-CLÉS

- En antalgie, utilisation des opioïdes forts **agonistes purs** des récepteurs mu : morphine, oxyco-done, hydromorphone et fentanyl.

- **Seuls la morphine, l'oxycodone et le fentanyl transdermique ont des AMM dans les douleurs non cancéreuses.**

- **Douleurs aiguës**
  - indications : douleurs traumatiques, rhumatologiques, dentaires, viscérales, post-opératoires, accès douloureux paroxystiques, douleurs induites par les soins ;
  - **à utiliser d'emblée si douleur intense** ou après échec des autres antalgiques si douleur modérée ;
  - nécessité d'une **titration par voie orale** ou **par voie intraveineuse** en fonction de l'évaluation de la douleur, de la cause, du degré d'urgence et du contexte ;
  - surveillance de l'**efficacité** et des **effets indésirables** potentiels des opioïdes forts de façon rapprochée.

- **Douleurs chroniques**
  - douleurs **cancéreuses** : formes LP en traitement de fond et formes LI pour les accès douloureux paroxystiques ;
  - douleurs **non cancéreuses** plus rarement **après échec des prises en charge thérapeutiques** étio-logiques et recommandées, en privilégiant les **cures courtes**, après information du patient et accord sur les objectifs, avec surveillance rapprochée du **rapport bénéfice/risque**, des effets indésirables et des **signes de dépendance psychologique**. À éviter chez les patients avec anté-cédents d'**addiction** et **troubles psychiatriques**.

- **Surveillance**
  - effets indésirables principaux : constipation, vomissements, somnolence, troubles confu-sionnels, rétention d'urine, plus rarement dépression respiratoire ;
  - tenir compte du **terrain** : effets indésirables plus fréquents chez les personnes âgées et les insuffisants rénaux – **diminution des doses** ;
  - **prévention systématique de la constipation** : mesures hygiéno-diététiques et laxatif ;
  - en cas de **surdosage** : mesures de réanimation et injection de **naloxone**.

- **Rotation des opioïdes forts**
  - objectif = amélioration du rapport bénéfice/risque ;
  - utilisation de **table d'équianalgésie** en diminuant les posologies fournies sur les terrains fragiles.

- Prescription règlementée sur **ordonnance sécurisée** avec des **durées maximales** de prescription.

TITRATION D'OPIOÏDES PAR VOIE ORALE ET PAR VOIE INJECTABLE

1. LA TITRATION D'OPIOÏDE FORT PAR VOIE ORALE – CONSEILS D'UTILISATION

- **Titration avec un opioïde à libération immédiate (LI)**

  Dose initiale : 10 mg* d'équivalent morphine à LI (ou 1 mg/kg/j avec 1/10 à 1/6 par prise).

  Adaptation :
  - évaluation de la douleur toutes les heures ;
  - si douleur non soulagée (EVA > 30 mm) : proposer une nouvelle dose de 10 mg en respectant un intervalle de 1 h entre deux prises ;
  - au bout de 24 h : augmentation de la dose par prise en fonction de la dose totale consommée sur 24 h ;
  - chez les malades équilibrés depuis 48-72 h sous opioïde à LI, il est possible de prescrire un opioïde à libération prolongée (LP) à dose journalière équivalente.

- **Titration avec un opioïde à libération prolongée (LP)**

  Dose initiale : 30 mg* d'équivalent morphine toutes les 12 h (ou 1 mg/kg/j) avec la possibilité d'interdose d'opioïde à LI, en fonction de l'évaluation de la douleur, toutes les 4 h (l'intervalle peut être raccouci à 1 h).

  La posologie de l'interdose se situe entre 1/10 et 1/6 de la dose journalière de forme LP.

  Adaptation : au bout de 24 h, la dose totale consommée est calculée. La dose d'opioïde LP est réajustée en fonction de la dose totale consommée s'il y a eu 4 interdoses ou plus.

- **Chez la personne âgée ou en cas d'insuffisance rénale ou respiratoire**
  - calcul de la clairance de la créatinine ;
  - les doses seront réduites de moitié, voire espacées de plus de 4 h pour les formes à LI.

2. TITRATION DE LA MORPHINE PAR VOIE INTRAVEINEUSE, RÉALISÉE LE PLUS SOUVENT AUX URGENCES

- **Présentation**
  - ampoule de chlorhydrate de morphine : 1 ml = 10 mg de morphine ;
  - ramener une ampoule (10 mg) à 10 ml avec de l'eau pour préparation injectable ;
  - on obtient : 1 ml = 1 mg.

- **Posologie**
  - la dose maximale recommandée pour la période de titration est de 0,05 mg/kg à 0,15 mg/kg.

- **Conseils d'utilisation**
  - injecter en intraveineuse directe 2 à 3 mg* de morphine toutes les 5 à 10 minutes jusqu'à sédation de la douleur ;
  - oxygénothérapie à 3 l/min au minimum ;
  - surveillance : conscience, fréquence respiratoire et cardiaque, pression artérielle ;
  - toujours disposer de naloxone en cas de surdosage ;
  - prévoir un relais par opioïde par voie orale à LI à la demande ou par autoadministration intraveineuse contrôllée par le patient (PCA).

- **Chez la personne âgée ou en cas d'insuffisance rénale ou respiratoire**
  - calcul de la clairance de la créatinine et réduction des doses de moitié.

CHAPITRE 13

Antidépresseurs à action antalgique

Pr Jules Desmeules

Professeur, Département de Pharmacologie, Faculté de Médecine
Université de Genève, Suisse

PLAN DU CHAPITRE

1. Généralités
   1.1. Mécanismes d'action antalgique des antidépresseurs
   1.2. Considérations pharmacocinétiques et pharmacogénétiques
2. Classes d'antidépresseurs et efficacité antalgique
   2.1. Antidépresseurs tricycliques : exemple de l'amitriptyline

   2.2. Inhibiteurs sélectifs de la recapture de la noradrénaline et de la sérotonine : IRSNa
   2.3. Inhibiteurs sélectifs de la recapture de la sérotonine ISRS

3. Données de Médecine factuelle

4. Pour la pratique

OBJECTIFS PÉDAGOGIQUES

- Aborder le mécanisme d'action des antidépresseurs dans la douleur chronique.
- Aborder les sources de variabilité de l'effet et des effets indésirables.
- Détailler les différentes classes d'antidépresseurs dans les différentes pathologies : effets et effets indésirables.
- Connaître la taille de l'effet (NNT) de ces substances dans leurs principales indications.
- Connaître les doses et le mode d'administration des antidépresseurs.

MOTS CLÉS : antidépresseurs ; efficacité ; effets indésirables ; douleur chronique ; variabilité interindividuelle.

---

1. Généralités

Les antidépresseurs occupent une place majeure dans la prise en charge de la douleur chronique qu'elle soit d'origine rhumatologique ou neuropathique, de même que dans le traitement de fond des céphalées, migraineuses ou non, ou encore dans la prise en charge des syndromes douloureux dys-fonctionnels tels que la fibromyalgie.

> L'effet antalgique des antidépresseurs est indépendant de leur effet sur l'humeur encore que ce dernier ainsi que les propriétés sédatives de certains d'entre eux soient des avantages supplémentaires selon le contexte clinique.

1.1. Mécanismes d'action antalgique des antidépresseurs

Les antidépresseurs ont plusieurs mécanismes d'action et se lient, avec une affinité variable selon les classes, à différents récepteurs, mais **leur effet antalgique repose essentiellement sur un renforcement des voies inhibitrices descendantes, en augmentant les concentrations de noradrénaline et de sérotonine des fentes synaptiques au niveau spinal et supra-spinal.**

On reconnaît également – aux antidépresseurs tricycliques essentiellement – une action périphérique par inhibition des canaux sodiques, toutefois elle contribue probablement peu à l'effet antalgique aux doses couramment utilisées en clinique.

- **Les antidépresseurs tricycliques** sont plus efficaces que les inhibiteurs sélectifs de la recapture de la sérotonine (ISRS) dans la douleur quelle qu'en soit l'origine, mais leur utilisation est limitée par leurs effets indésirables.
- **Les nouveaux inhibiteurs sélectifs de la recapture de la noradrénaline et de la sérotonine (IRSNa)** ont un profil d'efficacité similaire aux tricycliques avec une meilleure tolérance.

1.2. Considérations pharmacocinétiques et pharmacogénétiques

Au plan pharmacocinétique la plupart des antidépresseurs sont métabolisés dans le foie par les isoenzymes de la famille des cytochromes P450, et notamment l'isoenzyme CYP2D6. Le CYP2D6 est soumis à un polymorphisme génétique.

On distingue ainsi d'une part des métaboliseurs lents dont l'isoenzyme a une activité réduite (10 % des caucasiens) et de l'autre, des métaboliseurs ultra-rapides dont l'isoenzyme a une activité augmentée (10 % des caucasiens). Ce polymorphisme participe à la variabilité interindividuelle de la réponse aux antidépresseurs et à l'intensité des effets indésirables. Le milnacipran, IRSNa, présente l'avantage de n'être pas métabolisé au niveau hépatique, ce qui réduit la variabilité à ce niveau de même que le potentiel d'interactions médicamenteuses néfastes.

2. Classes d'antidépresseurs et efficacité antalgique

2.1. Antidépresseurs tricycliques : exemple de l'amitriptyline

L'amitriptyline est l'antidépresseur tricyclique de référence, toutefois plusieurs autres membres de cette classe ont fait l'objet d'études randomisées contrôlées dans la douleur chronique de diverses origines.

Outre leur inhibition de la recapture de la noradrénaline et de la sérotonine, les tricycliques ont également une action anticholinergique et antihistaminique, qui joue un rôle prépondérant dans leurs effets indésirables.

- **Les tricycliques à visée antalgique sont recommandés :**
  - comme traitement de premier choix dans les douleurs neuropathiques d'origine périphériques et centrales ;

- comme traitement de prévention dans les céphalées de tension ou les migraines ;
- ainsi que comme co-analgésiques dans la lombalgie chronique ou dans la fibromyalgie. L'effet antalgique se manifeste avec un certain délai comme l'effet sur la thymie.
- **Les effets secondaires des tricycliques qui induisent souvent un arrêt de traitement sont :**
  - une sédation, une sensation vertigineuse, une sensation de bouche sèche et une constipation ;
  - chez le sujet âgé : hypotension orthostatique, et effets sur le rythme cardiaque, blocs de conduction notamment.

De part leurs propriétés anticholinergiques, les tricycliques sont contre-indiqués chez les sujets qui souffrent d'un glaucome à angle fermé ou d'une hypertrophie prostatique.

2.2. Inhibiteurs sélectifs de la recapture de la noradrénaline et de la sérotonine : IRSNa

Ce groupe comprend la venlafaxine, la duloxetine, et le milnacipran.

Ces molécules inhibent la recapture de la noradrénaline et de la sérotonine avec une affinité variable pour l'un ou l'autre des transporteurs. Par rapport aux tricycliques, ils présentent l'avantage, en raison d'une faible affinité pour ces récepteurs, de n'avoir pas d'effets anticholinergiques et antihistaminiques cliniquement significatifs.

2.2.1. Venlafaxine

La venlafaxine a une plus forte affinité pour le transporteur de la sérotonine que pour le transporteur de la noradrénaline et agit donc probablement à faible dose comme un ISRS.

La venlafaxine est utilisée en clinique dans plusieurs types de douleurs chroniques, particulièrement lorsque l'on recherche un effet plus incisif que sédatif, toutefois son efficacité n'a été formellement démontrée que dans les douleurs chroniques d'origine neuropathiques – polyneuropathies diabétiques, polyneuropathies douloureuses et douleurs neuropathiques associées au cancer du sein – ainsi que dans la prophylaxie de la migraine. Dans ces conditions, l'amplitude de l'effet de la venlafaxine est la même que celle de l'amitriptyline.

L'effet indésirable le plus rapporté sous venlafaxine lors des essais cliniques est la nausée. Par ailleurs la venlafaxine augmente la pression artérielle et cette augmentation peut être cliniquement significative chez les patients hypertendus. À haute dose elle a également un effet pro-arythmogène.

2.2.2. Duloxétine

La duloxétine a une affinité plus équilibrée que la venlafaxine pour les transporteurs de la sérotonine et de la noradrénaline mais reste également plus sélective pour le transporteur de la sérotonine.

Son efficacité a essentiellement été démontrée dans la polyneuropathie diabétique et dans la fibromyalgie. Son effet antalgique se manifeste plus rapidement qu'avec les antidépresseurs tricycliques, après deux semaines de traitement en moyenne. Les effets secondaires cardiologiques sont très rares sous duloxétine, ce qui est un avantage par contre son potentiel hépatotoxique est préoccupant et fait l'objet actuellement d'études de phase IV (surveillance post marketing).

2.2.3. Milnacipran

Le milnacipran est in vitro le plus noradrénergique des IRSNa. Cette molécule a essentiellement été testée dans la fibromyalgie ou dès deux semaines de traitement les premières études démontrent un effet sur la douleur, et les items de qualité de vie indépendamment du statut émotionnel des patientes avec un effet toutefois moins marqué sur le sommeil. Le principal effet indésirable du milnacipran qui amène à un arrêt de traitement est la nausée.

2.3. Inhibiteurs sélectifs de la recapture de la sérotonine ISRS

De manière générale et quelle que soit la condition douloureuse, les ISRS sont moins efficaces que les antidépresseurs tricycliques ou les IRSNa. On réserve leur utilisation aux situations où la co-morbidité dépressive est majeure et où leur bénéfice sur la thymie est tel qu'il en justifie la poursuite. Les effets indésirables des ISRS sont essentiellement digestifs. À mentionner un effet indésirable rare mais potentiellement sérieux : le syndrome sérotoninergique. Ce syndrome, dont l'origine est un excès de sérotonine se manifeste par une atteinte neuropsychiatrique (anxiété, nervosité, confusion), une augmentation du tonus avec une hyper-reflexie et un clonus ainsi qu'une dysautonomie avec des diarrhées notamment. Le syndrome serotoninergique survient en principe lors d'administration de doses élevées, toutefois chez certaines personnes susceptibles, notamment en raison d'une co-médication entrainant une interaction médicamenteuse (inhibition du métabolisme de l'ISRS ou prescription concomitante de plusieurs sérotoninergiques), il peut survenir même aux doses thérapeutiques.

3. Données de Médecine factuelle

DOSE ET EFFICACITÉ (NUMBER NEEDED TO TREAT= NNT) DES PRINCIPAUX ANTIDÉPRESSEURS DANS LEURS PRINCIPALES INDICATIONS					
	AMITRIPTYLINE	**VENLAFAXINE**	**DULOXETINE**	**MILNACIPRAN**	**ISRS**
Douleur neuropa-thique	10-150 mg/j NNT (95 % CI) : 3,1 (2,5-4,2) **1er CHOIX**	75-225 mg/j NNT (95 % CI) : 3,1 (2,2-5,1)	60 mg/j NNT (95 % CI) : 5,2 (3,8-8,3) 2 x 60 mg/j NNT (95 % CI) : 4,9 (3,6-7,6)	NA	Diverses molécules et doses NNT (95 % CI) : 6,8 (3,4-4,41)
Lom-balgies chroniques	Tricycliques globalement > placebo **1er CHOIX**				ISRS=placebo
Céphalées	30-150 mg/j NNT (95 % CI) : 3,2 (2,5-4,3) **1er CHOIX**	NA Migraines : venlafaxine = amitriptyline	NA	NA	NA Migraines/ céphalées de tension ; ISRS=placebo
Fibro-myalgie	Tricycliques globalement 25-50 mg/j NNT (95 % CI) : 4 (2,9-6,3)		60-120 mg Amélioration > 30 % chez > 50 % des patients **1er CHOIX**	200 mg/j Sur 12 semaines Amélioration significative **1er CHOIX**	Fluoxetine : 45 mg en moy. > placebo

4. Pour la pratique

L'efficacité des antidépresseurs étant souvent comparable en clinique, hormis les ISRS qui ont un effet moins marqué que les tricycliques, ce sont les effets indésirables et les co-morbidités qui doivent orienter le choix du traitement. Dans ce sens la venlafaxine et la duloxétine sont souvent privilégiés en raison de leur profil de tolérance.

Il est également important de tenir compte des co-médications afin d'anticiper et/ou d'éviter les interactions médicamenteuses pharmacocinétiques ou pharmacodynamiques.

POSOLOGIES					
	AMITRIPTYLINE	**VENLAFAXINE**	**DULOXETINE**	**MILNACIPRAN**	**ISRS**
Dose initiale	Initier à 10-25 mg/j puis ↑ progressivement administrer en une dose le soir	Initier à 37,5 mg/j puis ↑ progressivement administrer en une dose le matin	Initier à 30 mg/j puis ↑ progressivement administrer en une dose le soir	Initier à 25 mg/j puis ↑ progressivement	Administrer en une dose le matin

BIBLIOGRAPHIE

– Besson, M., *et al.*, *Expert. Rev. Clin. Pharmacol.*, 2008 ; 1(5) : 683-93.

– Hauser, W., *et al.*, *Cochrane Database Syst. Rev.*, 2013.

POINTS-CLÉS

- Les **antidépresseurs** ont un effet antalgique propre, dans la **douleur chronique** indépendamment de leurs propriétés thymorégulatrices.
- Ils ont été testés dans bon nombre de **pathologies douloureuses chroniques** avec une **efficacité** appréciable, soulignée par la médecine factuelle et comparable cliniquement, hormis les ISRS dont l'efficacité est moindre comparée aux antidépresseurs tricycliques et aux IRSNa.
- Les principales indications antalgiques des antidépresseurs sont les douleurs neuropathiques, les lombalgies chroniques, les céphalées, la fibromyalgie.
- C'est en principe le profil d'efficacité, **d'effets indésirables**, les comorbidités et les co-médications qui guident le choix de l'antidépresseur.
- La règle est de commencer à faible dose et d'augmenter progressivement selon la réponse.
- L'effet est à évaluer 2 à 4 semaines après l'initiation.

© MEDLINE

HAPITRE **14**

Les traitements antiépileptiques dans la douleur neuropathique

Dr Gérard Mick

PH, Neurologue et Médecin Coordonnateur du Centre de la Douleur,
Centre Hospitalier, Voiron

PLAN DU CHAPITRE

1. Les antiépileptiques classiques
    1.1. Carbamazépine
    1.2. Clonazépam
    1.3. Autres antiépileptiques
2. Les antiépileptiques de nouvelle génération
    2.1. Les gabapentinoides
    2.2. Autres antiépileptiques

3. Stratégie d'usage
    3.1. Comparaison d'efficacité avec divers traitements de la douleur neuropathique
    3.2. Choix d'une monothérapie ou d'une polythérapie

OBJECTIFS PÉDAGOGIQUES

– Connaître les indications des antiépileptiques dans la douleur.
– Connaître les antiépileptiques indiqués dans le traitement des douleurs neuropathiques.
– Connaître les effets indésirables des antiépileptiques.

MOTS CLÉS : antiépileptiques ; douleur neuropathique ; gabapentinoïdes ; stratégie thérapeutique.

Les traitements antiépileptiques de la douleur neuropathique sont destinés à soulager les divers symptômes douloureux de la douleur neuropathique. Outre leur efficacité antalgique, selon leurs propriétés pharmacologiques, ces médicaments initialement antiépileptiques peuvent également être prescrits afin de prendre en charge certaines comorbidités fréquemment associées à la douleur neuropathique, dont l'anxiété et les troubles du sommeil. Les médicaments utilisés en pratique quotidienne sont avant tout des molécules délivrées par voie orale, aujourd'hui largement utilisées par tout praticien. Certaines molécules relèvent d'une prescription spécialisée du fait d'une expérience thérapeutique encore insuffisante, ou à l'usage hospitalier du fait d'un suivi spécifique lié à leurs effets secondaires potentiels.

Les données fournies dans ce chapitre ne concernent que les traitements utilisables chez l'adulte. En effet, bien que les traitements médicamenteux de la douleur neuropathique employés chez les enfants et les adolescents soient similaires à ceux de l'adulte, les conditions réglementaires (absence d'AMM en-dessous de 18 ans), les adaptations posologiques, et certains aspects spécifiques de la douleur chronique à ces âges, imposent une prescription spécialisée par un Centre d'Évaluation et de Prise en charge de la Douleur de l'Enfant, sur la base de recommandations professionnelles spécifiques à l'enfant. Par ailleurs, le traitement de la névralgie du trijumeau, syndrome douloureux particulier dont la prise en charge est très spécifique, sera traité dans un autre chapitre de cet ouvrage.

1. Les antiépileptiques classiques

1.1. Carbamazépine

La *carbamazépine* (*Tégrétol*® ou génériques en DCI) est un antiépileptique bloqueur des canaux sodiques membranaires dont la mise en jeu de façon excessive au niveau des fibres nerveuses et neurones sous-tend pour une part la survenue de divers symptômes de la douleur neuropathique (brûlure continue, décharges électriques). Traitement de référence de la névralgie trigéminale essentielle pour laquelle elle possède une AMM, cette molécule est moins efficace dans les douleurs neuropathiques mais a obtenu une extension d'AMM dans l'indication « douleurs neuropathiques » en 1999. Aux posologies d'usage entre 600 à 1200 mg/j, la fréquence et l'importance des effets secondaires, ainsi que les précautions d'emploi vis-à-vis des associations médicamenteuses, expliquent que **cette molécule n'est plus placée en première ni seconde intention** depuis l'avénément d'autres médicaments.

1.2. Clonazépam

Le *clonazépam* (*Rivotril*®), benzodiazépine très largement utilisée en pratique courante dans la douleur neuropathique comme dans d'autres pathologies douloureuses chroniques, également pour ses propriétés myorelaxantes, sédatives, ou anxiolytiques, ne dispose pas d'une AMM dans la douleur neuropathique. Il n'existe par ailleurs aucune preuve scientifique d'efficacité de cette molécule dans cette indication. Les risques importants de sédation, de dépendance physique et de mésusage ont réduit la prescription de ce traitement : **l'usage en est aujourd'hui restreint à l'épilepsie avec prescription initiale par un neurologue ou un pédiatre sur ordnnance sécurisée.**

1.3. Autres antiépileptiques

La *phénytoïne* (*Dihydan*®), pourvoyeuse de nombreux effets secondaires, a pour unique indication antalgique aujourd'hui la névralgie trigéminale essentielle, pour laquelle elle n'est plus un traitement de première ou seconde intention. Son efficacité sur les symptômes de la douleur neuropathique n'a pas été démontrée. **Elle n'est pratiquement pas utilisée dans le traitement de la douleur neuropathique en France.**

Le *valproate de sodium (Dépakine®)* ne dispose pas d'AMM autre que dans l'épilepsie, et n'est, dans l'expérience courante, que très peu voire non efficace dans la douleur neuropathique. Même si elle est considérée comme une éventuelle seconde intention dans les recommandations françaises, **elle n'est pratiquement pas utilisée dans le traitement de la douleur neuropathique en Europe.**

2. Les antiépileptiques de nouvelle génération

2.1. Les gabapentinoïdes

• **Gabapentine**

La *gabapentine (Neurontin®* ou génériques en DCI) est un antiépileptique modulateur de canaux calciques membranaires impliqués dans l'activité neuronale anormale constatée dans les modèles expérimentaux de la douleur neuropathique.

Indication dans les douleurs neuropathiques **périphériques**. La gabapentine est utilisable à des posologies entre 900 et 3600 mg/j, le plus souvent en 3 prises, à adapter en fonction de la clairance de la créatinine chez le sujet âgé ou diabétique en particulier. La gabapentine peut être efficace sur les composantes douloureuses spontanée, continue ou paroxystique, éventuellement sur les phénomènes allodyniques.

Les effets secondaires les plus fréquents sont la sédation, les sensations vertigineuses, et l'ataxie locomotrice, assez souvent transitoires et réduits grâce à une augmentation très progressive de la posologie à l'initiation du traitement. La gabapentine possède également une action hypnotique modeste et permet l'amélioration de la qualité de sommeil chez certains patients douloureux chroniques, quelque soit l'étiologie. En outre, l'absence d'interaction médicamenteuse et d'induction enzymatique, ainsi que la démonstration d'un maintien d'efficacité et d'une bonne sécurité d'emploi à long terme (1 an), en font un traitement bénéficiant d'une bonne sécurité d'emploi. Il s'agit d'un **traitement de première intention et de référence de la douleur neuropathique.**

• **Prégabaline**

Introduite sur le marché français après 2005, au mode d'action identique à celui de la gabapentine, la *prégabaline (Lyrica®,* dans le domaine public en 2014) bénéficie d'une AMM dans les douleurs neuropathiques **périphériques et centrales** à des posologies entre 150 et 600 mg/j en 2 prises. Elle peut être efficace sur les composantes douloureuses spontanées (continue et paroxystique), parfois sur les phénomènes allodyniques. Les effets secondaires les plus fréquents sont la sédation, l'ataxie locomotrice, et la prise de poids. Malgré la précaution d'adaptation de la posologie en fonction de la clairance de la créatinine chez le sujet âgé ou diabétique, l'absence d'interaction médicamenteuse et d'induction enzymatique garantissent une sécurité d'emploi satisfaisante. De plus, des propriétés anxiolytiques, démontrées aux mêmes posologies que celles employées pour la douleur neuropathique (AMM dans le trouble anxieux généralisé), peuvent s'avérer utiles chez certains patients. Cette molécule est celle pour laquelle le maintien de l'efficacité, à une posologie moyenne d'environ 400 mg/j, et la sécurité d'emploi, ont été les mieux étudiés à long terme (18 mois) parmi tous les traitements de la douleur neuropathique. Il s'agit d'un **traitement de première intention et de référence de la douleur neuropathique.**

2.2. Autres antiépileptiques

Parmi les antiépileptiques de seconde génération qui ne disposent pas d'une AMM dans le traitement de la douleur neuropathique mais qui peuvent être utilisés en seconde ou troisième intention chez certains patients rebelles ou intolérants aux molécules de première intention, aucun ne bénéficie de preuves scientifiques d'efficacité suffisantes, même en terme de présomption d'efficacité. L'usage de ces molécules reste aujourd'hui du domaine spécialisé, en particulier des neurologues ou anesthésistes des consultations et centres spécialisés dans la douleur chronique.

- La *lamotrigine* (*Lamictal®* ou génériques en DCI), étudiée dans la douleur neuropathique secondaire à une polyneuropathie diabétique ou après AVC, entre 200 et 400 mg/j en 2 prises, agit chez une fraction de patients tant sur la composante douloureuse continue que sur les phénomènes allodyniques. La tolérance et la sécurité d'emploi sont excellentes dès lors que l'on respecte la titration obligatoirement très lente en au moins deux mois.

- L'*oxcarbazépine* (*Trileptal®*), qui se différencie de la carbamazépine par l'absence de nécéssité d'une surveillance hématologique, mais induit plus facilement une hyponatrémie, peut être intéressante chez certains patients dont la douleur a une composante paroxystique prédominante. Ses principaux effets secondaires sont l'instabilité locomotrice, la sédation, la diplopie.

- Le *topiramate* (*Epitomax®*) ou le *lévétiracétam* (*Keppra®*) peuvent avoir une efficacité chez une petite fraction de patients et proposés après échec ou intolérance des traitements de première et seconde intention, en tenant compte des fréquents effets sédatifs et des éventuels troubles comportementaux, même à faible posologie en particulier avec le topiramate dont l'anxiété et la dépression sont des complications d'usage à long terme.

3. Stratégie d'usage

3.1. Comparaison d'efficacité avec divers traitements de la douleur neuropathique

Les récentes méta-analyses et revues systématiques des essais contrôlés étudiant l'efficacité des diverses molécules utilisées pour la douleur neuropathique, essentiellement liée à la polyneuropathie diabétique, au zona, ou au cancer, n'ont montré **aucune différence convaincante entre molécules antiépileptiques et molécules d'autres classes pharmacologiques concernant le niveau global d'antalgie obtenue**, sauf pour les tricycliques et les opioïdes, qui s'avèrent un peu plus efficaces par voie orale pour la douleur neuropathique périphérique mais au prix d'une tolérance et d'une sécurité d'emploi bien moindres, et en tenant compte d'une méthodologie des essais considérés souvent médiocre.

3.2. Choix d'une monothérapie ou d'une polythérapie

La règle est de **tenter en première intention un traitement en monothérapie,** par voie orale selon la localisation douloureuse. Le choix d'un antiépileptique donné plutôt qu'une autre molécule (antiépileptique ou non) ne dépend pas de l'étiologie de la lésion nerveuse mais des précautions d'emploi et contre-indications, comorbidités, et autres traitements en cours.

Un échec ou une intolérance à posologie au moins minimale efficace amène à **discuter en seconde intention soit une autre monothérapie soit une association avec des molécules d'une autre classe pharmacologique,** notamment un antidépresseur.

BIBLIOGRAPHIE

■ LA RÉFÉRENCE À RETENIR

– Martinez V., Attal N., Bouhassira D., Lanteri-Minet M., « Douleurs neuropathiques : diagnostic, évaluation, traitement. Recommandations de la SFETD », Société Française d'Étude et Traitement de la Douleur, *Neurologie*, 2010 ; 13 : 16-31.

■ POUR ALLER PLUS LOIN

– Dworkin R.H., O'Connor A.B., Audette J., Baron R., Gourlay G.K., Haanpää M.L., Kent J.L., Krane E.J., Lebel A.A., Levy R.M., Mackey S.C., Mayer J., Miaskowski C., Raja S.N., Rice A.S., Schmader K.E., Stacey B., Stanos S., Treede R.D., Turk D.C., Walco G.A., Wells C.D., « Recommendations for the pharmacological management of neuropathic pain : an overview and literature update », *Mayo Clin Proc.*, 2010 ; 85 : S3-14.

– Attal N., Cruccu G., Baron R., Haanpää M., Hansson P., Jensen T.S., Nurmikko T., « EFNS guidelines on the pharmacological treatment of neuropathic pain : 2010 revision », European Federation of Neurological Societies, *Eur J. Neurol.*, 2010 ; 17 : 1113-88.

– Attal N., « Traitement pharmacologique des douleurs neuropathiques en soins de premiers recours », *Rev Prat.*, 2013 ; 63 : 795-802.

POINTS-CLÉS

- L'emploi des gabapentinoides dans la douleur neuropathique en première intention quelle que soit l'étiologie (uniquement prégabaline pour la douleur centrale) est aujourd'hui argumenté, avec une bonne sécurité d'emploi lorsque précautions et suivi réguliers sont l'usage.
- L'association avec tricycliques ou opioïdes peut être justifiée en seconde intention.

CHAPITRE 15

Autres médicaments à action antalgique

Pr André Muller*, Dr Daniel Timbolschi**

* PU-PH, Centre d'Évaluation et de Traitement de la Douleur, CHRU, Strasbourg

** PH, Centre d'Évaluation et de Traitement de la Douleur, CHRU, Strasbourg

OBJECTIFS PÉDAGOGIQUES

- Savoir qu'outre les antalgiques proprement dits et les classiques co-analgésiques (antidépresseurs et antiépileptiques), il est des médicaments qui dans certaines situations peuvent aider au soulagement des douleurs.
- Connaître le mode d'action des anesthésiques locaux et leurs indications dans la prise en charge des douleurs.
- Connaître les indications des corticoïdes à visée antalgique.
- Connaître le mode d'action et les indications de la kétamine à visée antihyperalgésiante.

- **Cibles antalgiques dans les douleurs nociceptives**

  De façon schématique, les traitements médicamenteux des douleurs peuvent, en cas de **douleurs dites nociceptives**, agir à différents niveaux avec un site d'action préférentiel :
  - sur le dégât tissulaire (c'est le cas des bisphosphonates qui ont aussi une action centrale) ;
  - sur l'environnement neurochimique des nocicepteurs sollicités, c'est-à-dire sur les composants de la soupe inflammatoire (c'est le cas des AINS et des corticoïdes qui ont aussi une action centrale ; c'est aussi le cas de certaines biothérapies comme les anti-cytokines qui ont également une action centrale) ;
  - sur les fibres afférentes, en modifiant leur contenu (c'est le cas de la capsaïcine qui provoque une déplétion des fibres C en substance P), ou en affectant la conduction des influx (c'est le cas des anesthésiques locaux déposés sur les nerfs) ;
  - sur les relais centraux des voies nociceptives (moelle sensibilisée, projections supraspinales) : c'est le cas des opioïdes (qui ont aussi une action périphérique), des corticoïdes, de la kétamine, des anesthésiques locaux en perfusion intraveineuse (qui ont de multiples sites d'action), de certains antibiotiques (cyclines en particulier qui inhibent l'activation des cellules gliales spinales, lesquelles sont des acteurs importants de la sensibilisation des voies nociceptives), des cannabinoïdes…

- **Cibles antalgiques dans les douleurs neuropathiques**

  Les **douleurs dites neuropathiques** sont liées à un dysfonctionnement des voies de la douleur. Ce dysfonctionnement relève d'une lésion avec ou sans « irritation » (laquelle associe des phénomènes inflammatoires) de l'un quelconque des composants des voies nociceptives, la résultante étant une activité électrique anomale ectopique (générée au site de lésion, et sur les structures de projection) perçue dans le territoire de distribution du composant lésé.

  Les traitements médicamenteux visent ici à :
  - atténuer l'électrogenèse anormale : c'est le cas des antiépileptiques, de certains inhibiteurs calciques, ce peut être le cas des corticoïdes ;
  - restaurer des contrôles inhibiteurs défaillants : c'est la raison de la prescription des antidépresseurs, lesquels ont aussi une action sur le ganglion rachidien du nerf lésé ;
  - atténuer la sensibilisation centrale qui fait suite à l'activité électrique anormale : c'est le cas de la kétamine, et aussi des gabapentinoïdes.

1. Anesthésiques locaux

1.1. Généralités

- Les anesthésiques locaux ont tous une structure commune faite de trois éléments : un pôle lipophile de type aromatique qui intervient dans la diffusion et la fixation ; une chaîne intermédiaire dont la longueur conditionne la puissance et la toxicité ; un pôle hydrophile, dérivé amine, qui conditionne la répartition sanguine et les capacités d'ionisation.
- La liaison entre le pôle aromatique et la chaîne intermédiaire différencie les anesthésiques locaux du type ester (procaïne, tétracaïne) et ceux du type amide et anilines (lidocaïne, prilocaïne, mépivacaïne, bupivacaïne, ropivacaïne).

- Ce sont des bases faibles, avec un pKa allant de 7,6 pour la mépivacaïne à 8,9 pour la procaïne, ce qui, au pH ambiant détermine la proportion de forme non ionisée (diffusible) et de ionisée (active). Les anesthésiques locaux se fixent dans les globules rouges et aux protéines plasmatiques. Il existe des solutions adrénalinées au 1/200 000e, l'intérêt étant de retarder la réabsorption à partir du site d'injection, et, lors de l'injection périmédullaire, de profiter de l'analgésie noradrénergique.

- Les anesthésiques locaux, sous forme ionisée, diminuent la perméabilité des membranes nerveuses (site d'action souhaité dans les blocs) aux ions sodium, d'autant plus que les influx sont fréquents, et atténuent les potentiels d'action sans affecter le potentiel de repos. Ils affectent aussi, à de très faibles concentrations, l'activité électrique anormale générée par les fibres C soumises à des algogènes, ou présentes au sein d'un névrome. Cependant, les anesthésiques locaux agissent sur toutes les cellules excitables (cœur, muscles, neurones) et ont aussi d'autres mécanismes d'action : inhibition d'enzymes (adénylate cyclase, phospholipases, ATPase, tyrosine kinase) ; inhibition des canaux ASIC ; effet anti-inflammatoire (par action sur les leucotriènes, les radicaux libres) ; perturbation de plusieurs jours des transports axonaux ; effets anti-arythmiques (classe Ib de Vaughan-Williams), aggravation des blocs de conduction, la bupivacaïne étant pro-arythmogène ; effet pro-epiletogène.

- Classiquement, les fibres fines (à savoir les fibres sympathiques éfférentes et les fibres afférentes C) sont affectées dès les plus faibles concentrations (par exemple 0,25 % pour la lidocaïne), et les fibres myélinisées (fibres nociceptives Aδ, fibres proprioceptives Aβ, fibres motrices Aα) nécessitent à la fois une concentration plus importante et un volume plus important (le bloc n'étant effectif qu'aux nœuds de Ranvier).

- La réabsorption à partir du site d'injection dépend de l'affinité du produit pour son site d'action, de la quantité de graisse, de la vascularisation locale, dilatée par l'anesthésique : ainsi après un bloc à la lidocaïne non adrénalinée, celle-ci apparait dans le plasma en quelques minutes, avec un pic à la 30-45e minute. La demi-vie d'élimination de la lidocaïne est de 100 minutes.

- Après une administration intraveineuse, les anesthésiques locaux se distribuent vers le cerveau, le cœur, les poumons, le foie et les reins. Les esters subissent un clivage par des estérases plasmatiques. Les amides sont métabolisés par le foie.

1.2. Indications des anesthésiques locaux dans le traitement des douleurs

1.2.1. Dans le traitement et la prévention des douleurs aiguës

- **EMLA (mélange eutectique d'anesthésiques locaux)** : c'est un mélange à parts égales de lidocaïne et de prilocaïne, qui, à température ambiante, devient spontanément huileux (d'où le nom de « eutectique »). L'application cutanée de doses allant de 1 g (nourrisson) à 50 g (adulte) pendant 1 à 4 heures sur une surface de 10 cm^2 entraîne une anesthésie cutanée superficielle qui dure une à deux heures. Les effets secondaires les plus habituels sont un érythème, les surdosages pouvant entraîner, surtout chez les nourrissons, une méthémoglobinémie.

> L'EMLA peut être utilisé avant toutes les ponctions, veineuses, artérielles, lombaires, et en dermatologie avant usage du laser. Il peut être appliqué sur des plaies (ulcères variqueux...) dans l'optique de soins indolores.

- **Techniques de blocs** : elles constituent le domaine de prédilection de l'anesthésie locorégionale, pour l'analgésie per et postopératoire. Vu la relative brièveté de durée d'action des anesthésiques au regard de la douleur provoquée par un dégât tissulaire, la mise en place d'un cathéter au contact de la structure nerveuse (plexus brachial, nerf fémoral, espace péridural…), est souvent nécessaire.

1.2.2. *En prévention de la survenue de douleurs neuropathiques chroniques*

Les douleurs neuropathiques chroniques sont fréquentes après chirurgie, toute incision pouvant léser des filets nerveux, avec une prédilection pour certains territoires : atteinte du plexus cervical dans la chirurgie du cou, atteinte intercostale en chirurgie thoracique, attente du nerf ilio-inguinal dans la cure de hernie, atteinte de gros troncs nerveux dans l'amputation de membre (douleur de membre fantôme). L'activité électrique générée en péri-opératoire sur le filet nerveux lésé est un des facteurs favorisants des douleurs chroniques postopératoires. L'infiltration anesthésique locale des filets nerveux, juste avant la section, et à condition qu'elle soit poursuivie au moins trois jours, permet de diminuer de près de 50 % la survenue de douleurs secondaires. De façon similaire, l'infiltration anesthésique locale d'un foyer opératoire articulaire assure une prévention du syndrome douloureux régional complexe de type 1.

1.2.3. *Dans le traitement de certaines douleurs chroniques*

Il y a plusieurs façons d'administrer les anesthésiques locaux dans ces situations : par voie transcutanée (patch EMLA ou emplâtre adhésif imprégné d'anesthésique local, *Versatis*®) ; en blocs répétés ou continus ; par voie intraveineuse relayée par la voie orale.

- **L'emplâtre** est indiqué dans les douleurs neuropathiques de topographie limitée (douleur post-zostérienne intercostale ; douleur sur lésion nerveuse périphérique) ; il contient de la lidocaïne à 5 %, et doit être appliqué au plus 12 heures par jour. À l'effet de l'anesthésique se rajoute un effet mécanique lié au caractère élastique de l'emplâtre.

- Certains syndromes douloureux chroniques « auto-entretenus » par une réponse efférente sympathique et/ou motrice peuvent bénéficier de **blocs sensitifs répétés ou continus** sur des périodes de quelques jours ou semaines ; c'est le cas des blocs du nerf supra-scapulaire dans le cadre de la rééducation d'une « épaule gelée », ou d'une péridurale continue (avec anesthésiques locaux faiblement concentrés mais aussi souvent avec un opioïde) dans le cadre d'une algodystrophie des membres inférieurs.

- **Les blocs nerveux répétés aux anesthésiques locaux** sont fréquemment utilisés dans les douleurs neuropathiques, mais il manque d'études de qualité pour pouvoir conclure à leur efficacité.

2. Capsaïcine

- La capsaïcine est la substance responsable des effets du piment. C'est un agoniste des canaux TRPV1 (canaux impliqués dans la nociception au chaud, aux protons… et largement concernés par la sensibilisation des nocicepteurs). Aux effets excitateurs initiaux de l'application de capsaïcine fait suite, lors des applications répétées, une désensibilisation des nocicepteurs portés par les fibres fines.

- En application topique répétée, telle qu'elle est pratiquée dans les douleurs chroniques, l'effet de désensibilisation dépend des concentrations : à 0,025 %, l'effet est modeste (bénéfice relatif de 1,5 et NNT de 8).

  Aux concentrations élevées, allant de 2 jusqu'à 8 %, une seule application d'une heure peut être efficace pour plusieurs semaines. Il s'agit d'une action « toxique » sur les fibres C dysfonctionnelles.

- Les principales indications retrouvées en clinique concernent les douleurs neuropathiques de topographie limitée.

3. Corticoïdes

3.1. Généralités

Les corticoïdes ont peu d'action antalgique propre. Ils agissent surtout par leur action anti-inflammatoire. Leur action antalgique centrale relève à la fois d'un effet sur les neurones et sur les cellules gliales dont ils atténuent l'activation, atténuant de la sorte la sensibilisation centrale. Dans certains modèles animaux, trois jours d'administration intrathécale de méthylprednisolone peuvent prévenir les douleurs liées à une lésion nerveuse expérimentale.

3.2. Indications dans le traitement des douleurs

• Les corticoïdes sont utilisés dans le traitement des douleurs soit par voie systémique (en particulier quand il y a des douleurs d'envahissement nerveux en cancérologie), soit par voie péri ou intra-articulaire, soit en injection péridurale, et dans ces derniers cas, les études bien conduites ne permettent pas de conclure à un effet à long terme.

• Ces techniques d'infiltration locorégionale utilisent un mélange d'anesthésique local (lidocaïne à 0,5 %) et de corticoïdes retards (triamcinolone 4 à 8 mg, *Altim®* ou méthylprednisolone de 40 à 120 mg, *Dépomédrol®*, la posologie dépendant du site d'injection). L'asepsie et le respect des contre-indications locales et générales sont la règle. Certaines infiltrations nécessitent au minimum un repérage radioscopique.

• Les principales indications des infiltrations de corticoïdes sont les tendinites et ténosynovites (épicondylite, tendinite des adducteurs, inflammation de la bourse sous-acromiale…), les syndromes canalaires (nerf médian au canal carpien, nerf ulnaire au coude, nerf saphène au canal tarsien, nerf pudendal au canal d'Alcock), les radiculalgies irritatives (cervicale ou lombaire sur hernie, ou sur étroitesse foraminale, avec infiltration soit épidurale, soit au trou de conjugaison), certaines douleurs d'origine articulaire (os du carpe, facettes articulaires vertébrales postérieures…).

• Bien évidemment, dans la douleur chronique, par définition multifactorielle, les infiltrations de corticoïdes ne peuvent au mieux agir que sur les phénomènes locaux inflammatoires. Ainsi une injection épidurale de 80 mg de *Dépomédrol®* est active dans une radiculalgie aiguë (inflammation par hernie discale, névrite lors du zona à la phase aiguë), mais peu efficace sur une radiculalgie entrant dans le cadre d'une lombosciatalgie chronique.

4. Kétamine

4.1. Généralités

• La kétamine est un dérivé de la phencyclidine, utilisé comme anesthésique général (présenté en France sous forme d'un mélange racémique, la forme S(+) étant deux fois plus active que la forme lévogyre). C'est, parmi les hypnotiques utilisés en anesthésie, le seul qui maintient les réflexes respiratoires et cardiocirculatoires, et de plus il possède des propriétés analgésiantes, ou, pour être plus précis, antihyperalgésiantes, c'est-à-dire qu'il prévient et réverse la sensibilisation des voies nociceptives, et ce, de la périphérie jusqu'aux relais centraux des voies nociceptives. La kétamine possède par ailleurs des propriétés antidépressives. L'effet antihyperalgésiant comme l'effet antidépresseur perdurent pour plusieurs jours, voire semaines, après une administration de courte durée, ce post-effet est probablement dû à une plasticité synaptique.

- L'action antihyperalgésiante, qui existe aux faibles doses non anesthésiques, relève pour l'essentiel des propriétés de blocage des récepteurs ionotropiques NMDA au glutamate. Ce blocage n'est possible que si une dépolarisation préalable a permis de lever le bloc magnésien de ces récepteurs. Les récepteurs NMDA laissent entrer du sodium (responsable de l'excitabilité) et du calcium (qui favorise entre autres l'expression de gènes et la plasticité) dans les cellules, et ce d'autant plus qu'ils sont phosphorylés sur leur versant intracellulaire. Il est admis que ces récepteurs NMDA participent à la sensibilisation des voies nociceptives, aussi bien dans les situations de douleurs (nociceptives et neuropathiques) que lors de l'hyperalgésie induite par les opioïdes.

- En injection IV, la kétamine diffuse rapidement vers les sites d'action, et sa demi-vie d'élimination est d'environ 3 heures. Elle peut être injectée en intramusculaire (biodisponibilité > 90 %), administrée sous forme de spray nasal (biodisponibilité > 50 %), ou donnée par voie orale (biodisponibilité d'environ 50 % après le premier passage hépatique) ou rectale (biodisponibilité d'environ 30 %). Elle est métabolisée par les cytochromes P450 dans le foie mais aussi dans les poumons, les reins, l'intestin, et transformée en norkétamine peu active, pro-epileptogène, et elle-même antihyperalgésiante.

- La kétamine administrée par voie systémique cible l'ensemble des récepteurs NMDA du système nerveux central. Ceux qui sont impliqués dans la nociception spinale possèdent une sous-unité NR2B, et il existe des antagonistes spécifiques (ifenprodil utilisé dans le traitement de l'artérite, eliprodil) qui chez l'animal ont fait la preuve de leur effet antihyperalgésiant.

4.2. Indications dans le traitement des douleurs

4.2.1. Dans le traitement des douleurs aiguës

En période péri et postopératoire, une perfusion de kétamine, à la posologie de 1 à 1,5 mg/kg/j pour au moins trois jours permet une épargne des opioïdes, atténue l'hyperalgésie péricicatricielle, et diminuerait l'incidence des douleurs postopératoires secondaires, en particulier les douleurs neuropathiques. Les effets secondaires sont rares aux posologies utilisées et consistent parfois en sensations ébrieuses.

4.2.2. Dans la prise en charge des douleurs chroniques

Aucune étude valable ne permet de confirmer l'intérêt de la kétamine dans les douleurs chroniques. Certains protocoles existent qui demandent à être confirmés et validés. Des utilisations abusives doivent être évitées.

5. Bisphosphonates

- Les bi(s)phosphonates, sont des analogues du pyrophosphate inorganique qui résistent à la destruction enzymatique et qui sont de fait des inhibiteurs de la réabsorption osseuse.

- Une action antalgique, indépendante des effets osseux, a été mise en évidence sur les modèles animaux de douleurs inflammatoires, que le biphosphonate soit administré par voie IV, intrapéritonéale, ou dans le LCR. Les biphosphonates inhibent la libération des cytokines pro-inflammatoires, la production de prostaglandines.
- **Dans le cadre des traitements antalgiques, il y a deux indications possibles :**
  - la première concerne les pathologies cancéreuses avec douleurs osseuses et /ou hypercalcémie, à savoir le myélome, les métastases des cancers ostéophiles, sein et prostate en particulier. Dans ces cas l'administration intraveineuse lente d'une dose totale de 15 à 60 mg de pamidronate, par exemple, permet de normaliser la calcémie en 2 à 3 jours, un relais par voie orale de clodronate pouvant être envisagé, ce qui permet d'atténuer les douleurs osseuses ;
  - la seconde indication évoquée concerne les algodystrophies pour lesquelles manquent encore des études valables et qui est hors AMM.

6. Immunomodulateurs

6.1. Les cytokines participent à l'inflammation

Les cytokines participent à la fois aux phénomènes inflammatoires périphériques (environnement des nocicepteurs dans les lésions tissulaires, site de lésion nerveuse dans les douleurs neuropathiques), et à la sensibilisation spinale (en particulier avec l'implication de la microglie et des astrocytes qui contribuent à la pérennisation des douleurs) observée dans ces situations. Les anti-cytokines (anti-TNF, anti-Il1, anti-Il6…) pourraient avoir un intérêt, notamment dans les douleurs inflammatoires.

6.2. Inhibiteurs de l'activation gliale

Parmi les inhibiteurs de l'activation des cellules microgliales, on trouve certains antibiotiques comme la minocycline et la ceftriaxone qui dans les modèles précliniques ont fait la preuve de leur efficacité sur les douleurs neuropathiques. Des travaux préliminaires montrent que la minocycline prévient les douleurs neuropathiques après thoracotomie. Il n'existe aucune AMM de la minocycline dans la douleur.

6.3. Anti-TNF-α

Parmi les anti-TNFα, l'étanercept, efficace dans les modèles précliniques, a été utilisé chez l'homme à visée antalgique. Par voie systémique, l'étanercept atténue les douleurs de métastases osseuses, prévient les douleurs neuropathiques post-chirurgicales, et par voie épidurale, il atténue les lombosciatalgies. L'adalimumab a été administré par voie sous-cutanée pour traiter les douleurs aiguës et chroniques dans le cadre des hernies discales lombaires. Ces substances ont cependant des effets secondaires et un coût important à mettre en balance avec le bénéfice attendu. Il n'existe aucune AMM dans la douleur actuellement.

7. Cannabinoïdes

Les récepteurs cannabinoïdes CB1 sont pour l'essentiel présents en périphérie alors que les récepteurs CB2 sont présents dans le SNC. Les effets antalgiques relèvent de l'activation des deux types.

Efficaces sur les douleurs neuropathiques et les douleurs en cancérologie (où d'autres effets sont intéressants : anti-nauséeux, euphorisant, stimulant de l'appétit...), ils ne sont en France pas autorisés en pratique clinique, bien qu'il soit possible d'obtenir du Δ^9 THC en ATU.

8. À venir : les anti-NGF

Le NGF, neuronal growth factor, est un facteur de croissance neuronal, impliqué dans les phénomènes douloureux. Un certain nombre de molécules anti-NGF sont en développement, et pourraient représenter une véritable biothérapie de la douleur (tanézumab, fulranumab).

BIBLIOGRAPHIE

– Gauthier-Lafaye P., Muller A., Gaertner E., *Anesthésie locorégionale et traitement de la douleur*, 4e édition, Masson, Paris, 2009, 685 pages.

– Baylot D., Navez M.L., Place des blocs analgésiques dans la prévention de la douleur chronique postopératoire, *Douleur et Analgésie*, 2009, 22 : 26-29.

– Anand P., Bley K., Topical capsaicin for pain management : therapeutic potential and mechanisms of action of the new high-concentration capsaicin 8 % patch, *British Journal of Anaesthesia*, 2011, 4 : 490-502.

– Blonk M.I., Koder B.G., Van den Bent P., Hygur F., Use of oral ketamine in chronic pain management : a review, *European Journal of Pain*, 2010, 14 : 466-472.

– Aggraval S.K., Cannabinergic pain medicine, *Clinical Journal of Pain*, 2013, 29 : 132-171.

POINTS-CLÉS

- **Les anesthésiques locaux :**
  - agissent sur la genèse et la propagation des potentiels d'action en bloquant les canaux sodium voltage-dépendants ;
  - ont une place en utilisation topique (EMLA) dans les douleurs provoquées par les soins ;
  - sont déposés sur les structures nerveuses dans les techniques de bloc. À ce titre ils sont utiles dans les douleurs aiguës, surtout postopératoires, où dans certains cas ils peuvent prévenir l'apparition secondaire de douleurs chroniques. Dans la prise en charge des douleurs chroniques, les techniques de blocs ne constituent qu'un appoint.

- **La capsaïcine :**

  Il faut différencier 2 types d'usage :
  - **la capsaïcine à faible concentration (en gel),** en application locale pour une action antalgique immédiate sur les douleurs musculaires, d'arthose, neuropathiques ;
  - **et la capsaïcine à très forte concentration (8 %) en patch.** Une application locale pendant 30 à 60 minutes va détruire les fibres C dysfonctionnelles ; c'est une action neurotoxique qui va induire un effet antalgique pendant 3 mois sur les douleurs neuropathiques.

- **Les corticoïdes,** outre leur action anti-inflammatoire, ont de par leurs effets membranaires, une action sur les foyers d'électrogenèse ectopique observés dans les douleurs neuropathiques.

  Ils sont utilisés, en association avec des anesthésiques locaux, dans les douleurs de lésion/irritation de nerf.

- **La kétamine** est antihyperalgésiante.

  Elle est à même de prévenir, voire de réverser, la sensibilisation des voies nociceptives, telle qu'elle survient dans les douleurs nociceptives, neuropathiques, et dans l'hyperalgésie aux opioïdes. Il faut la réserver à l'anesthésie, pas à l'antalgie pour l'instant, faute de preuves.

CHAPITRE **16**

Les techniques de neurostimulation dans la prise en charge de la douleur

Pr Julien Nizard*, Pr Jean-Paul Nguyen**, Dr Aurélie Lepeintre***, Dr Edwige de Chauvigny***, Dr Amélie Levesque***

* PA-PH, Médecin de la Douleur et Rhumatologue,
  Centre Fédératif Douleur Soins de Support, CHU Nantes

** PU-PH, Neurochirurgien, CHU Nantes

*** PH, Médecin de la Douleur, Centre Fédératif Douleur Soins de Support, CHU Nantes

PLAN DU CHAPITRE

1. Les grands principes des techniques de neurostimulation dans le traitement de la douleur

2. Les techniques de neurostimulation non invasives

    2.1. La Neurostimulation Transcutanée (TENS)

    2.2. La Stimulation Magnétique Transcrânienne répétitive (rTMS)

3. Les techniques de stimulation invasives ou implantées

    3.1. La stimulation médullaire

    3.2. La stimulation du cortex moteur

    3.3. La stimulation cérébrale profonde ou thalamique

    3.4. Les techniques de stimulation nerveuse périphérique

OBJECTIFS PÉDAGOGIQUES

– Connaître les mécanismes d'action neurophysiologiques des neurostimulations.
– Connaître les différentes techniques de neurostimulation non invasives et invasives, leurs indications et contre-indications, leurs principaux résultats, leurs complications.

MOTS CLÉS : neurostimulation ; gate control ; électrostimulations transcutanées (TENS) ; stimulation magnétique transcrânienne répétitive (rTMS) ; stimulation médullaire ; stimulation corticale ; stimulation cérébrale profonde ; stimulation du nerf grand occipital (ONS).

© MEDLINE

Les techniques de neuromodulation ou de neurostimulation méritent d'être régulièrement proposées pour la prise en charge des patients douloureux chroniques. Elles sont particulièrement indiquées en cas de **douleurs neuropathiques centrales ou périphériques**, souvent rebelles au traitement habituel. Associées à l'approche pluridisciplinaire indispensable (médico-chirurgicale, rééducative, psychologique et socioprofessionnelle), elles permettent de **limiter l'utilisation des médicaments** antalgiques, et co-analgésiques (antidépresseurs et antiépileptiques surtout) parfois mal tolérés, et **d'améliorer les douleurs et la qualité de vie des patients**.

> On distingue les techniques non invasives : électrostimulation transcutanée (TENS), et stimulation magnétique transcrânienne, répétitive (rTMS) ; et les techniques invasives : principalement la stimulation médullaire, la stimulation corticale, la stimulation cérébrale profonde et les stimulations nerveuses périphériques.

1. Les grands principes des techniques de neurostimulation dans le traitement de la douleur (figure 1) (*cf.* chapitre)

- Les différentes techniques de neurostimulation partagent des modes d'action voisins : stimulation des voies somesthésiques non nociceptives (grosses fibres myélinisées Aα et Aβ, plus évoluées et plus rapides) inhibant le passage de l'influx douloureux au niveau de la corne postérieure de la moelle (gate control, Melzack 1965) associée ou non à un renforcement des systèmes de contrôle inhibiteurs descendants.

- Les influx douloureux, qui partent de la périphérie (peau, muscle, viscère…), se dirigent vers la moelle puis le cortex, en empruntent les voies de la sensibilité « thermo-algique » ou voies spinothalamiques. Elles bénéficient de mécanismes de **contrôle inhibiteurs** du message douloureux, normalement très puissants : **contrôle segmentaire**, au niveau de la corne postérieure de la moelle, par les voies de la sensibilité non nociceptive ou **voies cordonales postérieures** conduisant le tact épicritique et la proprioception consciente (fibres myélinisées Aα et Aβ) ; et **contrôles suprasegmentaires** (tronc cérébral, thalamus, cortex), par les **voies cérébrales inhibitrices descendantes**.

- Les **douleurs neuropathiques**, en lien avec des lésions du système somatosensoriel (définition de l'IASP 2008), sont liées notamment à une perte de ces contrôles inhibiteurs, (avec des mécanismes dits « d'hypersensibilisation centrale »), due à des lésions du système nerveux touchant plus préférentiellement les voies non nociceptives.

- Le principe thérapeutique de la neurostimulation est de **stimuler les voies non nociceptives inhibitrices restantes pour rétablir une partie de ces contrôles** : les **électrodes** permettant cette stimulation sont placées au niveau des structures et voies impliquées dans la transmission des messages sensitifs non nociceptifs, au niveau de la peau (TENS), de la moelle (stimulation médullaire), du cortex (stimulation corticale)…

Figure 1. VOIES INHIBITRICES SEGMENTAIRES ET DESCENDANTES

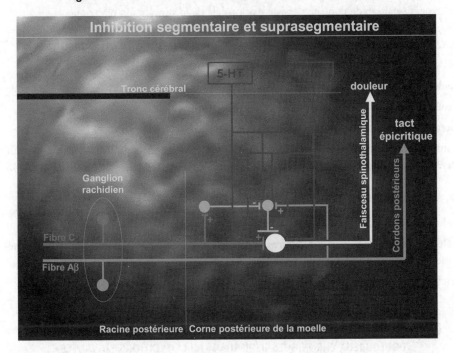

2. Les techniques de neurostimulation non invasives

2.1. La Neurostimulation Transcutanée (TENS) ++++

LA STIMULATION TRANSCUTANÉE
(TENS pour Transcutaneous Electrical Nerve Stimulation) EST :
• Technique simple, portative, que **le patient peut utiliser seul** après un temps **d'éducation thérapeutique.**
• Les **douleurs neuropathiques** en constituent l'indication de choix.
• Peu onéreuse, remboursée en grande partie par la sécurité sociale.

2.1.1. Technique

Les appareils de TENS sont des dispositifs médicaux qui délivrent une stimulation électrique **par l'intermédiaire d'électrodes adhésives appliquées sur la peau.**

Les appareils disposent de programmes prédéfinis variés en fonction des indications.

Il existe deux principaux modes d'action selon la fréquence utilisée :

2.1.1.1. Le mode haute fréquence ou TENS conventionnelle (C TENS, ou gate control) :

⚠ À retenir

• Le courant électrique stimule les **grosses fibres myélinisées du tact Aα et Aβ** (renforçant les inter-neurones inhibiteurs de la transmission de l'influx douloureux).

- Le patient ressent des **paresthésies non douloureuses** dans le territoire stimulé.
  – L'analgésie est rapide mais ne persiste pas au-delà de la stimulation électrique.

2.1.1.2. Le mode de stimulation discontinue ou « burst » dite acupuncture-like (AL TENS, ou morphinomimétique) :

 À retenir

- Le courant électrique provoque de **faibles secousses musculaires**.
- Il permet le relargage de substances opioïdes endogènes (endomorphines).
- La stimulation **d'un territoire non douloureux** (souvent entre le pouce et l'index) procure une analgésie rapide qui persiste après l'arrêt de celle-ci (**Post-effet**, parfois de plusieurs heures).

2.1.2. Indications et résultats

- **Douleurs neuropathiques** : indication de choix (radiculalgies, lésions nerveuses périphériques).
- **Douleurs rhumatologiques chroniques**, lombalgies (surtout si composante neuropathique) syndromes régionaux complexes, douleurs myofasciales et syndrome fibromyalgique.
- **Certaines douleurs aiguës** : postopératoires, dysménorhée.

RECOMMANDATIONS HAS 2009
L'UTILISATION DE LA STIMULATION TRANSCUTANÉE EST INDIQUÉE CHEZ LES PATIENTS DOULOUREUX CHRONIQUES RÉPONDANT AUX CONDITIONS SUIVANTES :

- **Insuffisance et/ou inadéquation des traitements médicamenteux** (risque plus important que bénéfice ; intolérance ou refus médicamenteux ; terrain fragile).
- Présence d'un **nombre suffisant de fibres myélinisées à stimuler** et patient répondeur à un essai de stimulation.
- **Motivation, capacité d'observance et de compréhension du patient.**

- La première prescription est faite par :
  – une Consultation d'Évaluation et de Traitement de la Douleur ;
  – un professionnel de santé ayant bénéficié d'une formation spécifique.
- **L'éducation thérapeutique** du patient est primordiale et opposable par la sécurité sociale si un suivi n'est pas réalisé.

Résultats : malgré le faible niveau de preuve des données cliniques, la stimulation TENS bénéficie d'arguments en faveur de son utilisation :
  – c'est une **option complémentaire** au traitement médicamenteux ;
  – son efficacité peut être importante, mais est patient – dépendante ;
  – son **coût est faible**.

2.1.3. Contre-indications : grossesse (non à terme), thrombose veineuse / artérielle, pace maker. L'application des électrodes est *exclue sur peau lésée* et dans *la région cervicale antérieure* (proximité du sinus carotidien).

Donc, sauf contre-indication,
La TENS mérite d'être systématiquement essayée en cas de douleurs neuropathiques

---

2.2. La Stimulation Magnétique Transcrânienne répétitive (repetitive Transcranial Magnetic Stimulation, ou rTMS)

Il s'agit d'une méthode prometteuse : simple, **non invasive**, ambulatoire, elle consiste à envoyer une impulsion magnétique indolore sur l'encéphale à travers le crâne au moyen d'une bobine. Celle-ci induit un champ magnétique, générant un courant électrique au sein des structures corticales.

2.2.1. Technique

La rTMS est modulée selon différents paramètres de réglage :

a) **La fréquence** utilisée : on distingue les stimulations dites à basse fréquence « inhibitrices », entraînant une diminution de l'excitabilité corticale ; et les stimulations à **haute fréquence** « excitatrices », entraînant une augmentation de l'excitabilité corticale, qui sont utilisées en cas de douleurs chroniques rebelles.

b) **La cible** est variable, différentes aires corticales pouvant être stimulées : un **matériel de repérage à partir de l'imagerie du patient (neuronavigation)**, permet de mieux cibler les zones à traiter : la **stimulation du cortex moteur primaire** (zone somatotopique correspondant au territoire douloureux concerné) est le plus souvent utilisée en cas de douleur réfractaire. La stimulation du **cortex préfrontal** (cible utilisée en cas de dépression sévère) peut être également utilisée en cas de douleurs rebelles, notamment en cas de fibromyalgie.

2.2.2. Indications et résultats

1) La mieux codifiée est le traitement des **dépressions résistantes** (par stimulation de l'aire préfrontale dorsolatérale gauche à 10 ou 20 Hz), en alternative à l'électroconvulsivothérapie ;

2) Il existe deux types d'applications de la rTMS dans le cadre des **douleurs réfractaires** :

• Lorsqu'une stimulation corticale est envisagée pour les **douleurs neuropathiques centrales réfractaires** (post AVC, blessés médullaires, algie faciale neuropathique), la rTMS est utilisée comme **test prédictif de l'efficacité de la stimulation corticale**. Dans ce cas, les patients bénéficient de 3 à 6 séances itératives généralement à trois semaines d'intervalle, avec des séances placebo (sham). Lorsqu'une stimulation corticale n'est pas envisagée, comme lors de la fibromyalgie, de la glossodynie ou de céphalées chroniques, la rTMS est utilisée comme **thérapeutique spécifique, au sein d'une prise en charge pluridisciplinaire**, avec des séances itératives, sur cinq jours consécutifs, suivies de séances mensuelles, afin de maintenir l'effet thérapeutique.

• **Résultats** : La possibilité d'utilisation d'une stimulation non active (« sham ») permet la réalisation d'études randomisées en double aveugle. Les méta analyses retrouvent un efficacité significative de la rTMS à haute fréquence (> 5 Hz), avec un effet antalgique de plus de 30 % observé chez 50 à 60 % des patients. Pour 30 % des patients, l'effet antalgique dépasse 50 %. Les résultats, meilleurs en cas de répétition des séances, devraient s'améliorer avec des protocoles et des zones cérébrales ciblées plus précis.

2.2.3. Contre-indications : épilepsie, matériel intracrânien

2.2.4. Les effets indésirables sont rares, essentiellement des céphalées transitoires

3. Les techniques de stimulation invasives ou implantées

3.1. La stimulation médullaire

LA STIMULATION MÉDULLAIRE
• Les **douleurs neuropathiques rebelles des membres inférieurs** en constituent l'indication de choix (lomboradiculagies postopératoires, syndrome douloureux régional complexe notamment).
• Doit être **précédée d'un essai des TENS, dont l'efficacité est prédictive**.
• **Bon rapport bénéfice** (environ 70 % bons résultats si indication bien posée)/**risques** relativement mineurs, chez douloureux chroniques rebelles au traitement médical.
• Doit toujours s'inscrire dans une stratégie de soins pluridisciplinaire.

3.1.1. Technique : mise au point dans les années 1980, s'est progressivement améliorée et miniaturisée, permettant de stimuler de façon optimale les structures cibles.

- Il existe **2 types d'électrodes**, toutes deux positionnées directement dans l'**espace épidural** à l'aplomb des cordons postérieurs de la moelle : les électrodes tubulaires, présentant entre 4 et 8 contacts, introduites par **voie percutanée**, et les électrodes introduites par **voie chirurgicale**, après une laminectomie, plus larges que les précédentes, et plus stables, avec un **risque moindre de déplacement secondaire des électrodes**.

- Pour le traitement de douleurs des membres inférieurs, le positionnement idéal de l'extrémité de la sonde correspond aux **neuvième et dixième vertèbres dorsales**.

- L'électrode est positionnée à l'aplomb du cordon postérieur homolatéral au côté de la douleur. Elle est correctement positionnée si la **stimulation induit des paresthésies qui recouvrent le territoire douloureux**.

- L'efficacité est appréciée pendant au moins 10 jours, avec si possible un retour à domicile, et le test est considéré comme positif si le niveau des douleurs diminue de plus de 50 %. Le stimulateur définitif peut alors être implanté en sous-cutané, généralement dans la région abdominale. Le patient gère lui-même l'intensité et la durée de la stimulation.

3.1.2. Indications et résultats

a) Surtout les **douleurs neuropathiques des membres inférieurs** observées notamment au décours d'interventions répétées sur la colonne lombaire (hernies discales lombaires et arthrodèses de la colonne lombaire) ; Failed back Surgery Syndrom (en anglais).

b) Syndrome douloureux régional complexe (SDRC) rebelle de plus de 6 mois d'évolution.

c) Lésion des nerfs périphériques, d'origine traumatique ou secondaire à un geste chirurgical.

d) Ischémie chronique dans le cadre d'une artériopathie oblitérante des membres inférieurs : outre l'effet antalgique, la stimulation médullaire a une action de vasodilatation des capillaires permettant de lutter contre l'ischémie, et de retarder ou d'éviter une amputation.

e) Les douleurs neuropathiques des membres supérieurs sont techniquement plus difficiles à traiter : la stimulation médullaire cervicale est généralement efficace, notamment pour les séquelles douloureuses des avulsions traumatiques du plexus brachial (par exemple après un accident de moto), mais cette efficacité plus difficile à maintenir à long terme du fait des mouvements de l'électrode générés par les mouvements de la colonne cervicale.

Les résultats sont favorables, et stables dans le temps : à 5 ans, chez **environ 50 à 70 % des patients opérés**, si l'indication est bien posée.

3.1.3. Contre-indications

Coagulopathies et immunodéficience sévères ; pronostic vital < 6 mois ; comorbidités psychiatriques (dépression grave, psychose active, hypochondrie).

3.1.4. Les complications sont actuellement rares

a) Infection (environ 10 % des cas) : survient exceptionnellement au niveau de l'électrode, et le plus souvent au niveau du stimulateur lui-même. Une antibiothérapie adaptée est en général suffisante, évitant le retrait du matériel.

b) Déplacement secondaire de l'électrode (plus fréquent avec la voie percutanée), rendant nécessaire une nouvelle intervention.

c) Saignement épidural : exceptionnel, surtout avec la technique chirurgicale.

3.2. La stimulation du cortex moteur

Technique prometteuse, la stimulation du cortex moteur (MCS en anglais, pour Motor Cortex Stimulation), dont le mécanisme d'action n'est pas encore parfaitement élucidé, agit sur les systèmes de contrôle supra-segmentaires de la douleur.

3.2.1. Technique

L'intervention est relativement peu agressive, et généralement effectuée sous anesthésie générale. **Elle consiste à placer dans l'espace extradural une ou deux électrodes plates** par une craniotomie d'environ 4 cm de diamètre. La position précise des électrodes est déterminée sur l'imagerie et confirmée par l'électrophysiologie peropératoire.

3.2.2. Indications et résultats

La stimulation corticale motrice est surtout indiquée en cas de **douleurs neuropathiques centrales rebelles** :

a) Chez les blessés médullaires, paraplégiques ou tétraplégiques, qui présentent souvent des douleurs neuropathiques sous-lésionnelles, atteignant les membres.

b) Après un accident vasculaire cérébral thalamique ou cortical.

c) En cas d'algies faciales neuropathiques rebelles.

d) En cas de douleurs résistantes à toutes les autres thérapeutiques : lésions traumatiques du plexus brachial, douleurs du membre fantôme après amputation.

Les résultats à long terme sont positifs chez près de 50 à 70 % des patients présentant des douleurs centrales ou des douleurs faciales neuropathiques (Nguyen, 2011). La stimulation du cortex moteur est l'unique situation où la stimulation n'entraîne aucune sensation. Le patient ne sait donc pas si la stimulation est activée ou non. On peut donc, contrairement aux autres techniques de stimulation, effectuer une stimulation placebo et ainsi réaliser des études contrôlées en double aveugle, le patient et l'examinateur ne sachant si le patient est stimulé ou non.

3.2.3. Contre-indications : les mêmes que pour la stimulation médullaire.

3.2.4. Complications : la technique est sûre, et les complications sont rares : les plus fréquentes sont les infections sur le site d'implantation du générateur. Contrairement à la DBS (ci-dessous), il n'y pas de risque d'hémorragie intracrânienne.

3.3. La stimulation cérébrale profonde ou thalamique

Les noyaux sensitifs du thalamus étant fortement impliqués dans la dimension sensori-discriminative (thalamus latéral, VPL) et affective (thalamus médian, VPM) de la douleur, leur stimulation agit directement sur les centres de contrôle de la douleur.

3.3.1. Technique

La stimulation du thalamus est une intervention stéréotaxique, consistant à implanter dans les noyaux sensitifs du thalamus controlatéraux à la région douloureuse, une électrode reliée à un neurostimulateur. On peut y associer la stimulation de la substance grise périaqueducale/péri-ventriculaire (PAG, PVG), dont l'effet antalgique est probablement médié par l'élévation de la sécrétion d'opioïdes endogènes.

3.3.2. Indications et résultats

La stimulation thalamique semble actuellement avoir une place surtout en cas d'échec des autres techniques de stimulation, médullaire et corticale, pour des patients présentant des douleurs centrales (notamment après accident vasculaire cérébral), ou des douleurs faciales neuropathiques. Elle semble par ailleurs d'avantage indiquée que la MCS en cas de douleurs rebelles à prédominance nociceptive. Depuis quelques années, la technique et le matériel se sont notablement améliorés.

3.3.3. Complications : infection ; risque d'hémorragie intracrânienne (2 à 4 % des patients), qui peut causer malheureusement un déficit neurologique permanent, voire le décès.

3.4. Les techniques de stimulation nerveuse périphérique

3.4.1. La stimulation du nerf grand occipital ou nerf d'Arnold

- Cette technique est réservée aux céphalées cervicogéniques. Certains auteurs proposent d'en étendre les indications à d'autres types de céphalées chroniques : migraines et surtout algies vasculaires de la face (AVF) sévères et réfractaires au traitement médical.

- La **stimulation transcutanée (TENS au niveau occipital) doit être effectuée préalablement** (le nerf étant très superficiel à la partie haute de la région occipitale), car elle est souvent suffisante, et peut prédire l'effet positif de la stimulation implantée et aider à sélectionner les patients candidats à la chirurgie.

- Une électrode à 4 contacts est introduite par voie percutanée ou chirurgicale, à l'aplomb du nerf occipital, qui est stimulé de façon continue ou intermittente par l'intermédiaire d'un stimulateur implanté. Une diminution de la fréquence et/ou de l'intensité des crises douloureuses de plus de 50 %, ainsi que la diminution ou l'arrêt du traitement médicamenteux est obtenue chez près de 50 à 70 % des patients.

3.4.2. Les autres techniques de stimulation nerveuse périphérique

- La **stimulation des nerfs sus ou sous orbitaires** peut être discutée en cas de douleurs faciales neuropathiques touchant les territoires ophtalmique et maxillaire du **nerf trijumeau**.

- **La stimulation sous cutanée (SSC)** n'est actuellement proposée que pour certaines douleurs chroniques lombaires et cervicales avec une composante neuropathique.

BIBLIOGRAPHIE

■ LA RÉFÉRENCE À RETENIR

- Haute Autorité de Santé, *Évaluation des appareils de neurostimulation électrique transcutanée*, septembre 2009.

■ POUR ALLER PLUS LOIN

- O'Connell N.E., Wand B.M., Marston L., Spencer S., Desouza L.H., *Non-invasive brain stimulation techniques for chronic pain*, Cochrane Database, septembre 2010.
- Nguyen J.P., Lefaucheur J.P., Decq P., Uchiyama T., Carpentier A.C., Fontaine D. et coll. Chronic motor cortex stimulation in the treatment of central and neuropathic pain, *Correlations between clinical, electrophysiological and anatomical data*, Pain, 1999, 82 : 245-51.
- Nguyen J.P., Nizard J., Keravel Y., Lefaucheur J.P., Invasive brain stimulation for the treatment of neuropathic pain, *Nature Reviews Neurology*, 2011 ; 7 : 699-709.
- Nguyen J.P., Magne C., Terreau L., Kuhn E., de Chauvigny E., Nizard J., *Stimulation du nerf occipital et traitement des céphalées*, Douleurs, 2009, 10, 23-28.

POINTS-CLÉS

- Les techniques de neurostimulation concernent les **douleurs chroniques rebelles au traitement médical, surtout à composante neuropathique**.
- Elles doivent s'insérer au sein d'une prise en charge pluridisciplinaire, et permettent de limiter la consommation médicamenteuse et la iatrogénie.
- Les TENS, bien tolérées et peu coûteuses, méritent d'être **systématiquement essayées avant toute technique invasive**.
- Les indications des techniques invasives (surtout stimulation médullaire et corticale) sont bien codifiées. Chez 50 à 70 % de patients, elles permettent de diminuer la douleur d'au moins 50 %.
- Les indications de la stimulation magnétique transcrânienne, non invasive et particulièrement bien tolérée, se développent (test prédictif de l'efficacité d'une stimulation corticale, ou thérapeutique de seconde intention dans la fibromyalgie, les céphalées chroniques).

+++ LE COUP DE POUCE DE L'ENSEIGNANT

- Penser aux TENS et à la physiothérapie (chaud, froid) chez le douloureux chronique.
- Jamais de technique seule, sans réflexion en équipe pluridisciplinaire.

© MEDLINE

TECHNIQUE	PRINCIPE GÉNÉRAL	INDICATIONS
		Contre-indications
TENS	• Stimulation électrique **transcutanée** des nerfs sensitifs • Gate control • Libération endorphines (AL-TENS)	• Toute douleur neuropathique • Première intention+++ • Dls rhumatologiques chroniques : lombalgies, SDRC, SD myofaciaux • Dl aiguë : post-opératoire, céphalées
		Grossesse, pace maker, TVP, Thrombose artérielle, tb sensitifs
rTMS	• Impulsion **magnétique trans-crânienne** stimulant : – le cortex moteur primaire pour les douleurs neuropathiques – le cortex préfrontal dorsolatéral gauche pour les douleurs diffuses (fibromyalgie) et la dépression sévère	• Douleur neuropathique • Céphalées chroniques quotidiennes • Fibromyalgie, glossodynie, TFI • Dépressions sévères
		ATCD d'épilepsie *Corps métallique intracérébral*
Simulation médullaire	• Stimulation des cordons postérieurs de la moelle épinière • Électrodes dans l'espace épidural • À hauteur de Th9-10 • Implantation percutanée ou chirurgicale • **Électrodes et neurostimulateur implantés**	• Dls neuropathiques mb inf ou mb sup plus rarement • SDRC > 6 mois • Dls de désafférentation traumatiques ou chirurgicales • AOMI
		Lésions médullaires *Rachis instable*
Stimulation corticale	• Stimulation du **cortex moteur** • Électrodes **extra-durales** • Stimulation des contrôles inhibiteurs **supra-segmentaires** descendants • **Électrodes et neurostimulateur implantés**	• Douleurs neuropathiques centrales rebelles : dls post AVC, blessés médullaires, névralgie faciale, plexus brachial
		Comorbidités psychiatriques
Stimulation cérébrale profonde	• Stimulation des noyaux sensitifs du thalamus +/– SGPA • Noyaux thalamiques controlatéraux à la région douloureuse • Intervention stéréotaxique • **Électrodes et neurostimulateur implantés**	• Échec des autres techniques de neurostimulation. • Douleurs d'origine centrale (post AVC) • Algies de la face neuropathiques
		Comorbidités psychiatriques
Stimulation Occipitale Implantée	• Stimulation nerveuse périphérique • Électrodes au contact du nerf occipital • Gate control • **Électrodes et neurostimulateur implantés**	• Céphalées cervicogéniques, AVF • Bonne réponse au TENS
		Comorbidités psychiatriques

CHAPITRE **17**

Anesthésie générale, loco-régionale et locale

Dr Alexandre Cymerman*, Pr Dominique Fletcher**

* PH, Service d'Anesthésie, Hôpital Raymond Poincaré, Garches

** PU-PH, Service d'Anesthésie, Hôpital Raymond Poincaré, Garches

PLAN DU CHAPITRE

OBJECTIFS PÉDAGOGIQUES

– **Connaître les principes de l'anesthésie générale et loco-régionale.**
– **Savoir les principes de la surveillance post-opératoire.**
– **Connaître les principes de la consultation pré-anesthésique.**
– **Connaître les objectifs de l'anesthésie et de l'analgésie.**

MOTS CLÉS : anesthésie générale ; loco-régionale ; évaluation post-opératoire ; curare ; morphiniques ; hypnotiques ; consultation préanesthésique.

L'anesthésie permet d'obtenir la suppression des sensations de tout (anesthésie générale) ou d'une partie (anesthésie locale ou loco-régionale) de l'organisme afin de pratiquer des actes douloureux.

Environ 8 millions d'anesthésies sont pratiquées chaque année en France motivées pour 70 % par des actes chirurgicaux (hors obstétrique) et pour 30 % par des gestes interventionnels (endoscopies essentiellement) et par l'obstétrique. Plus de trois quarts des anesthésies sont des anesthésies générales malgré un taux d'anesthésies loco-régionales qui ne cesse de croître ces dernières années. La mortalité directement liée à ces actes est inférieure à 1 pour 100 000 anesthésies d'après une enquête récente.

1. Anesthésie générale

1.1. Composantes de l'anesthésie

L'anesthésie générale est définie par l'association de trois composantes :
- **l'hypnose**, qui entraîne perte de conscience et amnésie ;
- **l'analgésie**, dont l'objectif est de limiter les réponses somatiques et du système nerveux autonome aux stimulis nociceptifs ;
- **la relaxation musculaire**.

1.2. Agents utilisés en anesthésie

- **Les hypnotiques** sont utilisés par voie intraveineuse (thiopental, propofol, etomidate, midazolam et kétamine) ou par inhalation (gazs halogénés : isoflurane, desflurane, sevoflurane ; et protoxyde d'azote).

- **Les morphiniques** (fentanyl, alfentanil, sufentanil, remifentanil) sont responsables de l'analgésie. À noter que la morphine est utilisée uniquement pour l'analgésie postopératoire.

- **Les curares** entraînent une paralysie musculaire et sont soit dépolarisants au niveau de la plaque motrice (succinylcholine), soit non dépolarisants (atracurium, cisatracurium, rocuronium).

Les effets secondaires des agents anesthésiques sont importants et fréquents, avec notamment un retentissement sur la fonction respiratoire et, pour les hypnotiques, sur la fonction cardiovasculaire :
- **au plan respiratoire** : dépression respiratoire d'origine centrale et diminution des réflexes oropharyngés qui assurent la protection des voies aériennes supérieures ;
- **au plan cardiovasculaire** : hypotension artérielle, baisse du débit cardiaque, bradycardie ou tachycardie.

On associera des techniques et des substances de classes différentes à action complémentaires, additives ou synergiques, afin d'obtenir les bénéfices de chaque médicament sans les effets indésirables. L'équilibre optimal entre hypnotiques et morphiniques doit ainsi être recherché afin d'avoir une anesthésie générale dite « balancée ».

1.3. Description des trois phases

Les trois différentes étapes de l'anesthésie générale sont :
- **L'induction** : phase initiale délicate pendant laquelle les agents anesthésiques sont rapidement administrés, par voie intraveineuse le plus souvent (sauf en pédiatrie). La séquence d'administration des drogues est adaptée à leur cinétique. On procédera alors, soit à une intubation orotrachéale

après curarisation du patient, soit à la mise en place d'un masque laryngé qui permet également la ventilation mécanique mais sans assurer la protection des VAS.

- **L'entretien** : assure le maintien de l'anesthésie à la profondeur souhaitée. Les hypnotiques sont alors administrés par voie pulmonaire via le circuit du respirateur ou par voie intraveineuse en perfusion continue. On pourra dans ce cas utiliser des dispositifs d'administration informatisés ou système d'AIVOC (Anesthésie Intra-Veineuse à Objectif de Concentration) qui en rendent l'administration plus précise. Les morphiniques sont quant à eux administrés par voie intraveineuse, soit en bolus, soit en perfusion continue. Les doses d'agents anesthésiques sont adaptées aux paramètres cliniques, hémodynamiques et parfois à un monitorage particulier de l'EEG. On pourra enfin, si nécessaire, curariser le patient tout au long de l'intervention.

- **Le réveil** : débute dès la fin de l'intervention avec l'interruption de l'administration des agents anesthésiques. En cas de curarisation peropératoire, on vérifiera l'absence de bloc neuromusculaire résiduel. La sonde endotrachéale ou le masque laryngé seront retirés après apparition des critères d'extubation standards. Le patient qui aura alors retrouvé un état de conscience et une autonomie ventilatoire pourra être conduit en salle de réveil.

Un médecin anesthésiste doit être présent lors des phases d'induction et de réveil. La présence d'une deuxième personne (infirmier anesthésiste, autre personne qualifiée) est recommandée, notamment dans les situations à risque.

1.4. Complications

Plusieurs types de complications liées à la procédure anesthésique ou chirurgicale peuvent survenir et nécessiter l'intervention rapide du médecin anesthésiste réanimateur :

1.4.1. Complications cardio-vasculaires

- hypotension artérielle : liée à une baisse de la précharge (hypovolémie, hémorragie), à une diminution de la contractilité myocardique (médicaments inotropes négatifs) ou à une diminution des résistances vasculaires périphériques (hypnotiques). Sa correction fera appel à des médicaments vasopresseurs (éphédrine, néosynéphrine, noradrénaline) ou à un remplissage vasculaire rapide ;
- hypertension artérielle peropératoire ;
- hémorragie : qui sera compensée selon l'importance, par la perfusion de solutés (cristalloïdes ou colloïdes), par la transfusion de culots globulaires homologues (plus rarement autologues) ou éventuellement de sang provenant d'un circuit de récupération (CELL-SAVER) ;
- arythmies peropératoires : de la bradycardie modérée bénigne aux troubles du rythme ventriculaire graves ;
- embolie pulmonaire fibrino-cruorique, gazeuse (coelioscopie), de ciment (orthopédie), amniotique.

1.4.2. Complications respiratoires

- pneumopathie d'inhalation : le risque est élevé chez les patients dits « estomac plein » (jeun < 6 h, obèse, femme enceinte, etc.) qui bénéficieront alors d'une induction en séquence rapide ou « crush induction » ;
- bronchospasme ;
- hypoxémie peropératoire (obstruction de la sonde, intubation sélective, bronchospasme, inhalation, embolie pulmonaire, pneumothorax, etc.).

1.4.3. Complications liées au terrain

- ischémie myocardique chez le coronarien, hypoglycémie du diabétique, etc.

1.4.4. Autres

- complications liées à la position (compression du nerf ulnaire +++) ;
- infections périopératoires : justifient pour certains gestes le recours à une antibioprophylaxie ;
- hypothermie peropératoire ;
- hyperthermie maligne (halogénés) ;
- Réactions anaphylactiques (curares > latex > antibiotiques) : des signes cutanéo-muqueux isolés à l'arrêt cardiorespiratoire ;
- mémorisation peropératoire ;
- nausées et vomissements postopératoires.

1.5. Surveillance peropératoire

- **Quelle que soit la stratégie anesthésique appliquée, l'équipement minimal d'un patient inclus toujours :**
  - une voie veineuse périphérique ;
  - un ECG à 3 ou 5 dérivations ;
  - un brassard à pression ;
  - un oxymètre de pouls ou saturomètre.

- **Pour une anesthésie générale, cet équipement est complété par :**
  - un monitorage des paramètres respiratoires : FiO2, capnogramme, monitorage des gaz, pressions d'insufflation, spirométrie ;
  - une sonde thermique (œsophagienne le plus souvent) ;
  - un curamètre pour l'évaluation du bloc neuromusculaire ;
  - un moniteur de la profondeur d'anesthésie : BIS (index bispectral), entropie.

- **Selon les comorbidités du patient et le type d'intervention, cet équipement peut être complété par :**
  - une sonde urinaire ;
  - un cathéter artériel (chirurgie à risque hémorragique, coronarien) ;
  - un cathéter central (capital veineux réduit, utilisation de substances veinotoxiques, nécessité d'un abord veineux prolongé).

2. Anesthésie loco-régionale et locale

2.1. Anesthésiques locaux

- Les anesthésiques locaux (AL) agissent par blocage de la transmission du courant de dépolarisation des fibres nerveuses. Selon le type de fibres bloquées, on observe successivement :
  - un bloc sympathique, dont les manifestations s'observent essentiellement au cours des anesthésies médullaires ;
  - un bloc sensitif (sensibilité thermoalgique puis épicritique) : qui permet selon sa profondeur d'obtenir l'anesthésie ou l'analgésie du territoire concerné par la chirurgie ;
  - un bloc moteur.
- La régression du bloc se fait en sens inverse.
- Le délai d'installation et la durée du bloc sont fonction du type d'AL employé tandis que la profondeur du bloc dépend de sa concentration. Les principales molécules utilisées sont les suivantes :
  - la lidocaïne (Xylocaïne®) utilisée en infiltration ou dans les blocs périphériques pour des actes de courte durée (< 1 h) ;

- la bupivacaïne (Marcaïne®) est essentiellement employée au cours des anesthésies médullaires. Son délai d'action est prolongé ;
- la ropivacaïne (Naropéine®) et la lévobupivacaïne (Chirocaine®) peuvent être administrées au cours des blocs nerveux périphériques ou pour des anesthésies médullaires. Leurs durées d'action de plusieurs heures les réservent aux gestes prolongés mais le délai d'installation du bloc, plus long qu'avec la lidocaïne, devra être anticipé au moment de la réalisation de l'ALR.

- Certains adjuvants peuvent être associés aux AL afin de réduire leur délai d'action, de prolonger la durée du bloc et d'augmenter leur puissance. Il s'agit de l'adrénaline, de la clonidine et des opiacés.

2.2. Anesthésie loco-régionale

2.2.1. Techniques

L'anesthésie loco-régionale (ALR) réalise un blocage transitoire de la transmission des influx nociceptifs entre le site opératoire et le système nerveux central. Le territoire concerné sera d'autant plus étendu que le niveau du bloc est central.

> **On distingue deux grands types d'ALR : l'anesthésie médullaire ou bloc central et les blocs nerveux périphériques** selon le site d'administration des anesthésiques locaux : à proximité de la moelle épinière ou à proximité des plexus et troncs nerveux respectivement.

2.2.1.1. Anesthésie médullaire

Plusieurs types d'anesthésie peuvent être réalisés :

- **Rachianesthésie** : les anesthésiques locaux sont alors injectés en intrathécal, dans le liquide céphalorachidien. La ponction se fait entre les vertèbres L4 et L5. Le bloc sensitivo-moteur obtenu est d'installation rapide, profond et prolongé (environ 4 heures). Ses indications sont la chirurgie des membres inferieurs, la chirurgie abdominale basse et la césarienne.

- **Péridurale** : les anesthésiques locaux sont dans ce cas administrés au niveau de l'espace péridural, entre la dure-mère et le ligament jaune. Un cathéter pourra être laissé en place plusieurs jours permettant ainsi une analgésie prolongée. La ponction est effectuée au niveau lombaire ou thoracique. Le bloc obtenu pourra être modulé dans sa profondeur (bloc sensitif pur ou sensitivo-moteur), son niveau et sa durée en fonction des anesthésiques locaux utilisés. Ses principales indications sont l'obstétrique et l'analgésie postopératoire en chirurgie thoracique, abdominale et des membres inferieurs.

- **Périrachianesthésie combinée** : permet de combiner une rachianesthésie et une péridurale pour assurer l'analgésie postopératoire, pour une prothèse de genou par exemple.

- **Anesthésie caudale** : chez l'enfant.

> **Les principales complications des anesthésies médullaires sont :**
> - l'hypotension artérielle et la bradycardie (en rapport avec le bloc sympathique) ;
> - la rétention urinaire ;
> - les céphalées (rares après rachianesthésie du fait de l'utilisation d'aiguilles de petit calibre, possibles lors de la péridurale en cas de brèche dure-mérienne) ;
> - la rachianesthésie totale pouvant conduire à un arrêt cardio-respiratoire ;
> - l'infection ;
> - les lésions neurologiques ;
> - l'hématome épidural ou sous-dural (péridurale +++).

2.2.1.2. Blocs nerveux périphériques

- Les anesthésiques locaux sont alors injectés au contact des plexus ou des troncs nerveux. Le repérage des nerfs se fait soit à l'aide d'un neurostimulateur soit depuis peu par échoguidage. Le site de réalisation du bloc dépend du site concerné par l'acte chirurgical, par exemple :
  - bloc axillaire pour une chirurgie du poignet ;
  - bloc sciatique au creux poplitée pour une chirurgie de l'avant pied.
- Les blocs périphériques sont indiqués dans la chirurgie des membres, soit à visée anesthésique et analgésique, soit uniquement à visée analgésique.
- Selon la durée de bloc souhaitée, on pourra choisir entre une injection unique d'anesthésiques locaux ou la mise en place d'un cathéter perinerveux pour une analgésie prolongée.
- Leurs principales complications sont les lésions nerveuses, le plus souvent spontanément régressives, et l'injection intra-vasculaire avec toxicité systémique des anesthésiques locaux. La recherche systématique d'une douleur à l'injection permet parfois de détecter une injection intraneurale et les tests d'aspiration répétés préviennent une injection intravasculaire. Les autres complications dépendent du type de bloc réalisé (injection intrathécale lors d'un bloc interscalénique, pneumothorax au cours d'un bloc supraclaviculaire, etc.).

2.2.2. Avantages et inconvénients

- **Les avantages de l'anesthésie loco-régionale** par rapport à l'anesthésie générale sont les suivants :
  - éviter certains risques liés à l'anesthésie générale (risque d'intubation difficile, de pneumopathie d'inhalation chez le patient estomac plein, de nausées et vomissements postopératoires) ;
  - offrir une analgésie prolongée et puissante limitant le recours aux opiacés (et limitant donc leurs effets secondaires) ;
  - préserver les fonctions cognitives ;
  - permettre une récupération fonctionnelle plus rapide ;
  - autoriser une reprise précoce des boissons et de l'alimentation.
- **Le principal inconvénient de l'ALR** est le risque d'échec avec la nécessité d'une conversion rapide en AG. De plus la réalisation d'un bloc nécessite un patient calme et coopérant. Une fois le bloc réalisé, une sédation peut être associée à l'ALR en cas d'anxiété.

2.3. Anesthésie locale

2.3.1. Techniques

Les techniques d'anesthésie locale s'adressent à des actes courants peu douloureux : chirurgie de surface, biopsies, chirurgie ophtalmologique et endoscopies.

2.3.1.1. Anesthésie par infiltration

On utilise habituellement de la lidocaïne 1 %. L'utilisation de sa forme adrénalinée permet d'obtenir une vasoconstriction qui facilite le geste en limitant les phénomènes hémorragiques locaux et prolonge l'anesthésie par diminution de la résorption systémique des AL. Cette forme ne doit pas être utilisée au niveau des extrémités (risque de nécrose). La ropivacaïne, dont l'effet est plus prolongé, est quant à elle adaptée aux gestes complexes.

> **L'injection peut être :**
> - **intradermique,** pour une chirurgie dermatologique superficielle ou une ponction chez l'enfant. L'aiguille est introduite tangentiellement à la peau ;
> - **sous-cutanée,** pour une chirurgie dermatologique étendue, la pose d'un cathéter central ou le parage d'une plaie. L'anesthésie est alors réalisée plan par plan, de la surface vers la profondeur.

L'injection de l'AL devra systématiquement être précédé d'un test d'aspiration afin de dépister une effraction vasculaire et celui-ci sera répété à chaque déplacement de l'aiguille.

2.3.1.2. Anesthésie topique

Selon le site opératoire, on utilise :
- **l'EMLA :** mélange huileux à parts égales de deux AL (prilocaïne et lidocaïne). L'anesthésie s'étend à une profondeur de 3 à 5 mm, en fonction du temps d'application, et dure de 1 à 2 h. On l'utilise surtout chez l'enfant avant réalisation d'une ponction (ALR, infiltration, abord veineux) ;
- **la lidocaïne topique :** utilisée pour endoscopie ou chirurgie ORL par tamponnement ou pulvérisation ou application buccale (gel) ;
- **la tétracaïne :** appliquée en collyre, elle permet certaines chirurgies ophtalmologiques, notamment la chirurgie de la cataracte par phacoémulsification.

2.3.2. Avantages et inconvénients

Ces techniques sont simples et réalisables en cabinet médical sans monitorage du patient. Le risque de toxicité systémique des AL doit être prévenu par le respect des doses maximales recommandées.

3. Prise en charge anesthésique

3.1. Préopératoire

Les obligations légales (*décret du 5 décembre 1994*) prévoient une consultation préanesthésique plusieurs jours avant l'intervention (dans le cas d'une intervention programmée) faite par un médecin anesthésiste réanimateur. Les résultats sont consignés dans un document écrit, incluant les résultats des examens complémentaires et des éventuelles consultations spécialisées. Ce document est inséré dans le dossier médical du patient. La consultation préanesthésique ne se substitue pas à la visite préanesthésique qui doit être effectuée par un médecin anesthésiste réanimateur dans les heures précédant le moment prévu pour l'intervention.

3.1.1. Consultation préanesthésique

L'évaluation préopératoire va permettre d'identifier les patients à risque, d'informer les patients et de définir une stratégie anesthésique.

3.1.1.1. Évaluation du risque périopératoire

- **L'évaluation du risque périopératoire** vise à minimiser le risque de mortalité et de morbidité postopératoire. La consultation comprend une anamnèse, un examen clinique et la prescription éventuelle d'examens complémentaires ou de consultation spécialisée.

- **L'anamnèse permet de recueillir :**
  - l'âge du patient, ses habitudes (tabagisme, alcool, drogues) ;
  - les antécédents médicaux, on recherchera notamment :
    - ➤ une insuffisance cardiaque, une insuffisance coronarienne, une valvulopathie et une hypertension artérielle,
    - ➤ un asthme,
    - ➤ un diabète ;
  - les antécédents chirurgicaux et anesthésiques (intubation difficile, nausées et vomissements postopératoires, etc.) ;
  - une allergie médicamenteuse (pénicilline, iode, latex, etc.) ;
  - les traitements en cours.
- **L'examen clinique, quant à lui, comporte systématiquement :**
  - la mesure des constantes (PA, FC, SpO2), du poids et de la taille ;
  - l'auscultation cardio-pulmonaire ;
  - la recherche des facteurs prédictifs d'intubation difficile : score de Mallampati (*figure 1*), ouverture de bouche, distance thyro-mentonnière et raideur de la nuque. Le score de Mallampati est prédictif d'une intubation de plus en plus difficile du grade I au grade IV.

Figure 1. CLASSIFICATION DE MALLAMPATI

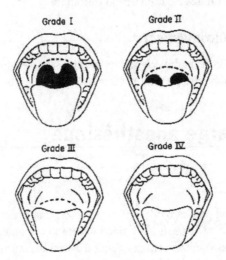

La classification ASA permettra au terme de cette consultation de classer les patients en fonction du risque anesthésique (tableau 1).

Tableau 1. CLASSIFICATION ASA	
ASA 1	Absence de maladie
ASA 2	Maladie sans atteinte systémique ni répercussion fonctionnelle
ASA 3	Maladie avec atteinte systémique ou répercussion fonctionnelle
ASA 4	Pronostic vital engagé

Les examens complémentaires sont choisis en fonction de l'anamnèse, de l'examen clinique et du type de chirurgie prévue. Ils ne sont recommandés que s'ils conduisent à un changement de prise en charge médicale, chirurgicale ou anesthésique et ne sont en aucun cas prescrits de manière systématique.

Enfin, une consultation spécialisée (cardiologue, pneumologue, ORL) peut être demandée en fonction du contexte.

3.1.1.2. Information des patients

- **Au cours de la consultation, une information orale complétée par un texte écrit remis au patient insistera sur les points suivants :**
  - description des techniques anesthésiques envisageables pour l'acte chirurgical et de leurs risques prévisibles ;
  - possibilité de transfusion sanguine en cas de chirurgie à risque hémorragique ;
  - éventuelles modifications du traitement habituel :
    - ➤ arrêt des AVK avec relais par HBPM à dose anticoagulante,
    - ➤ arrêt ou maintien des antiagrégants plaquettaires (aspirine, clopidogrel) en fonction de leur indication (risque thrombotique à l'arrêt) et du type de chirurgie (risque hémorragique au maintien),
    - ➤ arrêt des IEC et des sartans 48 h avant l'intervention, etc. ;
  - modalités du jeûne préopératoire (tant avant une anesthésie locorégionale qu'avant une anesthésie générale) ;
  - possibilité de médecin anesthésiste réanimateur différent le jour de l'intervention ;
  - conditions de surveillance postanesthésique : SSPI ou réanimation chirurgicale si son état le nécessite ;
  - techniques d'analgésie postopératoire.
- **Une information pertinente et personnalisée** est nécessaire au recueil du consentement éclairé du patient. Chez le mineur, sauf en cas d'extrême urgence vitale, une anesthésie ne peut être pratiquée sans l'autorisation écrite des parents, du tuteur légal ou de la personne qui a reçu mandat écrit des parents.

3.1.1.3. Stratégie anesthésique

- **Le choix de la technique anesthésique est déterminé en fonction du rapport bénéfice-risque, du souhait du patient et du site opératoire :**
  - l'ALR évite les inconvénients de l'anesthésie générale, permet une récupération postopératoire plus rapide et offre une analgésie de meilleure qualité que l'AG. Elle est préférable chez les patients atteints de pathologie respiratoire sévère (en leur permettant de garder une autonomie respiratoire) ou poly-allergiques ;
  - l'AG a pour avantage une mise en œuvre rapide. Elle est préférable en cas de troubles de l'hémostase et chez certains patients « fragiles » (coronarien, état de choc, etc.) ou un bloc sympathique trop marqué pourrait être lourd de conséquences ;
  - une sédation simple, préservant l'autonomie ventilatoire du patient, est envisageable pour certaines chirurgies mineures (éventuellement complétée par une infiltration du site opératoire) ou en l'absence de sensibilité au niveau du territoire concerné (chirurgie d'escarre chez un paraplégique par exemple).
- **Il est également possible de combiner certaines techniques anesthésiques entre elles :**
  - ALR à visée analgésique et AG (cathéter interscalénique et AG pour chirurgie de l'épaule par exemple) ;
  - ALR périphérique à visée analgésique et ALR centrale anesthésique (cathéter fémoral et rachianesthésie pour chirurgie du genou par exemple).

3.1.2. Visite préanesthésique

Les objectifs de la visite préanesthésique réalisée dans les heures précédant l'intervention sont de :
- vérifier les résultats des investigations complémentaires demandées lors de la consultation préanesthésique (Examens complémentaires, résultats des consultations spécialisées) pouvant conduire dans certains cas à des modifications de la technique anesthésique prévue ;
- vérifier l'absence de nouvelles pathologies ou de nouveaux traitements depuis la consultation préanesthésique ;
- confirmer l'arrêt de certains médicaments le cas échéant ;
- prescrire une prémédication anxiolytique per os le matin de l'intervention et parfois la veille. On utilise en général l'hydroxyzine ATARAX®, antihistaminique sédatif qui diminue les réactions anaphylactiques.

3.2. Peropératoire

Cf. chapitre correspondant (AG, ALR).

3.3. Postopératoire

3.3.1. Salle de surveillance post-interventionelle

- Le passage en SSPI est obligatoire pour tout patient ayant bénéficié d'une sédation, d'une anesthésie générale ou d'une anesthésie locorégionale afin de surveiller les grandes fonctions vitales, la stabilité hémodynamique et de traiter les douleurs postopératoires. La SSPI doit se trouver à proximité immédiate du bloc opératoire.

- La surveillance est effectuée par du personnel infirmier sous la responsabilité d'un médecin anesthésiste, jusqu'à la disparition complète des effets médicamenteux ou des blocs anesthésiques et jusqu'à l'obtention d'une analgésie acceptable.

- Les patients bénéficient en SSPI de l'administration d'oxygène (par des lunettes ou un masque facial) et d'un monitorage standard (ECG, PA, SpO2).

> **Les complications les plus fréquents en salle de réveil sont :**
> - les nausées et vomissements postopératoires ;
> - la rétention urinaire (globe vésical) ;
> - l'hypothermie ;
> - l'hypotension artérielle ;
> - des altérations de la conscience (surtout à type de retard de réveil) ;
> - des troubles de la ventilation (hypoxémie, obstruction des voies aériennes supérieures, curarisation résiduelle).

- Certains patients dont l'état est précaire (état de choc, etc.) ou ayant bénéficié d'une chirurgie majeure (oesophagectomie, transplantation hépatique, etc.) seront directement conduits en réanimation pour surveillance prolongée.

3.3.2. Transfert en secteur d'hospitalisation

> **Plusieurs critères sont indispensables à la sortie de SSPI vers le secteur d'hospitalisation. Le patient doit en effet :**
> – être conscient et orienté ;
> – avoir une ventilation régulière ;
> – présenter un état hémodynamique stable, sans saignement actif ;
> – avoir récupéré ses réflexes des voies aériennes supérieures ;
> – ne pas être trop douloureux ;
> – être normotherme ;
> – ne pas avoir de nausées ou de vomissements et de rétention urinaire.

Tous ces critères sont résumés dans le score d'Aldrete.

4. Analgésie postopératoire

4.1. Objectifs

La prise en charge de la douleur postopératoire doit répondre à plusieurs objectifs :
– informer le patient,
– soulager la douleur au repos,
– améliorer la tolérance du traitement analgésique,
– soulager la douleur au mouvement,
– réduire la morbidité et la mortalité,
– favoriser la réhabilitation postopératoire,
– limiter la douleur chronique.

4.2. Antalgiques utilisés

4.2.1. Voie systémique

4.2.1.1. Antalgiques non morphiniques

- Le **paracétamol** (Doliprane®, Dafalgan®, Perfalgan®) constitue le traitement antalgique de référence pour les actes peu douloureux. Ses mécanismes d'action sont encore mal connus. L'absence de contre-indications en dehors de l'insuffisance hépatique et le peu d'effets secondaires expliquent sa prescription quasi systématique en postopératoire malgré une efficacité limitée.

- Les **AINS** (kétoprofène) sont surtout efficaces lorsque le traumatisme tissulaire est important (chirurgie orthopédique +++, plastique, ORL, etc.). Ils inhibent les cyclo-oxygénases et la production des prostaglandines à partir de l'acide arachidonique. Leurs contre-indications nombreuses doivent être respectées : risque hémorragique (trouble de l'hémostase ou chirurgie à risque), insuffisance rénale, ulcère gastro-duodénal, gastrite, infection, grossesse > 24 SA. La durée de prescription doit être courte ($\cong$ 4 jours) afin d'en améliorer la tolérance.

- Le **néfopam** (Acupan®) est un analgésique central non morphinique. Son efficacité est comparable à celle des AINS. Ses effets secondaires (nausées et vomissements, sueurs, tachycardie) sont réduits par une administration intraveineuse lente. L'épilepsie est une contre-indication à son emploi.

- Le **tramadol** (Contramal®, Topalgic®) agit par un mécanisme central mixte associant une action opioïergique faible et une inhibition de la recapture de la sérotonine. Les effets secondaires sont fréquemment des nausées et des vomissements, mais aussi des vertiges et une sédation. La survenue d'une dépression respiratoire est exceptionnelle, sauf chez l'insuffisant rénal sévère.
- La **kétamine** est anesthésique à forte dose et analgésique à faible dose. Elle entraîne un blocage des récepteurs NMDA expliquant ses effets antihyperalgésiques et la prévention des phénomènes de tolérance aiguë aux morphiniques. Ses effets secondaires sont essentiellement d'ordre neuropsychiques, négligeables pour des doses faibles administrées chez un patient anesthésié.
- La **gabapentine** (Neurontin®) et la **prégabaline** (Lyrica®) sont des antiépileptiques qui présentent également des effets antihyperalgésiques en périopératoire.

4.2.1.2. Antalgiques morphiniques

- La **morphine** est l'antalgique de référence pour le traitement des douleurs postopératoires modérées à sévères. Son effet est dose-dépendant. Elle peut être administrée par voie intraveineuse, sous-cutanée ou orale. Les effets secondaires de la morphine doivent être recherchés : somnolence, dépression respiratoire (rare), nausées et vomissements, rétention d'urines, retard du transit intestinal, prurit.
- **Analgésiques morphiniques intermédiaires** : la codéine peut être utilisée après chirurgie à douleur faible ou modérée. Cependant, l'efficacité et la tolérance sont imprévisibles. Uniquement disponible par voie orale, elle est présentée en association avec du paracétamol (Efferalgan Codéiné®, Dafalgan codéiné®). Le dextropropoxyphène (Di-antalvic®) n'est quant à lui, plus disponible sur le marché français.

4.2.2. Voie locale ou loco-régionale

4.2.2.1. Analgésie locale

L'infiltration cicatricielle est une technique d'analgésie locale. Elle consiste à administrer un anesthésique local directement dans les berges d'une cicatrice chirurgicale ou à distance. Les techniques d'infiltration constituent une alternative aux autres techniques d'ALR.

L'infiltration se fait soit par injection unique, soit par injection continue au moyen d'un cathéter multiperforé positionné au niveau du site opératoire et relié à un pousse seringue d'anesthésiques locaux.

4.2.2.2. Analgésie loco-régionale

- L'analgésie loco-régionale peut être :
  - **péridurale** pour la chirurgie du thorax et de l'abdomen ainsi que pour la chirurgie orthopédique. Pour la chirurgie orthopédique des membres inférieurs, l'analgésie péridurale s'inscrit comme la suite de la technique d'anesthésie ;
  - **périnerveuse** (plexique ou tronculaire) pour la chirurgie des membres. Elle offre une analgésie comparable à celle de la péridurale.
- Après mise en place d'un cathéter d'ALR, l'administration d'anesthésiques locaux peut être réalisée :
  - par injections répétées ;
  - par débit continu au moyen d'un pousse-seringue électrique ;
  - par analgésie contrôlée par le patient, au mieux.
- L'administration de morphiniques est également possible par voie péridurale.

- Une surveillance étroite est nécessaire pendant toute la durée d'utilisation du cathéter d'ALR afin de rechercher des effets secondaires liés à la résorption systémique des anesthésiques locaux ou à l'administration périmédullaire de morphiniques (dépression respiratoire +++)

4.3. Stratégies antalgiques

En dehors des contre-indications d'utilisation, les antalgiques non morphiniques sont recommandés seuls, après chirurgie ambulatoire, après chirurgie peu douloureuse, ou pour les patients ne pouvant bénéficier d'une autre technique d'analgésie (analgésie locorégionale ou morphiniques). Ils peuvent être également associés d'emblée, ou lorsque la douleur persiste ou augmente, à d'autres techniques analgésiques (analgésie multimodale), afin d'optimiser l'analgésie en particulier après les chirurgies les plus douloureuses.

La morphine est le produit de référence pour l'analgésie postopératoire. Elle est principalement efficace sur les douleurs par excès de nociception, qui sont les plus fréquentes en période postopératoire. La voie orale doit être privilégiée chaque fois que cela est possible.

Enfin, l'analgésie locorégionale est supérieure à celle obtenue avec des morphiniques lors des douleurs dynamiques liées à la mobilisation active ou passive.

4.3.1. Préopératoire : planification

Le choix de la technique d'analgésie postopératoire est fait en fonction :
– de l'intensité prévisible de la douleur postopératoire ;
– des caractéristiques du patient (insuffisance respiratoire, allergies, etc.) ;
– du rapport bénéfice / risque de la technique d'analgésie ;
– des préférences du patient ;
– de la notion de douleurs préexistantes.

La phase préopératoire doit être un moment privilégié pour informer et éduquer le patient au sujet des méthodes d'évaluation de la douleur et du fonctionnement de l'analgésie auto-controlée le cas échéant.

4.3.2. Peropératoire : anticipation

On administre les antalgiques au bloc opératoire 30 min à 1 h avant la fin de l'intervention afin qu'ils commencent à être efficaces dès le réveil du patient. En fonction du terrain et des techniques analgésiques planifiées, il pourra donc s'agir :
– d'analgésiques non morphiniques : paracétamol, AINS, nefopam, tramadol ;
– d'un bolus de morphine IV ;
– de l'injection d'anesthésiques locaux en infiltration ou sur un cathéter d'ALR.

4.3.3. Postopératoire

4.3.3.1. Quelle voie d'administration de la morphine ?

- À l'arrivée en SSPI, la présence d'une douleur significative (définie par une EN > 30 mm) malgré l'administration d'antalgiques non morphiniques doit conduire à la réalisation d'une titration intraveineuse de morphine.
- La titration consiste à administrer par voie intraveineuse une quantité fractionnée de morphine (2 à 3 mg chez l'adulte, toutes les 5 à 10 min), jusqu'à obtenir un soulagement jugé satisfaisant par le patient. Les protocoles prennent en compte le niveau de vigilance, la respiration et l'intensité des

douleurs (*figure 2*). Il faut noter que la dose de morphine utilisée pour la titration n'est pas prédictive des besoins ultérieurs en morphine.

Figure 2. PROTOCOLE DE TITRATION IV DE LA MORPHINE EN SSPI

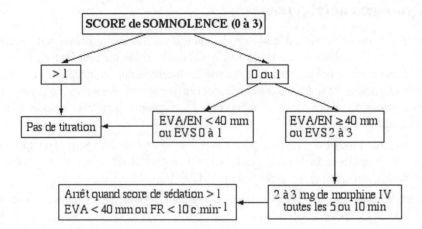

- **Après ce soulagement initial, la morphine pourra être administrée selon plusieurs voies :**
  - **intraveineuse en analgésie contrôlée par le patient (ACP)** : elle permet une titration continue de la dose nécessaire par le malade lui-même, afin que la demande en analgésique puisse être continuellement satisfaite. L'administration d'un bolus intraveineux de morphine (1 mg) est déclenchée par l'appui sur un bouton poussoir relié à un pousse-seringue. On règle une période réfractaire entre chaque dose (7 à 10 min) afin d'éviter un surdosage. La mise en place d'une ACP nécessite une information préalable et une bonne compréhension du patient ;
  - **sous-cutanée** : cette voie doit être réservée aux patients pour lesquels la voie orale n'est pas disponible. Son utilisation est limitée en raison du délai d'action (1 h pour l'effet maximal) et de la variabilité interindividuelle et intra-individuelle de la dose efficace nécessitant des ajustements fréquents de la dose de morphine ;
  - **orale** (Actiskenan®, Sevredol®) : la morphine à libération immédiate par voie orale peut être employée en postopératoire immédiat ou en relais de la voie parentérale. En pratique, le traitement peut débuter en même temps qu'une reprise de l'alimentation orale.

4.3.3.2. Analgésie multimodale

L'analgésie multimodale consiste à associer des médicaments analgésiques et des techniques ayant des sites d'action différents et complémentaires, à l'origine d'interactions additives voire synergiques. Ceci permet de réduire le recours à la morphine et de limiter par conséquent les effets indésirables des morphiniques.

On peut ainsi associer plusieurs antalgiques non morphiniques entre eux (paracétamol, AINS, nefopam, tramadol, antihyperalgésiques) et même associer analgésie systémique et analgésie locorégionale (association d'une ACP intraveineuse de morphine à un bloc périphérique par exemple).

POINTS-CLÉS

- L'anesthésie permet d'obtenir la suppression des sensations de tout (anesthésie générale) ou d'une partie (anesthésie locale ou loco-régionale) de l'organisme afin de pratiquer des actes douloureux.

- L'anesthésie générale est obtenue par l'association d'un hypnotique pour la perte de conscience, d'un morphinique pour l'analgésie et éventuellement d'un curare qui permet le relâchement musculaire. Elle entraîne un retentissement important sur la fonction cardio-vasculaire et respiratoire. L'anesthésie loco-régionale entraine un blocage nerveux transitoire entre le site opératoire et le système nerveux central. Elle peut être médullaire (anesthésie péridurale ou rachianesthésie) ou périphérique (plexique ou tronculaire). L'ALR évite certains risques liés à l'AG et offre une analgésie postopératoire de qualité. L'anesthésie locale est destinée à des actes simples peu douloureux.

- La réalisation d'une anesthésie sera suivie dans tout les cas d'un passage en salle de surveillance post-interventionelle afin de surveiller les grandes fonctions vitales, la stabilité hémodynamique et de traiter les douleurs postopératoires.

- L'analgésie postopératoire doit être précoce (débutée avant le réveil du patient) et multimodale (associant plusieurs techniques ou agents analgésiques). La morphine est le produit de référence pour l'analgésie postopératoire mais ses effets secondaires impliquent une surveillance rapprochée.

+++ LE COUP DE POUCE DE L'ENSEIGNANT

- La consultation préanesthésique est obligatoire plusieurs jours avant l'intervention et ne se substitue pas à la visite préanesthésique effectuée dans les heures précédant le moment prévu pour l'intervention. Son objectif est d'évaluer le risque périopératoire, d'informer les patients et de définir une stratégie anesthésique. Les examens complémentaires ne sont pas prescrits de manière systématique.

Évaluation d'un traitement antalgique

CHAPITRE 18

Pr André Muller*, Dr Éric Salvat**

* PU-PH, Centre d'Évaluation et de Traitement de la Douleur, CHRU, Strasbourg

** PH, Centre d'Évaluation et de Traitement de la Douleur, CHRU, Strasbourg

OBJECTIFS PÉDAGOGIQUES

– Savoir évaluer l'efficacité, la tolérance et l'observance d'un traitement, et connaître les différences d'évaluation dans la douleur aiguë et dans la douleur chronique.
– Connaître les principes d'évaluation de l'efficacité d'un traitement antalgique : amélioration, soulagement, état acceptable.
– Connaître les techniques d'évaluation de l'observance d'un traitement.
– Savoir prendre en compte les objectifs du patient, ses attentes et ses croyances, notamment dans la prise en charge de la douleur.

MOTS CLÉS : évaluation ; efficacité ; observance ; tolérance ; objectifs centrés sur le patient.

© MEDLINE

• Évaluer un *traitement antalgique médicamenteux*, ajusté à l'état du patient (âge, capacités métaboliques, différences pharmacogénétiques, d'où la nécessité d'une titration), c'est vérifier son efficacité, rechercher et si possible prévenir les effets secondaires, en temps voulu par la pharmaco-cinétique, et assurer une vigilance si le traitement doit être poursuivi. En d'autres termes, c'est favoriser l'observance en informant et en impliquant le patient.

- Il est des ***techniques non pharmacologiques*** (hypnose, stimulation électrique, acupuncture...) de traitement des douleurs aiguës ou chroniques qui nécessitent des explications plus détaillées et/ou une période d'apprentissage, c'est-à-dire une attention plus poussée du personnel soignant, laquelle a un effet thérapeutique.

- La situation diffère selon qu'il s'agit de ***traiter une douleur aiguë ou une douleur chronique***. Dans le premier cas, il s'agit de diminuer assez rapidement l'intensité douloureuse à un niveau acceptable, dans l'attente d'un retour espéré à l'état antérieur. Dans le second cas, il s'agit souvent plus d'arriver à un état que le patient considère comme supportable pour la vie au quotidien. Bien entendu, les outils d'évaluation ne seront pas les mêmes.

1. Efficacité

1.1. Qu'est-ce qu'un traitement efficace ?

- **Dans les essais thérapeutiques médicamenteux, l'efficacité antalgique est atteinte pour une réduction de 30 % à 50 % de l'intensité initiale de la douleur.** Ainsi le NNT (number needed to treat), ou nombre nécessaire de patients à traiter pour en soulager un, est en général envisagé pour une réduction de 50 % de l'intensité de la douleur. Ceci est le point de vue de la recherche clinique, mais qui n'est pas forcément celui du patient : la réduction d'intensité est importante mais ne suffit pas toujours. Ainsi, en ce qui concerne les triptans dans la migraine, la réduction de l'intensité de la douleur est bien sûr un critère important, mais la non réapparition de la douleur est considérée par les patients comme tout aussi importante, et n'apparaît pas comme critère dans la majorité des essais.

- **L'effet placebo**, que les études randomisées contrôlées essayent de cerner au mieux pour affirmer la part d'efficacité de la substance évaluée, est dans la pratique quotidienne un levier sur lequel il faut s'appuyer, non pour « tricher » avec le patient, mais parce qu'il fait de toute façon partie intégrante de la relation thérapeutique.

- **Les profils de répondeurs** : Il est des traitements peu efficaces du point de vue de la pharmacologie, mais qui avec certains thérapeutes donnent de bons résultats. Il est des traitements non pharmacologiques pour lesquels la pratique d'essais contrôlés est quasi impossible (par exemple les psychothérapies) et dont certains patients tirent un bénéfice apprécié et durable. La recherche actuelle s'attache à trouver les profils de patients répondeurs, pour individualiser le traitement.

Les données centrées sur le patient : PRO (Patient-Reported-Outcome) :

Il est important de savoir ce qui est pertinent pour le patient et ce qui est perceptible comme changement. Ainsi, le changement minimal perceptible varie selon le type de douleur :

- **Dans la douleur lombaire aiguë :** pour être pertinente par le patient, la douleur doit s'améliorer d'au moins 30 mm sur EVA.
- **Dans la douleur lombaire chronique :** pour être perçu comme pertinent, une douleur doit s'améliorer d'au moins 10 mm sur EVA.

1.2. Qu'attend le patient ? Quels indicateurs de soulagement ?

Le patient attend à l'évidence un soulagement, en partie conditionné par l'information qui lui a été fournie au moment de la prescription.

1.2.1. En situation de douleur aiguë (traumatologie, postopératoire)

Il s'agit le plus souvent d'une *douleur nociceptive*, qui relève, outre le traitement étiologique approprié, d'un traitement symptomatique par antalgiques et/ou par blocs anesthésiques.

PLUSIEURS POSSIBILITÉS D'ÉVALUATION DE L'EFFICACITÉ ANTALGIQUE EN DOULEUR AIGUË :

- **Rechercher la suppression totale de la douleur : objectif zéro douleur**. Pas facile en pratique. Les enquêtes pratiquées dans les hôpitaux révèlent que la satisfaction des patients dépend au moins autant de l'attention qui est portée à leur douleur par le personnel soignant que de la diminution effective de l'intensité de la douleur.

- **Rechercher une réduction importante de l'intensité de douleur initiale** : rechercher une réduction de 30 voire 50 %. Pas forcément pertinent : une réduction de 30 % d'une intensité de douleur à 90 mm/100 amène à une intensité de 63 mm, toujours importante, donc insuffisante.

- **Évaluer le soulagement : au moins 30 à 50 %**. Il n'y a pas forcément de corrélation avec la réduction de l'intensité initiale. Le soulagement intègre aussi des notions qualitatives, pas seulement quantitatives. Le soulagement est aussi une notion plus positive qu'une intensité absolue.

- **Chercher le seuil de douleur acceptable** : en général, amener le patient à une intensité en dessous de 4/10 en aigu est considéré comme un état acceptable.

- **Évaluer la réduction du recours aux antalgiques de secours prescrits à la demande**, par exemple réduction de la morphine en PCA (pompe auto-administrée) ou réduction des doses de secours.

1.2.2. En situation de douleur chronique

La situation est ici très différente, la douleur a de multiples dimensions (sensori-discriminative, affective émotionnelle, cognitive et comportementale) et l'évaluation de la réduction d'une intensité de douleur n'est pas très pertinent ici. Les mécanismes générateurs des douleurs sont ici nociceptifs et/ou neuropathiques et/ou psychogènes, l'intrication des trois étant fréquente.

Dans la douleur chronique, l'objectif de la prise en charge doit être fixé au départ de façon raisonnable avec le patient, en tempérant les attentes irréalistes, et en fonction de l'évaluation qui aura été préalablement faite.

Dans la douleur chronique, l'efficacité d'un traitement sera mesurée par l'évaluation globale du patient (PGIC – Patient Global Impression of Change), qui cherche à mettre en évidence une amélioration globale pertinente pour le patient, en terme d'intensité de douleur mais aussi de retentissement, notamment sur la qualité de vie et le handicap.

Le patient pourra selon les cas se satisfaire d'une baisse globale de l'intensité douloureuse moyenne, ou d'une fréquence des accès douloureux, ou d'une amélioration du handicap physique qu'inflige la douleur.

Dans certaines situations de douleurs chroniques neuropathiques avec accès douloureux provoqués (par exemple l'allodynie mécanique dynamique, à savoir une douleur à l'effleurement, comme cela peut être observé après un zona), l'un des critères de soulagement sera la diminution de ces accès, tel que cela peut être obtenu en appliquant un patch de capsaïcine dosé à 8 % (douloureux pendant l'heure où il est appliqué, au point de nécessiter une analgésie préalable).

Quels que soient les outils utilisés au départ (questionnaires QDSA, échelle HAD, DOLOPLUS, échelle de retentissement de la douleur…), et s'il est utile de les réutiliser après traitement, c'est *in fine* l'appréciation globale du patient lui-même de l'atténuation de sa douleur, et de la réduction du handicap qu'elle lui inflige qui sera le meilleur indicateur de l'efficacité du traitement.

1.3. À quel moment évaluer un traitement ?

1.3.1. *Évaluation des traitements médicamenteux*

Qu'il s'agisse de traiter une douleur installée ou de prévenir une douleur à venir, en particulier dans les douleurs induites par les soins, il est, après une *administration unique*, une période où l'analgésie obtenue est au maximum (tableau 1).

1.3.1.1. Évaluation si administration unique

Tableau 1. PHARMACOCINÉTIQUE DE QUELQUES ANTALGIQUES USUELS			0 — 1 H — 2 H
Paracétamol	Dafalgan® 500 mg	PO	
	Perfalgan® 2 g	IV	
Kétoprofène	Profénid® 100 mg	PO	
	Profénid® 100 mg	IV	

			0 — 1 H — 2 H
Opioïde Faible + Paracétamol	Ixprim® cp	PO	
	Efferalgan-Codéiné® cp	PO	
Tramadol	Contramal® 100 mg	PO	
	Contramal® 100 mg	IV	
Opioïde fort	Morphine® 10 mg	SC	
	Actiskénan® 10 mg	PO	
Néfopam	Acupan® amp 20 mg	IV	

L'efficacité est maximale durant les périodes figurées en gris clair, et il est visible qu'à l'exception du kétoprofène IV, la meilleure période si situe entre la 1ʳᵉ et la 2ᵉ heure d'administration. PO : per os ; IV : intraveineux ; SC : sous-cutané.

1.3.1.2. Évaluation si administrations répétées orales d'une forme à libération immédiate

Lors *d'administrations répétées* orales d'une *forme à libération immédiate* un taux sanguin stable est atteint après une période de temps correspondant à environ *six fois la demi-vie d'élimination* (figure 2), et cette demi-vie peut varier en fonction des capacités métaboliques de chaque patient, ce dont il faudra tenir compte.

Figure 2. CINÉTIQUE D'UN PRODUIT LORS D'ADMINISTRATIONS RÉPÉTÉES D'UNE FORME À LIBÉRATION IMMÉDIATE

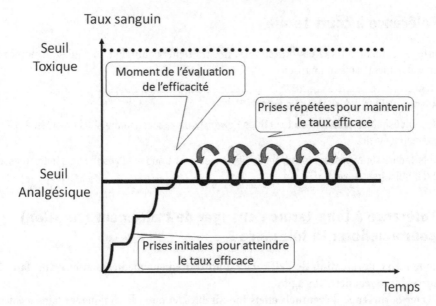

1.3.1.3. Évaluation si administrations orales d'une forme à libération prolongée

Dans le cas de l'administration orale d'une *forme à libération prolongée*, le taux sanguin maximal stable sera atteint après le même délai, le pic cinétique qui suit chaque administration étant simplement plus aplati et plus prolongé. Bien évidemment une douleur intense, traitée par un opioïde, dans le cadre de la cancérologie par exemple, et qui ne serait pas soulagée dans cet intervalle va nécessiter des interdoses du même médicament (il n'est pas logique d'associer deux opioïdes différents) à libération immédiate. Une interdose se situe entre 10 et 20 % de la posologie quotidienne de la forme à libération prolongée. Si le patient sollicite plus de six interdoses par jour cela signifie qu'il faut augmenter la posologie de la forme à libération prolongée.

1.3.2. Évaluation des traitements non médicamenteux

• Exemple des *techniques de stimulation électrique*

Les *techniques de stimulation électrique* (transcutanée, médullaire), habituellement proposées dans les douleurs neuropathiques lors de lésions des nerfs périphériques, sont sous réserve de bonne indication, efficaces chez près de 70 % des patients au début, et, avec le temps, ne le resteront que chez 30 % d'entre eux. Il faut souligner que l'efficacité se maintiendra d'autant mieux que le patient utilise son appareil de façon régulière, qu'il ait ou non mal. L'efficacité ne doit pas seulement s'évaluer sur l'intensité de la douleur, mais sur la qualité de la douleur neuropathique (réduction des brulures, des décharges électriques, des sensations désagréables) et aussi sur la facilité d'utilisation.

• Exemple des *techniques d'hypnose, de relaxation*

Les *techniques d'hypnose, de relaxation*, n'ont une efficacité au long cours que si l'adhésion du patient est acquise au départ. Ici aussi l'efficacité doit s'apprécier sur l'intensité de la douleur, mais encore plus sur une évaluation globale, sur des dimensions psychologiques, affectives et cognitives. L'appréciation de l'efficacité des traitements à visée psychothérapeutique reste un sujet difficile, notamment sur les critères d'évaluation.

© MEDLINE

2. Évaluer la tolérance d'un traitement

2.1. Tolérance à court terme

Il importe de connaître les effets indésirables des traitements antalgiques qui sont nombreux, et d'informer le patient, sans dramatiser.

Deux types d'effets indésirables importants :

- **Effets indésirables prévisibles et curables :** exemple de la constipation sous opioïdes, à prévenir systématiquement.

- **Effets indésirables passagers :** exemple des nausées et troubles digestifs sous antidépresseurs IRSNa, qui durent environ 15 jours.

2.2. Tolérance à long terme : changer de traitement (rotation) pour améliorer la tolérance ?

Sur le long cours, l'évaluation de l'efficacité d'un traitement médicamenteux doit faire l'objet d'une surveillance régulière. Il s'agit de :

- **détecter la survenue d'éventuels effets indésirables,** et outre la clinique, certains médicaments nécessitent des contrôles de paramètres biologiques : taux sanguin du médicament (lithium, carbamazépine…), contrôle de la numération leucocytaire, des enzymes hépatiques… ;

- **contrôler que l'analgésie reste efficace.** En effet, une analgésie qui se dégrade peut relever de diverses hypothèses : modification du mécanisme de la douleur (ce qui nécessite, en particulier chez les patients atteints de cancer, de refaire une évaluation complète), interaction avec un autre traitement introduit entre temps, apparition pour certains produits comme les opioïdes d'une tolérance (perte d'efficacité avec le temps, et nécessité d'augmenter la posologie pour avoir le même effet) et/ou d'un état d'hyperalgésie (douleurs induites par les opioïdes) ;

- **pouvoir réajuster le traitement, à la hausse ou à la baisse,** en fonction du rapport efficacité/ effets secondaires, quitte à utiliser des associations, ou, comme pour les opioïdes, de changer de molécule, tout en restant dans la même classe pharmacologique. Ce concept de « rotation des opioïdes » nécessite de tenir compte des tables d'équianalgésie entre les produits (tableau 2), mais aussi d'un certain délai entre la dernière prise de l'opioïde arrêté et la première prise de celui qui est introduit (tableau 3). Le concept de rotation des opioïdes est controversé, et en fait les tables d'équianalgésie sont très variables, selon le type de douleur et selon les patients. Il est probable qu'en changeant d'opioïde on réduise les doses, et donc que l'on diminue les effets indésirables par une réduction des doses plus que par un changement d'action pharmacologique spécifique.

Tableau 2. ÉQUIVALENCE DES OPIOÏDES FORTS LES PLUS USITÉS, EN POSOLOGIES QUOTIDIENNES					
Morphine orale LP Skénan® mg/j	**Morphine LI SC continu mg/j**	**Morphine LI IV continu mg/j**	**Oxycodone orale LP Oxycontin® mg/j**	**Hydromorphone orale LP Sophidone® mg/j**	**Fentanyl TD Durogésic® µg/h**
X mg/j	X/2	X/3	X/2	X/7	X/4

Tableau 3. DÉLAIS À RESPECTER LORS DE LA ROTATION DES OPIOÏDES		
Opioïde 1	**Opioïde 2**	**Délai**
Morphine PO	Hydromorphone PO	12 h après la dernière prise de morphine
Hydromorphone PO	Morphine PO	12 h après la dernière prise de morphine
Morphine PO	Morphine IV/SC	10 h après la dernière prise orale
Morphine IV/SC	Morphine PO	Arrêt de la perfusion 1 h après la première prise orale
Morphine PO	Fentanyl TD	Pose du patch au moment de la dernière prise orale
Fentanyl TD	Morphine PO	8 h après retrait du patch
Hydromorphone PO	Fentanyl TD	Pose du patch au moment de la dernière prise orale
Fentanyl TD	Hydromorphone PO	8 h après retrait du patch
Morphine IV/SC	Fentanyl TD	Arrêt de la perfusion 6 h après pose du patch
Fentanyl TD	Morphine IV/SC	6 h après retrait du patch

3. Évaluer l'observance d'un traitement : évaluer les doses prises mais aussi les horaires, les délais entre les prises, les associations de médicaments

3.1. Les facteurs jouant sur l'observance

Il est connu que l'observance de la plupart des traitements est mauvaise, d'autant que le traitement est chronique, que la prescription est complexe, qu'il existe de nombreux traitements. L'observance sera également moins bonne en cas de troubles affectifs comme la dépression.

L'observance ce n'est pas seulement évaluer la quantité de médicament effectivement prise par le patient. C'est aussi vérifier les horaires, les délais de prise : une douleur inflammatoire bénéficiera plus d'un traitement pris le soir au coucher, une douleur mécanique sera mieux traitée si le médicament est pris avant l'activité physique.

3.2. L'observance c'est aussi évaluer les co-médications

Il faudra aussi dépister les traitements pris hors prescriptions, qui peuvent aggraver les effets indésirables ou réduire l'efficacité des traitements.

4. Conclusion

L'efficacité d'une prise en charge antalgique relève de la seule appréciation du patient, du moins s'il est communicant. Celle-ci est à pondérer par le rapport efficacité/effets secondaires. C'est ainsi que malgré une efficacité prouvée sur les douleurs neuropathiques, les antidépresseurs sont fréquemment abandonnés par les patients, du fait des effets secondaires gênants, même s'ils sont considérés comme « mineurs ».

La prise d'un traitement antalgique, en particulier au long cours, est complexe, et se solde souvent par un arrêt prématuré, ou par une mauvaise observance ; l'éducation thérapeutique du patient, qui prend en compte ses objectifs, ses croyances et ses priorités, est une des approches qui permet d'améliorer l'efficacité des traitements multidimensionnels et complexes, suivis par les patients douloureux chroniques.

POINTS-CLÉS

- **L'efficacité attendue d'un traitement antalgique dépend du type de douleur, aiguë ou chronique.**
  - **Dans le premier cas** il s'agit de diminuer l'intensité de la douleur, évaluée par des échelles unidimensionnelles, dans l'attente d'un retour à l'état antérieur.
  - **Dans le second cas**, la douleur relève de facteurs multiples, et le traitement antalgique vise plus à la restauration d'une douleur acceptable, avec une qualité de vie optimale.
- **L'évaluation d'un traitement antalgique médicamenteux**, faite à un moment compatible avec la pharmacocinétique comporte : la mesure de l'intensité perçue laquelle peut conduire à réajuster la posologie ; la prévention et le traitement des effets secondaires. Dans les situations de douleur chronique, la réévaluation doit être régulière, en particulier avec les opioïdes, du fait de la possible accoutumance.

+++ LE COUP DE POUCE DE L'ENSEIGNANT

- L'évaluation d'un traitement repose sur l'évaluation de 3 éléments (il est fréquent de la réduire au seul premier élément) :
  - efficacité ;
  - tolérance ;
  - observance.

I.3. *Douleur :*
Situations cliniques

CHAPITRE **19**

Traitements médicamenteux de la douleur neuropathique

Dr Valeria Martinez*, Pr Nadine Attal**

* PH, Centre d'Évaluation et de Traitement de la Douleur, Hôpital Ambroise Paré, Boulogne

** PA-PH, Centre d'Évaluation et de Traitement de la Douleur, Hôpital Ambroise Paré, Boulogne

---

PLAN DU CHAPITRE

1. Classes thérapeutiques efficaces
    1.1. Les traitements systémiques
    1.2. Les traitements topiques
2. Stratégie thérapeutique
3. Règles de prescription
4. Information du patient

5. Traitements non médicamenteux de la douleur neuropathique
    5.1. La stimulation électrique transcutanée
    5.2. La psychothérapie
    5.3. La neurostimulation médullaire
    5.4. Autres techniques invasives

OBJECTIFS PÉDAGOGIQUES

– **Connaître les spécificités de la prise en charge des douleurs neuropathiques.**
– **Savoir prescrire un traitement de première intention dans la douleur neuropathique.**
– **Connaître les traitements non médicamenteux possibles dans la douleur neuropathique.**

MOTS CLÉS : traitement douleurs neuropathiques ; antidépresseurs tricycliques ; antiépileptique classe des gabapentinoïdes ; titration.

1. Classes thérapeutiques efficaces

Les antalgiques usuels et les anti-inflammatoires ne sont pas efficaces dans le traitement de la douleur neuropathique. Six classes thérapeutiques ont une efficacité démontrée dans le soulagement de la douleur neuropathique chronique. Il s'agit des antidépresseurs tricycliques, des antidépresseurs mixtes

(IRSNA), des antiépileptiques gabapentinoïdes, des opiacés, des anesthésiques locaux (en topique) et de la capsaicine à haute concentration (en patch).

1.1. Les traitements systémiques

Les traitements systémiques par voie orale peuvent être proposés devant tout type de douleur neuropathique (périphérique centrale, localisée, diffuse). Il s'agit des antidépresseurs tricycliques, des antidépresseurs mixtes ou ISRNA, notamment duloxétine (Cymbalta®), des antiépileptiques gabapentine (Neurontin®) ou prégabaline (Lyrica®), des opiacés (tramadol et opiacés forts). Notons que la duloxétine a une AMM restreinte à la polyneuropathie douloureuse du diabète.

1.2. Les traitements topiques

Les traitements topiques ont un intérêt uniquement dans la douleur neuropathique périphérique. Ils peuvent être utilisés quand la douleur est localisée à un territoire limité.

Les emplâtres de lidocaïne (Versatis®) sont indiqués dans les douleurs neuropathiques périphériques localisées particulièrement en présence d'une l'allodynie mécanique. Ils ont uniquement l'AMM dans la douleur post zostérienne, mais du fait du faible nombre d'effets secondaires et de leur efficacité dans d'autres étiologies de douleur neuropathique, ils peuvent en pratique être prescrits dans des douleurs neuropathiques périphériques localisées notamment d'origine traumatique ou post-chirurgicale.

Les patch de capsaicine à haute concentration (Qutenza®) peuvent être proposés en seconde intention. Leur prescription et leur application se fait dans un cadre particulier en hôpital de jour par une équipe formée. Le tableau 1 résume les posologies, effets secondaires et contre-indications des médicaments recommandés dans la douleur neuropathique.

2. Stratégie thérapeutique

- Le traitement de première intention doit reposer sur une **monothérapie.**
- **En première intention**, un **antidépresseur tricyclique** (ex amitriptyline 25-150 mg/jour) ou un **antiépileptique de la classe des gabapentinoïdes** (gabapentine 1200-3600 mg/jour ou prégabaline 150-600 mg/jour) peuvent être utilisés.
- Les antidépresseurs mixtes (IRSNA) type duloxétine ont l'AMM uniquement dans les polyneuropathies douloureuses du diabète. Ils peuvent donc être également proposée en première intention dans cette indication.
- Le choix entre ces molécules repose sur le meilleur rapport bénéfice/sécurité d'emploi et l'éventuelle action conjointe sur les comorbidités (anxiété, dépression, troubles du sommeil) (tableau 1). Il dépendra donc du profil du malade (âge, antécédents).
- En cas d'échec complet ou d'effets secondaires importants d'un médicament de première intention, il est légitime de le substituer contre un traitement de classe thérapeutique différente d'efficacité également démontrée.
- En cas **d'efficacité partielle (< 30 % d'efficacité sur la douleur)** d'un traitement de première intention, une association médicamenteuse peut être proposée entre médicaments de première intention.

> Lors de l'utilisation d'associations, on associe toujours des classes thérapeutiques distinctes ou des traitements de mécanismes d'action complémentaire.

- La prescription **du tramadol** (formes retard notamment), agoniste opiacé faible qui a en outre la propriété d'inhiber la recapture des monoamines, peut être proposée en cas d'échec des traitements précédents, seul ou en association avec les antiépileptiques. Il convient d'être prudent en cas d'association du tramadol et des antidépresseurs du fait d'un risque accru de syndrome sérotoninergique.

- **La prescription des opiacés forts** (morphine, oxycodone) **ne doit être réalisée qu'en dernière intention**, après échec de la monothérapie, de la substitution d'un traitement de première intention par un autre, et des associations et doit être débutée devant une douleur neuropathique persistante et intense. Sa prescription doit être prudente et répondre aux exigences de la prescription de la morphine au long cours. Il est préférable d'éviter l'utilisation systématique d'opiacés d'action rapide et de proposer d'emblée un traitement par opiacés retard. Une dose de 120 mg équivalent sulfate de morphine et une durée de prescription de plus de trois mois doivent conduire à une réévaluation dans un centre de lutte contre la douleur.

Tableau 2. ALGORITHME THÉRAPEUTIQUE DE LA DOULEUR NEUROPATHIQUE	
En première intention	Antidépresseurs tricycliques (ADT) Antiépileptiques de la classe des gabapentinoïdes Antidépresseurs mixte (IRSNA)° Emplâtres de lidocaïne*° Stimulation électrique transcutanée (TENS)*
En seconde intention	Association des traitements de première intention Patches de capsaicine à haute concentration* Tramadol
En dernière intention	Morphiniques forts Stimulation centrale (notamment médullaire) Drezotomie dans des situations cliniques particulières

* Traitements pouvant être proposés dans les douleurs neuropathiques périphériques localisées.

° L'autorisation de mise sur le marché (AMM) est limitée à certaines indications.

3. Règles de prescription

- Pour tous les traitements par voie systémique, **une titration est nécessaire** en raison d'une grande variabilité interindividuelle dans l'efficacité et la tolérance : elle consiste à commencer par de faibles doses et à **augmenter** progressivement par paliers **en fonction de l'efficacité et de la tolérance.**

- La titration doit se poursuivre, si la tolérance le permet, jusqu'aux doses maximales reconnues comme efficaces avant de parler d'échec du traitement.

- Un traitement ainsi débuté et efficace doit être **poursuivi pendant plusieurs mois**, au minimum 6 mois.

4. Information du patient

L'information du patient sur les mécanismes de la douleur neuropathique et les objectifs des traitements entrepris fait partie de la prise en charge thérapeutique. Ils doivent être expliqués en termes simples et clairs pour le patient. Les points à aborder sont les suivants :

- Expliquer que les antalgiques usuels (paracétamol, AINS, dextropropoxyphène) ne sont pas efficaces dans ce type de douleur.
- Dire que les molécules prescrites (antidépresseurs, antiépileptiques) sont utilisées dans d'autres indications mais ont **une activité analgésique propre.**
- Prévenir qu'il faut s'attendre à un **soulagement partiel** sur la douleur et que les médicaments n'ont aucun effet sur l'évolution de la pathologie en cause.
- Expliquer que le **délai d'action peut être retardé** (plusieurs jours à plusieurs semaines).
- Dire que les traitements sont à prendre de façon **systématique** pendant plusieurs mois.
- Informer des effets secondaires les plus fréquents et/ou les plus graves.
- Informer que l'arrêt doit se faire de façon progressivement pour éviter un risque de sevrage brutal à l'arrêt.

5. Traitements non médicamenteux de la douleur neuropathique

5.1. La stimulation électrique transcutanée

La neurostimulation transcutanée est efficace sur la douleur neuropathique périphérique (polyneuropathies, mononeuropathies). Du fait d'une excellente sécurité d'emploi et du faible nombre de contre-indications (sa seule contre-indication relative étant l'existence d'un pace maker), cette technique peut être proposée en première intention, seule ou en association avec les traitements médicamenteux. Il convient de réaliser au préalable un test d'efficacité ; la prescription et le suivi doivent être assurés par un centre d'évaluation de la douleur.

5.2. La psychothérapie

La psychothérapie, en particulier la thérapie cognitivo-comportementale peut être proposée dans la prise en charge de la douleur neuropathique en cas de comorbidité anxieuse notamment.

5.3. La neurostimulation médullaire

La neurostimulation médullaire peut être proposée après échec des traitement médicamenteux bien conduits dans les lomboradiculalgies chroniques post-opératoires, les meilleures indications étant représentées par une composante neuropathique (radiculalgie) persistante. Dans les autres types de douleur neuropathique périphérique, les preuves sont plus faibles.

5.4. Autres techniques invasives

La stimulation corticale (stimulation épidurale du cortex moteur) et la DREZotomie (« dorsal root entry zone ») (technique chirurgicale consistant à léser la zone d'entrée des racines dans la corne dorsale de la moelle) sont deux techniques invasives pouvant être proposées par les centres spécialisés pour le traitement des douleurs neuropathiques réfractaires aux traitements médicamenteux (en particulier douleurs d'avulsion plexique pour la DREZotomie). L'utilisation de traitements antalgiques par voie intrathécale (notamment morphiniques), également possible pour les douleurs réfractaires, relève aussi de centres spécialisés.

BIBLIOGRAPHIE

■ LA RÉFÉRENCE À RETENIR

– Martinez V., Attal N., Bouhassira D., & Lantéri-Minet M., (2010), « Les douleurs neuropathiques chroniques : diagnostic, évaluation et traitement en médecine ambulatoire. Recommandations pour la pratique clinique de la Société française d'étude et de traitement de la douleur », *Douleurs : Évaluation-Diagnostic-Traitement*, 11(1), 3-21.

■ POUR ALLER PLUS LOIN

– Bouhassira D., Attal N., « Douleurs neuropathiques », 2de édition, *In* : Brasseur L., Bouhassira D., Chauvin M., editors, *Référence en douleur et analgésie*, Paris, Éditions Arnette 2011.

POINTS-CLÉS

- **L'efficacité analgésique** des différentes molécules reste dans l'ensemble modérée et rarement complète, c'est pourquoi une évaluation précise avant/ après traitement est indispensable pour mesurer l'efficacité du traitement.
- **Une bonne information** du patient est le gage d'une bonne adhésion au traitement.

+++ LE COUP DE POUCE DE L'ENSEIGNANT

- Contrairement à une idée reçue, les antidépresseurs tricycliques et mixtes et les antiépileptiques (gabapentine, prégabaline) sont efficaces à la fois sur les douleurs continues (brulûre) et paroxystiques (décharges électriques).

Tableau 1. INITIATION, DOSES D'ENTRETIEN ET PRINCIPAUX EFFETS INDÉSIRABLES DES TRAITEMENTS PHARMACOLOGIQUES RECOMMANDÉS DANS LA DOULEUR NEUROPATHIQUE

	DOSE INITIALE ET PALIERS D'AUGMENTATION *	DOSES MOYENNES ET MAXIMALES *	PRINCIPAUX EFFETS INDÉSIRABLES	PRÉCAUTIONS D'EMPLOI	AUTRES BÉNÉFICES
Imipramine, Amitriptyline Clomipramine	10-25 mg le soir Paliers de 5 mg (sujet âgé) à 25 mg	75-150 mg/j, 1-2 fois/j max. :300 mg/j (imipramine)	Dysurie, bouche sèche Hypotension orthostatique, céphalées Troubles de l'accommodation Constipation, sueurs, prise de poids Somnolence, vertiges, troubles cognitifs Troubles cardiovasculaires (rythme, conduction)	Glaucome à angle fermé Obstacle urétro-prostatique Infarctus du myocarde récent Abaissement du seuil épileptogène	Amélioration de la dépression, amélioration de l'insomnie
Duloxétine	30 à 60 mg Paliers de 30 à 60 mg	60-120 mg/j, 1-2 fois/j	Nausées/vomissements, constipation, anorexie	Insuffisance hépatique	Amélioration de la dépression et de l'anxiété généralisée
Gabapentine	300 mg le soir (100 mg sujet âgé) Paliers de 100 mg (sujet âgé) à 300 mg	1 200-3 600 mg, 3 fois/j	Somnolence, asthénie, impression vertigineuse Nausées, anorexie, sécheresse de la bouche Céphalées, œdèmes périphériques Prise de poids	Adapté selon la clairance de la créatinine. Réduire les doses chez la personne âgée	Amélioration des troubles du sommeil.
Prégabaline	75-150 mg paliers de 75 mg (25 mg sujet âgé)	300-600 mg, 2 fois/j en deux ou trois prises.	Somnolence, asthénie, impression vertigineuse Nausées, anorexie, sécheresse de la bouche Céphalées, œdèmes périphériques Prise de poids	Adapté selon la clairance de la créatinine. Réduire les doses chez la personne âgée	Amélioration des troubles du sommeil et de l'anxiété généralisée

			Effets locaux : prurit, irritation, allergie	À appliquer sur peau saine	Pas d'effet systémique
Lidocaïne emplâtre médicamenteux	1 à 3 emplâtres/j selon l'étendue de l'aire douloureuse	1-3 emplâtres/j, 12 h/j	Effets locaux : prurit, irritation, allergie	À appliquer sur peau saine	Pas d'effet systémique
Capsaïcine haute concentration (8 %)	1 à 4 patches selon l'étendue de l'aire douloureuse	1 application de 30 à 60 minutes tous les trois mois	Douleur modérée à sévère lors de l'application et pendant quelques heures suivant l'application. Variable d'un individu à l'autre	À appliquer sur peau saine Application à distance des parties génitales et du visage Nécessite en France une hospitalisation de jour et un personnel formé	
Tramadol	50 mg, 1-2 fois/j Paliers de 50-100 mg	200-400 mg/j en 2 à 4 prises 300 mg/jour après 75 ans	Vertige, nausées/vomissements, constipation, somnolence, Céphalées, Sécheresse de la bouche, dysurie Clairance de la créatinine < 30 ml/h	Précautions d'emploi en cas d'association avec antidépresseurs Abaissement du seuil épileptogène	Rapidité de l'effet
Opiacés forts	10-30 mg, 2 fois/j (morphine retard) Titration avec morphine rapide/4 h	Augmentation de la doses/ 48 à 72 h, de 30 à 50 % Titration individuelle	Nausées/vomissements, anorexie, constipation Flou visuel, bouche sèche, somnolence Fatigue, dysurie, prurit, troubles cognitifs	Précaution d'emploi des morphiniques, pas en première intention	Rapidité de l'effet

* Les posologies s'appliquent à l'adulte, pour l'enfant, mieux vaut s'adresser à un médecin algologue pédiatre.

- AVK anti-vitamines K
- IMAO Inhibiteur de la monoamine-oxydase
- ADT Antidépresseur tricyclique
- IRS Inhibiteur de la recapture de la sérotonine
- IRSNA Inhibiteur de la recapture de la sérotonine et de la noradrénaline.

CHAPITRE 20

Démarche diagnostique devant une céphalée

Dr Anne Donnet*, Dr Michel Lantéri-Minet**

* PH, Centre d'Évaluation et Traitement de la Douleur,
Pôle Neurosciences Cliniques, Hôpital Timone, Marseille

** PH, Département d'Évaluation et Traitement de la Douleur,
Pôle Neurosciences Cliniques du CHU de Nice, Hôpital Cimiez, Nice

---

PLAN DU CHAPITRE

OBJECTIFS PÉDAGOGIQUES

- **Connaître la stratégie diagnostique vis-à-vis d'une céphalée.**
- **Connaître les questions à poser pour évaluer le profil temporel d'une céphalée.**
- **Connaître les 4 situations cliniques à évoquer.**
- **Savoir différencier céphalée primaire et céphalée secondaire devant une céphalée.**

MOTS CLÉS : céphalée primaire ; céphalée secondaire ; céphalée en coup de tonnerre ; hémorragie méningée ; profil temporel de la céphalée.

- La **céphalée**, qui est un terme générique pour désigner toute douleur du segment céphalique, est un des motifs les plus fréquents de consultation chez le médecin généraliste, chez le neurologue ou en structure d'accueil d'urgence et elle représente également un motif fréquent du recours en structure de prise en charge de la douleur chronique.

- La céphalée peut être **primaire**, mais elle peut être également **secondaire** et être alors le symptôme d'une pathologie grave, pouvant même engager le pronostic vital.

> Éliminer une céphalée secondaire est donc le principe sur lequel est construite la démarche diagnostique face à une céphalée.

Démarche diagnostique face à une céphalée

1. La céphalée est accompagnée d'autres symptômes

Le diagnostic d'une céphalée secondaire est facilité quand la situation clinique ne se résume pas à la seule céphalée. On considère ainsi un certain nombre de signes d'alarme qui peuvent être des symptômes d'interrogatoire et/ou des signes d'examen qui, quand ils sont présents, doivent faire suspecter une céphalée symptomatique (tableau 1).

Tableau 1. SIGNES D'ALARME DEVANT FAIRE SUSPECTER UNE CÉPHALÉE SECONDAIRE
Symptômes d'interrogatoire

• **Caractéristiques particulières de la céphalée :**
  – déclenchement par un effort physique, un rapport sexuel, la toux ;
  – caractère orthostatique.
• **Présence de signes généraux associés :**
  – altération de l'état général, amaigrissement ;
  – myalgies, arthralgies.
• **Présence de signes neurologiques associés :**
  – somnolence, obnubilation ;
  – troubles cognitifs ;
  – troubles visuels ;
  – troubles de l'équilibre et de la coordination ;
  – troubles sensitifs ou moteurs.

Signes d'examen
• Fièvre. • Raideur de nuque. • Troubles moteurs ou sensitifs focalisés. • Asymétrie des reflexes ostéo-tendineux, signe de Babinski. • Syndrome cérébelleux. • Œdème papillaire. • Asymétrie pupillaire. • Amputation du champ visuel. • Artère temporale indurée et douloureuse.

2. La céphalée est le seul symptôme clinique

Le diagnostic d'une céphalée secondaire peut-être beaucoup plus difficile quand la situation clinique se résume à la seule céphalée.

Face à une céphalée isolée, la démarche diagnostique repose essentiellement sur l'analyse du **profil temporel** de cette dernière.

Ce profil temporel est précisé par les réponses à quelques questions élémentaires suivantes :

1) Avez-vous antérieurement présenté une céphalée similaire ?

2) Comment est apparue cette céphalée ?

3) Une fois apparue, comment a évolué cette céphalée ?

> **Ainsi, il est possible de considérer quatre situations cliniques :**
> – la céphalée paroxystique inaugurale,
> – la céphalée d'apparition récente et d'aggravation progressive,
> – la céphalée paroxystique récurrente,
> – la céphalée chronique quotidienne.

Ces différents types de céphalées n'imposent pas toutes la même vigilance diagnostique (figure 1).

Figure 1. PROFILS TEMPORELS D'UNE CÉPHALÉE

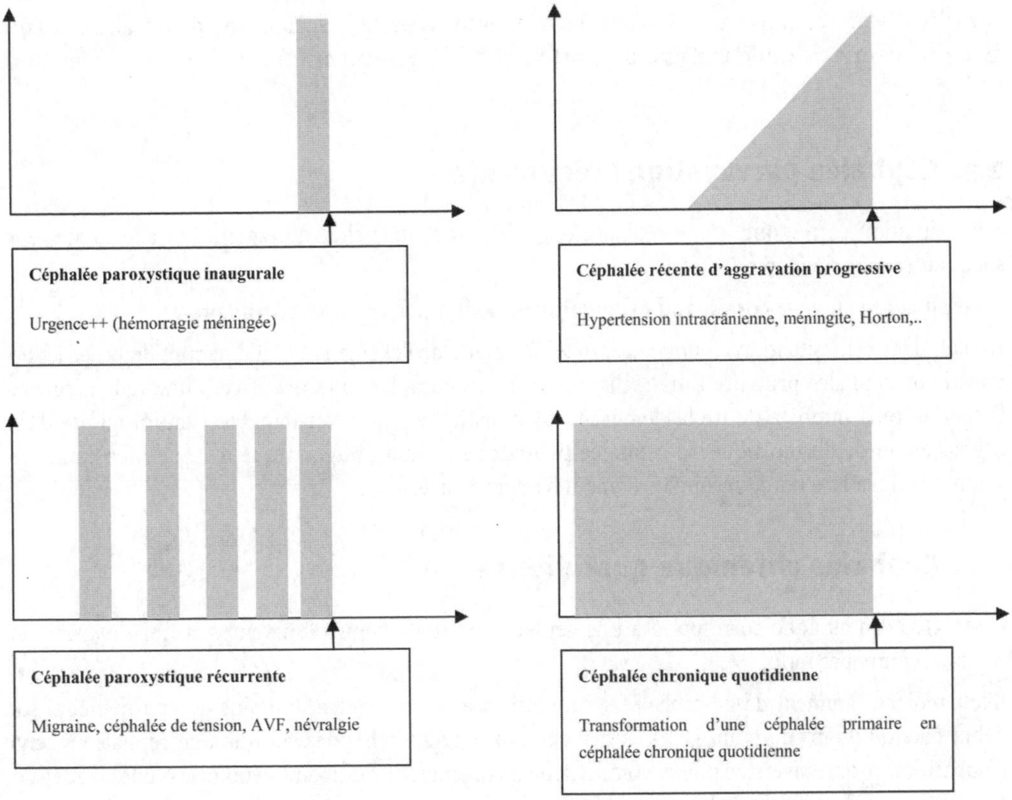

Céphalée paroxystique inaugurale

Urgence++ (hémorragie méningée)

Céphalée récente d'aggravation progressive

Hypertension intracrânienne, méningite, Horton,..

Céphalée paroxystique récurrente

Migraine, céphalée de tension, AVF, névralgie

Céphalée chronique quotidienne

Transformation d'une céphalée primaire en céphalée chronique quotidienne

2.1. Céphalée paroxystique inaugurale

Cette situation correspond à une céphalée d'apparition brutale chez un patient n'ayant jamais présenté de céphalée similaire.

Dans cette situation, c'est l'apparition brutale (parfois en « **coup de tonnerre** »), beaucoup plus que son intensité (cette dernière pouvant être modérée) qui doit faire considérer ce type de céphalée comme une céphalée secondaire jusqu'à preuve du contraire.

Il s'agit d'une véritable **urgence**, même si la céphalée a disparu au moment où le patient consulte.

En effet, elle peut être le témoin d'une **hémorragie méningée** et elle doit donc conduire à une hospitalisation du patient, et à la réalisation en urgence d'un examen tomodensitométrique sans injection de produit de contraste et, si ce dernier est normal, d'une ponction lombaire.

2.2. Céphalée d'apparition récente d'aggravation progressive

Cette situation correspond à une céphalée que le patient décrit comme s'aggravant progressivement, l'aggravation se faisant sur une échelle de temps, qui peut se décliner en jours ou en semaines.

Bien que ne revêtant pas le caractère d'urgence de la céphalée paroxystique inaugurale, il s'agit d'une situation clinique face à laquelle la vigilance diagnostique doit être grande, car elle aussi doit faire suspecter une céphalée secondaire jusqu'à preuve du contraire.

En effet, elle peut correspondre à une hypertension intracrânienne lésionnelle ou une méningite et doit donc conduire à une imagerie cérébrale (idéalement imagerie par résonance magnétique) et éventuellement une ponction lombaire. Au-delà de ces étiologies proprement neurologiques, une céphalée d'aggravation progressive chez un sujet ayant dépassé la soixantaine doit également faire évoquer de principe une maladie de Horton et faire rechercher un syndrome inflammatoire biologique.

2.3. Céphalée paroxystique récurrente

Cette situation correspond à une céphalée d'apparition brutale chez un patient qui allègue des épisodes antérieurs similaires.

Cette situation clinique correspond exceptionnellement à une céphalée secondaire.

De fait, dans cette situation clinique, la stricte normalité de l'examen clinique permet de poser le diagnostic de céphalée primaire sans réaliser d'examens complémentaires. Face à une telle céphalée, l'étape la plus importante de la démarche diagnostique est en fait l'analyse sémiologique de la céphalée afin de diagnostiquer la **céphalée primaire** en cause : migraine, céphalée de tension, algie vasculaire de la face ou de reconnaître une névralgie faciale.

2.4. Céphalée chronique quotidienne

Cette situation clinique correspond à une céphalée présente depuis longtemps et qui s'exprime au moins 15 jours par mois.

Elle témoigne rarement d'une céphalée secondaire mais il convient néanmoins de s'en méfier si son début date de moins d'un an. Dans ce cas, elle doit être appréhendée comme une céphalée récente d'apparition progressive et explorée comme telle à la recherche des mêmes étiologies. Elle peut également être la traduction d'une hypotension cérébrale (qui doit être évoquée devant le caractère orthostatique de la céphalée) ou une hypertension intracrânienne idiopathique (qui doit être évoquée devant une obésité). Néanmoins, elle correspond le plus souvent à une céphalée primaire, notamment d'une migraine, qui s'est transformée d'un phénotype épisodique en un phénotype chronique et l'étape cruciale de la démarche diagnostique est d'identifier les facteurs ayant favorisé et entretenant cette transformation (*cf.* céphalée chronique quotidienne).

Cette analyse du profil temporel permet ainsi de structurer la démarche diagnostique face à une céphalée, notamment lorsqu'elle est isolée, et d'envisager une prescription rationnelle des explorations complémentaires.

> Cette démarche doit être également appliquée devant toute céphalée nouvelle survenant chez un sujet préalablement céphalalgique notamment migraineux.

BIBLIOGRAPHIE

■ LA RÉFÉRENCE À RETENIR

– Géraud G., Orientation diagnostique devant une céphalée, *La Revue du Praticien*, 2008 ; 58 : 598-606.

■ POUR ALLER PLUS LOIN

– Haute Autorité de Santé, Recommandations pour la pratique clinique – Prise en charge diagnostique et thérapeutique de la migraine chez l'adulte et l'enfant : aspects cliniques et économiques, Octobre 2002, **www.has-sante.fr**

– Headache Classification Committee of the International Headache Society, The International Classification of Headache Disorders, 3rd edition (beta version), Cephalalgia 2013, 33 : 629-808.

POINTS-CLÉS

- La céphalée est un des principaux motifs de consultation en médecine.
- La céphalée peut être **secondaire ou primaire**.
- La démarche diagnostique devant une céphalée repose avant tout sur l'analyse de son **profil temporel**.
- La céphalée paroxystique inaugurale est une **urgence**.

+++ LE COUP DE POUCE DE L'ENSEIGNANT

- La céphalée paroxystique récurrente et la céphalée chronique quotidienne sont le plus souvent des céphalées primaires.
- La céphalée paroxystique inaugurale et la céphalée récente d'aggravation progressive doivent être considérées comme des céphalées secondaires jusqu'à preuve du contraire.

ANCIEN PROG. / **Maladies et grands syndromes**
Module 6

Item 262
Item 65

NOUVEAU PROG. / **UE 4**

Item 97

HAPITRE **21**

Démarche diagnostique devant une migraine

Dr Michel Lantéri-Minet*, Dr Anne Donnet**

* PH, Département d'Évaluation et Traitement de la Douleur,
Pôle Neurosciences Cliniques du CHU de Nice, Hôpital Cimiez, Nice

** PH, Centre d'Évaluation et Traitement de la Douleur,
Pôle Neurosciences Cliniques, Hôpital Timone, Marseille

PLAN DU CHAPITRE

1. Élimination d'une céphalée secondaire
2. Reconnaissance de la migraine
   2.1. Migraine sans aura
   2.2. Migraine avec aura
3. Évaluation du migraineux
   3.1. Évaluation du retentissement fonctionnel
3.2. Évaluation du retentissement émotionnel
3.3. Évaluation de la consommation médicamenteuse
3.4. Évaluation du risque vasculaire

OBJECTIFS PÉDAGOGIQUES

– **Faire le diagnostic clinique de migraine sans aura.**
– **Faire le diagnostic clinique de migraine avec aura.**
– **Comprendre les mécanismes physio-pathologiques qui sous-tendent cette maladie.**
– **Savoir évaluer le patient migraineux.**

MOTS CLÉS : migraine ; aura ; retentissement fonctionnel ; retentissement émotionnel ; abus médicamenteux ; risque vasculaire.

- La migraine est une céphalée primaire qui affecte plus de 10 % de la population générale, touchant à l'âge adulte trois fois plus de femmes que d'hommes. Sa prévalence est maximale entre 30 et 50 ans ce qui explique que cette céphalée primaire est classée par l'OMS parmi les vingt maladies les plus invalidantes sociétalement.

- Elle se traduit cliniquement par des crises dont la répétition repose sur une prédisposition génétique rendant les migraineux plus vulnérables à de nombreux facteurs déclenchants (facteurs émotionnels, variation d'activité physique, variation du volume du sommeil, période menstruelle chez les femmes, facteurs environnementaux...) dont le dénominateur commun est un changement d'état. Les mécanismes par lesquels cette prédisposition génétique diminue le seuil de déclenchement des crises restent imprécis sachant qu'ils impliquent des générateurs situés au niveau du tronc cérébral et du diencéphale ainsi que la dépression corticale envahissante qui est actuellement unanimement reconnue comme étant le substrat de l'aura migraineuse. Les mécanismes de la crise migraineuse elle-même sont mieux connus, notamment la douleur migraineuse qui est due à une activation du système trigémino-vasculaire induisant une inflammation neurogène et une dilatation au niveau des vaisseaux de la dure-mère très riche en nocicepteurs.

La démarche diagnostique face à une migraine s'articule en trois étapes :

- **La première** commune à toute céphalée est d'éliminer une céphalée secondaire.
- **La deuxième** est de distinguer la migraine des autres céphalées primaires sachant que la forme avec aura pose des difficultés diagnostiques qui lui sont spécifiques.
- **Enfin, la troisième étape** permet de proposer une stratégie thérapeutique individuelle.

---

1. Élimination d'une céphalée secondaire

L'élimination d'une céphalée secondaire renvoie à la démarche générale face à une céphalée (*cf.* chapitre *Démarche diagnostique générale face à une céphalée*) sachant que dans sa forme épisodique non compliquée, la migraine s'exprime par une céphalée paroxystique récurrente. Ce profil temporel est exceptionnellement en rapport avec une céphalée secondaire faisant que la stricte normalité de l'examen clinique permet de surseoir à toute exploration complémentaire. Il convient cependant de rappeler que la vigilance diagnostique est de mise devant toute céphalée inhabituelle survenant chez un migraineux connu. Au-delà de cette démarche diagnostique, la prise en charge des migraineux est difficile car nombre d'entre eux considèrent les facteurs déclenchant leurs crises comme la cause de la migraine et refuse le concept même de migraine en tant que céphalée primaire. De même, beaucoup de migraineux pensent que leurs crises sont dues à une pathologie sinusienne, oculaire, dentaire, cervicale voire digestive et multiplient les demandes d'examens complémentaires concernant les appareils du segment céphalique ou l'appareil digestif.

2. Reconnaissance de la migraine

La reconnaissance de la migraine se pose différemment selon que le migraineux présente des crises sans aura ou des crises avec aura, sachant que les deux types de crises peuvent coexister chez un même sujet.

2.1. Migraine sans aura

La migraine sans aura, anciennement appelée migraine commune, est très largement la forme clinique la plus fréquente de la migraine (80 % des crises). Son diagnostic est purement clinique et repose sur les critères de la classification internationale des céphalées repris par les recommandations de la Haute Autorité de Santé et celles de la Société Française d'Étude des Migraines et Céphalées (tableau 1). Il est important de rappeler qu'aucune des caractéristiques cliniques contenues dans ces critères n'est nécessaire et suffisante pour porter le diagnostic de migraine et, à ce titre, il est intéressant de revenir sur le critère concernant les caractéristiques sémiologiques de la céphalée. Ce critère stipule que la céphalée migraineuse doit avoir au moins deux des quatre caractéristiques suivantes : topographie unilatérale (hémicrânie), tonalité pulsatile, intensité modérée à sévère et aggravée par les efforts physiques courants (tels que la montée des escaliers). Si la céphalée migraineuse est typiquement une hémicrânie pulsatile, une céphalée holocrânienne décrite plutôt comme un « étau » peut également être migraineuse sous réserve qu'elle soit d'intensité sévère et aggravée par les efforts physiques courants.

Tableau 1. CRITÈRES DIAGNOSTIQUES DE LA MIGRAINE SANS AURA
A. Au moins 5 crises répondant aux critères B à D.
B. Durée des crises de 4 à 72 heures sans traitement ou avec un traitement inefficace.
C. Céphalée ayant au moins deux des quatre caractéristiques suivantes : – unilatéralité ; – pulsatilité ; – intensité modérée à sévère ; – aggravation par les efforts physiques de routine.
D. Au moins un des deux signes associés : – nausées et/ou vomissements ; – phonophobie et photophobie.
E. Pas d'autre cause.

Face à une céphalée paroxystique récurrente, il convient de différencier une crise de migraine d'un épisode de céphalée de tension épisodique ce qui est le plus souvent facile tant les deux entités s'opposent (tableau 2). Néanmoins, certains migraineux souffrent d'une céphalée de tension dont les épisodes peuvent s'intercaler entre leurs crises migraineuses. Cette association entre migraine et céphalée de tension épisodique est importante à rechercher (cf. 3. Évaluation du migraineux) car elle peut favoriser l'abus médicamenteux chez le migraineux dans l'incapacité de différencier une crise migraineuse d'un épisode de céphalée de tension en début de céphalée faisant qu'il utilise systématiquement un traitement de crise dans le doute. Ce risque de prise anticipatoire existe d'autant plus que le migraineux présente une comorbidité anxieuse qui est un autre élément important à prendre en compte (cf. 3. Évaluation du migraineux).

Tableau 2. DIFFÉRENCES SÉMIOLOGIQUES ENTRE UNE CRISE MIGRAINEUSE SANS AURA ET UN ÉPISODE DE CÉPHALÉE DE TENSION		
	CRISE DE MIGRAINE AVEC AURA	**ÉPISODE DE CÉPHALÉE DE TENSION**
Durée	4 – 72 heures	1 – 14 jours
Topographie	unilatérale	hôlocranienne
Tonalité	pulsatile	« en étau »
Intensité	modérée à sévère	faible à modérée
Influence des efforts physiques	aggravation	aucun effet
Phonophonie et photophobie	les deux	pas plus d'un (le plus souvent phonophobie)
Signes digestifs d'accompagnement	oui	non

2.2. Migraine avec aura

La migraine avec aura, anciennement dénommée migraine classique, migraine ophtalmique ou migraine accompagnée, se caractérise par la survenue de signes neurologiques d'origine corticale qui surviennent le plus souvent avant l'apparition de la céphalée. Le diagnostic de l'aura typique repose également sur les critères de la classification repris par les recommandations de la Haute Autorité de Santé et celles de la Société Française d'Étude des Migraines et Céphalées (tableau 3). L'aura typique peut être suivie d'une céphalée répondant aux critères diagnostiques de la crise de migraine sans aura ou par une céphalée n'ayant pas de telles caractéristiques. L'aura typique peut également ne pas être suivie de céphalée correspondant à ce que l'on appelle l'aura migraineuse isolée. C'est dans ce cas que le diagnostic avec les autres troubles neurologiques transitoires (accident ischémique transitoire habituellement d'apparition plus brutale et la crise d'épilepsie partielle habituellement moins longue) est le plus difficile.

Tableau 3. CRITÈRES DIAGNOSTIQUES DE L'AURA TYPIQUE
A. Au moins 2 crises répondant aux critères B et C.
B. Au moins un des trois symptômes suivants :   – symptômes visuels (positifs et/ou négatifs) transitoires ;   – symptômes sensitifs (positifs et/ou négatifs) transitoires ;   – troubles phasiques (positifs et/ou négatifs) transitoires.
C. Au moins deux des trois caractéristiques suivantes :   – topographie homonyme ou unilatérale ;   – apparition progressive en 5 minutes ;   – durée de chaque symptôme entre 5 et 60 minutes.
D. Pas d'autre cause.

3. Évaluation du migraineux

Comme indiqué dans les recommandations de la Haute Autorité de Santé ainsi que celles de la Société Française d'Étude des Migraines et Céphalées et afin de mieux orienter les décisions thérapeutiques, le migraineux doit être évalué en termes de retentissement fonctionnel, de retentissement émotionnel et de consommation médicamenteuse. Cette évaluation peut également concerner la prévention du risque vasculaire notamment chez les migraineuse présentant une migraine avec aura.

3.1. Évaluation du retentissement fonctionnel

Le retentissement fonctionnel de la migraine est essentiel à évaluer car il représente une des conséquences délétères de cette maladie. *In fine*, il se traduit par une altération de la qualité de vie qui va être présente bien évidemment pendant les crises mais également en dehors des crises et qui va affecter les différents domaines de la vie du migraineux : professionnelle, domestique et relationnelle. Ce retentissement est évalué essentiellement par l'analyse de l'agenda des céphalées et la recherche de conduites d'évitement secondaires au fait que le migraineux peut être conduit à vivre en fonction de la survenue éventuelle des crises migraineuses. L'existence de telles conduites d'évitement est un élément clinique qui conduit souvent à poser l'indication d'un traitement de fond. Ce retentissement peut-être quantifié par des échelles telles l'échelle HIT-6 et l'échelle MIDAS.

3.2. Évaluation du retentissement émotionnel

Le retentissement émotionnel de la migraine est parfois difficile à distinguer de la comorbidité anxio-dépressive intrinsèque qui caractérise la migraine. Son évaluation demande essentiellement du temps et de l'écoute sachant que le migraineux est souvent conscient de cette composante mais qu'il n'ose pas l'aborder de peur que sa migraine soit « psychiatrisée ». Ce retentissement doit être appréhendé car ses conséquences sont importantes. En effet, sa dimension dépressive participe grandement à l'altération de la qualité de vie du migraineux, sa dimension anxieuse est un facteur favorisant les prises médicamenteuses anticipatoires et donc l'abus médicamenteux et ces deux dimensions peuvent par ailleurs justifier d'un traitement propre indépendamment du traitement antimigraineux. Ce retentissement émotionnel peut être quantifié par des échelles tel l'échelle HAD.

3.3. Évaluation de la consommation médicamenteuse

Le troisième élément de l'évaluation de la migraine est la consommation médicamenteuse en termes de traitement de crise. Cet élément est capital car, outre l'altération de la qualité de vie, la grande complication de la migraine est le développement d'une céphalée chronique quotidienne qui est favorisée par l'abus médicamenteux. La consommation médicamenteuse est au mieux évaluée par l'agenda des crises tenu prospectivement afin d'éviter la sous-estimation ou, au contraire, la surestimation de cette consommation qui peuvent résulter de biais de remémoration lors de l'interrogatoire. Cette évaluation est d'autant plus importante que le migraineux présente les facteurs de risque d'abus médicamenteux que constituent : l'existence d'épisodes de céphalée de tension entre les crises avec l'impossibilité pour le sujet de faire le *distinguo* entre crise migraineuse et céphalée de tension en début d'épisode céphalalgique, une comorbidité anxieuse favorisant des prises médicamenteuses anticipatoires et l'usage de traitements de crises contenant des principes psycho-actifs (opioïdes, caféine…) qui favorisent l'abus médicamenteux. Dans le cadre de cette évaluation, il est important de rappeler au migraineux le seuil de consommation définissant le pré-abus, à savoir une utilisation du traitement de crise 6 à 8 jours par mois, sachant qu'une telle utilisation est retenue comme seuil du pré-abus à la condition d'être régulière et prolongée (sur au moins 3 mois).

3.4. Évaluation du risque vasculaire

Cette dernière facette de l'évaluation concerne essentiellement les migraineuses souffrant d'une migraine avec aura. En effet, les migraineuses souffrant de migraine avec aura ont un risque neuro-vasculaire augmenté. Ce risque est particulièrement augmenté chez les jeunes femmes (moins de 35 ans) et s'il existe d'autres facteurs de risque vasculaire, notamment un tabagisme et l'utilisation d'une contraception estro-progestative. Ainsi, il est recommandé aux jeunes femmes souffrant de migraine avec aura de ne pas fumer et d'utiliser une contraception orale purement progestative ou un mode de contraception non oral.

BIBLIOGRAPHIE

■ LA RÉFÉRENCE À RETENIR

– Donnet A., Céphalées primaires, *La Revue du Praticien*, 2008 ; 58 : 608-615.

■ POUR ALLER PLUS LOIN

– Haute Autorité de Santé, Recommandations pour la pratique clinique – Prise en charge diagnostique et thérapeutique de la migraine chez l'adulte et l'enfant : aspects cliniques et économiques, Octobre 2002, **www.has-sante.fr**

– Headache Classification Committee of the International Headache Society, The International Classification of Headache Disorders, 3rd edition (beta version), Cephalalgia 2013, 33 : 629-808.

– Lanteri-Minet M., Valade D., Géraud G., Lucas C., Donnet A., Recommandations pour le diagnostic et le traitement de la migraine chez l'adulte et chez l'enfant, *Rev. Neurol.*, 2013 ; 169 : 14-29.

POINTS-CLÉS

- La migraine affecte plus de 10 % de la population générale.
- La migraine peut s'exprimer dans des crises **sans et/ou avec aura**.
- Le diagnostic de la migraine repose sur les critères diagnostiques de la classification internationale des céphalées repris dans les recommandations de la HAS.
- Le diagnostic de migraine est **purement clinique**.

+++ LE COUP DE POUCE DE L'ENSEIGNANT

- Chez tous les migraineux, l'évaluation concerne le retentissement fonctionnel, le retentissement émotionnel et la consommation médicamenteuse.
- Chez les migraineuses souffrant de migraine avec aura, l'évaluation concerne la prévention du risque neuro-vasculaire.

ANCIEN PROG. / **Maladies et grands syndromes**
Module 6

Item 262
Item 65

NOUVEAU PROG. / **UE 4**

Item 97

CHAPITRE **22**

Démarche diagnostique devant une algie vasculaire de la face

Dr Anne Donnet*, Dr Michel Lantéri-Minet**

* PH, Centre d'Évaluation et Traitement de la Douleur,
  Pôle Neurosciences Cliniques, Hôpital Timone, Marseille

** PH, Département d'Évaluation et Traitement de la Douleur,
  Pôle Neurosciences Cliniques du CHU de Nice, Hôpital Cimiez, Nice

PLAN DU CHAPITRE

1. Diagnostic positif de l'algie vasculaire de la face
   1.1. Le diagnostic clinique
   1.2. L'évolution temporelle et la périodicité
      1.2.1. La forme épisodique d'algie vasculaire de la face
      1.2.2. La forme chronique d'algie vasculaire de la face
   1.3. Les facteurs déclenchants

2. Diagnostic différentiel de l'algie vasculaire de la face
   2.1. Élimination d'une céphalée secondaire
   2.2. Élimination d'une autre céphalée primaire et d'une névralgie faciale
   2.3. Élimination d'une autre céphalée trigémino-autonomique

OBJECTIFS PÉDAGOGIQUES

- Faire le diagnostic clinique d'une algie vasculaire de la face.
- Comprendre les mécanismes physio-pathologiques qui sous-tendent cette maladie.
- Savoir différentier l'algie vasculaire de la face d'autres céphalées primaires, en particulier la migraine, et d'autres névralgies crâniennes.
- Connaître les autres céphalées trigémino-autonomiques, en dehors de l'algie vasculaire de la face.

MOTS CLÉS : algie vasculaire de la face ; céphalée trigémino-autonomique ; hypothalamus, périodicité.

© MEDLINE

- **L'algie vasculaire de la face** (dénommée *cluster headache* par les anglophones) est la principale des céphalées trigémino-autonomiques qui constituent le troisième groupe de céphalées primaires au sein de la classification internationale des céphalées.

- **De prévalence précise inconnue**, elle fait néanmoins partie des maladies orphelines qui sont définies par une prévalence *a priori* inférieure à 1/2000.

- **Ses autres caractéristiques épidémiologiques sont :** sa très nette prédominance masculine, le fait qu'elle débute le plus souvent entre 20 et 40 ans et son association fréquente à un tabagisme. En dépit de sa rareté, l'algie vasculaire de la face doit être reconnue, car c'est d'une des affections les plus douloureuses qui existent, l'intensité douloureuse pouvant être quasiment suicidaire.

- **Comme la migraine, elle se traduit cliniquement par des crises qui se répètent.** Même si elle est suspectée, une prédisposition génétique est moins évidente qu'en ce qui concerne la migraine (les antécédents familiaux sont beaucoup moins fréquents pour l'algie vasculaire de la face que pour la migraine). Cette répétition serait due à l'existence d'un **générateur situé au niveau hypothalamique** dans une région participant aux rythmes biologiques. Il s'agit donc d'une **maladie chronobiologique**. La crise d'algie vasculaire de la face est supportée par une activation du système trigémino-vasculaire (comme la crise migraineuse) qui s'associe à une activation parasympathique probablement réflexe qui majore la vasodilatation induite par l'activation trigémino-vasculaire et qui explique la majorité des signes dysautonomiques contemporains de la crise.

> La démarche diagnostique suppose de connaître les critères diagnostiques permettant de faire le diagnostic positif de l'algie vasculaire de la face et demande également de savoir en faire le diagnostic différentiel.

1. Diagnostic positif de l'algie vasculaire de la face

1.1. Le diagnostic clinique

Le diagnostic positif de l'algie vasculaire de la face est **purement clinique** et repose sur des critères diagnostiques qui sont très clairement définis dans la classification internationale des céphalées (tableau 1).

Tableau 1. CRITÈRES DIAGNOSTIQUES DE L'ALGIE VASCULAIRE DE LA FACE
A. Au moins 5 crises répondant aux critères B à D.
B. Douleur unilatérale sévère à très sévère, orbitaire, supra-orbitaire et/ou temporale durant 15 à 180 minutes sans traitement.

C. Au moins un des critères suivants :
• Au moins un des symptômes ou signe suivants homolatéraux à la céphalée :
  – injection conjonctivale et/ou larmoiement ;
  – congestion nasale et/ou rhinorrhée ;
  – œdème palpébral ;
  – sudation du front ou de la face ;
  – rougeur du front et de la face ;
  – sensation de plénitude de l'oreille ;
  – myosis et/ou ptosis.
• Agitation motrice.

D. Fréquence des crises variant d'une crise un jour sur deux à huit crises par jour dans plus de la moitié du temps quand la période est active.
E. Pas d'autre cause.

Ces critères diagnostiques résument parfaitement la présentation d'une crise d'algie vasculaire de la face. Il s'agit d'une crise douloureuse strictement unilatérale, à prédominance orbitaire, d'une extrême sévérité, et que le patient va décrire avec un verbatim très imagé : « … C'est comme si on m'arrachait l'œil… ; … C'est comme si on m'enfonçait un pieu dans l'œil… ». Le début est très rapide ou même brutal, la crise durant ensuite entre 1/4 d'heure et 3 heures (la durée moyenne étant de 45 à 60 minutes). La crise s'associe à une dysautonomie focale homolatérale, se traduisant donc uniquement par des signes au niveau de l'hémiface douloureuse. Cette dysautonomie témoigne avant tout d'une hyperactivité parasympathique, ce qui explique que les signes les plus fréquents sont le larmoiement, l'injection conjonctivale et les modifications narinaires (obstruction nasale ou rhinorrhée). Plus rarement, elle peut traduire un hypofonctionnement sympathique, qui s'exprime notamment par un syndrome de Claude Bernard Horner partiel (chute de la paupière supérieure et myosis). Les signes dysautonomiques ne sont présents que pendant la crise sauf le syndrome de Claude Bernard Horner qui peut persister entre les crises. Enfin, au cours de la crise, le comportement du patient est caractéristique, avec une agitation motrice, qui peut être majeure pouvant le conduire à des gestes auto et/ou hétéro-agressifs.

1.2. L'évolution temporelle et la périodicité

L'algie vasculaire de la face peut se présenter sous deux formes : une **forme épisodique** ou une **forme chronique** (un même patient pouvant passer alternativement d'une forme à l'autre).

1.2.1. La forme épisodique d'algie vasculaire de la face

- La forme épisodique, qui est la plus fréquente (80 % des cas), se caractérise par une double périodicité circannuelle et circadienne.
- La **périodicité circannuelle** fait que le patient ne souffre que par périodes ou « cycles » (d'une durée moyenne d'un à deux mois), entrecoupées de rémissions au cours desquelles il ne présente plus aucune crise (la fréquence des périodes douloureuses variant le plus souvent d'une toutes les deux ans à deux par an).
- La **périodicité circadienne** s'exprime pendant la période douloureuse au cours desquelles le patient présente des crises pratiquement tous les jours, avec un horaire de survenue souvent régulier (fréquemment après les repas et la nuit réveillant brutalement le patient).
- Cette double périodicité très spécifique est un élément important du diagnostic positif de l'algie vasculaire de la face au moins dans sa forme épisodique.

1.2.2. La forme chronique d'algie vasculaire de la face

La forme chronique, moins fréquente (20 %), ne s'accompagne pas de la périodicité circannuelle, puisque, par définition, il s'agit d'une forme qui se caractérise par l'absence de rémission sur l'année (ou des rémissions d'une durée inférieure à un mois). Par contre, la périodicité circadienne peut persister dans la forme chronique de l'algie vasculaire de la face.

1.3. Les facteurs déclenchants

Les patients souffrant d'algie vasculaire de la face décrivent moins de facteurs déclenchant les crises, que les patients souffrant d'autres céphalées primaires comme la migraine. Néanmoins, les crises d'algie vasculaire de la face peuvent être déclenchées par la consommation d'alcool et les situations d'hypoxie (séjours en altitude, voyage aérien en cabine pressurisée).

2. Diagnostic différentiel de l'algie vasculaire de la face

Le diagnostic différentiel de l'algie vasculaire de la face doit successivement éliminer une céphalée secondaire, éliminer une autre céphalée primaire, et une névralgie faciale et écarter une autre céphalée trigémino-autonomique.

2.1. Élimination d'une céphalée secondaire

- **Cette étape du diagnostic différentiel** se pose essentiellement avant que la répétition des crises n'ait rendu évident le diagnostic d'algie vasculaire de la face dans sa forme épisodique ou chronique. Initialement et notamment lors de la première crise, la situation est celle d'une céphalée paroxystique inaugurale (*cf.* chapitre *Démarche diagnostique générale face à une céphalée*). En raison de la prédominance orbitaire de la douleur, la crise conduit à un avis ophtalmologique qui s'avère normal.

- **En fait deux pathologies peuvent parfois se présenter avec une douleur faciale sévère et des signes dysautonomiques ou pseudo-dysautonomiques :**
  - il s'agit tout d'abord de la **dissection de la carotide** au cours de laquelle la douleur habituellement cervicale peut s'étendre à la face et qui peut s'associer à un syndrome de Claude Bernard Horner partiel par irritation du sympathique cervical par le processus disséquant ;
  - il s'agit également de la **sinusite éthmoïdo-sphénoïdale** au cours de laquelle la douleur orbitaire peut être associée à un œdème palpébral qui prédomine typiquement au niveau de la paupière supérieur.

> De fait, devant un premier épisode douloureux évoquant une algie vasculaire il convient d'explorer les vaisseaux du cou par bilan ultrasonographique et résonnance magnétique et d'explorer les sinus profonds par tomodensitométrie et résonnance magnétique.

- **Quand la répétition des crises s'est installée**, le diagnostic différentiel avec une céphalée secondaire se pose beaucoup moins. Néanmoins, des associations entre algie vasculaire de la face (même de présentation clinique typique) et des tumeurs hypophysaires ou des processus pathologiques du sinus caverneux ont été rapportées. Ainsi, même dans ces formes en apparence évidentes, l'exploration encéphalique par résonnance magnétique doit être réalisée, d'autant qu'il est souvent difficile de persuader de l'absence d'intérêt des examens complémentaires un patient souffrant d'algie vasculaire de la face.

2.2. Élimination d'une autre céphalée primaire et d'une névralgie faciale

Une fois une céphalée secondaire écartée, il convient d'éliminer une céphalée primaire au premier rang desquelles une migraine sans aura et surtout une névralgie faciale. **Cette étape est exclusivement clinique et repose sur l'analyse séméiologique** : elle est relativement facile, tant les caractéristiques de l'algie vasculaire de la face, de la migraine sans aura et de la névralgie faciale sont différentes (tableau 2).

	MIGRAINE SANS AURA	ALGIE VASCULAIRE DE LA FACE	NÉVRALGIE FACIALE
Tableau 2. DIFFÉRENCES SÉMIOLOGIQUES ENTRE UNE MIGRAINE SANS AURA, UNE ALGIE VASCULAIRE DE LA FACE ET UNE NÉVRALGIE FACIALE			
Ratio ♀/♂ (âge de début habituel)	3/1 (20-40 ans)	1/5 (20-40 ans)	2/1 (> 60 ans)
Périodicité	partielle	circannuelle et circadienne	absente
Durée des crises	4-72 heures	15-180 minutes	salves de quelques minutes
Intensité des crises	modérée à sévère	sévère à très sévère	sévère à très sévère
Tonalité des crises	pulsatile	térébrante	électrique
Latéralisation des crises	possible	stricte	stricte
Topographie des crises	hémicrânienne	orbitaire	mandibulaire et maxillaire
Dysautonomie	possible si crise intense	majeure	parfois en fin de crise
Comportement	repli	agitation motrice	contracture faciale (tic)
Facteurs déclenchant les crises	multiples et variés	alcool et situations d'hypoxie	stimulation zones gâchettes

2.3. Élimination d'une autre céphalée trigémino-autonomique

- Cette dernière étape du diagnostic différentiel est essentiellement l'affaire du spécialiste. À côté de l'algie vasculaire de la face, il existe d'autres céphalées trigémino-autonomiques, encore plus rares, dont le dénominateur commun est une activation couplée du système trigémino-vasculaire et du système parasympathique, qui va se traduire par une douleur céphalique strictement latéralisée associée à une dysautonomie focale homolatérale.

- Ces autres céphalées trigémino-autonomiques sont l'*hémicrânie paroxystique chronique* (qui se différencie de l'algie vasculaire de la face par des crises plus courtes – 3 à 30 minutes – mais plus fréquentes – souvent plus de 10 par jour – et une réponse spectaculaire à l'indométacine), l'*hemicrania continua* (qui se différencie de l'algie vasculaire de la face par la présence d'un fond douloureux hémifacial constant d'intensité modérée sur lequel se greffent des accès douloureux paroxystiques d'intensité plus importante associés à des signes dysautonomiques – et une réponse spectaculaire à l'indométacine), le *syndrome SUNA* et le *syndrome SUNCT* (qui se différencient de l'algie vasculaire de la face par des crises encore plus courtes – 5 à 240 secondes – et plus fréquentes – parfois jusqu'à 200 par jour – ainsi que par la tonalité très neuropathique de la douleur).

BIBLIOGRAPHIE

■ LA RÉFÉRENCE À RETENIR

– Donnet A., Céphalées primaires, *La Revue du Praticien*, 2008 ; 58 : 608-615.

■ POUR ALLER PLUS LOIN

– Fabre N., *Algie vasculaire de la face et céphalées trigémino-dysautonomiques*, in : G. Géraud, N. Fabre, M. Lantéri-Minet et D. Valade (eds), Elesvier Masson SAS, Paris, 2009, pp. 155-163.

– Headache Classification Committee of the International Headache Society, The International Classification of Headache Disorders, 3rd edition (beta version), Cephalalgia 2013, 33 : 629-808.

POINTS-CLÉS

- L'algie vasculaire de la face est considérée comme une **maladie orpheline** bien que sa prévalence exacte soit inconnue.

- L'algie vasculaire de la face est **la plus douloureuse des céphalées primaires** et une des affections les plus douloureuses qui existent.

- **L'algie vasculaire de la face est la principale des céphalées trigémino-autonomiques** qui se sont supportées par une activation trigémino-vasculaire et parasympathique couplée.

- **L'algie vasculaire de la face se traduit par des crises douloureuses péri-orbitaires** strictement latéralisées, d'intensité majeure, durant de 15 à 180 minutes et s'associant à des signes d'hyperactivité sympathique sur l'hémiface douloureuse (injection conjonctivale, larmoiement, modifications narinaires) et à une agitation motrice.

- **La forme clinique la plus fréquente (80 % des cas) est épisodique** se caractérisant par une double périodicité circannuelle et circadienne.

CHAPITRE 23

Démarche diagnostique devant une névralgie faciale essentielle

Dr Anne Donnet*, Dr Michel Lantéri-Minet**

* PH, Centre d'Évaluation et Traitement de la Douleur,
Pôle Neurosciences Cliniques, Hôpital Timone, Marseille

** PH, Département d'Évaluation et Traitement de la Douleur,
Pôle Neurosciences Cliniques du CHU de Nice, Hôpital Cimiez, Nice

---

PLAN DU CHAPITRE

1. Diagnostic positif de la névralgie faciale dite « essentielle »

   1.1 Le territoire de la douleur de la névralgie faciale

   1.2. La tonalité et l'intensité de la douleur

   1.3. L'évolution temporelle

   1.4. Les zones gâchette

   1.5. Les examens complémentaires

2. Diagnostic différentiel de la névralgie faciale dite essentielle

   2.1. Élimination d'une névralgie faciale secondaire

   2.2. Élimination des céphalées primaires paroxystiques et des autres névralgies du segment céphalique

---

OBJECTIFS PÉDAGOGIQUES

- Faire le diagnostic clinique d'une névralgie du trijumeau.
- Comprendre les mécanismes physio-pathologiques qui sous-tendent cette maladie.
- Connaître les éléments d'alarme en faveur d'une névralgie du trijumeau secondaire.
- Savoir différencier la névralgie du trijumeau, d'autres névralgies crâniennes et des céphalées primaires.

MOTS CLÉS : conflit vasculo-nerveux ; décharge électrique ; névralgie du trijumeau ; tic douloureux ; zone gâchette.

© MEDLINE

- **La névralgie faciale (ou du trijumeau) dite « essentielle » est une entité dont la prévalence précise est inconnue.** C'est une **entité pathologique rare**, mais qui doit être reconnue tant l'intensité douloureuse qui la caractérise est sévère, et justifie un traitement adapté. **La démarche qui supporte son diagnostic doit également être rigoureuse**, afin d'éliminer toute névralgie faciale secondaire qui pourrait témoigner d'un processus lésionnel ou d'une maladie neurologiques.

> La névralgie faciale dite **« essentielle »** se traduit par une douleur névralgique faciale, se répétant en brèves salves et traduisent des décharges ectopiques au niveau du nerf trijumeau.

- Cette névralgie n'a d'« essentielle » que l'appellation, car il existe actuellement un consensus assez largement partagé faisant de cette dernière une névralgie faciale secondaire à un **conflit vasculo-nerveux**, le plus souvent lié à une boucle de l'artère cérébelleuse supérieure au contact de l'émergence du nerf trijumeau au niveau du tronc cérébral. Ce conflit serait à l'origine des décharges ectopiques et justifie chez certains patients une décompression vasculo-nerveuse microchirurgicale qui se veut un traitement quasiment étiologique.

- **La démarche diagnostique** suppose de connaître la présentation clinique permettant de faire le diagnostic positif de la névralgie faciale dite « essentielle » et de connaître les signes cliniques d'alarme permettant de suspecter une névralgie faciale secondaire. Dans cette démarche, le diagnostic différentiel avec les céphalées primaires pose peu de problème, mais il convient de savoir distinguer la névralgie faciale dite « essentielle » des autres névralgies du segment céphalique.

1. Diagnostic positif de la névralgie faciale dite « essentielle »

Typiquement, la névralgie faciale dite « essentielle » débute chez un sujet ayant dépassé la soixantaine avec une légère prédominance féminine.

1.1. Le territoire de la douleur de la névralgie faciale

Elle se traduit par une douleur dont la topographie se projette dans une des territoires d'innervation du nerf trijumeau et de ses trois branches : **ophtalmique** (V1), **maxillaire supérieure** (V2) et **maxillaire inférieure** (V3) (*cf.* figure 1). En fait, la névralgie faciale dite « essentielle » affecte le plus souvent le territoire du V2 ou celui du V3, voire les deux territoires simultanément faisant que les patients vont spontanément consulter leur dentiste, pensant initialement que la douleur maxillaire et/ou mandibulaire témoigne d'un problème dentaire. Il est important d'insister sur le fait que le début d'une névralgie faciale au niveau du territoire du V1 doit faire suspecter une névralgie faciale secondaire (*cf.* paragraphe 2. *Diagnostic différentiel de la névralgie faciale essentielle*).

Figure 1. SYSTÉMATISATION DE L'INNERVATION TRIGÉMINALE DE LA FACE

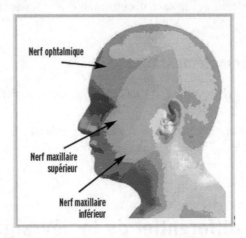

Au-delà de la topographie, la douleur de la névralgie faciale dite essentielle présente d'autres caractéristiques sémiologiques.

1.2. La tonalité et l'intensité de la douleur

Sa tonalité est du registre neuropathique avec un verbatim la décrivant comme « ... une **décharge électrique**... » ou « ... un coup de couteau... », son intensité étant perçue comme sévère à très sévère.

1.3. L'évolution temporelle

Son profil temporel est très paroxystique avec des accès douloureux de quelques secondes, se regroupant en salves de quelques minutes apparaissant de façon aléatoire sans aucune périodicité.

1.4. Les zones gâchettes

- Au cours de ces salves, la stimulation de **zones gâchettes** déclenche les accès :
  - ces zones gâchettes peuvent être *cutanées* expliquant que la toilette, le maquillage, le rasage ou le simple effleurement déclenchent les crises ;
  - elles peuvent également être *endo-buccales* faisant que la mastication, l'élocution, le brossage des dents ou la simple ouverture de la bouche même de faible amplitude déclenchent les crises.

- Lors des accès douloureux, le sujet présente fréquemment une contracture réflexe de la musculature jugale, expliquant l'appellation de « **tic douloureux de la face** », qu'avait donné Trousseau à la névralgie faciale dite essentielle. Hormis cette contracture réflexe, la névralgie faciale dite essentielle est habituellement totalement isolée sur le plan sémiologique. Certains patients peuvent néanmoins présenter en fin de salve douloureuse des signes dysautonomiques homolatéraux (injection conjonctivale, larmoiement), mais ces derniers sont discrets et surviennent surtout si les crises sont d'intensité sévère, ou anciennes.

- **Le diagnostic positif de la névralgie faciale dite essentielle est purement clinique**, reposant sur les caractéristiques de la douleur décrites ci-dessus, sur l'absence de toute symptomatologie sensitivo-douloureuse entre les salves douloureuses et sur la stricte normalité de l'examen clinique avec

© MEDLINE

notamment une intégrité du nerf trijumeau se traduisant par une sensibilité normale de la face, la normalité du reflexe cornéen et l'absence d'amyotrophie des muscles masticateurs (masséter et temporal).

1.5. Les examens complémentaires

Une fois son diagnostic posé cliniquement, la névralgie faciale dite essentielle ne justifie pas d'examen complémentaire.

Un examen par résonnance magnétique peut néanmoins être indiqué à la recherche d'un conflit vasculo-nerveux. Dans ce cas, le radiologue doit en être informé du diagnostic, car la recherche d'un tel conflit impose la réalisation de séquences particulières.

2. Diagnostic différentiel de la névralgie faciale dite essentielle

Le diagnostic différentiel de la névralgie faciale dite essentielle doit avant tout faire éliminer une **névralgie faciale secondaire**.

Dans un second temps, il convient également d'éliminer les céphalées primaires à expression paroxystique, ainsi que les autres névralgies affectant le segment céphalique.

2.1. Élimination d'une névralgie faciale secondaire

La suspicion d'une névralgie faciale secondaire repose sur des symptômes et/ou des signes cliniques considérés comme des drapeaux rouges.

DRAPEAUX ROUGES DEVANT FAIRE SUSPECTER UNE NÉVRALGIE FACIALE SECONDAIRE
• Sujet de moins de 50 ans.
• Névralgie bilatérale.
• Névralgie débutant dans le territoire du V1
• Présence de symptômes sensitivo-douloureux entre les salves douloureuses
• Absence totale de zones gâchettes
• Symptômes associés (hypoacousie, vertiges, faiblesse à la mastication)
• Signes d'atteintes du trijumeau (hypoesthésie cornéenne ++, déficit sensitif, amyotrophie des muscles masticateurs)
• Autres signes (atteinte des voies longues, syndrome cérébelleux, atteinte d'autres nerfs crâniens)

Les étiologies de névralgie faciale secondaire les plus fréquentes étant les processus pathologiques (notamment tumoraux) de l'angle ponto-cérébelleux et la sclérose en plaques, l'examen complémentaire de première intention est alors l'imagerie cérébrale par résonnance magnétique.

2.2. Élimination des céphalées primaires paroxystiques et des autres névralgies du segment céphalique

L'élimination des céphalées primaires paroxystiques repose sur l'analyse sémiologique et est relativement facile, tant les caractéristiques de l'algie vasculaire de la face et de la migraine sans aura sont différentes de celles de la névralgie faciale dite essentielle (Tableau « coup de pouce de l'enseignant »).

L'élimination des autres névralgies du segment céphalique concerne essentiellement la **névralgie du glosso-pharyngien**, névralgie plus rare, qui présente le même profil temporel et la même tonalité, mais une topographie siégeant au niveau de l'amygdale, du conduit auditif externe, de la base de la langue, avec une irradiation dans l'oreille et un déclenchement électif par la déglutition. La névralgie du glosso-pharyngien peut également être associée à des pertes de connaissance.

BIBLIOGRAPHIE

■ LA RÉFÉRENCE À RETENIR

– Lantéri-Minet M., « Névralgie faciale », *La Revue du Praticien*, 2008, 58 : 607.

■ POUR ALLER PLUS LOIN

– Valade D., « Névralgies cranio-faciales et autres douleurs », *In* : G. Géraud, N. Fabre, M. Lantéri-Minet et D. Valade (eds), *Elsevier Masson SAS*, Paris, 2009, pp. 309-332.

– Headache Classification Committee of the International Headache Society. The International Classification of Headache Disorders, 3rd edition (beta version). Cephalalgia 2013, 33 : 629-808.

POINTS-CLÉS

- **La névralgie faciale dite essentielle est rare** mais sa prévalence exacte est inconnue.
- La névralgie faciale dite essentielle est une des affections les plus douloureuses qui existent.
- La névralgie faciale dite essentielle est en fait le plus souvent **secondaire à un conflit vasculo-nerveux à l'émergence du V** au niveau du tronc cérébral.
- La névralgie faciale dite essentielle a une présentation caractéristique du fait de sa **topographie dans les territoires V2 et V3**, de sa tonalité, de son profil temporel et de l'existence de zones gâchettes.
- Il existe des névralgies faciales secondaires (tumeurs de l'angle ponto-cérébelleux, sclérose en plaques) qui doivent être éliminées par la réalisation d'une imagerie cérébrale par résonance magnétique devant certains signes d'alarme.

DIFFÉRENCES SÉMIOLOGIQUES ENTRE UNE MIGRAINE SANS AURA, UNE ALGIE VASCULAIRE DE LA FACE ET UNE NÉVRALGIE FACIALE

	MIGRAINE SANS AURA	ALGIE VASCULAIRE DE LA FACE	NÉVRALGIE FACIALE
Ratio ♀/♂ (âge de début habituel)	3/1 (20-40 ans)	1/5 (20-40 ans)	2/1 (> 60 ans)
Périodicité	partielle	circannuelle et circadienne	absente
Durée des crises	4-72 heures	15-180 minutes	salves de quelques minutes
Intensité des crises	modérée à sévère	sévère à très sévère	sévère à très sévère
Tonalité des crises	pulsatile	térébrante	électrique
Latéralisation des crises	possible	stricte	stricte
Topographie des crises	hémicrânienne	orbitaire	mandibulaire et maxillaire
Dysautonomie	possible si crise intense	majeure	parfois en fin de crise
Comportement	repli	agitation motrice	contracture faciale (tic)
Facteurs déclenchant les crises	multiples et variés	alcool et situations d'hypoxie	stimulation zones gâchettes

CHAPITRE **24**

Démarche diagnostique devant une céphalée chronique quotidienne (CCQ)

Dr Michel Lantéri-Minet*, Dr Anne Donnet**

* PH, Département d'Évaluation et Traitement de la Douleur,
Pôle Neurosciences Cliniques du CHU de Nice, Hôpital Cimiez, Nice

** PH, Centre d'Évaluation et Traitement de la Douleur,
Pôle Neurosciences Cliniques, Hôpital Timone, Marseille

PLAN DU CHAPITRE

1. Diagnostic de la CCQ

2. Élimination d'une CCQ secondaire

3. Identification du type de CCQ primaire

4. Identification des facteurs d'entretien de la CCQ

OBJECTIFS PÉDAGOGIQUES

– Faire le diagnostic clinique de CCQ.
– Savoir utiliser l'agenda face à un patient suspect de CCQ.
– Savoir identifier l'abus médicamenteux chez un patient souffrant de CCQ.
– Connaître les autres facteurs d'entretien d'une CCQ.

MOTS CLÉS : céphalée chronique quotidienne ; abus médicamenteux ; sevrage médicamenteux ; migraine chronique ; céphalée par abus médicamenteux.

Définition : La céphalée chronique quotidienne (CCQ) est définie comme une céphalée présente au moins 15 jours par mois depuis plus de 3 mois.

Elle correspond à un des quatre grands profils temporels que peut avoir une céphalée et sur lesquels repose la démarche diagnostique face à un patient céphalalgique (*cf.* chapitre *Démarche diagnostique devant une céphalée*).

La CCQ correspond le plus souvent à une céphalée primaire, notamment une migraine, qui s'est transformé d'un phénotype épisodique en un phénotype chronique sous l'effet de divers facteurs dont le plus fréquent est l'abus médicamenteux. Elle peut néanmoins correspondre à une céphalée secondaire et elle impose donc **une démarche diagnostique rigoureuse comprenant quatre étapes successives** : 1) diagnostic de la CCQ ; 2) élimination d'une CCQ secondaire ; 3) identification du type de CCQ primaire et 4) identification des facteurs d'entretien de la CCQ.

1. Diagnostic de la CCQ

Le diagnostic de la CCQ est contenu dans sa définition, à savoir la présence de plus de 15 jours avec céphalée par mois depuis plus de 3 mois. Le diagnostic repose donc essentiellement sur les données de l'interrogatoire. Les données de l'interrogatoire peuvent être néanmoins biaisées, certains patients ayant tendance à surestimer le nombre de jours avec céphalées qu'ils présentent dans le mois ou au contraire à le sous-estimer. De fait, le diagnostic d'une CCQ repose idéalement sur les données d'un agenda des céphalées tenu prospectivement par le patient. Parfois, les données de l'interrogatoire sont tellement imprécises, qu'il est nécessaire de demander au patient de tenir cet agenda et de le revoir un à trois mois après pour confirmer la réalité de la CCQ. Une telle attitude n'est bien évidemment envisageable que si l'on a au préalable écarté toute CCQ secondaire.

2. Élimination d'une CCQ secondaire

- Une CCQ témoigne rarement d'une céphalée secondaire mais il convient néanmoins d'être vigilant si son début date de moins d'un an. Dans ce cas, elle doit être appréhendée comme une céphalée récente d'apparition progressive et explorée comme telle à la recherche des mêmes étiologies (*cf.* chapitre *Démarche diagnostique devant une céphalée*). Elle peut également être la traduction d'une anomalie de la pression du liquide céphalo-rachidien sous la forme d'une hypotension cérébrale ou d'une hypertension intracrânienne idiopathique.

- L'hypotension cérébrale est habituellement facilement évoquée devant le caractère postural de la céphalée (qui disparaît quand le sujet est allongé et qui réapparaît dès qu'il se lève) et confirmée par l'imagerie cérébrale par résonance magnétique qui met en évidence un rehaussement méningé diffus après injection de gadolinium et un déplacement vers le bas du cerveau (avec ptose des amygdales cérébelleuses et protubérance venant se plaquer sur le clivus). Elle peut également montrer des collections sous-durales (hématome ou hydrome) qui sont déjà des complications de l'hypotension du LCR et qui peuvent être favorisées par la ponction lombaire (PL) qui est donc contre-indiquée.

- L'hypertension intracrânienne idiopathique doit être évoquée de principe devant une CCQ survenant chez un sujet obèse (notamment une jeune fille), à fortiori s'il existe des troubles visuels associés. Le fond d'œil montre alors un œdème papillaire et la PL, réalisée après une IRM confirmant l'absence de processus occupant de l'espace, vient confirmer le diagnostic d'hypertension intracrânienne en mettant en évidence une pression d'ouverture du LCR élevée.

3. Identification du type de CCQ primaire

- Cette étape de la démarche diagnostique est purement clinique reposant sur l'analyse sémiologique de la céphalée.

- Elle consiste en premier lieu à écarter les CCQ de courte durée, définies par des épisodes céphalalgiques de moins de 4 heures sans traitement. En pratique et en soins primaires, cela permet d'écarter une algie vasculaire de la face chronique qui peut avoir une expression quotidienne (*cf. Démarche diagnostique devant une algie vasculaire de la face*).
- Face à une CCQ de longue durée (épisodes céphalalgiques de plus de 4 heures sans traitement), cette étape consiste essentiellement à différencier migraine chronique et céphalée de tension chronique (*cf.* tableau 1). Cette différenciation est néanmoins souvent difficile car les sémiologies migraineuse et tensive sont souvent intriquées chez un même patient qui est souvent un ancien migraineux dont la migraine s'est transformée d'un phénotype épisodique en un phénotype chronique.

Tableau 1. DIFFÉRENCES ENTRE SÉMIOLOGIE MIGRAINEUSE ET SÉMIOLOGIE TENSIVE		
	SÉMIOLOGIE MIGRAINEUSE	**SÉMIOLOGIE TENSIVE**
Topographie	hémicrânienne	hôlocranienne
Tonalité	pulsatile	« en étau »
Intensité	modérée à sévère	faible à modérée
Influence des efforts physiques	aggravation	aucun effet
Phonophonie et photophobie	les deux	pas plus d'un (le plus souvent phonophobie)
Signes digestifs d'accompagnement	oui	non
Impact fonctionnel	modéré à sévère	faible à modéré

4. Identification des facteurs d'entretien de la CCQ

- Cette dernière étape de la démarche diagnostique face à une CCQ est essentielle car elle va grandement conditionner sa prise en charge thérapeutique.
- Elle consiste à rechercher avant tout un abus médicamenteux qui a pu induire puis entretenir la transformation de la céphalée primaire, notamment migraineuse, d'un phénotype épisodique en un phénotype chronique.
- L'abus médicamenteux peut concerner tous les médicaments utilisés pour traiter les crises migraineuses et/ou les épisodes céphalalgiques, sachant que très probablement les médicaments exposant le plus à cet abus médicamenteux sont ceux possédant des propriétés psycho-actives comme les opioïdes ou la caféine.

L'abus médicamenteux est défini par des seuils de consommation mensuelle qui sont bien établis par la classification internationale des céphalées : au moins 15 jours par mois pour le paracétamol et les anti-inflammatoires non stéroïdiens dont l'aspirine et au moins 10 jours par mois pour les triptans, les dérivés de l'ergot de seigle, les opioïdes, les associations de principes actifs antalgiques et les combinaisons de plusieurs médicaments.

Lorsqu'il y a abus médicamenteux, un sevrage médicamenteux est la première mesure thérapeutique proposée. Chez le migraineux souffrant de CCQ, c'est l'évolution du phénotype céphalalgique après sevrage qui permet de poser un diagnostic définitif : céphalée par abus médicamenteux (si la céphalée est épisodique deux mois après un sevrage bien conduit) ou migraine chronique (si la CCQ persiste deux mois après un tel sevrage).

Au-delà de l'abus médicamenteux, il existe d'autres facteurs d'entretien qu'il convient de rechercher. Parmi ces derniers, les plus importants sont la présence d'une anxiété et/ou d'une dépression et l'existence de contractures au niveau cervico-scapulaire et facial. Ces éléments peuvent bien évidemment conduire à un traitement spécifique dans le cadre de la prise en charge thérapeutique d'une CCQ.

BIBLIOGRAPHIE

■ LA RÉFÉRENCE À RETENIR

– Haute Autorité de Santé, Recommandations pour la pratique clinique – CCQ (Céphalées chroniques quotidiennes) : diagnostic, Rôle de l'abus médicamenteux, Prise en charge, Septembre 2004, **www.has-sante.fr**

■ POUR ALLER PLUS LOIN

– Lantéri-Minet M., *Céphalées chroniques quotidiennes primaires*, In : G. Géraud, N. Fabre, M. Lantéri-Minet et D. Valade (eds), Elesvier Masson SAS, Paris, 2009. pp. 145-154.

– Lanteri-Minet M., *Céphalées par abus médicamenteux*, In : G. Géraud, N. Fabre, M. Lantéri-Minet et D. Valade (eds), Elesvier Masson SAS, Paris, 2009, pp. 277-289.

– Headache Classification Committee of the International Headache Society, The International Classification of Headache Disorders, 3rd edition (beta version), Cephalalgia 2013, 33 : 629-808.

POINTS-CLÉS

- La céphalée chronique quotidienne (CCQ) est définie par la présence d'une céphalée **au moins 15 jours par mois depuis plus de 3 mois**.
- Récente (moins d'un an) elle doit toujours faire **écarter une céphalée secondaire**.
- Elle résulte le plus souvent de la transformation d'une céphalée primaire, notamment une migraine, d'un phénotype épisodique en un phénotype chronique.
- Elle doit systématiquement faire **rechercher un abus médicamenteux**.
- Elle doit également faire rechercher une composante anxio-dépressive et des facteurs musculaires d'entretien.

Syndrome douloureux régional complexe (SDRC)

CHAPITRE 25

Dr Anne Bera Louville*, Dr Bruno Veys**

* PH, Rhumatologue, Service de Rhumatologie,
Centre d'Évaluation et de Traitement de la Douleur,
Pôle de neurosciences, CHRU Lille

** PH, Médecin Centre d'Évaluation et de Traitement de la Douleur,
Fondation Hopale, Berck-sur-mer

PLAN DU CHAPITRE

MOTS CLÉS : syndrome douloureux régional complexe ; antalgiques ; rééducation ; neurostimulation ; blocs nerveux ; prise en charge physique et psychologique.

1. Définitions et diagnostic clinique

1.1. Définitions

Le Syndrome Douloureux Régional Complexe définit un groupe de patients présentant un syndrome douloureux d'un membre associé à des symptômes sensoriels, moteurs et trophiques. La douleur est indispensable au diagnostic. Complexe rapporte l'expression variée des symptômes. Le caractère régional évoque la diffusion des symptômes.

1.1.1. Algodystrophie ou Syndrome douloureux régional complexe de type 1

Le SDRC 1 suit le plus souvent un événement initial nociceptif. Il n'y a pas de lésion neurologique avérée ou mise en évidence. Il n'y a pas de systématisation neurologique. C'est un diagnostic d'élimination.

1.1.2. Causalgie ou Syndrome douloureux régional complexe de type 2

Le SDRC 2 succède à une lésion neurologique déterminée. La douleur peut être restreinte à une systématisation tronculaire. L'extension régionale est possible.

CRITÈRES DIAGNOSTIQUES DE BUDAPEST*	OUI	NON
1. Douleur permanente, disproportionnée par rapport à la cause		
2. Survenue initiale d'au moins 1 symptôme dans 3 des 4 paramètres suivants : **Sensoriel** : Hyperesthésie et/ou allodynie **Sudation/Œdème** : Modifications de la sudation et/ou apparition d'un œdème **Moteur/Trophique** : Faiblesse, tremblement ou dystonie et/ou troubles trophiques (poils, ongles, peau)		
3. Persistance lors de l'évaluation d'au moins 1 signe dans au moins 2 des paramètres suivants : **Sensoriel** : Hyperalgésie et/ou allodynie **Vasomoteur** : Modifications de couleur et/ou de température cutanée **Sudation/Œdème** : Modifications de la sudation et/ou apparition d'un œdème **Moteur/Trophique** : Faiblesse, tremblement ou dystonie et/ou troubles trophiques (poils, ongles, peau)		
4. Aucun autre diagnostic expliquant ces symptômes		

* Harden R. N., *Pain 2010*.

1.2. Diagnostic clinique

1.2.1. La Douleur

La douleur spontanée est indispensable au diagnostic d'évolutivité. Elle est continue superficielle ou profonde. Elle peut entrainer une impotence fonctionnelle variable jusqu'à l'exclusion du schéma corporel du membre concerné.

1.2.2. Troubles sensoriels

Il peut exister des douleurs provoquées de type allodynie mécanique statique ou dynamique ou allodynie thermique plus particulièrement au froid. Une hyperalgésie peut être observée.

Il peut exister une diminution de la sensibilité thermique ou douloureuse, ou une hyperalgésie.

La douleur peut être augmentée par des facteurs somato-sensoriels. D'autres anomalies sensorielles peuvent être décrites : Pseudo négligence motrice : perte des mouvements spontanés, Pseudo négligence cognitive : asomatognosie, etc.

Modification du schéma corporel.

1.2.3. Troubles vaso-moteurs et œdème

Les troubles vasomoteurs sont à type d'érythrocyanose, œdème, modification de la température cutanée. L'hypersudation peut être importante.

1.2.4. Troubles moteurs et trophiques

Les troubles trophiques sont le plus souvent tardifs (ongles striés, cassants, peau fine). Les rétractions capsulaires articulaires, tendineuses, aponévrotiques peuvent s'installer très rapidement faisant tout le pronostic de l'affection.

Il peut être observé une atrophie musculaire par sous utilisation, une diminution de la force musculaire, un tremblement fin des extrémités.

1.2.5. Formes topographiques

- **Atteinte du membre supérieur ou syndrome épaule main**. L'atteinte de l'épaule précède celle de la main. L'enraidissement de l'épaule est souvent patent. L'atteinte du coude est peu fréquente. L'atteinte du membre inférieur est beaucoup plus fréquente que celle du membre supérieur et concerne la cheville ou le pied.

- **L'atteinte de la hanche** est rare, plus souvent chez l'homme. L'IRM est, alors, indispensable afin de ne pas méconnaître une fracture souschondrale ou une ostéonécrose de hanche débutante. L'algodystrophie de hanche peut survenir au troisième trimestre de la grossesse.

- On décrit des **formes parcellaires**, limitées à un segment articulaire (la rotule, un métacarpien…), des **formes extensives**, des **formes plurifocales**.

Figure 1. FORME PARCELLAIRE : 2ᵉ RAYON DROIT POST CHIRURGIE D'UN PHLEGMON

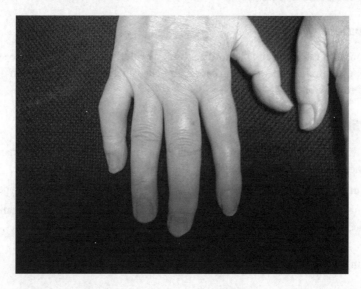

1.2.6. Phases d'évolutivité

- **La phase chaude** : Phase de début, souvent brutale, elle apparait dans les suites du traumatisme. Elle peut durer de quelques jours à environ quatre mois. Elle se manifeste par un œdème, chaud, érythrosique, parfois érythrocyanosique. Il existe une hypersudation. La douleur et l'impotence fonctionnelle sont importantes. La prise en charge doit commencer dès cette période, en particulier une antalgie efficace.

- **La phase froide** : La phase froide débute vers le quatrième mois. La peau est froide, cyanotique. Les troubles des phanères apparaissent ainsi que des troubles trophiques cutanés parfois sévères. Les douleurs peuvent rester permanentes ou ne survenir que lors de la mobilisation articulaire.

  Il existe des formes froides d'emblée. Ces formes seraient plus fréquentes chez l'enfant.

- **La phase atrophique séquellaire** : L'algodystrophie à ce stade n'est plus évolutive. L'atrophie concerne la peau, les muscles, les phanères. Il existe une rétraction aponévrotique et une raideur articulaire, sans douleur permanente ou provoquée.

1.2.7. Diagnostic étiologique

- **Facteurs traumatiques**

  N'importe quel traumatisme (chirurgie, fracture, entorse…). Il n'y a pas de relation entre l'intensité du traumatisme et l'intensité des symptômes. Le délai de survenue des symptômes est variable, au maximum trois mois.

- **Affections neurologiques**

  Accident vasculaire cérébral, hémorragie méningée, tumeur cérébrale, sclérose en plaque, SLA, atteinte nerveuse périphérique.

- **Pathologies tumorales**

  Les tumeurs intra thoraciques, leucémies, lymphomes.

- **Pathologies viscérales ou métaboliques**

  Infarctus du myocarde, phlébite, arthrite, diabète, hypertriglycéridémie, hypothyroïdie.

- **Causes médicamenteuses**

Gardénal, isoniazide, iode radioactif.

Dans, 10 % des cas aucun facteur déclenchant n'est retrouvé.

DIAGNOSTIC DIFFÉRENTIEL	
• Arthrite septique, ostéomyélite. • Arthrite microcristalline. • Mono ou oligo-arthrite rhumatismale. • Contusion post-traumatique. • Ostéonécrose, ostéochondrite. • Fracture sous chondrale. • Synovite villo nodulaire.	• Tumeurs osseuses primitives bénignes ou malignes et dysplasies osseuses. • Métastases osseuses. • Pathologies osseuses dégénératives. • Hémopathies malignes. • Maladie de Paget.

2. Examens complémentaires

Le bilan biologique, les paramètres de l'inflammation sont normaux.

2.1. Les radiographies standards et comparatives

On peut observer une hypertransparence locale et régionale des pièces osseuses par raréfaction trabéculaire et résorption corticale. Mais les radiographies peuvent être normales pendant toute l'évolution. Le SDRC étant un diagnostic d'élimination, on rappellera l'importance des signes négatifs : absence de pincement de l'interligne articulaire, absence d'érosions.

La guérison radiologique peut s'accompagner d'une restitution ad integro mais aussi, on peut observer des anomalies de type pseudo dystrophique à distance de la guérison. La radiographie peut avoir une valeur médicolégale.

Figure 2. HYPERTRANSPARENCE OSSEUSE DU 2ᵉ RAYON DROIT

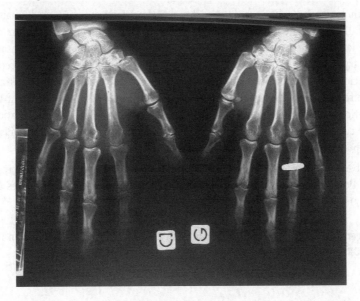

2.2. Scintigraphie osseuse au technétium

La scintigraphie osseuse au technétium participe à la validation du diagnostic. Elle apprécie l'extension locorégionale. Elle permet de ne pas méconnaître une cause sous jacente, en particulier, une fissure ou une fracture. Une **hyperfixation** au temps vasculaire, **précoce**, et au temps osseux, **tardive**, locorégionale peut être observée. Parfois l'hyperfixation peut être retardée ou migratrice au cours du temps.

L'hypofixation scintigraphique existe mais peut être favorisée par la sous utilisation du membre. Elle peut, parfois, exister chez l'enfant ou l'adolescent qui présente, souvent, une phase froide d'emblée. La scintigraphie peut être normale sans, bien sûr, éliminer le diagnostic.

2.3. Imagerie par Résonnance Magnétique

Elle peut être utilisée afin d'éliminer un diagnostic différentiel ou devant une modification brutale de la symptomatologie.

> **Certaines séquences sont indispensables** : Séquences pondérées en T2 avec saturation du signal de la graisse ou de type STIR et injection de gadolinium. Les anomalies sont le plus souvent précoces, labiles, aspécifiques, osseuses et/ou extra-osseuses. On peut observer un œdème médullaire, transitoire et migrateur. Il peut exister un épanchement intra articulaire et, parfois un rehaussement de la synoviale. Il est rapporté un œdème des tissus mous hyper intense en T2 ou après injection de gadolinium. Des fissures sous chondrales, hypo signal T1 ou T2 sont observées dans 25 % des cas.

2.4. Examens électrophysiologiques

Si l'électromyogramme est normal dans les SDRC 1, il permet de localiser la lésion dans le SDRC 2 et de conforter le diagnostic. Cet examen peut avoir un intérêt médico-légal.

3. Physiopathologie

Dans cette pathologie, il n'existe pas de modèles expérimentaux animaux ou humains, ou d'hypothèses validées. Il est constaté une réaction inflammatoire disproportionnée au cours des SDRC avec infiltration de la synoviale par des polynucléaires, avec augmentation de l'extravasation protéique (libération de tryptase, d'IL6, de TNF). Cela entraîne une sensibilisation des nocicepteurs périphériques. Ces nocicepteurs vont libérer des neuropeptides excitateurs en périphérie et au niveau de la corne postérieure de la moelle. Les neurones de la corne postérieure vont subir à leur tour une sensibilisation fonctionnelle (augmentation de l'activité électrique spontanée, augmentation des champs récepteurs). Le couplage entre efférences sympathiques et afférences primaires sensibilisées est responsable d'une hypersensibilité du système sympathique.

Enfin, on a observé des modifications fonctionnelles des structures cérébrales responsables du contrôle de la douleur, en particulier, les aires corticales somesthésiques primaires et secondaires, pouvant expliquer les perturbations sensorielles, parfois constatées.

> **Il existe, donc une sensibilisation fonctionnelle et centrale, initiée par une lésion tissulaire au cours des SDRC.**

4. Principes de la prise en charge thérapeutique

4.1. Prise en charge précoce, pluridisciplinaire

4.2. Soulager la douleur

Les douleurs sont souvent plurifactorielles. L'analyse séméiologique de ces douleurs est importante pour une antalgie adaptée : douleurs mécaniques, articulaires ; douleurs spontanées, allodynie, hyperalgésie. L'antalgie va permettre de limiter l'immobilisation, et de favoriser la rééducation.

4.3. Améliorer la fonction

Mobiliser pour prévenir ou améliorer les troubles trophiques. Améliorer la force musculaire. Réintégrer le membre dans le schéma corporel.

4.4. Rééducation suivant la règle de la non douleur

5. Prise en charge médicamenteuse

5.1. Blocs nerveux sensitivo-moteurs

Les Anesthésiques locaux (bupivacaine, ropivacaine) réduisent les phénomènes d'hyperalgésie primaire et préviennent l'hyperalgésie secondaire. Ils réduisent l'effet anti radicalaire.

Les bénéfices de l'anesthésie locorégionale dans les phénomènes de cicatrisation douloureuse ou dans la rééducation postopératoire sont connus. Cela permet probablement de réduire le risque de survenue de l'algodystrophie, ou d'améliorer plus rapidement le patient, en particulier, en limitant l'immobilisation et en favorisant une prise en charge rééducative la plus précoce possible.

5.2. Les blocs du système nerveux sympathique

Les blocs sympathiques ont largement été proposés dans les SDRC 1 sur l'hypothèse physiopathologique de dysfonctionnement prépondérant du système sympathique. En effet, les troubles vasomoteurs et les douleurs coexistaient et régressaient lors du blocage sympathique des efférences sympathiques.

Les données actuelles ne reconnaissent plus le rôle prépondérant du système sympathique dans la genèse et la pérennisation des symptômes de l'affection. Les blocs sympathiques ne peuvent représenter une thérapeutique unique. Leur indication, aujourd'hui, est vraisemblablement rare.

5.3. Traitements médicamenteux antinociceptifs

5.3.1. Antalgiques et co-antalgiques

L'utilisation du paracétamol associé ou non aux opioïdes faibles doit être proposée dans les SDRC adaptés à l'intensité de la douleur et à chaque patient.

L'intérêt des opioïdes forts n'est pas démontré.

Malgré l'activité anti-inflammatoire des corticoïdes et des AINS, il n'y a pas d'élément permettant d'affirmer leur efficacité dans les SDRC. Leur utilisation n'est pas recommandée quelque soit la phase d'évolutivité.

5.3.2. Infiltrations locales de corticoïdes

L'indication de gestes infiltratifs reste restreinte dans l'algodystrophie. Néanmoins ils peuvent parfois être réalisés quand des douleurs invalidantes par excès de nociception gênent la rééducation (exemple infiltration gléno-humérale dans le syndrome épaule main).

5.3.3. Les bisphosphonates

Les bisphosphonates sont des composés synthétiques analogues de structure du pyrophosphate inorganique. Ils s'accumulent aux sites de minéralisation et s'éliminent suivant le processus physiologique de la résorption osseuse. Les troubles de la minéralisation observés au cours de l'algodystrophie ont justifié le recours à ces molécules. Les bisphosphonates ont aussi une action anti inflammatoire in vitro et in vivo. Enfin, ils pourraient moduler l'expression de GTPases intervenant dans la transmission des influx douloureux à la corne postérieure de la moelle et dans la genèse des douleurs neuropathiques.

5.4. Traitements médicamenteux anti hyperalgésiants

5.4.1. Antidépresseurs tricycliques et antiépileptiques

La présence d'hyperesthésie, d'allodynie, d'hyperalgésie au cours des SDRC et les données physiopathologiques évoquant une sensibilisation fonctionnelle périphérique et centrale permettent de proposer ces traitements. Les modalités de prescription sont les mêmes que pour les douleurs neuropathiques.

5.4.2. Kétamine

La kétamine est un antagoniste non compétitif sélectif des récepteurs NMDA proposée lors d'essais non contrôlés dans les SDRC. Cette thérapeutique n'est pas proposée en routine, et nécessite des études complémentaires avant de pouvoir être proposée de façon validée.

6. Prise en charge rééducative

6.1. Prise en charge rééducative en phase aiguë

Il est nécessaire de prévenir les rétractions capsulaires et tendineuses, drainer l'œdème des parties molles et éviter l'exclusion fonctionnelle du membre atteint. On peut entreprendre des bains écossais, de la balnéothérapie.

On favorise une mobilisation active gérée par le patient (règle de la non douleur). Les déclenchements d'allodynie seront à éviter.

En cas d'atteinte du membre inférieur, on conseille la décharge complète pendant trois à quatre semaines, puis la reprise progressive de l'appui. La tonification musculaire doit être réalisée dés que possible. On privilégie la réintégration du membre affecté dans le schéma corporel.

6.2. Prise en charge rééducative en phase chronique

Il est nécessaire d'améliorer les amplitudes articulaires, toujours en appliquant la règle de la non douleur. La réalisation d'orthèses de posture peut être envisagée, en particulièrement la nuit. Il faut éviter l'immobilisation permanente. On s'attachera, par la suite, à récupérer la fonction du membre atteint.

7. Prise en charge non médicamenteuse

7.1. Techniques de neurostimulation

Après l'échec d'une démarche thérapeutique conventionnelle, au cours d'une prise en charge globale pluridisciplinaire, certaines techniques de neuromodulation peuvent être proposées.

7.1.1. La neurostimulation transcutanée (NSTC)

La NSTC, méthode ancienne, repose sur la théorie du portillon de Wall et Melzack. La NSTC peut être une solution thérapeutique intéressante pouvant être associée à la rééducation. L'effet antalgique de la stimulation peut favoriser la reprise des exercices physiques. L'amélioration est très variable, peu prévisible.

Figure 3. NEUROSTIMULATION TRANSCUTANÉE

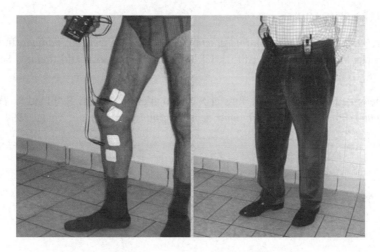

7.1.2. Stimulation médullaire à visée analgésique

La stimulation médullaire à visée analgésique est validée pour le traitement de certaines douleurs neuropathiques.

Pour certains SDRC, dont le diagnostic est validé, après une évaluation pluridisciplinaire, dans un centre d'évaluation et de traitement de la douleur, affirmant la sévérité des douleurs permanentes et provoquées, et évaluant toutes les composantes de la douleur chronique, on peut proposer cette technique.

7.2. Thérapie miroir

Chez des patients présentant un SDRC avec pseudo négligence, on peut proposer une thérapie miroir. Elle a été utilisée chez des patients amputés présentant une algo-hallucinose. On induit l'illusion de l'existence et de mouvement du membre amputé à l'aide d'un miroir où se reflète le membre sain. Le patient a donc l'illusion de voir le membre amputé réaliser des mouvements ce qui peut permettre de diminuer l'intensité des douleurs. Dans les SDRC, elle est utilisée pour diminuer la douleur, faciliter le mouvement et permettre le réapprentissage du geste.

7.3. Prise en charge psychologique

Prendre en compte l'anxiété souvent importante est important. Il est nécessaire de faire un travail de mise en confiance. On prend en charge la problématique corporel. Il faut prendre en compte les problèmes médico-légaux. On souligne l'importance de la prise en charge pluridisciplinaire.

BIBLIOGRAPHIE

■ LA RÉFÉRENCE À RETENIR

– Harden N.R. et coll., *Complex regional pain syndrome : practical diagnostic and treatment guidelines*, 4th edition, Pain Medicine, 2013 ; 14 : 180-229.

■ POUR ALLER PLUS LOIN

– Oaklander A.L., *Evidence-based pharmacotherapy for CRPS and related conditions*, In Wilson P.R., Stanton-Hicks M., Harden R.N., editors, CRPS : current diagnosis and therapy, Seattle : Press, 2005, pp. 181-200.

– Veys B., Defontaine-Catteau M.-Cl., Buisset N., Armignies Ph., Boucly E., Blond S., *Traitement des algodystrophies chroniques par les techniques de neurostimulation*, Doul. et Analg., 1998 ; 3 : 136-142.

+++ LE COUP DE POUCE DE L'ENSEIGNANT

- Le traitement du SDRC repose d'abord par les approches physiques, essentiellement la mobilisation douce.
- Il faut envisager le SDRC comme une douleur neurologique, affectant autant le système périphérique que central, et nécessitant une rééducation neurologique périphérique mais aussi centrale, pour récupérer le membre exclu.
- L'immobilisation est délétère et ne fait que retarder la guérison, et risque d'entrainer des séquelles.

ANCIEN PROG. / **Module 11**
Maladies et grands syndromes
Orientation diagnostique

Item 215
Item 279
Item 301

NOUVEAU PROG. / **UE 4**
UE 5

Items 92, 93
Item 131

CHAPITRE 26

Lombalgies et lomboradiculalgies chroniques

Pr Serge Perrot

PU-PH, Centre d'Évaluation et de Traitement de la Douleur,
Hôpital Hôtel Dieu-Cochin, Université Paris Descartes, Paris

PLAN DU CHAPITRE

1. Épidémiologie et facteurs de risque
   - 1.1. La lombalgie aiguë
   - 1.2. Lombalgie chronique et facteurs de risque de chronicité
2. La clinique : symptômes et évaluation
   - 2.1. La clinique : les symptômes
   - 2.2. L'évaluation du patient et les questionnaires adaptés
3. Les étiologies des lombalgies
   - 3.1. La lombalgie aiguë
   - 3.2. La lombalgie chronique
   - 3.3. La lombalgie post-opératoire : failed back surgery syndrome
4. Les examens complémentaires
5. Prise en charge thérapeutique
   - 5.1. Lombalgies aiguës et chroniques
   - 5.2. Lombalgies post-opératoires
   - 5.3. Les traitements utilisés dans les lombalgies

OBJECTIFS PÉDAGOGIQUES

- **Savoir différencier l'approche de la lombalgie aiguë et de la lombalgie chronique.**
- **Connaître les drapeaux rouges et les drapeaux jaunes dans la lombalgie.**
- **Connaître le concept de kinésiophobie.**
- **Connaître les particularités de la lombo-radiculalgie post-opératoire, le « failed back surgery syndrome ».**

MOTS CLÉS : lombalgie ; facteurs de risque ; lombosciatique ; post-opératoire ; rééducation ; approche socio-professionnelle.

- La lombalgie est une pathologie très fréquente, à l'origine d'un retentissement important sur la qualité de vie, notamment dans le monde du travail, avec un coût social important. La population la plus concernée par la lombalgie est la population adulte en âge de travailler.

- Nous aborderons ici le cadre du patient atteint de lombalgie commune, opéré ou non, amené à consulter auprès d'un médecin de la douleur, donc à priori non symptomatique d'une pathologie inflammatoire, néoplasique ou infectieuse.
- Il faut considérer la lombalgie et la lombosciatique comme une même pathologie, dans un continuum clinique et thérapeutique.

1. Épidémiologie et facteurs de risque

Les lombalgies affectent une forte majorité de la population. Elles touchent 70 % de la population à un moment de la vie. Les rachialgies constituent la principale cause d'incapacité à travailler chez les moins de 45 ans et la troisième chez les 45 ans et plus.

TERMES À CONNAÎTRE :

- **Lumbago :** synonyme de lombalgie aiguë.
- **Lombalgie aiguë :** lombalgie de moins de 6 semaines.
- **Lombalgie subaiguë :** lombalgie de 6 à 12 semaines.
- **Lombalgie chronique :** lombalgie de plus de 12 semaines d'évolution.

1.1. La lombalgie aiguë

La lombalgie aiguë est appelée aussi lumbago. Par définition elle dure moins de 6 semaines, mais en général elle guéri en moins de 2 à 3 semaines, dans près de 80 % des cas sans séquelles.

CONDUITE DIAGNOSTIQUE DEVANT UNE LOMBALGIE OU LOMBORADICULALGIE :

- **Première étape :** <u>drapeaux rouges</u> pour différencier lombalgie commune et lombalgie symptomatique.

  Rechercher les signes qui orientent vers une lomboradiculalgie symptomatique d'une atteinte grave sous jacente : fièvre, altération de l'état général, déficit neurologique évolutif pluriradiculaire ou central...
- **Deuxième étape :** si lombalgie commune, <u>drapeaux jaunes</u> pour rechercher les facteurs de risque de chronicité d'une lombalgie commune.

  Il importe de dépister les facteurs de risque le plus précocement, pour tenter d'empêcher le passage à la chronicité. La période la plus cruciale est la période de lombalgie subaiguë, entre 6 et 12 semaines, où il est indispensable d'agir.

LES 9 PRINCIPAUX FACTEURS DE RISQUE DE LOMBALGIE CHRONIQUE IDENTIFIÉS (DRAPEAUX JAUNES) :

- **Facteurs liés à la pathologie :** présence d'une sciatique persistante, incapacité fonctionnelle importante
- **Facteurs du domaine personnel :** âge supérieur à 45 ans, mauvais état de santé perçu, stress psychosocial, coping (stratégie pour faire face) inadapté.
- **Facteurs du domaine professionnel :** mauvaises relations interpersonnelles au travail, charge physique élevée au travail, allocations pour accident du travail.

D'après Rossignol *et al.*, 2009.

1.2. Lombalgie chronique et facteurs de risque de chronicité

La lombalgie chronique, comme toute douleur chronique, est une douleur maladie, qui va persister pendant des mois, voire des années. Dans ce contexte, les phénomènes pathologiques sont autant périphériques que centraux, et les dimensions sociales, professionnelles, mais aussi comportementales et cognitives sont importantes.

Dans les lombalgies chroniques, les préjugés sont importants, sur le rôle aggravant de l'activité physique, du sport, et sur les activités à éviter.

LA KINÉSIOPHOBIE : PEUR DU MOUVEMENT

Dans la lombalgie chronique, l'activité est perçue comme dangereuse, et le patient va développer une véritable phobie, qui va l'entraîner dans un cercle vicieux délétère (théorie de J Vlaeyen). La prise en charge cognitivo-comportementale vise à traiter la lombalgie chronique comme une véritable phobie.

---

2. La clinique : symptômes et évaluation

2.1. La clinique : les symptômes

- Symptômes :
  - douleur de la région lombaire, souvent en barre ;
  - survenue brutalement lors d'un effort ;
  - irradiation possible vers les membres inférieurs ;
  - majoration des douleurs lors des mouvements et des efforts ;
  - diminution des douleurs lors du ménagement ou du repos ;
  - la durée des symptômes est variable, souvent quelques jours (lombalgie aiguë), quelques semaines (subaiguë), parfois plusieurs années (lombalgie chronique) ;
  - les signes associés : anxiété, dépression, troubles du sommeil, sont fréquents, comme dans toutes les douleurs chroniques ;
  - l'incapacité est importante, s'agissant d'un trouble locomoteur, touchant des personnes en âge de travailler ;
  - symptômes neuropathiques : dans la région lombaire et dans l'irradiation, d'autant plus présent qu'il y a radiculopathie, irradation.

2.2. L'évaluation du patient et les questionnaires adaptés

DIFFÉRENTS NIVEAUX D'ÉVALUATION DE LA LOMBALGIE/LOMBORADICULALGIE ET LES QUESTIONNAIRES ADAPTÉS :

Les niveaux d'évaluation sont ceux de la classification internationale du fonctionnement (ICF), qui comprend 4 niveaux d'évaluation :

- **Déficience :** douleur, atrophie musculaire, questionnaire DN4 si on suspecte une atteinte neuropathique.
- **Incapacité :** trouble de la marche, questionnaire Roland-Morris ou Oswestry pour la lombalgie, questionnaire Québec pour la lomboradiculalgie.
- **Handicap :** désavantage social, professionnel, questionnaire de handicap prioritaire.
- **Qualité de vie :** questionnaire spécifique Dallas, générique SF36.

---

3. Les étiologies des lombalgies

3.1. La lombalgie aiguë

La douleur est en général liée à une atteinte discale aiguë.

> **Les lombalgies communes se différencient des lombalgies dites symptomatiques où la douleur est le témoin d'une lésion évolutive.**

Dans les lombalgies communes, il est difficile d'incriminer une structure anatomique en cause de la douleur. Il existe des phénomènes mixtes : nociceptifs et neuropathiques.

> **LES STRUCTURES IMPLIQUÉES DANS LA DOULEUR LOMBAIRE AIGUË SONT :**
>
> - Inflammation du disque : si stade dit Mobic 1 (œdème local discal en IRM).
> - Listhésis.
> - Douleurs musculaires.
> - Atteinte des structures nerveuses.

3.2. La lombalgie chronique

> **La lombalgie chronique est une douleur mixte, intriquée, où se mêlent :**
> - des phénomènes périphériques nociceptifs ;
> - des phénomènes neuropathiques périphériques, en lombaire et en irradiation ;
> - des phénomènes centraux, d'autant plus que la douleur dure.

Les études récentes en IRM fonctionnelle ont montré des modifications importantes cérébrales au cours de la lombalgie chronique, comme pour la plupart des douleurs chroniques.

Il est important de préciser que si les phénomènes sont centraux, cérébraux, cela ne signifie pas qu'il s'ait de troubles psychologiques.

3.3. La lombalgie post-opératoire : failed back surgery syndrome

La chirurgie rachidienne est une chirurgie à risque, qui doit être décidée, sauf urgence neurologique, par une approche multidisciplinaire, tenant compte du cadre professionnel et de vie du patient.

Entre 10 et 20 % des chirurgies rachidiennes sont des échecs : non guérison voire aggravation ou séquelles.

> **Une fibrose** est toujours observée en post-opératoire du rachis, dans la zone opérée. Cette fibrose n'est en aucun cas responsable des douleurs post-opératoire : c'est un tissu cicatriciel banal, présent qu'il y ait ou non des douleurs. Les douleurs post-opératoires sont essentiellement des douleurs neuropathiques dans un contexte psycho-social difficile.

4. Les examens complémentaires

- Les examens paracliniques sont habituellement inutiles au diagnostic de lombalgie, qui reste clinique.

- **On pourra éventuellement :**
  - faire des clichés de rachis standard pour évaluer la courbure, l'inégalité de longueur des membres inférieurs ;
  - IRM ou TDM si anomalie neurologique, anomalie clinique ou si les douleurs persistent depuis plus de 10 semaines.

- **Imagerie en post-opératoire :** l'IRM ou le scanner rachidien avec injection pour éliminer une complication, un fragment discal persistant. La fibrose observée est normale dans tout processus post-opératoire.

5. Prise en charge thérapeutique

5.1. Lombalgies aiguës et chroniques

Le traitement des lombalgies et lombo-radiculalgies doit prendre en compte toutes les dimensions évaluées préalablement.

Des recommandations européennes ont été élaborées en 2006 (COST B13).

IL FAUT DIFFÉRENCIER TRAITEMENT DES LOMBALGIES AIGUËS ET CHRONIQUES
• **Lombalgie aiguë** : traitement antalgique médicamenteux et reprise le plus rapidement des activités. Prise en compte des facteurs de risque pour éviter le passage à la chronicité.
• **Lombalgie chronique :**
Les traitements médicamenteux **ne sont pas très efficaces et ne doivent pas résumer le traitement.**
– **Prise en charge physique.**
– **Prise en charge psychologique.**
– **Prise en charge du contexte professionnel.**

	OBJECTIFS THÉRAPEUTIQUES	TRAITEMENT MÉDICAMENTEUX	TRAITEMENT PHYSIQUE	APPROCHE PSYCHOLOGIQUE
Lombalgie aiguë	Réduction de la douleur Prévenir la chronicité	Anti-inflammatoires Antalgiques Infiltration éventuellement	Éviter le repos Intérêt d'un maintien lombaire en aigu	Peu utile
Lombalgie chronique	Réduction de la douleur Amélioration de la fonction Réinsertion professionnelle Réduire le handicap et la dégradation de la qualité de vie	Antalgiques Infiltration et AINS inutiles	Rééducation Réentrainement à l'effort Pas d'intérêt des corsets sauf si scoliose, anomalie structurale	Indispensable surtout si litige, sentiment d'injustice.

5.2. Lombalgies post-opératoires

Il s'agit de douleurs neuropathiques, le traitement doit faire appel aux traitements des douleurs neuropathiques (*cf.* chapitre) :
- antiépileptiques ;
- antidépresseurs ;
- traitements non médicamenteux : TENS ;
- approches globales : rééducation, réentraînement à l'effort, approche professionnelle, psychologique, éventuellement handicap.

Ne plus parler de fibrose, qui n'a aucun rôle dans la survenue des douleurs, qui est une simple « cicatrice » radiologique.

5.3. Les traitements utilisés dans les lombalgies

- Modération des efforts sollicitant le dos, cependant les conseils sur le port et les techniques de levage d'objets lourds restent d'efficacité très modérée.
- Traitement d'un éventuel surpoids.
- Repos strict au lit **déconseillé**, sauf brièvement en cas de douleurs intenses.
- Ceintures et corsets lombaires : ils permettent la reprise rapide de l'activité et sont un rappel à l'ordre contre les postures nocives.
- Analgésiques de niveau I.
- Myorelaxants peu efficaces.
- Anti-inflammatoires : en aigu, ils peuvent théoriquement avoir un intérêt en cas de phénomène inflammatoire clinique (douleurs nocturnes, dérouillage matinal) ou radiologique (discopathies dégénératives avec diffusion inflammatoire dans le corps vertébral (stades MODIC 1).
- Antidépresseur tricyclique ou antiépileptiques : intérêt sur la composante neuropathique de la douleur.
- Infiltration : articulaire postérieure ou épidurale, peu utile en chronique. Interdiction par ANSM des infiltrations radioguidées, notamment en post-opératoire.
- Rééducation avec renforcement de l'activité physique, étirements, renforcement musculaire de la ceinture lombo-pelvienne, semble avoir une certaine efficacité dans les lombalgies chroniques, intérêt du réentraînement à l'effort.
- Médecines non conventionnelles : l'ostéopathie et la chiropratique ; l'acupuncture peuvent avoir une certaine action sur la douleur et la contracture musculaire, mais de manière transitoire, manipulation vertébrale : elles ne font pas l'objet de consensus, certains vont même jusqu'à réfuter leur utilité ; pourrait être utile en aigu.
- Traitement psycho-social : c'est le temps le plus important, l'évaluation du stress ainsi que de l'insatisfaction au travail ou personnelle pouvant déboucher sur des changements d'orientation.

© MEDLINE

CHAPITRE 27

La Fibromyalgie
– Les syndromes
dysfonctionnels

Dr Françoise Laroche*, Pr Serge Perrot**

* PH, Centre d'Évaluation et de Traitement de la Douleur,
Hôpital Saint Antoine, Paris

** PU-PH, Centre d'Évaluation et de Traitement de la Douleur,
Hôpital Hôtel Dieu-Cochin, Université Paris Descartes, Paris

MOTS CLÉS : douleurs dysfonctionnelles ; douleurs diffuses ; syndromes médicalement inexpliqués ; troubles somatoformes.

La fibromyalgie est une des pathologies douloureuses chroniques diffuses les plus fréquentes. Elle toucherait de 2 à 4 % de la population adulte. Sa prévalence est plus fréquente chez les femmes (3,5 % versus 0,5 %), mais dépend des critères diagnostiques utilisés. Elle est intégrée dans le cadre des douleurs dysfonctionnelles, c'est-à-dire sans lésion somatique identifiée, comme par exemple les colopathies fonctionnelles.

© MEDLINE

On parlera plutôt de syndrome que de maladie, en raison de symptômes et d'étiologies variées. C'est un syndrome dont **l'étiologie est controversée, pour certains un trouble somatoforme, pour d'autres une construction médicale.** Il reste certain que c'est une pathologie fréquente, qui n'est le plus souvent pas associée à des troubles psychiatriques caractérisés, mais à des comorbidités habituelles de la douleur chronique. Le fait de nommer cette atteinte permet de réduire l'inquiétude des patients, leur nomadisme médical, et permet surtout de construire un projet thérapeutique. Cette maladie a été reconnue par l'OMS en 1992, et en France en 2006 par l'Académie Nationale de Médecine, dans un rapport qui reconnait « la réalité de ce syndrome douloureux chronique et même sa fréquence », mais « tout en entretenant des doutes sur la légitimité d'en faire une maladie, avec les conséquences médico-sociales qui peuvent en résulter ». Il est certain que cette maladie, comme la plupart des atteintes dysfonctionnelles bouscule les visions cartésiennes de maladie liée à une cause, et aussi de séparation du corps et de l'esprit.

LES SYNDROMES DOULOUREUX DYSFONCTIONNELS :

- Fibromyalgie.
- Colopathie fonctionnelle.
- Cystalgie à urines claires (impériosités mictionnelles).
- Syndrome de Tietze (douleurs précordiales).
- Syndrome de l'articulé temporo-mandibulaire.
- Céphalées de tension.

---

1. Description de la maladie

1.1. Les critères ACR 1990 et 2010

LES CRITÈRES ACR 1990 DE CLASSIFICATION DE LA FIBROMYALGIE ASSOCIENT DEUX ITEMS :

- **Douleurs spontanées diffuses** : Syndrome douloureux diffus depuis plus de 3 mois, réparti sur l'ensemble du corps, touchant l'hémicorps gauche et droit, les parties supérieures et inférieures du corps avec une localisation axiale.
- **Douleurs à la pression (allodynie)** : perception d'une douleur à la palpation d'au moins 11 points douloureux sur 18 points identifiés.

- **De nouveaux critères ACR 2010-2011 :**

  Les critères de l'American College of Rheumatology (ACR1990) sont utiles en recherche clinique et en épidémiologie, mais ce sont des critères de classification et non des critères diagnostiques. En effet, le diagnostic est possible sans les « 11 fameux points douloureux » dans plus de 80 % des cas. De plus, le nombre de points douloureux est variable et très corrélé au niveau de « stress » ressenti par les patients. Enfin, les critères ACR n'incluent pas les autres symptômes associés : fatigue, céphalées de tension, troubles digestifs, troubles génito-urinaires, douleur temporo-mandibulaire… De nouveaux critères ont été mis au point en 2010, révisés en 2011, qui n'incluent plus l'examen clinique des points douloureux, mais incluent les autres signes cliniques, ils **permettent un diagnostic** et une **classification de la sévérité.**

1.2. Les signes cliniques

- **La douleur est le symptôme principal** :

Elle est constante et ressentie en général comme sévère. Cette douleur est à prédominance axiale, para-vertébrale, répartie au rachis cervical, dorsal, à la région lombo-fessière. Les douleurs peuvent évoluer par intermittence, être migratrices avec des périodes de crises douloureuses ou être permanentes. Les symptômes sont souvent variables d'un patient à l'autre.

- **Les autres symptômes associés** :

Les patients rapportent une asthénie dans 80 à 90 % des cas, des troubles du sommeil dans 75 % des cas, un dérouillage matinal dans 80 % des cas, des migraines ou céphalées de tension dans 50 % des cas, des troubles digestifs fonctionnels dans 50 à 60 % des cas, plus rarement un acrosyndrome vasomoteur, des dysménorrhées et/ou une instabilité vésicale.

- **Fibromyalgie isolée ou associée** :

La fibromyalgie peut être isolée, représenter un syndrome à part entière, sans étiologie précise, ou être intriquée, associée, secondaire à d'autres pathologies douloureuses ou non.

FIBROMYALGIES ASSOCIÉES À D'AUTRES ATTEINTES OU DITES SECONDAIRES :

- **Syndromes douloureux chroniques** :
  - lombalgies, arthrose ;
  - céphalées.
- **Pathologies auto-immunes et inflammatoires** :
  - lupus ;
  - polyarthrite rhumatoïde, syndrome de Gougerot-Sjögren ;
  - spondylarthrites.
- **Pathologies infectieuses** :
  - maladie de Lyme ;
  - syndromes post-viraux : hépatites, MNI...

1.3. Les examens complémentaires

Il n'existe pas de recommandations pour guider les examens complémentaires à réaliser. **Il faut limiter les examens complémentaires.**

On réalisera au minimum :
- recherche de syndrome inflammatoire : NFS, CRP ;
- dosage de vitamine D, calcium, phosphore ;
- dosage hormonaux : TSH ;
- dosages enzymes hépatiques et CPK.

Il est important d'identifier et de traiter ces pathologies car leur association à la fibromyalgie peut aggraver les symptômes.

1.4. Dépistage : questionnaire FiRST

Les critères diagnostiques étant discutés, avec la mise à disposition de critères récents ACR 2010, d'utilisation complexe, il est utile de disposer d'outils de dépistage simple, comme le DN4 pour les douleurs neuropathiques. Le questionnaire FiRST (Fibromyalgia Rapid Screening Tool) a été mis au point en 2010, et permet avec 6 questions de dépister avec une spécificité et une sensibilité de près de 85 %, une fibromyalgie.

QUESTIONNAIRE FiRST		
Vous souffrez de douleurs articulaires, musculaires ou tendineuses <u>depuis au moins 3 mois</u>. Merci de répondre à ce questionnaire, pour aider votre médecin à mieux analyser votre douleur et vos symptômes.		
Compléter ce questionnaire en répondant par oui ou par non (1 seule réponse OUI <u>ou</u> NON) à chacune des questions suivantes : mettez une croix dans la case correspondant à votre réponse.		
	OUI	**NON**
Mes douleurs sont localisées partout dans tout mon corps		
Mes douleurs s'accompagnent d'une fatigue générale permanente		
Mes douleurs sont comme des brûlures, des décharges électriques ou des crampes		
Mes douleurs s'accompagnent d'autres sensations anormales, comme des fourmillements, des picotements, ou des sensations d'engourdissement, dans tout mon corps		
Mes douleurs s'accompagnent d'autres problèmes de santé comme des problèmes digestifs, des problèmes urinaires, des maux de tête, ou des impatiences dans les jambes		
Mes douleurs ont un retentissement important dans ma vie : en particulier, sur mon sommeil, ma capacité à me concentrer avec une impression de fonctionner au ralenti		

Une réponse positive à 5 items sur 6 permet de retenir le diagnostic de fibromyalgie avec une sensibilité et spécificité de 85 %.

2. Physiopathologie

De nombreuses hypothèses et concepts ont été publiés à propos de la fibromyalgie. Les données des neurosciences, notamment l'imagerie fonctionnelle du cerveau et l'évaluation sensorielle quantitative, ont permis de mieux comprendre ces douleurs diffuses et les signes qui y sont associés, en particulier l'allodynie, les douleurs après effort, et les troubles du sommeil et de la fatigue.

On intègre le plus souvent la fibromyalgie dans le concept d'hypersensibilité centrale, ou de sensibilisation centrale. Il reste à démontrer qu'il s'agit de troubles spécifiques ou au contraire de sous-entités physiopathologiques induisant un syndrome commun.

LES HYPOTHÈSES PHYSIOPATHOLOGIQUES DE LA FIBROMYALGIE :
• **Désordre neurologique central** : hypersensibilité centrale et perte des contrôles inhibiteurs descendants. C'est actuellement la principale hypothèse.
• **Désordre neurologique périphérique** : des auteurs auraient mis en évidence des lésions périphériques des petites fibres.

>>>

- **Troubles neuro-endocriniens** : théorie du stress, d'anomalies de l'axe hypothalamo-hypophysaire et du cortisol. Ces troubles pourraient être liés à un choc psychologique ou physique initial.
- **Anomalies génétiques** : la fibromyalgie pourrait dans certains cas être liée à une anomalie génétique, avec une fréquence augmentée dans certaines familles. Des anomalies génétiques touchant le métabolisme des neuromédiateurs, leur transport, leur dégradation (sérotonine, noaradrénaline, dopamine, opioïdes...) ont été trouvées ; ces anomalies génétiques n'expliquent qu'une très faible partie de la fibromyalgie.
- **Anomalies psychologiques** : la fibromyalgie serait la conséquence d'un stress psychologique, d'un traumatisme parfois ancien. Dans certains cas, on retrouve un antécédent d'abus sexuel dans l'enfance. On trouve ici souvent une anxiété et des éléments dépressifs, comme dans la plupart des douleurs chroniques, d'autant qu'elles sont dites « inexpliquées ».
- **Carence** : des carences en vitamine D, magnésium, acides aminés, hormones thyroïdiennes, hormone de croissance (GH), estrogènes... peuvent induire des états de douleurs diffuses proches de la fibromyalgie.
- **Iatrogènes** : médicamenteuses
  Liées aux traitements par anti-aromatases, statines, béta-bloquants...
- **Troubles de l'adaptation, de la flexibilité** : il s'agit ici de théories empruntées aux approches cognitivo-comportementales. Le trouble observé serait ici une difficulté à faire face (coping) ou une dramatisation excessive (catastrophisme).

Comme toujours, la cause est probablement multifactorielle, et il est possible que l'on regroupe sous le terme de fibromyalgie des atteintes diverses, de mécanismes différents.

> **Pour les patients :**
> On expliquera aux patients qu'il s'agit probablement d'une maladie de la douleur, d'un désordre neurologique central des voies de la douleur, avec parfois une cause identifiée (traumatisme physique ou psychologique), sur un terrain génétique ou carencé favorisant.

> Le « **catastrophisme** » ou « dramatisation » est une réponse cognitive et affective à la douleur avec ruminations, désespoir et impuissance. Il induit une amplification de l'intensité de la douleur, des comportements douloureux, de la détresse émotionnelle, des évitements, du handicap et des prises médicamenteuses.

3. La prise en charge de la fibromyalgie

3.1. Principes généraux

Différentes recommandations internationales sont disponibles (EULAR 2006) et un consensus se dégage concernant la prise en charge, qui doit être multimodale et faire appel à des traitements médicamenteux d'action centrale, associés à des approches physiques et éducatives.

On expliquera aux patients que la prise en charge ne doit pas se limiter aux médicaments, qu'elle doit toujours associer une approche physique et psychologique, quelle que soit la cause ou le contexte.

3.2. Les traitements médicamenteux de la fibromyalgie

Aucun traitement n'a l'AMM pour la fibromyalgie en Europe, au contraire de l'Amérique du Nord et de l'Amérique Latine.

3.2.1. Antalgiques classiques : en général peu efficaces

- Paracétamol, anti-inflammatoires sont peu efficaces.
- Le tramadol, à action centrale duelle (opioïdergique et noradrénergique) serait plus efficace que les autres antalgiques.
- Les opioïdes : **à déconseiller**, risque d'addiction et de mésusage, peu efficaces dans la fibromyalgie.

3.2.2. Traitements du système nerveux

- **Antidépresseurs** : tricycliques et IRSNa, les ISRS sont peu efficaces.
- **Antiépileptiques** : gabapentine et prégabaline.
- **Hypnotiques** : si troubles du sommeil, agissent sur le sommeil, pas sur la douleur.

3.3. Traitements non médicamenteux de la fibromyalgie

3.3.1. Approches multidisciplinaires

Les approches multidisciplinaires sont indispensables dans ce tableau avec de multiples symptômes.

Les programmes associent des exercices physiques aérobies, de l'éducation et des thérapies cognitives et comportementales (TCC).

3.3.2. Approches cognitivo-comportementales

Les thérapies cognitives et comportementales (TCC) ont montré leur efficacité en terme de douleur, de fonction, de fatigue et d'humeur. L'utilisation de stratégies individualisées adaptées aux caractéristiques des patients semble améliorer nettement les résultats de ces thérapies.

3.3.3. Relaxation et méditation

Les techniques de relaxation avec imagerie mentale, biofeedback, hypnose et mindfulness (méditation en pleine conscience) seraient aussi intéressantes mais n'ont pas été suffisamment évaluées à ce jour.

3.3.4. Exercice physique

Les exercices seuls ont fait la preuve de leur efficacité, particulièrement, ceux de type aérobie et en milieu aquatique. L'amélioration est surtout observée sur la douleur, la pression des points douloureux et les performances aérobies. Lorsque les exercices sont associés à d'autres thérapeutiques (éducation, biofeedback), l'amélioration porte aussi sur le sommeil, la fatigue et le bien-être général des patients.

Figure. LES 18 POINTS DOULOUREUX DE LA FIBROMYALGIE

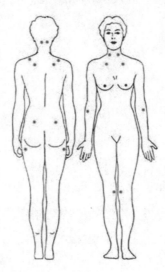

BIBLIOGRAPHIE

■ LA RÉFÉRENCE À RETENIR

– Perrot S., *Fibromyalgia syndrome : a relevant recent construction of an ancient condition ?*, Curr. Opin. Support Palliat Care, 2008 ; 2 : 122-7.

■ POUR ALLER PLUS LOIN

– Carville S.F., Arendt-Nielsen S., Bliddal H., Blotman F., Branco *et al.*, EULAR evidence-based recommandations for the management of fibromyalgia syndrome, Ann. Rheum. Dis. 2008 ; 67 : 536-41.

– Häuser W., Thieme K., Turck D., *Guidelines on the management of fibromyalgia syndrome – A systematic review*, Eur. J. Pain. 2010 ; 14 : 5-10.

– Wolfe F. *et al.*, The American College of Rheumatology 1990 criteria for the classification of fibromyalgia : report of the Multicenter Criteria Commitee, Arthritis Rheum 1990 ; 33 : 160-72.

POINTS-CLÉS

- La fibromyalgie est un **syndrome multifactoriel**, caractérisé par des phénomènes de sensibilisation centrale.
- Le diagnostic est un **diagnostic clinique**. La fibromyalgie peut être associée à d'autres maladies et amplifier la morbidité.
- **Les examens complémentaires doivent être limités.**
- Il existe de **nombreux mécanismes physiopathologiques intriqués** (hormonaux, génétiques, psychologiques).
- **La prise en charge doit être multidimensionnelle**, selon le modèle bio-psycho-social.

© MEDLINE

Partie II
SOINS PALLIATIFS ET ACCOMPAGNEMENT

CHAPITRE 28

Repères cliniques en soins palliatifs

Objectifs 1 et 2

| **Pr Donatien Mallet**

PA-PH, Unité de Soins Palliatifs de Luynes, CHU de Tours

© MEDLINE

MOTS CLÉS : approche globale ; vécu psychique du patient et de son entourage ; écoute ; accompagnement ; délibération individuelle et collective ; proportionnalité des traitements ; anticipation ; intégration curatif-palliatif ; choix ; construction de projets de vie ; pluridisciplinarité ; prise en compte des limites ; phase terminale et mort.

1. Lorsque la médecine est confrontée à des limites

1.1. La médecine technoscientifique et curative a permis de nombreux progrès

Lorsque l'on est malade, on souffre et on cherche un interlocuteur dans l'espoir qu'il nous soulagera, voire nous guérira. Être médecin, c'est accueillir cette plainte et chercher à répondre à cette demande. C'est sur cette base que la médecine s'est construite.

En Occident, elle le fit en se référant à une démarche clinique rigoureuse et un savoir scientifique. Dans cette optique, être médecin, c'est objectiver une pathologie et prodiguer des thérapeutiques qui visent à l'éliminer en s'appuyant sur des connaissances scientifiques, pertinentes et actualisées.

La société a approuvé cette orientation de la médecine. Le système de soins a été organisé et financé sur des axes technoscientifique et curatif.

Ce choix fut initialement salutaire. Il contribua à l'accroissement considérable de la durée de vie des personnes (48 ans en 1900, 81 ans en 2012), à la guérison de certaines pathologies (pneumopathies infectieuses, syphilis), voire à l'éradication d'infection (variole).

Mais **cette orientation exclusivement scientifique et curative a des limites**. Elle est aujourd'hui questionnée.

1.2. Quelques limites d'une médecine focalisée sur le technoscientifique et le curatif

1.2.1. Beaucoup de pathologies sont actuellement incurables

Malgré les fantastiques progrès techniques et organisationnels dans le champ de la santé, **de plus en plus de personnes sont atteintes de maladies graves ou chroniques.** En 10 ans, les Affections de Longue Durée (ALD) ont progressé de 73,5 %. Il existe en France 15 millions de personne atteintes de maladies chroniques. Une personne sur deux atteinte d'un cancer vit sans qu'il n'existe de perspective de guérison complète.

1.2.2. Un questionnement sur l'objectif des traitements

Dans certaines situations, **la focalisation de la médecine sur la guérison ou la prolongation de l'existence soulève des interrogations**. Ainsi, est-il légitime de réanimer un enfant prématuré qui a souffert d'une anoxie prolongée lors de sa naissance ? Est-il souhaitable de nourrir artificiellement une personne atteinte d'une maladie neurologique entraînant une tétraplégie ascendante ? Est-il opportun de poursuivre des chimiothérapies chez un patient asthénique atteint de cancer métastasé ?

1.2.3. La demande d'une médecine plus humaine

Ces interrogations sont relayées par une partie de la société. Nos contemporains critiquent des médecins qui « *font de l'acharnement thérapeutique* », s'intéressent « *plus aux examens qu'aux patients* », ne « *nous demandent pas notre avis* » et « *ne nous écoutent pas* ». **Ils souhaitent des praticiens plus** « *humains* » **qui les informent, dialoguent avec eux et les associent aux prises de décision.**

1.2.4. Des problèmes d'équité et de santé publique

Enfin, la valorisation d'un axe médical technoscientifique et curatif pose des problèmes d'équité et de santé publique. Si l'on prend en compte le vieillissement de la population, le coût des thérapeutiques et les limites budgétaires, que doit-on collectivement privilégier ? Est-ce le développement de traitement prolongeant l'existence ou la création de filières de soin pour des personnes malades, dépendantes, souvent isolées ? **Tout est-il possible, voire souhaitable ? Si des choix sont à faire, que privilégier ?**

1.3. Une société qui confie à la médecine la gestion de la souffrance et du mourir

Paradoxalement, alors qu'une certaine défiance envers le corps médical semble s'installer, nos concitoyens confient de plus en plus à la médecine la gestion de leurs diverses souffrances. **Cette** « **médicalisation** » **de l'existence humaine envahit le temps du mourir**. 58 % des personnes décèdent dans un établissement de santé, 11 % en EHPAD et seulement 27 % à leur domicile.

Cette demande à la médecine est parfois l'expression d'un besoin légitime, par exemple d'être soulagé d'une douleur envahissante.

Mais, dans d'autres situations, la demande s'exprime sous forme de désirs, voire d'exigences. « *Qu'il ne souffre pas, c'est ce que l'on vous demande !* ». Selon cette conception, la médecine aurait la capacité de soulager toute détresse humaine, y compris lorsque l'on est confronté à une maladie grave ou sa propre mort.

Pour certains, ce pouvoir, réel ou fantasmatique, devrait être utilisé et mis à la disposition de chaque citoyen. Il devrait se traduire en droit : droit d'être endormi, droit de bénéficier d'une euthanasie quand on le veut.

C'est dans ce contexte complexe, médical et sociétal, que s'est développé dans les années 1980 le mouvement des soins palliatifs en France.

2. Présentation des soins palliatifs

2.1. Historique des soins palliatifs

De tout temps, les soignants ont pris soin des personnes atteintes de maladies mortelles. Le concept de soins palliatifs a émergé en Angleterre dans les années 1960 en réponse à des insuffisances ressenties dans les soins auprès des personnes atteintes de cancer. Ces patients éprouvaient des douleurs intenses. Progressivement, les médecins ont appris à manier les opiacés et ont pu soulager ces malades.

Mais au-delà de la douleur, les soignants ont perçu que ces personnes éprouvaient une détresse plus globale. C. Saunders, pionnière des soins palliatifs, a individualisé le tableau de « *total pain* » (figure 1).

> Le patient atteint d'une maladie létale vit une « souffrance globale » qui envahit toutes les dimensions de son existence aussi bien physique, psychique, sociale ou existentielle.

Figure 1. LES QUATRE DIMENSIONS DE LA SOUFFRANCE GLOBALE

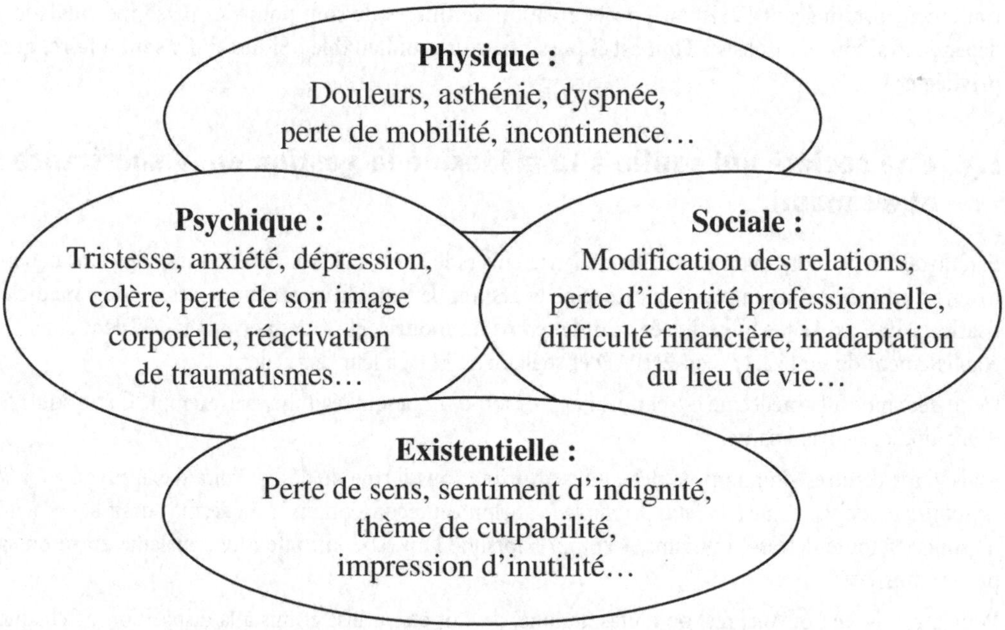

Physique :
Douleurs, asthénie, dyspnée,
perte de mobilité, incontinence…

Psychique :
Tristesse, anxiété, dépression,
colère, perte de son image
corporelle, réactivation
de traumatismes…

Sociale :
Modification des relations,
perte d'identité professionnelle,
difficulté financière, inadaptation
du lieu de vie…

Existentielle :
Perte de sens, sentiment d'indignité,
thème de culpabilité,
impression d'inutilité…

Face à ces patients, les équipes soignantes se sentent désemparées et démunies. Certains médecins développent des mécanismes de protection (mensonge, évitement, rationalisation…) ou des attitudes inadaptées (acharnement thérapeutique, euthanasie clandestine…).

Les soins palliatifs sont une forme du soin qui cherche à répondre en partie à la souffrance complexe des patients atteints de maladie létale. **Prendre soin de l'autre, ce n'est pas seulement traiter sa pathologie. C'est aussi prêter attention à la globalité de ce qu'il vit.**

2.2. Présentation des soins palliatifs

2.2.1. Définition des soins palliatifs

> **DÉFINITION DES SOINS PALLIATIFS, HAS 2002**
>
> Les soins palliatifs sont des **soins actifs, continus, évolutifs, coordonnés et pratiqués par une équipe pluriprofessionnelle**. Ils ont pour objectif, dans une **approche globale** et individualisée, de **prévenir** ou de **soulager les symptômes physiques**, dont la douleur, mais aussi les autres symptômes, d'**anticiper** les risques de complications et de **prendre en compte les besoins psychologiques, sociaux et spirituels**, dans le respect de la dignité de la personne soignée. Les soins palliatifs cherchent à **éviter les investigations et les traitements déraisonnables** et se refusent à provoquer intentionnellement la mort.

Selon cette approche, le patient est considéré comme un être vivant et la mort comme un processus naturel. Les soins palliatifs s'adressent aux personnes atteintes de maladies graves évolutives ou mettant en jeu le pronostic vital ou en phase avancée et terminale, ainsi qu'à leur famille et à leurs proches. Des bénévoles, formés à l'accompagnement et appartenant à des associations qui les sélectionnent peuvent compléter, avec l'accord du malade ou de ses proches, l'action des équipes soignantes.

2.2.2. Principaux repères des soins palliatifs

2.2.2.1. Une approche globale de la personne

« *Elle est sacrément amochée, tu as vu son scann, et puis, ses transa, c'est au plafond.* »

Bien sûr, ces données sont importantes, mais une personne malade n'est pas réduite au cliché façonné par un scanner ou un taux de transaminases à cinq fois la normale. Elle n'est pas qu'un corps-machine gouverné plus ou moins bien par une tête.

Une personne humaine est un ensemble complexe en permanente interaction avec son environnement matériel et humain. Elle est indivisible, unique et digne de respect.

> **L'approche globale** cherche à considérer la personne comme un ensemble en recherche d'unification avec un corps, une affectivité, une autonomie, une capacité de penser, une quête de sens, une histoire, un réseau familial et relationnel, un statut social.

2.2.2.2. Une rencontre avec une attention au vécu de la personne

« *J'étais paumé. Je ne savais plus quoi penser. Mettre des mots sur mon tourment, cela m'a fait du bien.* »

La personne malade est éclatée entre pertes et espoir, intégration et dénégation. Elle est traversée par de multiples affects : colère, peur, tristesse, culpabilité. C'est au sein d'une relation de confiance, en s'autorisant à mettre des mots sur ce qu'elle éprouve, qu'elle peut parvenir à refaçonner une certaine unité. Cela peut lui permettre d'habiter plus sereinement son présent, voire de se projeter dans un avenir, même incertain.

> Ce cheminement n'est possible que si elle rencontre des personnes attentives, accueillantes et respectueuses de sa tentative de mise en mots de son tourment intérieur.

2.2.2.3. La promotion de la capacité d'autodétermination du patient

« Docteur, est-ce qu'il faut vraiment faire la prochaine cure de chimiothérapie ? Je voudrais partir avec ma femme. Vous savez, je sais bien que cela ne va pas bien pour moi. »

Souvent, les médecins ont tendance à décider pour les patients et de nombreuses personnes malades acceptent volontiers cela. De plus, l'organisation des hôpitaux, la planification des traitements ne favorisent pas beaucoup l'expression de la volonté des patients.

Mais, lorsque la maladie évolue, qu'est-il souhaitable de faire ? Continuer des thérapeutiques parfois mal tolérées ou chercher à construire d'autres projets de vie ? Est-ce au médecin de décider ?

> Dans le cadre de maladie incurable, **un des enjeux est de promouvoir de manière continue la capacité d'autodétermination du patient, s'il le veut et le peut.** Le médecin doit accepter l'incertitude sur ce qu'il est juste de faire, instaurer une relation de confiance, délivrer des informations dans un langage adapté. **Cela nécessite d'anticiper les complications et de discuter en amont les orientations des traitements avec le patient et son entourage.**

2.2.2.4. Une délibération avec le patient, son entourage et les équipes soignantes

« Je ne sais pas si il faut qu'on le transfuse. Faut qu'on en discute ensemble. »

> **Délibérer, c'est construire individuellement et collectivement un réseau de sens pour prendre une « bonne » décision.** Cela n'a rien d'évident. La délibération est une pratique qui nécessite un apprentissage, une habitude, une organisation.

Puisque la souffrance est multifactorielle, le processus décisionnel ne peut pas être uniquement médical. **La délibération est pluridisciplinaire** avec la participation des soignants, des psychologues ou d'autres intervenants sanitaires ou médico-sociaux. Le médecin traitant ne doit pas être shunté. Des tiers, notamment des équipes mobiles de soins palliatifs, peuvent être des aides. **Lorsque le patient ne peut directement s'exprimer, la loi impose cette délibération collective sous le terme de « procédure collégiale ».**

2.2.2.5. L'anticipation et la construction de projet de vie

« Ça fait 3 mois qu'on en parlait ensemble. Finalement, il a lâché la chimiothérapie. Il s'est dit qu'il fallait mieux qu'il passe ses derniers mois chez sa fille. Je le vois régulièrement en consultation. Cela se passe pas mal. »

Un des enjeux du soin est l'anticipation des complications ou des situations de crise. Le médecin cherche à instaurer un dialogue qui n'obture pas l'incertitude de l'avenir mais n'enferme pas le patient dans un déterminisme solitaire et morbide. Selon les complications possibles, des scénarios seront évoqués avec la rédaction de prescriptions personnalisées anticipées.

Cette évocation de l'avenir peut conduire la personne malade à exprimer des souhaits, des désirs, des projets.

> **L'enjeu est de construire un projet de vie adapté au patient. Il ne se limite pas à l'application du projet thérapeutique. Il cherche à articuler la démarche médicale et les repères d'existence du patient.**

2.2.2.6. Une reconnaissance de la limite

« Je ne comprends rien. Les médecins disent qu'ils privilégient son confort. Pourtant, ils passent leur temps à lui faire des examens. »

Tout n'est pas possible et l'on ne peut pas tout faire en même temps. Par moments, il est nécessaire de choisir pour construire un soin cohérent. Cela passe par des choix et la reconnaissance de limites qu'elles soient corporelles, thérapeutiques ou autres.

Cette prise en compte de la limite est une tâche nécessaire pour le médecin. Elle est de sa responsabilité car le praticien est une figure de médiation dans le rapport que construit la personne malade avec sa propre mort.

> **L'occultation de la limite aboutit à de l'obstination déraisonnable. Elle est une forme de déni de la mort. Elle renvoie la personne à une solitude désemparante.**

L'élaboration d'un rapport aux limites gagne à se faire en partenariat avec le patient et son entourage. Elle peut lui permettre d'intégrer en partie sa propre finitude. Pour autant, il ne s'agit pas de lui imposer une confrontation violente à sa maladie, son handicap, sa mort, s'il ne le souhaite pas ou ne le peut pas. La construction d'un rapport aux limites se fait au sein d'une relation contenante, solidaire et continue. Elle passe certes par la délivrance d'informations mais aussi par une posture d'accompagnement.

2.2.2.7. Le travail en équipe et en interdisciplinarité

« Je ne savais pas comment l'aborder. C'est en écoutant l'infirmière puis en discutant avec la psychologue que j'ai compris comment je devais m'y prendre. »

Le travail en équipe et en interdisciplinarité, lorsqu'il est de qualité, permet de mieux **percevoir la complexité de ce que vivent les personnes malades**. Il permet à chacun de **s'ajuster**. Il ouvre sur la **construction de projet de soins avec des filières de soin**. Il est aussi une modalité qui **protège les soignants d'une lassitude ou d'un épuisement professionnel**.

> **CONCEPTS CLEFS EN SOINS PALLIATIFS :**
>
> - Approche globale de la personne.
> - Construction d'une rencontre attentive au vécu de la personne.
> - Soulagement de l'inconfort des patients en s'appuyant sur les compétences des divers professionnels ou bénévoles.
> - Promotion de la capacité d'autodétermination de la personne malade avec délivrance d'informations compréhensibles et adaptées.
> - Anticipation des complications et de l'aggravation avec mise en place de prescriptions anticipées personnalisées.
> - Délibération éthique, individuelle et collective, sur les orientations de traitement.
> - Élaboration d'un projet de vie qui ne se limite pas à une planification thérapeutique.
> - Construction d'une continuité des soins avec coordination des différents acteurs et réévaluations programmées.
> - Facilitation de la venue de l'entourage des patient et de l'intervention de membres de la société civile (bénévoles, représentants des cultes...).
> - Accompagnement des proches et propositions d'aides après le décès de la personne malade.
> - Travail en équipe, en interdisciplinarité et en réseau avec attention à l'épuisement professionnel.

© MEDLINE

3. Ce que ne sont pas les soins palliatifs

3.1. Les soins palliatifs ne sont pas dédiés uniquement aux patients en phase terminale

« Les soins palliatifs, c'est pour la fin de vie. »

Non, les soins palliatifs sont à prodiguer aux patients quel que soit le stade de la maladie incurable. En effet, beaucoup de problèmes posés en fin de vie peuvent être discutés en anticipation. Par exemple, quelle intégration a le patient de l'incurabilité de sa maladie ? Quelles sont les volontés du patient si son état physique s'altère ? Où souhaite-t-il demeurer ?…

3.2. Les soins palliatifs ne sont pas dédiés uniquement aux patients atteints de pathologies cancéreuses

« Les soins palliatifs, c'est juste pour les patients atteints de cancer. »

Non, tous les patients atteints de maladies chroniques et létales peuvent bénéficier de soins palliatifs quel que soit leur âge. Les personnes handicapées peuvent être aussi concernées, notamment lorsqu'un questionnement existe sur la proportionnalité des traitements (nutrition ou ventilation artificielles).

3.3. Prodiguer des soins palliatifs ne veut pas dire arrêter les investigations et les traitements

« Les soins palliatifs, c'est quand on arrête tout. »

Non. Certains patients peuvent tirer bénéfice de la poursuite de chimiothérapie, nutrition entérale ou parentérale, transfusions, perfusions d'antibiotiques ou autres thérapeutiques. Simplement, les médecins, en lien avec le patient, son entourage et les équipes soignantes, s'interrogent sur ce qu'il apparaît souhaitable de faire compte tenu de l'évolution de la maladie, des possibilités thérapeutiques et des volontés du patient.

3.4. Les soins palliatifs n'ont pas comme prétention de soulager toute souffrance

« Il souffre. Tu montes la morphine et tu le mets sous Hypnovel®. »

Serait-il possible de mourir sans souffrir ? Si le soulagement des symptômes physiques est le plus souvent possible, il n'en est pas de même pour la souffrance psychique. La visée du soin n'est donc pas toujours la suppression directe de la souffrance car **souffrances et désirs de vie sont parfois intriqués**. Ainsi, certains patients refusent catégoriquement leur maladie et la mort. Ils souhaitent continuer leur combat, même si cela est souffrant. Cette attitude est légitime et respectable. Elle n'a pas à être entravée par une sédation que le patient ne souhaite pas. **La sédation a des indications précises. Ce n'est pas une pratique normative qui masquerait la prise en compte de la singularité de chaque personne.**

3.5. Les soins palliatifs relèvent de la responsabilité de chaque soignant

« *T'as qu'à appeler les soins palliatifs !* »

On estime que plus de 30 000 personnes relèvent de soins palliatifs chaque année. Même avec le renforcement des moyens humains et financiers, il est illusoire de penser que tous seront suivis par une équipe de soins palliatifs.

Il est donc de la responsabilité de chaque médecin, de chaque équipe de soins, de chaque institution, de développer des prises en charge adaptées à ces patients. Il n'existe pas de modèle. Cela nécessite une **formation**. C'est un appel à l'**engagement** et à la **créativité**, en tenant compte des possibilités locales.

4. Quand débuter les soins palliatifs ?

Comme nous l'avons vu précédemment, les soins palliatifs ne se limitent pas à la phase terminale. **« Les soins palliatifs peuvent être envisagés précocement dans le cours d'une maladie grave évolutive quelle que soit son issue et coexister avec des traitements spécifiques à la maladie causale »** (HAS).

Plusieurs situations peuvent être individualisées.

4.1. En association avec les traitements luttant contre la maladie

Lorsque les patients sont atteints d'une maladie incurable progressive (cancer métastasé, SLA…), le projet de soin cherche à intégrer, au sein d'une approche globale et de manière continue :
  – la lutte contre la maladie,
  – le soutien des fonctions vitales,
  – l'amélioration du confort physique et psychique du patient (figure 2).

Ce **modèle d'intégration** est adapté aux nombreuses situations d'incertitude et d'imprévisibilité sur l'évolution. Il répond aux attentes des patients qui souhaitent avant tout une continuité de leur prise en charge. Il s'oppose à un clivage « curatif/palliatif ».

Figure 2. MODÈLE D'INTÉGRATION DES SOINS CURATIFS ET PALLIATIFS POUR LES MALADIES CHRONIQUES PROGRESSIVES SELON L'OMS

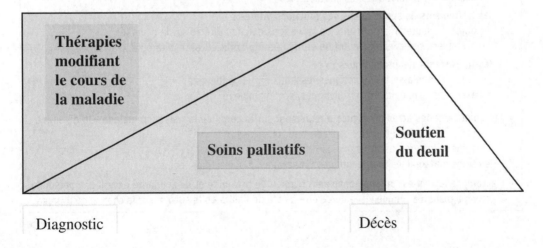

© MEDLINE

4.2. L'étape de l'arrêt des traitements spécifiques ou de suppléance des fonctions vitales : une délibération nécessaire

La question de l'arrêt des traitements spécifiques ou de suppléance des fonctions vitales se pose dans différentes circonstances :
- l'état général du patient est très altéré,
- les complications intercurrentes se succèdent,
- les traitements spécifiques sont inefficaces ou d'efficacité incertaines,
- les traitements spécifiques sont mal tolérés ou altèrent la vie quotidienne du patient,
- le patient est porteur de lésions *a priori* irréversibles et est maintenu en vie de manière artificielle (réanimation),
- le confort du patient est insuffisant,
- le patient s'interroge sur la poursuite des traitements spécifiques,
- le patient exprime par moments sa lassitude de son état,
- le patient exprime par moments son souhait de mourir,
- les traitements spécifiques ne sont poursuivis que pour « maintenir le moral » du patient.

> **Une délibération doit alors être menée pour définir le ou les objectifs du soin : augmenter la quantité de vie, soutenir les fonctions vitales, améliorer la qualité de vie... Des choix sont nécessaires.**

Parfois, des traitements spécifiques sont poursuivis car ils pourraient améliorer le confort du patient (chimiothérapies à visée symptomatique). Ces indications doivent être discutées au cas par cas. Ce ne doit pas être une fuite qui masquerait les limites thérapeutiques.

Si l'objectif est l'amélioration de la qualité de vie, l'évaluation du bénéfice des traitements est clinique. Elle est effectuée avec le patient.

Cette réflexion sur la proportionnalité des traitements inclue aussi les traitements de suppléances des fonctions vitales (nutrition et hydratation artificielles...).

DISTINCTION ENTRE TRAITEMENTS, SOINS ET ACCOMPAGNEMENT

- **Les traitements médicaux visent à lutter contre une maladie, prolonger l'existence ou soulager quelqu'un.** On distingue :
  - **les traitements étiologiques ou spécifiques :**
    - ➤ objectif : lutter contre la maladie ou son évolution ;
    - ➤ exemples : antibiotiques, chimiothérapies ;
  - **les traitements de suppléances des fonctions vitales :**
    - ➤ objectif : soutenir la poursuite de la vie (pas d'action directe sur la maladie) ;
    - ➤ exemples : transfusions, nutrition et hydratation artificielles, respirateurs, dialyse ;
  - **les traitements symptomatiques :**
    - ➤ objectif : soulager les symptômes ressentis par les patients ;
    - ➤ exemples : antalgiques, anxiolytiques, scopolamine...
- **Les soins sont des actes prodigués directement sur le corps de la personne malade.** On distingue :
  - les soins de nursing : toilette, soins de bouche... ;
  - les soins infirmiers : escarres, plaies ;
  - les soins masso-kinésithérapeutiques : massages, mobilisations, bains...
- **L'accompagnement est un positionnement humain de proximité et de solidarité envers une personne. L'accompagnant n'a comme visée que d'être à coté de l'autre en le suivant sur le chemin qu'il prend.**

>>>

> Le passage curatif-palliatif comprend une réflexion sur la visée des traitements.
> Ce n'est pas l'arrêt de tous les traitements.
> Arrêter un traitement ne veut pas dire arrêter les soins.
> Arrêter un traitement implique le renforcement de l'accompagnement.

4.3. Soins palliatifs terminaux

Dans ces situations, les traitements spécifiques sont arrêtés. Une réflexion est menée sur la poursuite ou non des traitements de suppléances vitales, notamment de l'hydratation artificielle. La visée des soins est exclusivement centrée sur le confort, l'accompagnement du patient et de son entourage.

> La phase terminale ou agonique correspond à une situation clinique irréversible qui va aboutir au décès. C'est un temps singulier, dense, empli d'émotions. Une grande attention doit être portée au patient et à ses proches. Souvent, l'entourage ne gardera en mémoire que ces quelques heures, prémisse d'une séparation définitive.

POINTS CLÉS SUR L'INTÉGRATION CURATIF-PALLIATIF DANS LE SOIN

- L'orientation des soins et des traitements relève d'une **délibération** avec le patient et son entourage.
  - Elle s'appuie sur des critères cliniques, para cliniques, psychiques, relationnels, sociaux, organisationnels.
  - Elle associe l'ensemble des équipes de soins.
  - Elle peut faire appel à des tiers (médecin traitant, spécialistes, médecins des équipes de soins palliatifs).
- La règle majeure est d'**anticiper**, en lien avec le patient et son entourage, l'éventuelle inefficacité des traitements spécifiques.
- L'essentiel est de créer, dans la mesure du possible, une **continuité** entre une approche curative centrée sur la lutte contre une maladie, et une approche palliative centrée sur le confort du patient, l'attention à sa dimension psychique, la prise en compte de ses volontés, l'ouverture à son entourage, l'attention à son lieu de vie.
- Tout n'est pas toujours possible. A un moment, des choix sont nécessaires pour construire un soin cohérent et adapté au patient.

5. Quelques projets de soins et d'accompagnement

5.1. Améliorer le confort du patient

« Dès que je bouge, j'ai mal. » « La nuit, je ne respire pas bien, je me réveille tout le temps. » « Je n'arrive pas à me servir des couverts avec mes mains qui ne serrent plus. » « Je ne peux plus monter à l'étage chez moi... »

5.1.1. Une approche médicamenteuse

Pour améliorer le confort de la personne malade, le plus simple est de **prêter attention à ses plaintes ou à ses demandes**. Les traitements symptomatiques peuvent être ajustés, notamment les antalgiques avec le recours facilité à des interdoses, y compris la nuit.

5.1.2. Des approches soignantes

L'amélioration du confort ne passe pas systématiquement par une action médicamenteuse. D'autres approches sont possibles et souvent très efficaces. Des changements fréquents de position, associés à des massages, peuvent être initiés de même que l'utilisation de coussins adaptés ou de matelas *alternating*. L'immersion dans des bains relaxants, le recours à des ergothérapeutes ou des diététiciennes, l'aménagement de la chambre ou du lieu de vie sont des pistes. C'est aussi la modification des habitudes dans les services hospitaliers avec notamment la suppression des prises systématiques de la tension ou de la température à 6 h 30 du matin… D'autres professions, des psychomotriciens, des socio-esthéticiens, ou des bénévoles peuvent être sollicités. **Toute une créativité est possible pour contribuer au bien-être du patient.**

5.2. Prêter attention au vécu psychique du patient

« *J'ai peur.* » « *Qu'est-ce que j'ai au juste, docteur, on ne m'a rien dit ?* » « *Je ne sers plus à rien.* » « *Je suis foutu…* »

5.2.1. L'écoute

L'écoute est première. Encore faudrait-il **s'asseoir pour écouter. Écouter sans juger, sans classer, sans répondre, du moins dans un premier temps.** Chercher à ressentir, comprendre l'autre. Laisser venir les mots, les émotions, laisser dérouler ce qui vient. Puis, reprendre l'ensemble dans une posture médicale. Est-ce une incompréhension sur le parcours médical effectué, des informations tues ou mal comprises, une rupture dans le suivi ? Est-ce une question relative au diagnostic, à l'évolution, aux possibilités thérapeutiques ? Est-ce une crainte sur l'avenir, peur d'avoir mal, d'étouffer, d'être seul ?

5.2.2. L'analyse des affects

Quels sont les **affects** présents ? Une colère contre le mal qui avance, la perte d'autonomie, la dépendance ? Un sentiment d'injustice ? Une résignation sans protestation officielle ? Est-ce une anxiété, une tristesse, un désintérêt, un désinvestissement ?

5.2.3. La recherche de manifestations psychiatriques

Rechercher des signes d'angoisse envahissante, une dyspnée, des sensations de strictions, des oppressions thoraciques. **Ne pas occulter une dépression.** S'enquérir de l'existence d'idées suicidaires, de souhait de mourir, d'être euthanasié. Dans le doute, faire appel à un psychiatre. **Ne pas ignorer des symptômes *a mimima* de confusion**, une perplexité anxieuse, une inversion du sommeil, des interprétations sur des thèmes de préjudice. Veiller à interroger le patient sur sa nuit, son sommeil, la survenue de cauchemar.

5.2.4. Le désir de vie du patient

Mais le patient n'est pas que souffrant. Il est souvent habité d'un élan, une volonté de se battre, de vivre plus longtemps. « *Moi, ce que je veux, c'est que vous m'aidiez à reprendre un peu d'autonomie.* » **Entendre le désir et le respecter.** Faire appel à un kinésithérapeute, même si la récupération complète est illusoire. Mais accompagner le patient dans sa volonté de combattre.

5.2.5. Les polarités affectives

Repérer ses **polarités affectives**, un petit-fils à naître, une fille à protéger, un souci pour son conjoint, un enfant perdu de vue. Entendre, derrière les mots, les blessures relationnelles. « *Mon fils, je ne le vois plus, j'aimerais bien…* » Là encore, **écouter le récit. Pas nécessairement pour agir. D'abord laisser dire ce qui est signifiant pour la personne malade.** Voir après, si le patient demande plus, le recours à un tiers, un psychologue, une reprise de contact.

5.2.6. Le questionnement sur le sens de sa vie

Et si la confrontation à la mort était, pour certains, l'occasion d'une relecture de vie, comme une tentative d'unification à travers le récit de son parcours, ses étapes, ses joies, ses blessures, son inachèvement. Ou au contraire, le constat d'un vide, d'une inutilité, d'une perte de sens. « *Je ne sers plus à rien.* » N'est-ce qu'un constat ? Est-ce un appel ? Peut-être. Dans ce cas, l'attitude soignante n'est pas de répondre, de convaincre, de rassurer. Juste **reconnaître la pertinence du questionnement, laisser ouverte la possibilité de dialogue, ouvrir à d'autres interlocuteurs, bénévoles, psychologues, philosophes, représentants du culte.** Témoigner de la valeur de ce questionnement incertain sur le sens de l'existence.

5.3. Discuter la proportionnalité des traitements en l'articulant avec les repères du patient

Il s'agit de conduire une réflexion **sur la proportionnalité des investigations et des traitements**, cherchant à ajuster les possibilités technoscientifiques de la médecine à ce qui semble souhaitable pour le patient. Ce questionnement ne se satisfait pas des positionnements simplistes, car les situations sont parfois complexes.

Par exemple, faut-il perfuser cette personne âgée, grabataire, qui n'arrive plus à s'hydrater ? Est-il licite de transfuser avec des culots globulaires ce jeune homme, présentant des hémorragies récidivantes imputables à une leucémie, mais gardant un état général relativement satisfaisant ? Est-il opportun de réaliser, à la demande insistante d'un patient, la prochaine cure de chimiothérapie alors que la maladie échappe manifestement au traitement ?

Une délibération est nécessaire. Le but est de construire, si possible en anticipation, un réseau de significations communes afin de définir les grandes orientations du projet de soins. Le classique recours **à la balance « avantages sur inconvénients »** permet parfois de clarifier les enjeux. Mais cette approche a ses limites. Peut-on comparer l'incomparable, comme par exemple la quantité de vie *versus* le confort du patient ?

> **Le choix s'appuie sur des critères objectifs et subjectifs. Les rencontres avec le patient, la sollicitation de son entourage, les échanges au sein des équipes soignantes, l'articulation entre les différents professionnels de santé, hospitaliers ou libéraux, peuvent permettre de définir, au fil du temps, des orientations réalistes et adaptées à la volonté du patient.** Quel que soit le choix, des évaluations périodiques sont nécessaires pour en vérifier la faisabilité et la pertinence.

5.4. Discuter le choix du lieu de vie

La détermination du lieu de vie du patient est un axe central. En pratique, beaucoup d'alternatives sont possibles si les choix sont anticipés et les aides possibles utilisées.

5.4.1. Un patient souhaite demeurer à son domicile

Qu'en pense son entourage ? Est-il prêt à s'investir de manière durable ? S'il travaille, souhaite-t-il bénéficier d'un congé d'accompagnement ? Quelles aides sont possibles pour la toilette, les soins, les repas ? Si des problèmes financiers ou sociaux existent, l'assistante sociale a-t-elle été sollicitée ? Des fonds spécifiques, destinés au patient en phase palliative, ont-ils été débloqués ? A-t-on contacté le médecin traitant et les divers professionnels de santé ? A-t-on envisagé d'appeler une Équipe mobile de soins palliatifs pouvant intervenir au domicile ou un Réseau de soins palliatifs mettant en lien différents acteurs sensibilisés aux soins palliatifs ?

5.4.2. Le maintien à domicile n'est plus possible ou souhaité par le patient

Un service avec des lits dédiés aux soins palliatifs peut-il accueillir le patient ? Si la situation est particulièrement complexe ou souffrante, une hospitalisation en Unité de soins palliatifs a-t-elle été envisagée ? Si la personne est âgée, a-t-on fait des demandes pour un foyer logement, une famille d'accueil, un Établissement d'Hébergement pour Personnes âgées dépendantes ?

5.5. Anticiper différents scénarios possibles

Quel que soit le lieu de vie choisi, il est nécessaire d'anticiper différents scénarios, tenant compte de la survenue d'éventuelles complications.

Un patient est susceptible de présenter une dyspnée résistante aux thérapeutiques curatives ou symptomatiques usuelles (lymphangite carcinomateuse, sténose trachéale, pleurésie enkystée…). A-t-on évoqué avec lui et son entourage la possibilité d'une sédation si une asphyxie survenait ? Concrètement, des prescriptions anticipées ont-elles été faites ? Les équipes soignantes ont-elles été informées de cette éventualité ? Ont-elles été formées à cette pratique ? Si le patient demeure à son domicile, des soignants peuvent-ils intervenir en urgence, y compris la nuit ?

Si le patient a rédigé des directives anticipées, leur diffusion a-t-elle été suffisante ? Les services d'urgence, les SMUR ou SAMU les ont-ils à leur disposition ou sur le lieu de vie du patient ? Les conséquences ont-elles été prévues ? Ainsi, un patient atteint d'une bronchopathie chronique ne souhaite plus être admis en réanimation si une nouvelle décompensation respiratoire survient. Le service de pneumologie est-il prêt à l'accueillir prioritairement si une dyspnée survient ?

Lorsque le patient est maintenu à son domicile, a-t-on prévu des hospitalisations de répit si l'aidant naturel s'épuise ? Quels services ou unités peuvent être sollicités ? A-t-on pu évoquer le décès au domicile ? L'entourage se sent-il prêt à assumer cette éventualité ?…

> **PIÈGES À ÉVITER :**
>
> - **Une trop grande anticipation** peut se révéler délétère pour le patient et son entourage, contrecarrant une possible dynamique de vie. Il s'agit plutôt de s'adapter avec mesure, certes soucieux du futur, mais aussi attentif au présent, à l'intégration du patient, à l'acceptation des proches.
> - **Un autre risque serait de sombrer dans un illusoire contrôle de l'avenir,** cherchant à tout prévoir, tout combattre. **L'anticipation n'est pas la maîtrise du futur.**

5.6. Accompagner les proches

Si la confrontation à la mort est probablement une expérience extrême de la solitude, le « mourir » est aussi un évènement collectif. **Pour l'entourage, tout s'entremêle entre le souhait d'être présent et** l'angoisse générée par la rencontre avec un proche devenu méconnaissable, la volonté de dialoguer et la crainte de réactiver des histoires de famille passées, l'épuisement et le souhait d'être là jusqu'au bout. Des médiateurs sont nécessaires. Il s'agit certes d'informer, d'expliquer l'aggravation de la maladie, les possibilités ou limites thérapeutiques, parfois de répondre, lorsque cela est possible, aux questions. Mais surtout **écouter, chercher à comprendre, laisser de l'espace à l'échange, ne pas obturer le dialogue par des réponses trop rapides et faussement rassurantes.**

BIBLIOGRAPHIE

■ LA RÉFÉRENCE À RETENIR

– Recommandations : « Modalités de prise en charge de l'adulte nécessitant des soins palliatifs », HAS, 12/03/02.

■ POUR ALLER PLUS LOIN

– www.sfap.org.

– Manuel de soins palliatifs, sous la coordination de Dominique Jacquemin, Paris, Éd. Dunot.

– Fin de vie, éthique et société, sous la coordination d'Emmanuel Hirsch, Paris, Éres, 2012.

- Quelle que soit sa spécialité, tout médecin aura à prendre soin de patients en phase avancée ou terminale d'une maladie grave, chronique ou létale.

- Une approche médicale centrée uniquement sur un référentiel technoscientifique et curatif n'est pas adaptée pour des personnes atteintes de maladies graves.

- L'enjeu est d'articuler, selon l'évolution de la maladie et les repères du patient, la lutte contre la maladie, le soutien de ses fonctions vitales, l'attention à son confort et son vécu.

- Les soins palliatifs comprennent :
  - une approche globale de la personne ;
  - une rencontre avec une attention au vécu de la personne ;
  - la promotion de la capacité d'autodétermination du patient ;
  - une délibération avec le patient, son entourage et les équipes soignantes ;
  - l'anticipation et la construction de projet de vie ;
  - une reconnaissance des limites ;
  - un travail en équipe et en interdisciplinarité.

- Le choix des axes de soin se fait au sein d'une approche globale, interdisciplinaire, soucieuse de promouvoir l'autodétermination du patient, mais assumant la confrontation aux limites.

- Il s'agit de construire un projet de vie qui ne se limite pas l'application d'un schéma thérapeutique.

- Une anticipation est nécessaire. Elle se fait en dialogue avec le patient, son entourage et les équipes de soins.

- Parmi les projets de soin, nous pouvons mentionner : l'amélioration du confort du patient, l'attention à son vécu psychique et à sa vie relationnelle, la délibération sur la proportionnalité des traitements, le choix et l'aménagement du lieu de vie, l'anticipation des complications, l'accompagnement des proches...

- Quel que soit l'axe de soin, un suivi et une réévaluation périodique sont nécessaires.

- Une attention particulière doit être portée au patient et à ses proches lors de la phase terminale.

+++ LE COUP DE POUCE DE L'ENSEIGNANT

- Écouter la personne rencontrée, patient ou entourage, mettre des mots sur son vécu est un élément majeur du soin. Il s'agit d'abord d'écouter sans répondre, sans juger, sans classifier.

- Rencontrer un patient, c'est certes délivrer de manière compréhensible et adaptée des informations. Mais **c'est aussi nommer que l'on ne sait pas tout, que l'on ne peut pas tout. C'est partager son incertitude sur ce qu'il est juste de faire.**

- **Délibérer, c'est chercher à construire du sens.**

CHAPITRE **29**

Approches cliniques des grands syndromes en soins palliatifs

Objectif 2

Dr Karine Liatard*, Dr Mathilde Giroud**, Pr Guillemette Laval***

* PH, Équipe Mobile de Soins Palliatifs, CHU de Grenoble

** PH, Équipe Mobile de Soins Palliatifs, CHU de Grenoble

*** PA-PH, Équipe Mobile de Soins Palliatifs et Unité de Soins Palliatifs, CHU de Grenoble

---

PLAN DU CHAPITRE

OBJECTIFS PÉDAGOGIQUES

– **Savoir évaluer et prendre en charge les symptômes respiratoires les plus fréquents en soins palliatifs.**
– **Savoir évaluer et prendre en charge les symptômes digestifs les plus fréquents en soins palliatifs.**
– **Savoir évaluer et prendre en charge l'anxiété et la confusion en soins palliatifs.**

© MEDLINE

- Les symptômes d'inconfort, autre que la douleur, sont **courants** en situation palliative, leur **fréquence augmente avec l'évolution de la maladie** et ils ont un retentissement important sur la **qualité de vie** des patients.

- On retrouve souvent **plusieurs symptômes** associés, ce qui complexifie la prise en charge. Dans tous les cas, celle-ci sera **globale** et **pluridisciplinaire**, le **patient** y sera **associé** autant que possible. **L'objectif est d'améliorer sa qualité de vie**, en veillant à ce que, selon le principe de proportionnalité, les traitements disproportionnés soient évités.

- La prise en charge nécessite donc une évaluation précise et rigoureuse, le traitement, devra tenir compte de l'âge et de l'état général du patient, de l'évolution de sa maladie et du projet de soins. Il peut être **étiologique**, quand il est possible et acceptable pour le patient, et/ou **symptomatique**. Il conviendra également de **réévaluer** régulièrement son **efficacité** ainsi que sa **tolérance**, et de rechercher d'éventuels effets secondaires.

1. Les symptômes respiratoires

1.1. Dyspnée

La dyspnée est une **expérience subjective d'inconfort respiratoire** (respiration difficile et pénible), de qualité et d'intensité variable. Les patients décrivent une sensation de « **soif d'air** », ou d'étouffement, qui peut être **associée ou non à une polypnée** (ventilation superficielle et rapide, fréquence > 20/min) et qui est **souvent accompagnée et majorée par une anxiété ou une agitation**.

La prise en charge initiale va d'abord consister en la recherche d'une cause curable (figure 1), en associant dans le même temps des mesures symptomatiques ayant pour objectif de soulager le patient.

1.1.1. Évaluation

L'anamnèse et l'examen clinique rechercheront plus particulièrement les circonstances d'installation, la fréquence respiratoire, la cyanose, un encombrement bronchique, un épanchement pleural, des signes de lutte respiratoire, des signes associés (douleur, sueurs, variation de la tension artérielle, fièvre, anxiété…).

L'évaluation de ce symptôme subjectif, tout comme la douleur, peut être une **autoévaluation**, en utilisant une **EVA** (Échelle Visuelle Analogique) et en demandant au patient de placer le curseur sur la réglette en fonction de son essoufflement (pas d'essoufflement jusqu'à essoufflement maximal). Elle permettra aussi d'évaluer l'efficacité du traitement mis en œuvre.

Les examens paracliniques seront demandés en fonction du contexte et du projet de soins.

1.1.2. Traitement symptomatique

Il repose sur l'association morphinique, benzodiazepine, éventuellement oxygénothérapie. Des mesures environnementales seront toujours associées au traitement médicamenteux. Des anticholinergiques seront associés en cas d'encombrement bronchique.

1.1.2.1. La morphine

Elle diminue la sensation de dyspnée d'une part par une action sur les centres respiratoires, en diminuant le seuil de réponse à l'hypercapnie, et d'autre part par une action anxiolytique. **Elle peut être utilisée en cas de dyspnée chez un patient cancéreux, même en l'absence de douleur et naïf de morphine.**

Figure 1. PRISE EN CHARGE D'UNE DYSPNÉE EN SOINS PALLIATIFS

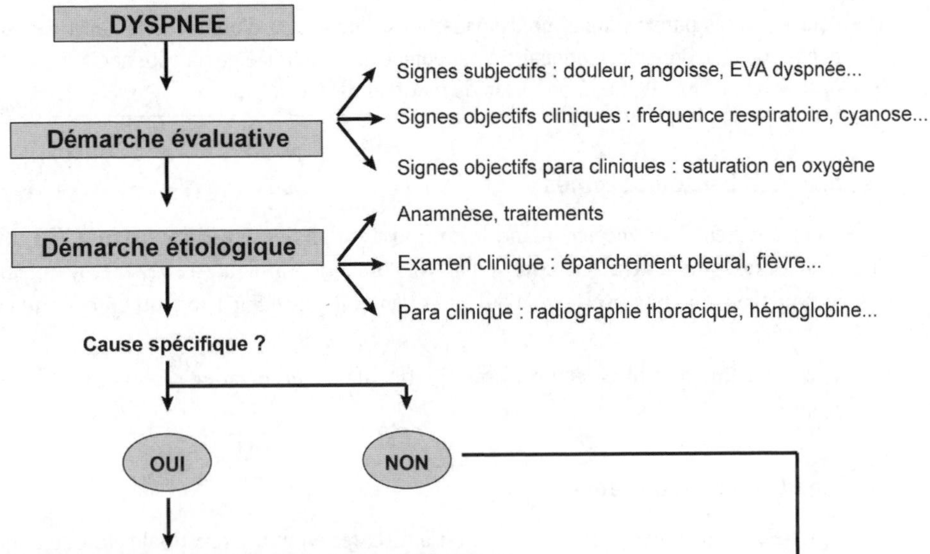

DYSPNEE

Démarche évaluative
- Signes subjectifs : douleur, angoisse, EVA dyspnée...
- Signes objectifs cliniques : fréquence respiratoire, cyanose...
- Signes objectifs para cliniques : saturation en oxygène

Démarche étiologique
- Anamnèse, traitements
- Examen clinique : épanchement pleural, fièvre...
- Para clinique : radiographie thoracique, hémoglobine...

Cause spécifique ?

OUI — NON

TRAITEMENTS ETIOLOGIQUES DE LA DYSPNEE

Syndrome obstructif bronchique	Broncho-dilatateur : · aérosols de βmimétiques · anticholinergiques · discussion d'assistance ventilatoire non invasive (VNI)
Obstruction des grosses voies aériennes	Corticothérapie Traitement endobronchique par stent, laser ou trachéostomie Radiothérapie ou chimiothérapie palliative
Insuffisance cardiaque	Adapter les apports hydriques Diurétiques, traitements à visée cardiaque
Obstruction de la veine cave supérieure	Corticothérapie Héparinothérapie Endoprothèse cave Radiothérapie
Lymphangite	Corticothérapie Chimiothérapie palliative
Pleurésie	Ponction évacuatrice ou drainage
Infection	Antipyrétiques, antibiotiques
Anémie	Transfusion sanguine, érythropoïétine à discuter
Douleur	Traitement antalgique

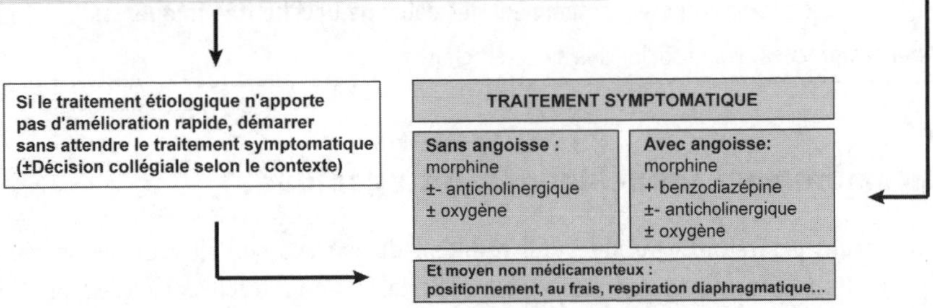

Si le traitement étiologique n'apporte pas d'amélioration rapide, démarrer sans attendre le traitement symptomatique (±Décision collégiale selon le contexte)

TRAITEMENT SYMPTOMATIQUE

Sans angoisse :	Avec angoisse:
morphine ±- anticholinergique ± oxygène	morphine + benzodiazépine ±- anticholinergique ± oxygène

Et moyen non médicamenteux :
positionnement, au frais, respiration diaphragmatique...

1.1.2.2. Les benzodiazépines

C'est le traitement à privilégier quand la **composante anxieuse est importante**. On utilisera plutôt une **benzodiazépine à demi-vie courte**, par voie orale (alprazolam, oxazepam…) ou par voie parentérale (midazolam : Hypnovel®, voie SC ou IV, en bolus de 0,5 à 1 mg, ou en continu en débutant à 0,25 ou 0,5 mg/h).

L'objectif est une anxiolyse et non une sédation (sauf en dernier recours, en cas de symptôme réfractaire).

1.1.2.3. L'oxygénothérapie

Par lunettes, masque ou sonde nasale, elle est **à discuter en phase terminale** et ne sera maintenue que si elle apporte un bénéfice au patient, c'est-à-dire une amélioration de son confort. Elle entraîne en effet un **assèchement des muqueuses** et peut parfois générer une gêne supérieure au bénéfice attendu. Elle peut être proposée « à la demande » au patient quand cela est possible.

Il est inutile de surveiller la saturation en oxygène en toute fin de vie.

1.1.2.4. Mesures environnementales

1.2. Encombrement bronchique, râles agoniques

Ce sont des bruits expiratoires humides qui résultent du passage de l'air dans les secrétions, d'origine salivaire et/ou bronchique, accumulées dans le pharynx et la trachée. Cette respiration, parfois très bruyante, est souvent beaucoup plus mal vécue par les familles et les soignants que par les patients eux-mêmes.

En toute fin de vie, chez un patient qui a perdu les reflexes de toux et de déglutition, les râles agoniques sont présents quelques heures à quelques jours avant le décès.

TRAITEMENT SYMPTOMATIQUE

- Installation en **position demi assise**, changements de position dans le lit fréquents.
- **Soins de bouche fréquents.**
- Diminution voire arrêt des apports hydriques.
- Éviter le plus possible les aspirations trachéobronchiques agressives, **les proscrire en toute fin de vie.**
- Anticholinergiques (qui diminuent la production des secrétions salivaires et trachéobronchiques) : Scopolamine (0,5 mg/2 ml) 0,25 à 1 mg/8 h, SC ou IV en discontinu ou en continu ou Scopoderm TTS® 1 mg, 1 à 3 patchs/72 h, intéressant à domicile.

---

2. Les symptômes digestifs

2.1. Nausées et vomissements

2.1.1. Diagnostic étiologique des vomissements

Causes gastro-intestinales	Occlusion intestinale mécanique (par compression extrinsèque ou intrinsèque de la lumière digestive) ou fonctionnelle (iléus paralytique...), candidose digestive, gastroparésie, constipation...
Cause médicamenteuses	Opiacés, nausées et vomissements chimio-induits ou radio-induits, AINS, antibiotiques, digoxine...
Causes métaboliques	Insuffisance rénale, insuffisance hépatique, hypercalcémie, hyperuricémie, hyponatrémie...
Causes ORL et cérébrales	Tumeur ORL, syndrome vertigineux, hypertension intra crânienne, syndrome méningé, méningite carcinomateuse, métastases cérébrales...
Causes respiratoires	Encombrement, toux
Causes psychologiques	Anxiété

2.1.2. Traitement symptomatique

2.1.2.1. Mesures générales

Poursuivre **l'alimentation à la demande**, en privilégiant les **boissons gazeuses**, les repas légers, froids, peu odorants, tenant compte des goûts du patient.

Ne pas oublier la prescription de **soins de bouche fréquents**.

L'acupuncture (par aiguille ou par électrostimulation) permet de diminuer l'incidence des vomissements aigus chimio-induits.

2.1.2.2. Les neuroleptiques

Ils sont très utilisés en soins palliatifs, ils ont une action antiémétique et stimulent la motricité oeso-gastro-duodénale :
– Métoclopramide : Primperan® 5 à 10 mg 3 fois/jour *per os* ou par voie IV discontinue ou continue. Il est **à éviter en cas d'occlusion complète** car son action prokinétique peut aggraver les douleurs et favoriser une perforation digestive.
– Dompéridone : Motilium® 10 à 60 mg/j *per os*.
– Métopimazine : Vogalène® 15 à 30 mg/j *per os* ou voie IV lente.
– Halopéridol : Haldol® 0,5 à 5 mg par prise, *per os*, par voie intramusculaire (à éviter en soins palliatifs) ou par voie SC continue ou discontinue (3 fois/jour), hors autorisation de mise sur le marché (AMM). Fréquemment utilisé en première intention en pratique clinique, il est moins sédatif que les phénotiazines (chlorpromazine, levomepromazine) qui sont plutôt à réserver aux vomissements rebelles.

2.1.2.3. Les corticoïdes

Ils sont largement utilisés dans le traitement des nausées et des vomissements (vomissements chimio-induits et radio-induits, syndrome occlusif...), par exemple methylprednisolone, 1 à 4 mg/kg/j SC ou IV.

2.1.2.4. Les agonistes des récepteurs 5-HT3

Les antiémétiques antagonistes des récepteurs 5-HT3 à la sérotonine (les sétrons) ou les antiémé-tiques antagonistes sélectifs pour les récepteurs NK1 de la substance P (aprépitant, fosaprépitant) sont indiqués dans les nausées et vomissements induits par la chimiothérapie, et en deuxième intention en soins palliatifs.

2.1.2.5. Les benzodiazépines

Elles n'ont pas d'action antiémétique propre mais une benzodiazépine peut être associée en cas d'anxiété importante ou de vomissements psychogènes.

2.2. Occlusion intestinale

2.2.1. Diagnostic

LE DIAGNOSTIC D'OCCLUSION INTESTINALE EST D'ABORD CLINIQUE :
• **Nausées et vomissements** de stase (au moins 2/j).
• Coliques et **douleurs** abdominales.
• **Absence de gaz.**
• **Absence de selles** depuis plus de 3 jours (le toucher rectal éliminera un fécalome).
• **Météorisme** abdominal.

La symptomatologie varie avec le niveau de l'occlusion :

SYMPTÔMES	OCCLUSION DIGESTIVE HAUTE	OCCLUSION DIGESTIVE BASSE
Vomissements	Bilieux, aqueux **Abondants** Peu ou pas d'odeurs	De **petit volume** Parfois absent Malodorants voire **fécaloïdes**
Douleur	Signe **précoce** Péri-ombilicale Crampes intermittentes de courte durée	Signe **tardif** Localisée Crampes avec des intervalles longs entre les épisodes douloureux
Distension abdominale	Parfois absente	Présente
Anorexie	Toujours	Peut être absente

Une TDM abdomino-pelvienne, avec injection de produit de contraste, va permettre de confirmer le diagnostic d'occlusion, d'éliminer une urgence chirurgicale, de préciser le mécanisme en cause et le ou les niveaux de sténose.

À l'issue du bilan, une discussion collégiale médico-chirurgicale, ou au mieux une réunion de concertation pluridisciplinaire (RCP) est nécessaire pour déterminer le traitement le plus adapté dans le contexte (geste chirurgical, prothèse endoscopique ou traitement médical symptomatique) en fonction de la cause de l'occlusion, du type de cancer, de l'état général et nutritionnel du patient.

2.2.2. *Les principales étiologies de syndrome occlusif*

On distingue deux grands mécanismes :

LES OCCLUSIONS MÉCANIQUES	LES OCCLUSIONS FONCTIONNELLES
• **Par compression extrinsèque** de la lumière digestive par une masse tumorale, une fibrose radique ou des adhérences abdominales ou pelviennes. • **Par compression intrinsèque** par une masse tumorale ou une infiltration.	• **Par atteinte de la motricité intestinale :** – infiltration tumorale du mésentère ; – neuropathie paranéoplasique ou atteinte neurologique autre ; – cause médicamenteuse : opiacés, anticholinergiques, psychotropes, fer... ; – autre : trouble ionique, métabolique ou endocrinien, foyer infectieux intrapéritonéal, atteinte médullaire ou de la queue de cheval...

L'occlusion intestinale est une complication fréquente de la carcinose péritonéale (dissémination tumorale dans la cavité péritonéale). Le mécanisme est le plus souvent mécanique, par compression extrinsèque, l'occlusion survient dans 10 à 28 % des cancers colo-rectaux et 20 à 50 % des cancers ovariens.

2.2.3. Traitement symptomatique de l'occlusion intestinale sur carcinose péritonéale

Figure 2. STRATÉGIE DE PRISE EN CHARGE DE L'OCCLUSION
SUR CARCINOSE PÉRITONÉALE EN SOINS PALLIATIFS

ÉTAPE 1 : J1 à J3

- **Patient à jeun + réhydratation IV ou SC**
- **Traitements symptomatiques** *à adapter selon la situation*
  1. **Antiémétiques :**
     - **Neuroleptique au choix :**
       - ➤ CI au métoclopramide si occlusion complète,
       - ➤ Halopéridol SC 5 à 15 mg/j continu ou discontinu / 8 à 12 h,
       - ➤ Chlorpromazine IV ou SC 12 à 50 mg/j continu ou discontinu / 8 à 12 h,
       - ➤ Dropéridol IV ou SC 2,5 à 5 mg/j continu ou discontinu / 8 à 12 h,
       - ➤ en 2e ligne : anti 5HT3 seul ou en association.
  2. **Antisécrétoires anti-cholinergiques :**
     - Butylbromure de Scopolamine 40 à 120 mg/j SC ou IV continu ou discontinu.
  3. **Antisécrétoires analogue de la somatostatine :**
     - À discuter en 1re intention s'il s'agit d'une récidive précoce qui a répondu, lors de l'épisode précédent, aux analogues de la somatostatine (voir étape 2).
  4. **Antisécrétoire gastrique :** IPP
     - IV en continu sur 24 h ou en une injection unique,
     - SC possible pour oméprazole.
  5. **Corticothérapie** en cure courte de 5 à 10 jours, voie IV ou SC
     - 1 à 4 mg/kg/j de methylprednisolone en une injection unique,
     - ou 0,25 à 1 mg/kg/j de dexaméthasone en une injection unique.
  6. **Antalgiques** de palier I - II ou III voie IV ou SC.
  7. **SNG** *non systématique* :
     - souvent nécessaire si vomissements francs et/ou distension gastrique importante,
     - à laisser le moins longtemps possible (secrétions < 1 litre/24 h).

ÉTAPE 2 : Réévaluation à J4

- **Si levée de l'occlusion :**
  - diminution jusqu'à dose minimale efficace (voire même arrêt) des corticoïdes et anti-cholinergique ;
  - réévaluation des traitements symptomatiques.
- **Si absence de levée de l'occlusion et persistance des vomissements :**
  - **introduction d'un analogue de la somatostatine :**
    - ➤ Octréotide 600 µg/j (Sandostatine*) IV continu ou SC discontinu/24 h ;
    - ➤ ou lanréotide (Somatuline*) LP 30 mg une injection IM/10 j ;
  - **autres traitements médicaux** à poursuivre en association selon la tolérance et l'efficacité clinique.
- **Si analogue utilisé d'emblée : passer à l'étape 3.**

⟫⟫⟫

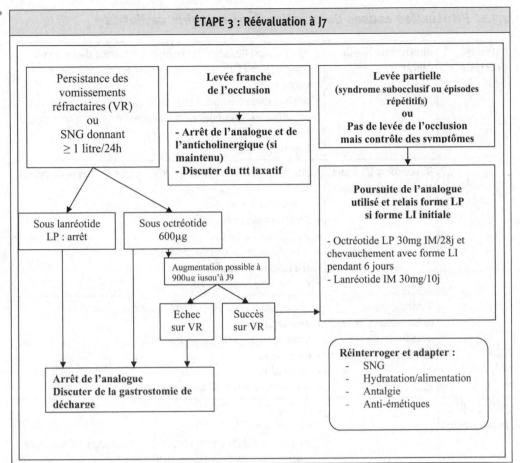

ÉTAPE 3 : Réévaluation à J7

Persistance des vomissements réfractaires (VR) ou SNG donnant ≥ 1 litre/24h

Levée franche de l'occlusion

- **Arrêt de l'analogue et de l'anticholinergique (si maintenu)**
- **Discuter du ttt laxatif**

Levée partielle (syndrome subocclusif ou épisodes répétitifs) ou Pas de levée de l'occlusion mais contrôle des symptômes

Sous lanréotide LP : arrêt

Sous octréotide 600µg

Augmentation possible à 900µg jusqu'à J9

Echec sur VR

Succès sur VR

Poursuite de l'analogue utilisé et relais forme LP si forme LI initiale

- Octréotide LP 30mg IM/28j et chevauchement avec forme LI pendant 6 jours
- Lanréotide IM 30mg/10j

Arrêt de l'analogue
Discuter de la gastrostomie de décharge

Réinterroger et adapter :
- SNG
- Hydratation/alimentation
- Antalgie
- Anti-émétiques

2.3. Constipation

Elle est systématique et dose-dépendante chez les patients sous opioïdes, presque **constante en fin de vie**.

La constipation se définit par :
- Moins de 3 selles spontanées par semaine.
- Un ou plusieurs des symptômes suivants :
  - sensation d'une impression d'exonération incomplète ;
  - difficultés d'évacuation des selles (efforts de défécation) ;
  - des selles grumeleuses ou sous formes de petites billes.

2.3.1. Principales causes de constipations en soins palliatifs

Pathologie principale	Directement liée au cancer	• obstruction intestinale intrinsèque sur tumeur digestive ou compression extrinsèque par une tumeur abdominale ou pelvienne • atteinte tumorale médullaire, de la queue de cheval, du plexus sacré (tumeur médullaire, envahissement ou compression métastatique) • hypercalcémie
	Directement lié à une atteinte neurologique	• atteinte médullaire lombaire, de la queue de cheval, du plexus sacré • traumatisme médullaire • accident vasculaire cérébral • maladie de Parkinson • sclérose latérale amyotrophique • sclérose en plaques • neuropathie périphérique
	Secondaire aux conséquences de la maladie ou de ses traitements	• alimentation inadaptée, régime pauvre en fibres • déshydratation • diminution de l'activité, grabatisation • confusion • dépression • sténose intestinale post-radique
Pathologie intercurrente		• diabète • hypothyroïdie • anomalies métaboliques : hyperkaliémie, hyponatrémie, hypo-magnésémie, hyperuricémie, hypercalcémie • insuffisance rénale chronique • diverticulose sigmoïdienne • colopathie fonctionnelle • rectocèle • fissure ou sténose anale
Médicaments	Antalgiques	• opioïdes faibles (codéine, tramadol) • opioïdes forts
	Anticholinergiques	• antispasmodiques, antihistaminiques, antiparkinsoniens, phé-nothiazines, antidépresseurs tricycliques, imipraminiques
	Anticonvulsivants	• gapapentine, prégabaline • carbamazépine, oxcarbazépine
	Sétrons	
	Antiacides	• sucralfates, sels et hydroxydes d'aluminium, antisécrétoires gastriques
	Diurétiques	• thiazidiques
	Chimiothérapies	• vincristine, cisplatine, vinorelbine
	Fer	
	Antidiarrhéiques	• lopéramide

2.3.2. Traitement de la constipation sous opioïdes

L'évaluation du traitement se fera par l'évaluation de l'inconfort digestif, de la douleur et des troubles d'exonération plutôt que par la fréquence des selles.

- **Un traitement laxatif sera systématiquement associé à tout traitement morphinique** : laxatif osmotique (sucres, polyols, macrogols) et/ou laxatif stimulant (bisacodyl, docusate de sodium) ainsi que des **conseils hygiéno-diététiques** (alimentation riche en fibres, hydratation suffisante, activité physique dans la mesure du possible) et la surveillance du transit. Après 3 jours sans selles, et après avoir éliminé une occlusion ou un fécalome, le traitement sera adapté selon les recommandations actuelles (fig. 3).

Figure 3. PRISE EN CHARGE DE LA CONSTIPATION SOUS OPIOÏDES EN SOINS PALLIATIFS

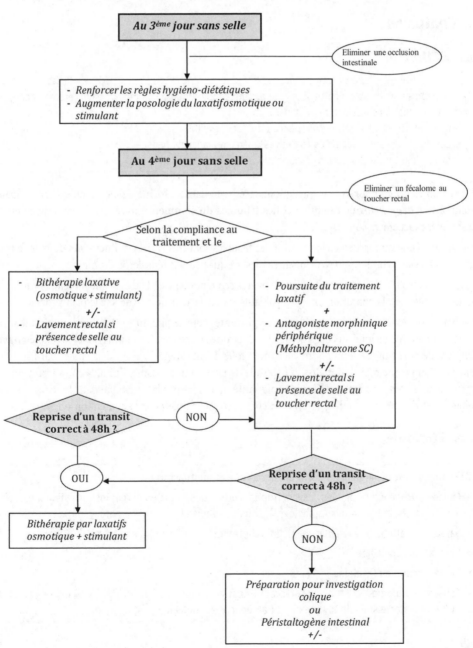

- Dans le cas particulier d'une constipation rebelle sous opioïdes, le recours à un antagoniste sélectif périphérique des récepteurs μ aux opioïdes, le méthylnaltrexone (Relistor®) doit être envisagé. Il est contre indiqué en cas d'occlusion intestinale mécanique connue ou suspectée ou d'abdomen chirurgical aigu.

- En dernier recours, on utilisera des préparations pour investigations coliques ou des grands lavements au sérum physiologique.

3. Les symptômes neuropsychiques

3.1. Confusion

3.1.1. Définition

> La confusion est un **trouble mental, d'origine organique** (perturbation du métabolisme cérébral, dérèglement de la neurotransmission), marqué par :
> - un changement de l'état de **conscience** (attention, éveil) ;
> - des fluctuations des **capacités cognitives** (mémoire, langage, pensée) ;
> - des troubles de la **perception** (hallucinations souvent visuelles).

- Des **troubles du comportement** : agitation, agressivité dans sa **forme agitée** ou au contraire apathie, somnolence dans sa **forme ralentie** ; et des **troubles du sommeil** : inversion du cycle nycthéméral, insomnie, cauchemars sont associés.

- De **début brutal** ou rapidement progressif, les troubles sont très variables, **fluctuants dans le temps** et très sensibles aux conditions environnementales, ce qui peut en retarder le diagnostic.

- Présente chez 85 % des patients dans les dernières semaines de vie, de diagnostic difficile (surtout dans sa forme ralentie), la confusion en soins palliatifs est un facteur de gravité sur le plan pronostic.

- Ce symptôme est une cause de **souffrance importante**, pour **le patient** tout d'abord, notamment pendant les phases de lucidité au cours desquelles il se souvient de son état confusionnel avec une **angoisse** importante et la peur de terminer sa vie dans la folie. **L'entourage**, souvent déjà épuisé par l'accompagnement du proche malade, vit aussi cet épisode de façon traumatisante. Enfin, la confusion peut aussi être source de tensions au sein l'**équipe soignante**, majorées par la variabilité dans le temps de la clinique, avec des désaccords dans la prise en charge (par exemple pour la contention physique).

3.1.2. Étiologie

> **La confusion est généralement d'origine organique et multifactorielle :**
> - **Causes iatrogènes** : opioïdes, psychotropes, corticoïdes, anticholinergiques, antihistaminiques, antifungiques, antibiotiques (quinolones), chimiothérapie...
> - **Sevrage** en alcool ou en médicaments (psychotropes) à l'occasion d'une hospitalisation.
> - **Douleur non contrôlée.**
> - **Globe urinaire ou fécalome.**
> - **Causes neurologiques** : tumeur cérébrale primitive ou métastase, Accident Vasculaire Cérébral (AVC), hématome sous dural ou extra dural, épilepsie, confusion post critique.

>>>

- **Troubles ioniques ou métaboliques** : calcémie, natrémie, glycémie, déshydratation, hypoxie, hypercapnie, trouble équilibre acide-base, hypovitaminose B1, hypovitaminose B12.
- **Insuffisance d'organe** : cœur, foie, poumon, rein.
- **Cause infectieuse** : du système nerveux, infection systémique.

3.1.3. Prise en charge de la confusion en soins palliatifs

- **Supprimer les traitements non indispensables** ou redondants, en particulier les **psychotropes**, diminuer la posologie des **corticoïdes**, adapter le traitement **antalgique** (rotation d'opioïde si besoin).
- Assurer une **hydratation** et une **nutrition** correcte.
- Assurer une **surveillance clinique** régulière.
- **Discuter** en fonction du projet de soins du **bilan étiologique** et du **traitement causal**.
- Prescrire un **traitement symptomatique** en fonction du niveau de **tolérance** de la confusion par le patient et du degré de **dangerosité** pour lui même et pour autrui.

3.1.4. Traitement symptomatique

- **Médicamenteux :**
  - **les neuroleptiques** qui vont réduire l'agitation, les troubles perceptifs et l'angoisse. Ils sont prescrits à faible posologie et en tenant compte des fonctions rénale et hépatique. L'halopéridol est le neuroleptique de référence, 0,5 à 10 mg/24 h, *per os*, SC (hors AMM) ou IM. La chlorpromazine est utilisable par voie IV, 25 à 50 mg 1 à 2 fois par jour. En seconde intention, on utilisera un antipsychotique atypique : rispéridone, olanzapine ;
  - **éviter les benzodiazépines** (confusiogène) sauf situation particulière : délirium tremens...
- **Environnemental :**
  - environnement calme et sécurisant, lumière douce, peu de bruit, laisser à disposition les effets personnels ;
  - soutenir le patient, lui expliquer ce qui se passe (cause organique) dans les moments ou cela est possible, sans toutefois trop multiplier les interlocuteurs ;
  - limiter les visites aux référents (proches et soignants) ;
  - soutien psychologique du patient, en dehors de la phase aiguë ;
  - prise en charge de l'entourage : explications médicales, prise en charge psychologique pour prévenir éventuellement un deuil pathologique ;
  - assurer la cohésion de l'équipe soignante autour du patient : réunions fréquentes pour expliquer, évaluer la prise en charge du patient et prendre certaines décisions de façon collégiale (contention...).

3.2. Anxiété en soins palliatifs

3.2.1. Définition

C'est un sentiment pénible d'attente d'un danger imprécis, une crainte floue, sans objet précis. Elle n'est pas toujours verbalisée, et dans tout les cas, se manifeste par des symptômes psychiques et physiques qui sont liés.

MANIFESTATIONS PSYCHIQUES	MANIFESTATIONS SOMATIQUES
• **Hyperattention** • **Hypervigilance** • **Anticipation dramatisée** des événements futurs, difficulté à faire un choix, à prendre une décision • **Irritabilité** • **Distractibilité** • **Troubles du sommeil** : retards d'endormissement et réveils anxieux plutôt en première partie de nuit	• **Respiratoires** : sensation de constriction, d'oppression thoracique, gène respiratoire, accès de toux, polypnée • **Cardiovasculaires** : palpitations, lipothymies, tachycardie, douleur thoracique • **Neuromusculaires** : crampes, tremblements, agitation motrice, paresthésies, acouphènes, sensation vertigineuse • **Digestives** : spasmes pharyngés, nausées, spasmes coliques • **Neurovégétatives** : sueurs, sécheresse buccale • **Majoration d'une plainte douloureuse existante**

L'anxiété, tout comme la dépression font partie du **vécu normal d'une personne en fin de vie**.

Elle peut être **adaptative, transitoire et « gérable »** par le patient, mais elle peut aussi devenir **pathologique** si elle dure, si la souffrance ressenti devient intense, si elle gène les relations avec l'entourage, la famille, les soignants (parfois jusqu'au refus de soins).

Dans tous les cas, elle peut **évoluer dans le temps**, se majorer à l'occasion d'un stress physique (douleur, autre symptôme) ou psychique (annonce d'une mauvaise nouvelle, hospitalisation).

Les **échelles d'évaluation** peuvent être un moyen d'aide au diagnostic, notamment en l'absence de possibilité d'un avis spécialisé. Comme pour la douleur, l'autoévaluation est préférable car elle réduit la subjectivité de l'observateur. Parmi les échelles, la plus performante chez les patients atteints d'un cancer en phase avancé est l'échelle anxiété et dépression HADS. L'évaluation conjointe de la douleur est fortement recommandée.

3.2.2. Étiologies de l'anxiété en soins palliatifs

3.2.2.1. Symptôme d'une trouble organique

L'anxiété peut être le symptôme d'une pathologie organique, le tableau est alors celui d'une angoisse aiguë, d'apparition récente chez un patient sans antécédent psychiatrique ou facteur de stress récent.

- **Douleur mal contrôlée**, l'anxiété fait partie des manifestations émotionnelles de la douleur, elle peut parfois en être le symptôme majeur, la signification donnée à la douleur (aggravation de la maladie) ou la pensée qu'ont parfois les patients que leur douleur ne pourra pas être soulagée peut majorer l'anxiété.
- **Anxiété dans le cadre d'une confusion**, fréquente en fin de vie (en général pendant les phases d'amélioration cognitives pendant lesquelles le patient peut être conscient de son trouble).
- **Cause iatrogène**, chercher une modification récente du traitement (introduction ou sevrage brutal) notamment corticoïdes ou psychotropes.
- **Cause cardiorespiratoire** : embolie pulmonaire, syndrome coronarien, pneumothorax, asthme, hémorragie interne, insuffisance respiratoire terminale...
- **Autres causes** : neurologique, trouble ionique...

3.2.2.2. Symptôme d'un autre trouble psychiatrique

- **Syndrome dépressif**, à rechercher systématiquement, ce qui est difficile en fin de vie car les symptômes somatiques (asthénie, anorexie, apragmatisme) sont présents, en lien avec la pathologie somatique, rechercher plutôt les manifestations cognitives (douleur morale, perte de plaisir) et proposer un traitement d'épreuve en cas de doute.
- **Trouble obsessionnel compulsif** : idées obsessionnelles, rituels.
- **Psychose** chronique ou aiguë.
- **Éthylisme chronique.**

Dans ce cas, le traitement de l'anxiété passera par le traitement de la pathologie psychiatrique. Un avis spécialisé peut être nécessaire.

3.2.2.3. Anxiété isolée

- **Réaction anxieuse simple ou trouble de l'adaptation** (débordement des capacités d'adaptation en lien avec un événement déclenchant).
- **Attaque de panique** : grande crise à début brutale, sensation de mort imminente, associée à des symptômes somatiques.
- **Syndrome de stress post traumatique** après un événement traumatique majeur (parfois décompensation somatique brutale majeure) avec un intervalle libre, crises anxieuses avec phénomènes de flashs, de reviviscence du traumatisme, de cauchemars stéréotypés.
- **Anxiété anticipatoire** (acte diagnostic ou thérapeutique) qui majore la mauvaise tolérance de l'acte et entraîne une mauvaise compliance voire une rupture des soins.
- **Trouble anxieux généralisé** : anxiété chronique qui dure depuis plus de 6 mois.

3.2.3. Traitement de l'anxiété en soins palliatifs

3.2.3.1. Traitement non médicamenteux

- **Soutien non spécialisé** par les membres de l'équipe.
- **Approche corporelle** par un kinésithérapeute **relaxation, massage, hypnose.**
- **Thérapies occupationnelles** : art-thérapie, musicothérapie...
- **Prise en charge psychologique** du patient, de l'équipe, de la famille.

3.2.3.2. Traitement médicamenteux

- Les benzodiazépines

  Débutées à faibles doses puis en les **augmentant très progressivement,** en privilégiant les molécules à demi-vie courte en cas de crainte de détresse respiratoire.

  Le risque de dépendance ne doit pas être un frein à la prescription en soins palliatifs.

- L'hydroxyzine :

  Il peut être utilisé, essentiellement pour son action sédative, en cas de prurit, de crainte de détresse respiratoire ou de douleur associée (action antalgique modérée à forte dose).

- Les neuroleptiques :

  À utiliser en cas d'échec ou de contre-indications des benzodiazépines ou en cas de délire ou d'hallucinations associées. On peut utiliser des molécules plutôt sédatives comme le tiapride

(Tiapridal® : 25 à 100 mg *per os*, SC ou IV/8 h) ou le cyamemazine (25 à 100 mg *per os*, SC ou IM/8 h).

- **Les antidépresseurs :**

Les **imipraminiques**, dont les effets secondaires ne sont pas toujours bien tolérés. Parmi eux, l'amitriptyline et le trimipramine ont une action plus sédative et anxiolytique. L'anxiolyse précède l'effet sur l'humeur (moins de 10 jours) et pour des doses inférieures. Débuter à petite dose, par exemple amitriptyline 5 mg le soir en gouttes en augmentant par paliers de 5 mg. Leur effet antalgique peut parfois être utile.

Les **inhibiteurs de la recapture de la sérotonine** ont une balance efficacité/effets secondaires plus favorable, et peu d'interactions médicamenteuses. Attention cependant au risque de **syndrome sérotoninergique** (agitation, myoclonies, hyperréflexie, sudation, frissons, diarrhée, hyperthermie…) en association avec les neuroleptiques, le tramadol ou les amphétamines.

4. Traitements d'autres symptômes

Asthénie	Reconditionnement physique et kinésithérapie Corticothérapie en cure courte (prednisone 0,5 à 1 mg/kg 10 j), méthylphénidate (Ritaline®), modafinil (Modiodal®) hors AMM
Anorexie	Soins de bouche, adaptation de l'alimentation, prokinétiques : métoclopramide, dompéridone, cure courte de corticoïdes, progestatifs : megestrol (Megace®), médroxyprogesterone (Farlutal®) (risque thromboembolique élevé à prendre en compte)
Mucite	Antalgiques par voie générale selon les 3 paliers de l'OMS, Bains de bouche : Solumedrol®, Xylocaïne® 2 %, bicarbonate 1,4 %, Bains de bouche : Ulcar®
Hoquet	Inhibiteurs de la pompe à protons, neuroleptiques : halopéridol, chlorpromazine *per os*, IV ou SC, myorelaxant : baclofène (Lioresal®), gabapentine (Neurontin®)
Myoclonies, dyskinésies	Clonazépam (Rivotril®)
Mauvaises odeurs	Soins locaux si plaie, métronidazole par voie générale, ou localement sur la plaie, ou flacon ouvert dans la chambre

BIBLIOGRAPHIE

■ **LA RÉFÉRENCE À RETENIR**

– Jacquemin D., de Broucker D., Manuel de soins palliatifs, 3e édition, Paris : Dunod, 2009.

■ **POUR ALLER PLUS LOIN**

– Agence française de sécurité sanitaire des produits de santé, Soins palliatifs : spécificité d'utilisation des médicaments courants hors antalgiques, Méd. Pal. 2003 ; 2 : 72-90.

– Haute autorité de santé, Modalité de prise en charge de l'adulte nécessitant des soins palliatifs, Méd. Pal. 2003 ; 2 : 119-35.

– Recommandations de la SFAP pour la prévention et le traitement de la constipation induite par les opioïdes chez le patient relevant de soins palliatifs, Méd. Pal. 2009 ; suppl. 1 : 51-529.

– Watson M., Lucas C., Hoy A., Wells J., Oxford handbook of palliative care, 2e éd., Oxford : Oxford University Press, 2009.

– Dauchy S., Chauffour-Ader C., Prise en charge de l'anxiété en soins palliatifs : privilégier un traitement étiologique, Méd. Pal. 2002 ; 1 : 19-34.

– Revnic J., Soulie O., Reich M., Quelle prise en charge de la confusion mentale en soins palliatifs ? Méd. Pal. 2011 ; 2 : 4-13.

– Groupe de travail pluri-professionnel et membres de différentes sociétés savantes, septembre 2012, Traitement symptomatique de l'occlusion intestinale sur carcinose péritonéale : Recommandations de bonnes pratiques clinique, Méd. Pal. 2012 ; 11 : S5-S24.

POINTS-CLÉS

- Les **symptômes d'inconfort** sont fréquents et souvent associés en fin de vie. Ils ont un retentissement important sur la qualité de vie. Tout comme la douleur, ils doivent être recherchés et pris en charge.

- Le **traitement** peut être étiologique, sinon, symptomatique. Son but, en toute fin de vie, sera d'améliorer la qualité de vie du patient.

- Le **bilan étiologique** sera à discuter en fonction de l'état général du patient, de l'évolution de la pathologie, du projet thérapeutique. Cette discussion peut avoir lieu dans le service d'hospitalisation en équipe pluridisciplinaire ou, dans certains cas complexes, lors d'une RCP.

- Quelle que soit la prise en charge, la **surveillance** de l'évolution des symptômes et de la tolérance des traitements mis en place est nécessaire.

- **En cas de symptôme rebelle**, insupportable pour le patient malgré des efforts obstinés pour trouver un traitement adapté, on envisagera une sédation, selon les recommandations de la SFAP.

+++ LE COUP DE POUCE DE L'ENSEIGNANT

- En toute fin de vie, l'unique objectif est le confort, les examens biologiques ou d'imagerie et la surveillance des constantes sont les plus souvent inutiles. Pensez à prescrire les soins de bouche plutôt que la surveillance de la tension artérielle !!

- Start low and go slow : les traitements médicamenteux devront être débutés à faibles doses, en augmentant très progressivement la posologie chez des patients fragiles.

- Penser à une cause iatrogène et chercher une modification récente du traitement devant l'apparition d'un nouveau symptôme.

CHAPITRE **30**

L'organisation des soins palliatifs et le recours aux équipes ressources

Pr Benoît Burucoa*, Dr Matthieu Frasca**

　* PA-PH, Médecine Palliative, CHU de Bordeaux, Université Bordeaux Segalen

　** PH, Médecine Palliative, CHU de Bordeaux, Université Bordeaux Segalen

© MEDLINE

\>\>\>

OBJECTIFS PÉDAGOGIQUES

– Promouvoir la « démarche palliative » en organisant les soins et l'accompagnement au domicile et en établissement.
– Articuler les missions et fonctionnement des structures de soins palliatifs et d'accompagnement bénévole.
– Construire un projet et un parcours personnalisé de soins palliatifs en utilisant les ressources spécifiques d'un territoire de santé.

MOTS CLÉS : coordination ; continuité des soins ; démarche palliative ; équipe ; EMSP ; expertise ; évaluation ; formation ; interdisciplinarité ; inter-professionnalité ; LISP ; projet de santé personnalisé ; proximité ; recherche ; réseaux ; soutien des professionnels ; soutien des aidants naturels ; traçabilité ; transmission ; USP.

1. La démarche palliative est en route

La visée de l'organisation des soins palliatifs est de permettre à toute personne malade de recevoir des soins palliatifs adaptés à son état quelle que soit sa pathologie, son lieu de vie ou d'hospitalisation. Dans cette optique, plusieurs types d'équipes ressources en soins palliatifs sont proposés avec une graduation de l'offre selon les besoins et demandes du patient, les possibilités de son entourage, les équipes de soins et les structures d'accueil.

1.1. La démarche palliative, participative et interprofessionnelle comprend :

– une prise en charge en soins et traitements spécifiques ;
– un mode de travail délibératif pluri-professionnel et pluridisciplinaire ;
– la formation d'un ou deux référents en soins palliatifs dans les équipes de soin ;
– la formation et le soutien des soignants impliqués (groupe de parole, analyse de situations et des pratiques) ;
– un accueil et un accompagnement des proches ;
– un aménagement des locaux et une adaptation des matériels ;
– un partenariat avec des ressources extérieures : associations de bénévoles d'accompagnement, psychologues, experts en SP.

> Toute la démarche s'intègre dans un projet de service, de structure ou d'établissement.
>
> Elle concerne les établissements de santé publics et privés, les établissements médico-sociaux, les SSIAD et HAD, les structures de gériatrie, les réseaux.

1.2. L'organisation des soins palliatifs s'adapte à différentes situations

- Selon les **lieux de fin de vie** :
  - domicile privé ;
  - établissements sanitaires : cliniques et hôpitaux ;
  - établissements médico-sociaux : EHPAD, FAM, MAS ;
  - autres substituts du domicile : Familles d'accueil, Appartements thérapeutiques, Foyers logement, Résidences pour personnes âgées, Foyers de vie.

> L'organisation doit absolument envisager l'ensemble des secteurs en tenant compte du parcours personnalisé de santé de la personne relevant des soins palliatifs.

- Selon les **âges**, avec une attention aux **extrêmes, enfance et grand âge**.
- Selon les **intervenants concernés** : les professionnels et les bénévoles.

  Soulignons le rôle important **des associations de bénévoles**. Elles organisent l'intervention des bénévoles selon une convention type et se dotent d'une charte qui définit les principes à respecter.

- Selon la **gradation des prises en charge** :

> Trois niveaux sont définis en fonction de la complexité des situations :
> - niveau 1 : Accompagnement palliatif en service hospitalier sans lit identifié ;
> - niveau 2 : Lits identifiés de SP (LISP) ;
> - niveau 3 : Unités de Soins Palliatifs (USP).

- Selon des **niveaux d'expertise** :

> On différencie les soins palliatifs dits
> - de *base* effectués par tous les professionnels de santé, quel que soit le lieu de vie du patient ;
> - d'*intervention* par des référents en soins palliatifs, des équipes mobiles et les réseaux de soins palliatifs ;
> - d'*expertise* ou *spécialisés* par les EMSP, les réseaux, en LISP, en USP.

1.3. La continuité, l'articulation, l'anticipation et la personnalisation des différentes prises en charge entre elles se fait dans le souci du respect des souhaits et attentes du patient, si possible, et en prenant toujours en compte ses proches.

Ces modalités d'organisation visent à :
- développer **la culture palliative au domicile, en EHPAD, dans les unités hospitalières non spécialisées** ;
- permettre le **maintien à domicile** ou substituts, et particulièrement **en milieu rural** alors que 58 % des décès surviennent à l'hôpital.

Dans cette optique, les réseaux de soins palliatifs et les EMSP jouent un rôle transversal majeur !

> **Pour assurer la continuité des soins palliatifs : établir des ponts et des mixités**
> Domicile-Établissements / Libéraux-Salariés
> Rural-Urbain / Médecins-Infirmières
> Bénévoles et professionnels

2. Comment les soins palliatifs sont-ils organisés à domicile ?

2.1. La condition sine qua none : la coordination à domicile

81 % de la population française voudrait vivre ses derniers instants chez elle selon un sondage IFOP de 2010. Pourtant en 2009, seuls **25,5 %** des décès ont eu lieu au domicile du patient. Des progrès sont à réaliser en renforçant la coordination des différents acteurs.

2.1.1. En première ligne

- **En première ligne,** on retrouve les professionnels libéraux, médecin traitant et infirmiers libéraux, les kinésithérapeutes, les pharmaciens, des bénévoles d'accompagnement, des représentants des cultes, l'HAD, les SSIAD, les auxiliaires de vie, les aides ménagères…

- Le **médecin traitant** peut solliciter la mise en place d'une HAD ou l'intervention d'un réseau de soins palliatifs. Les textes lui confèrent un rôle de coordination essentiel. Il est le prescripteur des médicaments, matériels et dispositifs.

- Les **infirmiers libéraux** ont un rôle spécifique de coordination, de continuité des soins et de gestion des risques liés à l'environnement. Ils peuvent percevoir une majoration de coordination infirmière pour un patient relevant des soins palliatifs.

- L'**HAD** permet d'assurer des soins médicaux et paramédicaux complexes au domicile du patient. Cela s'établit pour une période limitée mais renouvelable. Des missions spécifiques de formation et de coordination sont assurées par le médecin coordonateur.

   L'HAD s'inscrit dans la graduation des soins à domicile. Par exemple, elle peut assurer la prise en charge d'un patient en toute fin de vie avec une permanence des soins 24 h/24, 7 jours sur 7. Les soins peuvent comprendre une technicité importante avec une fréquence significative des passages. Les soins palliatifs représentent 18 % de l'activité des HAD (Rapport Igas).

- Les **SSIAD** sont coordonnés par une infirmière encadrant l'équipe :
   - ils sont composés d'infirmiers, d'aides soignants, parfois d'ergothérapeutes, de psychologues ou d'aides médico-psychologiques (AMP) ;
   - les soignants interviennent au domicile, sur prescription médicale pour réaliser des soins de nursing (soins d'hygiène et de confort) et des soins techniques ;
   - ils ont comme mission d'assurer le maintien à domicile des personnes âgées et/ou handicapées, ainsi que des personnes atteintes de maladies chroniques ;
   - ils sont distincts des services d'aide à domicile ou à la personne qui proposent des prestations d'aide à la personne (portage de repas, ménage, etc.).

- **Les auxiliaires de vie à domicile** constituent des intervenants indissociables de tous les autres dispositifs de maintien à domicile.
- **L'hospitalisation de jour** (HDJ) participe au maintien à domicile par la réévaluation de traitements et la résolution de situations avec anticipation.

2.1.2. En seconde ligne

- En seconde ligne, interviennent les réseaux de soins palliatifs et les EMSP extrahospitalières.
- Les **réseaux de soins palliatifs** doivent faciliter la continuité du suivi de la personne sur l'ensemble du parcours de prise en charge ; ils permettent de coordonner les acteurs.
- Les **EMSP** ont un rôle et un champ de compétences au domicile mal définis. Ainsi, l'action des EMSP concernant l'organisation du retour à domicile s'apparente à de la coordination. Cela est d'autant plus manifeste dans les zones géographiques non desservies par un réseau de soins palliatifs ou une HAD.

ATTENTION !

Dans toutes les situations, il est important d'anticiper les urgences palliatives à domicile.

Il s'agit de prêter attention à :
- l'implication des proches ;
- la coordination entre professionnels en cas d'urgence ;
- la garantie de la continuité des soins à domicile, notamment la nuit ;
- le recours aux services d'urgences ;
- la relation avec le **SAMU et SOS Médecins**.

2.2. Tout pour le maintien à domicile

2.2.1. Des limites à l'impossibilité des SP à domicile : dépister, évaluer !

Si le maintien au domicile apparaît généralement souhaitable, il est important de prendre aussi en compte les limites :
- absence d'accord et de consentement libre du patient et de sa famille ;
- épuisement physique ou moral de la famille ;
- manque de présence des proches (inaptitude, isolement) ;
- limites financières des familles et/ou inadaptation du logement ;
- refus par la famille d'envisager un décès ;
- symptômes intenses réfractaires ;
- impossibilité de réaliser un geste technique ;
- absence d'intervention de soignants libéraux ;
- manque de collaboration des différents professionnels ;
- absence de médecin coordinateur ;
- épuisement des professionnels ;
- manque d'information et/ou d'anticipation.

2.2.2. Quelles conditions sont favorables aux SP à domicile ? Les anticiper !

- choix et présence du ou des proches ;
- contrôle suffisant des symptômes ;

- prescriptions anticipées écrites et réévaluées ;
- possibilité d'adaptation du matériel ;
- disponibilité et formation des intervenants ;
- coordination des intervenants professionnels ;
- contact avec le service hospitalier référent ;
- soutien par une association de bénévoles ;
- soutien par une EMSP extrahospitalière ou un réseau de SP.

2.2.3. Penser et acter la transmission à domicile !

- cahier ou dossier commun interprofessionnel ;
- téléphone ;
- rencontres interprofessionnelles ;
- courriers d'hospitalisation, de fin de séjour, de convalescence, de consultation ;
- fiches de liaison ou de synthèse ;
- prescriptions rédigées : médicaments avec date, durée, forme galénique, médicaments hospitaliers, compléments diététiques, matériels.

2.2.4. À domicile, décliner l'anticipation !

- prescriptions anticipées personnalisées (PAP) ;
- directives anticipées si possible et si voulues ;
- numéros d'appel en cas de problème ou d'urgence ;
- hôpital de recours si besoin ;
- dépistage des signes d'épuisement des proches ;
- moyens de communication et de transmission entre professionnels.

2.2.5. Et la prescription de matériels à domicile ?

Par le médecin traitant !
- lit électrique ;
- matelas anti-escarres ;
- fauteuil garde-robe ;
- table de lit, bassin, urinal, sur-élévateurs ;
- déambulateur – cadres de marche – cannes ;
- pompes à nutrition, pousse-seringue ;
- aspirateur bronchique ;
- aérosol, concentrateur d'oxygène.

2.2.6. Existe-t-il des mesures spécifiques pour renforcer les SP à domicile ?

Oui, grâce au Fonds FNASS !

• Pour le financement de **matériel ou produits** consommables non remboursables, (protections, nutriments, matériel de perfusion…).

• Pour des **garde-malades**.

Ce financement est soumis à des conditions de ressources et de règlement. Il est majoritairement proposé par les EMSP, les réseaux, les SSIAD ou dans le cadre d'un partenariat avec une HAD.

Dommage ! On remarque une sous consommation de l'enveloppe au niveau national en partie par une méconnaissance de ces aides par les acteurs de terrain.

2.2.7. La présence d'un proche à domicile peut-elle être facilitée ?

Oui, par le Congé d'accompagnement d'une personne en fin de vie :

« Tout salarié dont un ascendant, descendant ou une personne partageant son domicile fait l'objet de soins palliatifs a le droit de bénéficier d'un congé d'accompagnement d'une personne en fin de vie… Le congé d'accompagnement d'une personne en fin de vie a une durée maximale de trois mois. »

Oui, par l'allocation journalière pour l'accompagnement d'une personne en fin de vie :

C'est une mesure permettant le maintien au domicile d'un patient avec indemnisation des aidants pendant la période d'accompagnement.

2.2.8. Comment faciliter le retour à domicile d'un patient en situation palliative ?

Penser à :
- soulager les symptômes du patient avant son départ ;
- obtenir l'accord et l'engagement du médecin traitant ;
- avoir un entretien avec l'entourage pour étudier la faisabilité ;
- contacter les soignants (IDE/AS, SSIAD, HAD, Réseau…) ;
- contacter les paramédicaux (psy, ASE, kiné) ;
- rédiger les ordonnances dont les prescriptions personnalisées anticipées, les soins IDE, le matériel ;
- contacter la pharmacie pour les médicaments et le matériel ;
- construire le plan d'urgence (symptôme intense, décès) ;
- prévoir une solution de repli : conditions de ré-hospitalisation.

2.2.9. Les perspectives d'avenir pour les SP à domicile ?

- trouver une « juste place » aux médecins généralistes, sans pour autant leur laisser toute la charge ;
- rémunérer les infirmières libérales, grâce à une « convention-type » entre elles et les structures d'HAD ;
- adapter les moyens pour les SSIAD ;
- reconnaître le temps passé par les professionnels du domicile à « travailler ensemble » (staffs hebdomadaires, réunions de concertation pluridisciplinaire…) ;
- former les urgentistes et les équipes du SAMU aux soins palliatifs.

3. À l'interface du domicile et des institutions : les EMSP et les réseaux de soins palliatifs

3.1. Les EMSP : un levier essentiel

3.1.1. Une équipe d'intervention

• **Sa définition ?**
- une équipe multidisciplinaire et pluri professionnelle rattachée à un établissement de santé ;

– qui se déplace au lit du malade et auprès des soignants, à la demande des professionnels de l'établissement, sans pratiquer d'actes de soins en principe ;
– qui exerce une activité transversale de conseil et de soutien auprès des équipes.

- **Ses missions ?**
  – faciliter la démarche palliative ;
  – participer à la continuité des soins palliatifs ;
  – contribuer à la formation pratique et théorique ainsi qu'à la recherche.

- **Quel est l'état actuel des EMSP ?**
  – en 2011, 418 EMSP dont 20 % rattachées à un établissement disposant d'une USP.

3.1.2. *Une intervention toute en nuances et de périmètre variable*

3.1.2.1. Quels sont les motifs d'intervention ?

– aide à la décision, expertise en matière d'évaluation et de traitement de la douleur, conseils techniques sur les soins, soutien psychologique : aux patients, aux familles, aux soignants, médiation quand les relations avec les familles posent problème ;
– pour 80 % des interventions, soutien clinique ; dans 11 % des cas, aide au retour à domicile ; pour 9 %, aide à la décision éthique.

3.1.2.2. Comment fonctionne une EMSP ?

– première intervention en binôme médecin / infirmier. Puis, composition selon l'évolution avec toutefois une exception pour le psychologue qui intervient généralement seul ;
– pas d'intervention de son propre chef ;
– intervention de 9 h à 17 h du lundi au vendredi ;
– sans se substituer à l'équipe.

3.1.2.3. Quel est le périmètre d'intervention de l'EMSP *(inter, intra, extra hospitalier)*

– plutôt en cancérologie, médecine, gastroentérologie, pneumologie et soins de suite ;
– moins en pédiatrie, services d'anesthésie et de réanimation, urgences ;
– au sein de son établissement de rattachement, dans d'autres établissements de santé et/ou dans d'autres établissements médico-sociaux ;
– très variable selon les territoires et la nature des acteurs locaux impliqués.

3.1.2.4. Une mention spéciale : la vocation extrahospitalière des EMSP

– assignée par la circulaire du 25 mars 2008 en étendant leur périmètre d'intervention potentiel aux établissements médico-sociaux (EMS) ;
– réaffirmée par le programme national ;
– avec des crédits supplémentaires afin de créer de nouvelles EMSP et renforcer les équipes existantes.

3.1.3. *Signes de l'intégration de la démarche palliative par les EMSP*

Interdites de séjour ou véritables partenaires : le positionnement des équipes n'est jamais acquis et dépend de la volonté des médecins responsables des services :
– participation à un staff régulier de service ;
– contenu et fréquence des interventions ;

- formation initiale et continue des personnels ;
- participation à des prises de décision difficiles (arrêts de traitements, sédations).

3.2. Réseaux de soins palliatifs

3.2.1. Pour la continuité des soins : les réseaux de soins palliatifs

3.2.1.1. Pourquoi des réseaux de soins palliatifs

- faciliter l'accès aux soins de toute personne dont l'état requiert des soins palliatifs ;
- lui permettre de bénéficier de soins de qualité, en particulier pour soulager sa douleur physique et psychique, sur le lieu de vie de son choix ;
- faciliter la continuité de son suivi sur l'ensemble du parcours ;
- lui garantir ses droits fondamentaux.

3.2.1.2. Que sont les réseaux de soins palliatifs ?

- centrés sur la prise en charge des patients ;
- libres accès du patient ;
- en filière avec son médecin généraliste référent ;
- avec un système d'information ;
- cahier des charges et normes de qualité ;
- rôle du médecin coordinateur ;
- formation continue ;
- évaluation.

3.2.1.3. Le réseau : une plus value pour les professionnels du domicile

- réponse et expertise plus rapide des problèmes ;
- meilleure transmission et coordination ;
- réciprocité des échanges établissements – domicile (réduction des séjours et urgences) ;
- ressources humaines et matérielles ;
- rémunération spécifique ;
- partenariat avec les associations de bénévoles ;
- formation initiale et continue adaptée.

3.2.1.4. Quel est l'état actuel des réseaux ?

L'évolution vers des réseaux pluri-thématiques

Constat d'une multiplication, sur un même territoire de proximité, de réseaux monothématiques avec une insatisfaction des acteurs de premier recours.

Volonté d'une coordination territoriale pluri-thématique rapprochant les soins palliatifs, la douleur, la gérontologie, les soins de support en cancérologie.

3.2.1.5. La concertation en réseau

Un temps clé : la visite de concertation initiale

- chez la personne malade, avec elle et avec les proches ;
- avec le médecin traitant, les autres professionnels de santé du domicile ;
- évaluation globale (physique, psychologique, socio-familiale et existentielle) ;

- attentes de la personne malade ;
- personne de confiance et directives anticipées ;
- préconisations ;
- projet de plan personnalisé de santé ;
- un décideur : le médecin traitant ;
- compagnonnage, collégialité.

4. La plus grande part de l'activité de soins palliatifs : en institutions

4.1. Une ambition ! Développer une expertise et une culture partagée en milieu pédiatrique !

- prise en charge au domicile de l'enfant ou au sein des unités pédiatriques l'ayant accompagné tout au long de sa maladie ;
- professionnels de la pédiatrie mobilisés afin de diffuser de bonnes pratiques et d'être mieux armés face au questionnement éthique ;
- nécessité d'adapter l'offre hospitalière à la prise en charge de jeunes patients ;
- création des 26 équipes ressources régionales en novembre 2010 ;
- identification de lits de soins palliatifs pédiatriques dans les unités pédiatriques ;
- développement des soins palliatifs pédiatriques en HAD.

4.2. Les soins palliatifs en lits standard de médecine – chirurgie – obstétrique MCO

D'après le **critère 13a du manuel de certification des établissements de santé** relatif à la prise en charge et aux droits des patients en fin de vie, le **déploiement de la démarche palliative** implique :

- au niveau de l'**établissement** : une dynamique de développement des compétences profession-nelles et une réflexion institutionnelle ;
- au sein des **services** : des compétences médicales et soignantes en matière de traitement de la douleur, de soulagement de la souffrance, de mise en œuvre de projets de soins individualisés, de dispositifs de concertation et **d'analyse des pratiques professionnelles** ;
- avec les **patients et leurs proches** : une qualité d'information, de communication et de relation de soin, indispensables à l'anticipation des prises de décisions (poursuite, limitation ou d'arrêt des traitements).

Un service fréquemment confronté à des situations de fin de vie peut avoir recours à l'EMSP.

4.3. Adapter la démarche palliative en Services de soins de suite et de réadaptation (SSR)

- 1 178 sur les 1 800 établissements autorisés en SSR ont une activité de soins palliatifs ;
- accueil de personnes de plus en plus âgées ;
- relativement peu de décès par rapport au secteur MCO ;
- fréquents transferts en médecine peu de temps avant le décès lorsque la prise en charge devient trop « lourde » pour un service SSR ;

- préférences de certains patients pour un retour à domicile en toute fin de vie, après un séjour parfois relativement long en SSR ?
- financements supplémentaires pour les établissements dotés de LISP ou plus rarement d'une USP ;
- sinon, prise en charge palliative sans financement spécifique, mais activité identifiée dans le système d'information des établissements (PMSI).

4.4. Répondre résolument aux besoins en établissements médico-sociaux (EMS)

- lieux de vie au même titre que le domicile ;
- nécessité d'une démarche palliative bien en amont des derniers jours précédant le décès ;
- prises en charge de plus en plus lourdes ;
- moyens de médicalisation plus limités qu'à l'hôpital ou en unités de soins de longue durée (médecin coordinateur à 0,2 ETP en moyenne, pas d'infirmière permanente) ;
- intervention possible d'HAD, de réseaux de soins palliatifs et d'EMSP ;
- expérimentation de la présence d'infirmières de nuit formées aux soins palliatifs ;
- diffusion de l'outil de formation aux soins palliatifs MobiQual.

5. Une expertise en établissements sanitaires : LISP et USP

5.1. La reconnaissance de soins palliatifs de niveau 2 en LISP

5.1.1. Que sont les LISP ?

- une organisation pour optimiser la réponse à une demande spécifique et croissante ;
- identification dans un service de médecine ou chirurgie, de soins de suite et de réadaptation, ou éventuellement de soins de longue durée ;
- confronté à des fins de vie ou des décès fréquents ;
- dans les établissements de santé dont le nombre de décès annuels est supérieur à 200.

5.1.2. Que permet l'identification de LISP ?

- la reconnaissance de la pratique des soins palliatifs dans un service ;
- une meilleure lisibilité interne et externe des activités au sein d'un établissement ;
- l'accès à un financement majoré ;
- l'optimisation des soins palliatifs dans le service.

5.1.3. Quel est l'état actuel des LISP ?

- nombre de LISP de 5057 dans 837 établissements en 2011 ;
- 73 % de ces lits se situent au sein de services de médecine et de chirurgie, 30 % au sein de services de soins de suite et de réadaptation, 35 % en secteur privé ;
- régions inégalement équipées en LISP ;
- en théorie, augmentation du ratio d'infirmier ou d'aide-soignant de 0,30 ETP par rapport à un lit standard.

Le bilan est très mitigé, mais les LISP sont des supports pertinents pour diffuser la démarche palliative si il y a un respect du référentiel et une évaluation par les ARS de la mise en œuvre des LISP.

5.2. Les Unités de soins palliatifs (USP) : Services de référence

5.2.1. Que sont les USP et leurs missions

– accueil, soins et traitements, de façon temporaire ou permanente, de situations palliatives les plus complexes qui nécessitent une équipe pluridisciplinaire et pluri professionnelle dédiée ;
– formation initiale et continue ;
– recherche.

5.2.2. Quel est l'état actuel des USP ?

– **répartition géographique** inégale : au moins une unité de soins palliatifs par région, nombre passé de 90 en 2007 à 122 en 2012, nombre de lits passant de 942 à 1 301 ;
– majoritairement en secteur public (65 %), 111 unités (1 187 lits) en services de médecine et 11 (114 lits) en SSR ;
– **capacité** moyenne de 11,5 lits ;
– **personnel**, globalement renforcé avec en moyenne 1,9 ETP médecin, 9,5 ETP d'IDE (cadre compris) et 9,2 ETP d'aide soignant. Vacations ou temps partiels de kinésithérapeutes, ergothérapeutes, psychomotriciens, socio esthéticiennes, musicothérapeutes, diététiciens et assistants sociaux.

En perspective, 25 USP devraient être créées dans les 5 prochaines années dans les 26 régions concernées.

AU TOTAL : Les soins palliatifs à l'hôpital : une dynamique à poursuivre !

Oui à l'articulation des différents dispositifs USP, LISP, EMSP pour diffuser la Démarche palliative au sein des établissements.

Mais :
– une offre trop hétérogène, que ce soit au sein des établissements de santé ou selon les territoires ;
– des LISP développés mais décalage entre ce qui est reconnu et financé et ce qui mériterait de l'être ;
– une valeur ajoutée des EMSP unanimement reconnue par ceux qui y ont recours mais leur positionnement n'est jamais acquis et dépend de la volonté des médecins et des responsables des services ;
– des USP avec parfois moins d'effectifs qu'initialement prévus ;
– de nouvelles USP à créer pour donner tout son sens à la graduation des soins.

BIBLIOGRAPHIE

■ RÉFÉRENCES À RETENIR

- Circulaire n° DHOS/O2/2008/99 du 25 mars 2008 relative à l'organisation des soins palliatifs.

- Bilan du Programme national de développement des soins palliatifs 2008-2012, Ministère chargé de la Santé, Paris, 109 pages.

■ POUR ALLER PLUS LOIN : UNE CHRONOLOGIE DE TEXTES OFFICIELS

- Loi n° 99-477 du 9 juin 1999 visant à garantir le droit d'accès aux soins palliatifs.

- Loi n° 2002-303 du 4 mars 2002 relative aux droits des malades et à la qualité du système de soin.

- Loi n° 2005-370 du 22 avril 2005 relative aux droits des malades et à la fin de vie.

- Circulaire n° DHOS/03 n° 2006-506 du 1er décembre 2006 relative à l'HAD.

- Rapport du comité national de suivi du développement des soins palliatifs et de l'accompagnement, juin 2007.

- Circulaire n° DHOS/02/DGS/SD5D n° 2002-98 du 19 février 2002 relative à l'organisation des soins palliatifs et de l'accompagnement, en application de la loi n° 99-477 du 9 juin 1999, visant à garantir le droit à l'accès aux soins palliatifs.

- Circulaire n° DHOS/O2/O3/CNAMTS/2008/100 du 25 mars 2008 relative au référentiel national d'organisation des réseaux de santé en soins palliatifs.

- Circulaire n° DHOS/02/2008/99 du 25 mars 2008 relative à l'organisation des soins palliatifs.

© MEDLINE

– Inspection générale des affaires sociales. Hospitalisation à domicile (HAD), novembre 2010.

– État des lieux du développement des soins palliatifs en France, rapport au président de la République, 2011.

– Rapport 2011 de l'Observatoire National de la Fin de Vie, Paris, La Documentation Française, 2012.

– Rapport de la Commission de réflexion sur la fin de vie en France à Francois Hollande, Président de la République Française « Penser solidairement la fin de vie », 2012, consultable sur : www.elysee.fr

– Rapport 2012 de l'Observatoire National de la Fin de Vie « Vivre la fin de vie chez soi », Paris, La Documentation Française, 2013.

– ARS Aquitaine. Schéma Régional d'Organisation des Soins. Projet Régional de Santé 2012-2016.

POINTS-CLÉS

En synthèse, l'offre de soins palliatifs comprend :

• **À domicile**
  – les médecins généralistes, les infirmiers libéraux et les autres professionnels **libéraux** ;
  – les établissements de santé d'hospitalisation à domicile (**HAD**), les services de soins infirmiers à domicile (**SSIAD**), les aides à domicile ;
  – les **réseaux** de SP.

Ces différents effecteurs de soins peuvent également exercer à tour de rôle, ou en complémentarité sur un territoire, la fonction de coordination du parcours du patient.

• **En établissement**
  Trois niveaux de l'offre de soins intégrée et graduée :
  – **en 1,** une **activité de base** de soins palliatifs dans un service hospitalier sans lit identifié pour les situations ne présentant pas de difficultés cliniques, sociales ou éthiques particulières.
  – **en 2,** les lits identifiés de soins palliatifs (**LISP**) dans des services confrontés à des fins de vie ou décès fréquents, avec désignation d'un référent de soins palliatifs.
  – **en 3,** les unités de soins palliatifs (**USP**) accueillant les situations de fin de vie les plus problématiques.

• **De plus,** des équipes mobiles de soins palliatifs (**EMSP**), intra-hospitalières apportent leur expertise à la demande des professionnels en établissements, et extrahospitalières interviennent également dans les établissements et services médico-sociaux et notamment au sein des établissements hébergeant des personnes âgées dépendantes (**EHPAD**).

En 20 ans, la France a rattrapé une partie de son retard dans l'offre de soins palliatifs, grâce à un maillage progressif des structures de soins palliatifs et un accès plus égal à des soins palliatifs.

Mais un constat est fait à ce jour :
  – **L'organisation des SP est en réalité très hétérogène selon les régions, les territoires de santé et la démographie médicale et soignante.**
  – **Si l'offre s'est bien développée grâce au programme national, la gradation des soins demeure cependant encore trop limitée dans certains territoires.**

+++ LE COUP DE POUCE DE L'ENSEIGNANT

Très important : l'évolution continue !

- Ne jamais oublier la prise en compte des « mourirs » de longue durée, des « oubliés de la médecine triomphante », malgré la tarification à l'activité.

- Mettre en œuvre des soins palliatifs dits précoces et abolir la frontière entre soin curatif et soin palliatif.

- Prendre en compte les besoins en milieu rural trop délaissé.

- Faire des choix avec détermination face à la « marée montante » de la maladie d'Alzheimer.

- Toujours penser l'organisation des SP en y associant l'enseignement et la recherche.

Objectifs 1 et 2

CHAPITRE **31**

Communication et accompagnement des personnes gravement malades et de leurs proches

Dr Stéphane Cattan

PH, Maladies de l'Appareil Digestif et de la Nutrition, CHRU, Lille

© MEDLINE

1. Accompagnement du patient et des proches

1.1. Définition

L'accompagnement est un processus **dynamique** qui mobilise une équipe **multidisciplinaire** autour du patient et de ses proches dans un projet visant à **servir la personne** en respectant sa dignité, ses valeurs et son intimité. La démarche d'accompagnement se déroule en institution ou au domicile.

La prise en charge repose sur une **approche globale** qui ne se limite pas à la phase terminale. Elle vise à prendre en compte l'intensité des divers symptômes cliniques, l'ensemble des besoins de la personne, ses souhaits en matière de prise en charge et le **rapport bénéfice-risque** des décisions de soin.

1.2. Droit des patients en fin de vie

De nombreux textes législatifs, réglementaires et déontologiques précisent les droits d'accès aux soins palliatifs et à l'accompagnement ainsi que les droits à l'information, à la limitation ou à l'arrêt des traitements et à la désignation d'une personne de confiance.

1.3. Place des proches

Les proches assurent un **soutien psychologique**, s'impliquent dans la prise charge et accompagnent le patient tout au long de son parcours médical. Ils apportent au médecin leur **connaissance du patient**, laquelle permet habituellement de mieux comprendre la situation. Les soignants sont parfois enclins à établir un rapport de collusion avec les proches si leur intervention s'en trouve simplifiée. Cette pratique exclue parfois le patient et peut conduire à des **situations délétères** aboutissant à une souffrance accrue du malade. C'est pourquoi, **si le patient le souhaite**, la communication d'information est réalisée **de préférence en présence d'un ou plusieurs proches**.

1.4. L'équipe soignante

L'accompagnement des patients en fin de vie requiert de la part des soignants un **engagement** et des **capacités d'écoute**, de concertation et de négociation. La **multidisciplinarité** est essentielle pour garantir la prise en charge des **différentes dimensions de la souffrance** : physique, psychologique, sociale et spirituelle.

1.5. Les bénévoles d'accompagnement

1.5.1. Qui sont les bénévoles ?

Les bénévoles d'accompagnement assurent une **présence** auprès des malades et de leur entourage. Ce sont des personnes de tout âges, de tout milieux, en activité professionnelle ou non, qui sont habités par le désir d'une **solidarité** forte envers les personnes malades et leurs proches.

1.5.2. Que peut faire le bénévole ?

Soumis au même **secret professionnel** que les soignants, le bénévole est un témoin, un confident et à sa façon un passeur. Le bénévole n'est pas là pour faire des soins. **Il reste neutre** en toutes circonstances.

Il offre avant tout une écoute, une présence. Il peut être utile en réconfortant, en apaisant et en créant un climat de **calme** et de **sérénité**. En restant par exemple auprès d'un malade seul et anxieux ou en écoutant un malade ou un proche qui a besoin de parler. En prenant le relais d'un proche au chevet du malade **pour que le proche se repose un peu**.

1.5.3. Comment cela est-il organisé ?

Le bénévole fait partie d'une équipe gérée par une **association**. Cette association le recrute par sélection, le forme, l'encadre et le soutient dans son action. L'association apporte une **garantie morale** aux équipes soignantes et aux patients. Le bénévolat se vit dans un partenariat avec le service hospitalier ou au domicile. Le bénévole intervient en étroite **collaboration** avec l'équipe soignante.

1.6. L'accompagnement à domicile

Le retour au domicile nécessite de bien **évaluer les possibilités d'organisation** des soins dans le contexte familial et la capacité des proches à assurer la continuité des soins. Il est important d'analyser et **d'anticiper** les éventuelles difficultés. La communication avec l'équipe hospitalière devra être maintenue pour faciliter une hospitalisation en cas de symptôme non contrôlé ou pour un **répit** de la famille.

© MEDLINE

OBJECTIFS DE L'ACCOMPAGNEMENT À DOMICILE :
• Promouvoir le confort du patient et sa qualité de vie dans **le respect de ses choix** et de son **cadre de vie habituel**.
• **Mettre en place un soutien** et un accompagnement adaptés aux proches du patient et plus généralement aux aidants.
• De permettre le maintien à domicile du patient **jusqu'à son décès**, si ce maintien est souhaité par le malade et son entourage, et d'assurer un soutien durant la phase agonique et dans les heures qui suivent la mort.
• **Assister les proches** dans les démarches administratives nécessaires en cas de décès au domicile.

2. Attitudes appropriées du praticien

2.1. Les attentes des patients et des proches

COMPORTEMENT VERBAL	COMPORTEMENT NON VERBAL
• **Se présenter** lors du premier entretien	• Être présentable
• Débuter par une question ouverte	• Adopter une **posture** digne
• Laisser le patient **s'exprimer**	• Se mettre à la hauteur du patient
• Reconnaître la valeur du **silence**	• Respecter **l'intimité** du patient
• Adapter son vocabulaire	• Considérer la chambre du patient comme un **espace privé**
• Chercher à **comprendre** et à être compris	• Trouver la **distance** physique qui convient au patient selon ses valeurs
• Faire preuve de politesse et d'humilité	• Établir un **contact visuel**
• Promouvoir la **sécurité** du patient	
• Éviter les pronostics chiffrés	
• Respecter la temporalité du patient	

2.2. La sollicitude

Pour un médecin la sollicitude commence par un impératif de **compétence** médicale. Il s'agit ensuite de tout mettre en œuvre pour connaître l'histoire personnelle et médicale du patient. L'attitude vise alors à comprendre les **besoins** du patient pour mieux le servir, à reconnaître et à s'adapter à la **subjectivité** du patient pour enfin répondre à ses attentes dans les limites de nos capacités, de la loi et de la déontologie.

2.3. L'écoute

- L'écoute est non seulement un **espace** et un **temps** pour accueillir la parole, mais aussi une promesse d'écouter, et surtout d'entendre cette parole.
- Celui qui parle doit pouvoir aller **jusqu'au bout de sa parole, de son silence**, pour habiter, reformuler, se réapproprier sa parole.
- La parole déposée rend digne de **confiance** celui qui la reçoit.
- Celui qui écoute, et tente d'entendre, **prend le temps** d'observer ses réactions internes, mentales et physiques.
- Il accepte de se laisser interroger. Il offre une résonance personnelle, en son nom propre **sans jugement** ni même un conseil.

3. Communiquer en situation palliative

Les progrès de la médecine ont entraîné un **déplacement** de la communication médecin-malade. Parler de maladie grave est devenu moins tabou pour deux raisons : le développement de traitements efficaces pour des maladies préalablement incurables et l'amélioration du niveau d'information médicale de la population. En revanche, la transition curatif-palliatif et **l'idée de mort** qui y est associée reste une notion difficile à aborder entre praticien et patient. Quel que soit le contenu du message les règles à respecter pour annoncer une mauvaise nouvelle demeurent identiques.

3.1. Définition d'une mauvaise nouvelle

Toute nouvelle qui modifie **radicalement** et **négativement** l'idée que le patient se fait de son avenir est une mauvaise nouvelle. Il peut être utile de rappeler que la violence de la mauvaise nouvelle est totalement **subjective** ; bien sûr, celle-ci est d'autant plus intense que le sujet est loin de la réalité, non préparé à la recevoir. L'impact qu'aura cette mauvaise nouvelle sur le patient est **impossible à deviner** si on ignore les préoccupations, les craintes, la situation familiale, le vécu préalable de situations analogues et la perception que le patient a de son avenir.

3.2. Quelle vérité ?

La vérité est d'abord **ce que vit le malade**, ce qu'il ressent et éprouve dans sa chair et son esprit. Elle suit les états successifs de la maladie et plus encore les vécus successifs du malade. La vérité est **évolutive** parce que nous-mêmes nous évoluons et changeons.

Il ne suffit pas d'un diagnostic ou d'un pronostic pour que la vérité émerge et soit entendue. La vérité à dire au patient se fait dans le **contexte** de l'accompagnement. Ce n'est pas un acte ponctuel, elle suppose que celui qui la dit soit **attentif** à ce que le malade peut entendre ou non au moment présent.

3.3. Les directives anticipées

- Document écrit daté et signé par le patient.
- Pouvant être modifiées à tout moment.
- Leur validité est de trois ans.
- Utiles pour le médecin devant décider d'une investigation, d'une intervention ou d'un traitement et particulièrement si une décision d'arrêt ou de limitation de traitement est envisagée.
- Portées à la connaissance du praticien par la personne de confiance, les proches, le médecin traitant ou un autre médecin ayant pris en charge le patient.
- Données indicatives sans valeur juridique.
- À prendre en compte avec prudence en bénéficiant du concours de la personne de confiance et des proches.

3.4. Comment annoncer une mauvaise nouvelle en 6 étapes ?

1. Le contexte

Quand il s'agit de communiquer des mauvaises nouvelles il faut s'asseoir.
Choisir le lieu de l'entretien et s'assurer que l'on ne sera pas dérangé.
Établir la communication par une question ouverte.
Donner la parole au patient.
Être présent et disponible.

2. Que sait déjà le patient ?

Temps essentiel de l'entretien nécessitant une écoute active.
Quelle compréhension a le patient de son état de santé ?
Quelles explications lui ont été données ?
Le patient est-il préoccupé par sa maladie ?
A-t-il pensé que cela puisse être grave ?

3. Que veut savoir le patient ?

Moment critique de l'entretien pour connaître le choix du patient.
Existe-t-il de la part du patient une volonté de recevoir directement et ouvertement les informations le concernant ? Quel niveau d'information souhaite obtenir le patient ?
« Si jamais il s'avère que votre état de santé est grave, souhaitez-vous en être informé ? Aimeriez-vous que je vous explique tous les détails du diagnostic ou préférez-vous que je me limite au traitement ? »
En dépit de la gène occasionnée, cette étape permet de poursuivre l'entretien dans une ambiance plus détendue.

4. L'annonce

Partir du point de vue du patient, puis apporter progressivement les informations qui réduiront l'écart entre ce point de vue et la « réalité médicale » en observant constamment son interlocuteur.
Fragmenter l'information en bouts digérables. Traduire les termes techniques en un langage plus familier au patient.
Contrôler fréquemment la compréhension : *« Comprenez-vous ce que je veux dire ? Voyez-vous de quoi je parle ? »*
Prendre en compte les soucis du patient et leur hiérarchie.
Accorder son plan de discussion avec les préoccupations du patient.

>>>

5. Réponse aux sentiments du patient
Étape pour laquelle la formation est particulièrement profitable. Incrédulité, choc, déni, déplacement, quête, peur, colère, reproche, culpabilité, espoir, dépendance, pleurs, soulagement, menace, humour, séduction, marchandage et… pourquoi moi ? Rester concentré sur ce qui se passe. Plus la situation s'annonce difficile, plus il est indispensable de respecter les règles fondamentales énoncées ci-dessus. Mieux vaut agir que réagir.

6. Préparer l'avenir
Mettre en jeu la compétence professionnelle pour dessiner une perspective clinique et une stratégie claire. Soutenir le patient, l'écouter, cerner le sens de son propos. L'entretien n'est pas complet en l'absence d'une récapitulation-contrat d'avenir.

4. Les mécanismes psycho-adaptifs

Ces mécanismes **inconscients** naissent du sentiment de l'éminence d'un **danger** et visent à réduire les tensions psychiques internes. Ils sont mis en œuvre aussi bien par les patients et leurs proches que par les soignants. Ils doivent être **reconnus et respectés** même si cela est parfois rendu difficile par leur caractère confus, fluctuant et imprévisible.

4.1. Les mécanismes du patient

- Le **déni** est un mécanisme radical par lequel le patient efface littéralement de sa conscience une information trop agressive sur le plan psychique.

- La **dénégation** correspond à un refus partiel de la réalité.

- L'**isolation** consiste à isoler une pensée de son affect et amène souvent le patient à parler de sa maladie de façon froide et insensible.

- Le **déplacement** survient lorsqu'un sujet de préoccupation apparemment anodin prend la première place dans le discours du patient au détriment de la maladie.

- La **maîtrise** traduit la volonté du patient de conserver le contrôle de ce qui lui arrive, soit en cherchant à comprendre dans les moindres détails les caractéristiques de sa maladie, soit en mettant en place des rites obsessionnels.

- La **régression** correspond à un retour à des formes antérieures de développement chez les patients qui se laissent volontiers porter et prendre en charge jusqu'à devenir complètement dépendants et passifs.

- La **projection agressive**, difficile à soutenir pour les soignants, traduit en une agressivité parfois violente et une exigence toujours accrue, le face-à-face à la douloureuse réalité de la maladie.

- La **combativité** ou la **sublimation** sont observées chez les patients qui investissent fortement des ressources psychiques pour dépasser l'épreuve en lui donnant éventuellement un sens.

4.2. Les mécanismes des soignants

- Le **mensonge** est volontiers un mécanisme d'urgence, une opération défensive radicale qui annihile tout dialogue.
- La **banalisation** est le mécanisme par lequel le soignant se met à distance de la souffrance du patient en refusant de reconnaître son intensité.
- L'**esquive** consiste à refuser d'aborder ou de faire face à la situation vécue par le patient en détournant systématiquement la discussion et en faisant la « sourde oreille ».
- La **fausse réassurance** permet au soignant d'échapper à la réalité subjective du patient en la colmatant immédiatement par des propos trop optimistes.
- La **rationalisation** consiste à tenir un discours incompréhensible, riche en termes techniques empêchant tout véritable dialogue et n'apportant aucune réponse aux questions embarrassantes du patient.
- L'**évitement** est le mécanisme par lequel le soignant fuit tout contact avec le patient, que ce soit physiquement en ne lui rendant pas visite ou psychologiquement en ne lui prêtant aucune attention.
- La **dérision** est un comportement de fuite qui vise à banaliser la souffrance du patient sans la reconnaître.
- La **fuite en avant** est le résultat d'une tension excessive chez le soignant qui se décharge d'une vérité trop lourde à porter en la livrant brutalement et dans sa globalité au patient.
- L'**identification projective** consiste à supprimer toute distance entre patient et soignant en se substituant au malade et en transférant sur lui ces propres pensées, émotions et réactions ; il s'agit d'une dépersonnalisation du soignant qui s'immerge dans la souffrance du patient pour mieux s'en affranchir et l'annuler.

5. Repères pour une relation soignante

5.1. Relation paternaliste

5.1.1. Le modèle paternaliste

- Le patient est perçu comme **faible** et **ignorant**.
- Le médecin est solidaire de celui qui souffre, il a la responsabilité de **se substituer au malade** pour faire son bien.
- Le modèle est celui de la paternité marquée par une **responsabilité bienveillante** et bienfaisance à l'égard d'une personne vulnérable et peu informée.
- La moralité de l'acte est jugée à ses **résultats**, il s'agit de faire le bien.
- La relation est **asymétrique** comme celle d'un majeur à un mineur.
- Le fondement du modèle est hétéronomique, on suppose qu'il existe une extériorité normative, **un bien définissable objectivement**.

5.1.2. Critique du modèle paternaliste

- L'évolution du niveau de connaissance de la population rend ce modèle intenable.
- Limites morales liées à la iatrogénie de la médecine moderne.

- Risque de perversion de la responsabilité médicale en pouvoir médical absolu.

- Promotion délétère d'une toute puissance de la médecine, sources de déception chez les patients et leurs familles.

5.2. Relation autonomiste

5.2.1. Le modèle autonomiste

- Le patient est perçu comme un **adulte responsable**.

- Le médecin vise à respecter la **liberté du patient** pour les décisions qui le concernent.

- Le modèle est celui du contrat **réciproque** entre des partenaires libres et égaux.

- L'acte est jugé aux **intentions** qui le sous-tendent.

- Le principe moral prioritaire est le respect de l'**autonomie**.

- La relation est symétrique.

- Le fondement est autonomique : nul bien ne s'impose de lui-même à tous, **chacun détermine lui-même ce qu'est la vie bonne**.

5.2.2. Critique du modèle autonomiste

- Le respect de la liberté d'autrui peut cacher une **indifférence** à son égard ou un refus de partager le poids de la responsabilité.

- Risque de **dérive juridique** et consumériste.

- L'information du patient et l'obtention de son consentement peuvent ne servir qu'à **protéger le médecin** de toute poursuite judiciaire.

- De son côté le patient risque de considérer le médecin comme un prestataire de service dont il attend une **garantie illusoire de « risque zéro »**.

5.3. Relation centrée sur le patient

- Le patient est perçu comme une personne d'égale valeur qu'il s'agit d'accompagner.

- Le médecin cherche à bâtir une **relation de confiance** au **service** du patient.

- La moralité de l'acte est jugée sur sa **capacité à reconnaître puis à répondre** aux attentes du patient et de ses proches (dans les limites déontologiques et légales).

- La relation est **empathique**.

- Le fondement est le **respect de la personne** dans ce qu'elle vit, la **tolérance** vis-à-vis de ses contradictions et la **compréhension** des mécanismes psycho-adaptatifs qu'elle met en œuvre.

5.4. Les six étapes d'une relation empathique

Reconnaître les moments d'émotion	**Identifier** les manifestations cliniques d'un état émotionnel chez le patient. S'y **arrêter** lorsque celui-ci semble marquant.
Demander au patient ce qui se passe	Inviter le patient à **évoquer son vécu** émotionnel en l'encourageant à s'exprimer. Passer de la dimension émotionnelle à la dimension cognitive. Passer du sentiment d'être isolé à la **confiance** qui naît d'un état partagé. Offrir au patient une **confirmation sociale** du bien-fondé de ce qu'il éprouve.
Nommer l'émotion	Nommer l'émotion permet d'ajuster le niveau **cognitif** à la réaction face aux événements : « Vous êtes en colère ». Si le patient fait comprendre qu'il ne souhaite pas parler de ses émotions, **respecter ce vœu**. Ne pas confondre ses propres valeurs avec celles du patient.
Légitimer	**Relier l'émotion** vécue par le patient au **contexte** psychologique, historique ou événementiel : « Dans ces circonstances, je comprends tout à fait que vous soyez en colère ». **Encourager** le patient à exprimer plus franchement et plus clairement ses sentiments. Exprimer la **reconnaissance** de ce que vit l'autre.
Respecter les efforts du patient pour faire face	Travailler sur les **ressources** du patient. Faire levier sur l'expérience qu'il a acquise pour faire face aux difficultés de l'existence. Partager une expérience commune. Participer chacun à **l'humanité** de l'autre.
Offrir aide et soutien pour le futur	Montrer sa **disponibilité** au patient. Proposer un partenariat. Garantir la **continuité** de son engagement.

BIBLIOGRAPHIE

■ **LA RÉFÉRENCE À RETENIR**

– Conférence de consensus : « L'accompagnement en fin de vie », janvier 2004, consultable sur le site de la Haute Autorité de la Santé, http://www.has-sante.fr/portail/upload/docs/application/pdf/ Accompagnement_court.pdf.

POINTS-CLÉS

- **Objectifs de l'accompagnement**
  - Respecter la dignité de la personne malade, ses valeurs et ses croyances.
  - Prendre soin de la personne avec empathie, en étant à l'écoute de ses besoins.
  - Engager l'équipe multidisciplinaire à répondre aux attentes de la personne.
  - Reconnaître les mécanismes psycho-adaptatifs à l'œuvre dans la relation.
  - Prendre en compte les proches et en particulier la personne de confiance.

- **Les cinq questions clés de l'accompagnement**
  1. Qui est le patient ?
  2. Quelle sont ses attentes vis-à-vis de l'équipe soignante et du médecin ?
  3. Comment le patient vit-il sa maladie ?
  4. Comment le patient se représente-t-il sa maladie ?
  5. Quelles sont les sentiments ou les émotions que génère la maladie ?

- **Pour bien communiquer en phase palliative**
  - Rester simple sans trop apporter de détails notamment techniques.
  - Tenir compte de ce que le malade sait et perçoit déjà.
  - Ménager un contexte aussi calme que possible.
  - Fragmenter les nouvelles.
  - Attendre les questions complémentaires que peut poser le patient.
  - Ne pas discuter ce que le malade refuse de reconnaître.
  - Demander au malade s'il a bien compris, s'il souhaite des précisions complémentaires.
  - Ne pas supprimer tout espoir.
  - Ne rien dire qui ne soit vrai.

+++ LE COUP DE POUCE DE L'ENSEIGNANT

- Accompagner des personnes en fin de vie peut être une épreuve pour le soignant. Voici quelques suggestions pour éviter **l'épuisement professionnel** et prendre soin des autres sans oublier de prendre soin de soi :
  - Sachez être tolérant et n'ayez pas trop de préjugés.
  - Soyez pleinement et authentiquement vous-même dans la relation.
  - N'ayez pas d'attentes excessives, soyez conscient de vos limites et des limites de la médecine.
  - Sachez trouver la paix au cœur même de votre activité.
  - Cultivez l'esprit du débutant qui recèle plus de possibilités d'adaptation que celui de l'expert.

CHAPITRE **32**

Savoir aborder les questions éthiques : l'encadrement légal et le processus décisionnel délibératif

| **Pr Régis Aubry**

PA-PH, Département Douleur Soins Palliatifs, CHU Besançon

PLAN DU CHAPITRE

1. Les questions éthiques, légales et sociétales posées lors des phases palliatives

    1.1. Quelles situations sources de dilemmes ?

    1.2. Le cadre légal : la loi Leonetti du 22 avril 2005

    1.3. La loi Leonetti distingue 2 situations

        1.3.1. Si le patient est considéré comme capable d'exprimer sa volonté

        1.3.2. Si le patient est hors d'état d'exprimer sa volonté

2. Prises de décision relatives à des investigations et traitements (hydratation ou nutrition)

    2.1. L'acteur principal de la décision doit être la personne malade, quand bien même sa capacité de discernement est altérée

        2.1.1. Le patient en capacité à exprimer sa volonté et à participer au processus décisionnel

        2.1.2. Le patient en incapacité à décider

2.2. Le processus décisionnel dans une équipe de soins confrontée à des dilemmes concernant la fin de la vie

    2.2.1. Problématiser : poser une question éthique

    2.2.2. L'élaboration d'un argumentaire individuel

    2.2.3. La délibération collective

    2.2.4. La prise d'une décision

3. Se comporter de façon adaptée lorsqu'un patient formule un refus de traitement

    3.1. Comment s'assurer qu'un refus de traitement est éclairé ?

    3.2. La notion de perte de chance, voire de non-assistance à une personne en danger peut-elle conduire à ne pas respecter le refus si celui-ci apparaît éclairé ?

L'éthique clinique est un questionnement des professionnels de santé induit par la rencontre de situations d'incertitude qui peuvent survenir lorsque ces acteurs sont confrontés à la question des limites (limites du savoir et des connaissances, limites de la loi, de la morale, de la vie…). L'éthique est une réflexion individuelle et collective dont l'objectif est de contribuer à des prises de décisions les plus rigoureuses et les plus justes possibles.

1. Les questions éthiques, légales et sociétales posées lors des phases palliatives

Lors des phases palliatives ou terminales, il est fréquent de se trouver devant des situations complexes et singulières, qui suscitent des questions sans réponse évidente.

1.1. Quelles situations sources de dilemmes ?

• Lorsque la personne malade présente un symptôme réfractaire – symptôme insupportable et qui ne peut être soulagé en dépit des efforts obstinés pour trouver un protocole thérapeutique adapté (*cf.* chapitre 6 : La sédation pour détresse en phase terminale).

• Lorsque le médecin est confronté à une demande d'euthanasie et de suicide assisté (*cf.* Chapitre : savoir analyser et répondre à une demande d'euthanasie ou de Suicide assisté).

• Lorsque le patient exprime une détresse émotionnelle, psychologique, spirituelle pour laquelle aucune réponse médicale ne parait adaptée.

• Lorsque la question de la finalité d'un traitement se pose, que celui-ci apparaît à la personne malade ou aux professionnels de santé inutile, disproportionné, n'ayant d'autre effet que le seul maintien artificiel de la vie (concepts d'obstination déraisonnable, ou d'acharnement thérapeutique).

1.2. Le cadre légal : la loi Leonetti du 22 avril 2005

Le cadre légal concernant la fin de vie est celui de la loi Leonetti, du 22 avril 2005, relative aux droits des malades et à la fin de vie.

> **LA LOI LEONETTI INCITE LES PROFESSIONNELS À ÉLABORER DE FAÇON COLLÉGIALE UN PROJET THÉRAPEUTIQUE. ELLE DONNE :**
>
> - Le droit d'interrompre ou de ne pas entreprendre des traitements jugés « inutiles, disproportionnés ou n'ayant d'autre effet que le maintien artificiel de la vie » *(art. 1, 9)*.
> - Le devoir de rechercher et de prendre en compte la volonté de la personne.
> - Le devoir d'assurer dans tous les cas la continuité des soins et l'accompagnement de la personne.

Dans tous ces cas :
- le patient (**sauf si celui-ci a souhaité de ne pas être informé de son état conformément à la loi de 2002 sur les droits des patients**) ou ses représentants seront informés,
- les décisions seront clairement inscrites dans le dossier médical.

1.3. La loi Leonetti distingue 2 situations

La loi distingue 2 situations : celle où le malade est capable d'exprimer sa volonté et celle où il n'en est pas capable.

La capacité du patient à s'autodéterminer doit être appréciée de manière adaptée. Le médecin donne l'information, il vérifie que le patient est capable d'écouter, de comprendre puis de s'autodéterminer.

1.3.1. *Si le patient est considéré comme capable d'exprimer sa volonté*

- Il peut refuser tout traitement.
- Ce refus qui doit être réitéré dans un délai raisonnable.
- En dehors des situations d'urgences non anticipées, le médecin a l'obligation de respecter ce refus.
- La décision motivée doit être inscrite dans le dossier.

- Si le patient est en phase avancée ou terminale d'une affection grave et incurable, quelle qu'en soit la cause, « *le médecin respecte sa volonté après l'avoir informé des conséquences de son choix* » (art. 6).

- En dehors des situations de fin de vie. Le médecin doit :
  - informer le patient et s'assurer qu'il a compris les conséquences de sa décision ;
  - tenter de le convaincre du maintien du traitement jugé pertinent ;
  - si besoin faire appel à un collègue pour d'autres explications.

Dans tous les cas le médecin dispense des soins dans le cadre d'une démarche palliative.

1.3.2. *Si le patient est hors d'état d'exprimer sa volonté*

Le médecin en charge du patient est responsable de la décision de limitation ou de l'arrêt d'un traitement considéré comme une obstination déraisonnable. Cette décision doit respecter la procédure suivante :

- Si le patient est en phase avancée ou terminale d'une affection grave et incurable.

- Ou si le patient est maintenu artificiellement en vie :

Le médecin doit :
  - respecter la procédure collégiale (*cf.* encadré) ;
  - rechercher et prendre en compte les directives anticipées éventuelles (*cf.* encadré) ;
  - recueillir l'avis de la personne de confiance (si elle a été désignée) ou à défaut la famille ou les proches.

Le médecin doit limiter ou arrêter un traitement si celui-ci est jugé inutile, disproportionné ou n'ayant d'autre objet que la seule prolongation artificielle de la vie. L'histoire, le contexte et l'environnement du patient doivent être pris en compte dans la décision.

La décision motivée est inscrite dans le dossier du patient (art. 9).

Dans tous les cas le médecin dispense des soins dans le cadre d'une démarche palliative.

LA PROCÉDURE COLLÉGIALE

Si le patient est hors d'état d'exprimer sa volonté, la décision de limiter ou d'arrêter les traitements dispensés ne peut être prise sans qu'ait été préalablement mise en œuvre une procédure collégiale.

Le médecin peut engager la **procédure collégiale** de sa propre initiative.

Il est tenu de le faire au vu des **directives anticipées du patient** ou à la **demande de la personne de confiance, de la famille ou, à défaut, de l'un des proches**.

La décision de limitation ou d'arrêt de traitement est prise par le médecin en charge du patient, après concertation avec l'équipe de soins si elle existe et sur l'avis motivé d'au moins un médecin, appelé en qualité de consultant. Il ne doit exister aucun **lien de nature hiérarchique entre le médecin en charge du patient et le consultant**. L'avis motivé d'un deuxième consultant est demandé par ces médecins si l'un d'eux l'estime utile.

LES DIRECTIVES ANTICIPÉES

Les directives anticipées sont un document écrit, daté et signé par leur auteur. Elles peuvent, à tout moment, être modifiées. Leur durée de **validité est de 3 ans**.

Lorsqu'il envisage de prendre une décision de limitation ou d'arrêt de traitement le médecin s'enquiert de l'existence éventuelle de celles-ci auprès de la personne de confiance, si elle est désignée, de la famille ou, à défaut, des proches ou, le cas échéant, auprès du médecin traitant de la personne malade ou du médecin qui la lui a adressée.

« Toute personne majeure peut rédiger des directives anticipées pour le cas où elle serait un jour hors d'état d'exprimer sa volonté. Ces directives anticipées indiquent les souhaits de la personne relatifs à sa fin de vie concernant les conditions de la limitation ou l'arrêt de traitement. Elles sont révocables à tout moment. À condition qu'elles aient été établies moins de trois ans avant l'état d'inconscience de la personne, le médecin en tient compte pour toute décision d'investigation, d'intervention ou de traitement la concernant » (article 7).

LA PERSONNE DE CONFIANCE

- **Qui peut-être désigné ?**
  La confiance suppose la préexistence d'un lien relationnel entre le malade et sa personne de confiance. La personne de confiance peut être un parent, le médecin traitant, un proche (absence de lien juridique avec le patient)...

- **Les missions**
  - rôle d'assistance et d'accompagnement lorsque le patient est capable d'exprimer sa volonté ;
  - rôle de soutien en cas de diagnostic ou de pronostic grave ;
  - rôle éventuel de témoin, de garant que les directives anticipées sont l'expression de sa volonté libre et éclairée et de conservateur de ces directives anticipées ;
  - rôle de consultation, lorsque le patient est hors d'état d'exprimer sa volonté : son avis, sauf urgence ou impossibilité, prévaut sur tout autre avis non médical, à l'exclusion des directives anticipées, dans les décisions d'investigation, d'intervention ou de traitement prises par le médecin.

- **Les obligations juridiques**
  - Le secret médical est levé vis-à-vis de la personne de confiance. Si le patient le souhaite, la personne de confiance peut en effet être présente lors des démarches et entretiens médicaux. La confiance impose par contre que le secret médical ne soit pas divulgué par la PC.
  - La personne de confiance n'a pas d'accès direct au dossier du malade sur sa propre demande.

2. Prises de décision relatives à des investigations et traitements (hydratation ou nutrition)

Notre propos distinguera les acteurs du processus décisionnel puis décrira ce processus.

2.1. L'acteur principal de la décision doit être la personne malade, quand bien même sa capacité de discernement est altérée

2.1.1. Le patient en capacité à exprimer sa volonté et à participer au processus décisionnel

Au nom du principe d'autonomie, lorsqu'une personne est apte à exprimer sa volonté, c'est elle qui prend sa décision, éclairée et guidée par son médecin dans le cadre de la relation de confiance qu'elle a avec celui-ci. En tout état de cause, aucune intervention ne peut être entreprise sans son accord (voir à ce sujet le paragraphe 3 « refus éclairé de traitement »).

Si le patient le souhaite lui-même, d'autres personnes peuvent être consultées. En outre, dans certaines situations particulièrement complexes, comme une demande par le patient de poursuite ou au contraire d'arrêt de traitement susceptible d'avoir un impact négatif sur la qualité de vie, il peut lui être suggéré de prendre l'avis d'autres personnes, en particulier de consulter d'autres professionnels de santé avant de prendre sa décision.

Le patient, bien qu'apte à se déterminer, peut souhaiter se faire accompagner et soutenir. La loi autorise le patient, ses proches et sa personne de confiance à demander la mise en place d'une procédure collégiale d'aide à la décision. Dans tous les cas, on pourra ménager un délai de réflexion préalable à la décision au malade, ou autoriser l'essai d'un traitement pour une période limitée, lorsque les bénéfices et préjudices d'un traitement proposé ne sont pas clairement établis.

2.1.2. Le patient en incapacité à décider

Même lorsque la personne malade n'est pas apte à exprimer une volonté libre et éclairée, il est nécessaire de la considérer comme une personne à part entière, capable de percevoir ou de comprendre en partie ce qui lui est dit. Il est donc recommandé de lui expliciter aussi clairement que possible ce qui est en question et quelles orientations peuvent être prises. Les avis qu'elle peut alors émettre, les expressions ou réactions qu'elle peut avoir, devront être pris en compte et orienter autant que possible la décision qui sera prise.

Lorsque la personne malade ne veut pas ou n'est plus capable de prendre des décisions [1], la décision sera alors prise par le médecin, selon des modalités prévues par la législation en vigueur (procédure collégiale) et dans des conditions offrant les garanties d'objectivité prenant en compte le bénéfice pour la personne malade et de respect de la dignité de celle-ci. Un processus décisionnel collectif s'impose alors.

Le médecin et l'équipe soignante au sens large et, à défaut de la personne malade, son représentant légal (personne de confiance ou tuteur) interviennent dans le processus délibératif. Sont recherchés et pris en compte bien entendu les souhaits précédemment exprimés au travers ou non de directives

---

1. L'aptitude de la personne malade à participer au processus décisionnel doit être évaluée. Cette aptitude peut être partielle.

anticipées. La famille, les proches et autres accompagnants sont consultés, sauf opposition préalable de la personne.

2.2. Le processus décisionnel dans une équipe de soins confrontée à des dilemmes concernant la fin de la vie

> Dans les situations complexes comportant des incertitudes sur les décisions à prendre, la discussion argumentée entre chacun de ces acteurs contribue à faire émerger la réponse la plus respectueuse de la personne malade dans l'incapacité de donner son avis.

Toute personne participant à la discussion doit être consciente du rôle qui est le sien et au titre duquel elle intervient dans le processus. Chaque professionnel agit en responsable dans ce processus. Il doit analyser ce qui fonde son opinion et ses convictions tant du point de vue de son savoir que de son expérience professionnelle. Il doit tenter de prendre en compte la part de subjectivité dans son argumentation (son vécu personnel, ses représentations et ses projections), ainsi que son cadre de référence personnel (éthique, philosophique, religieux, etc.). Il doit être en mesure de modifier son opinion initiale à la faveur des arguments exposés par d'autres participants au cours de la discussion.

Il n'y a pas, *a priori*, de hiérarchie entre les personnes qui participent à la discussion au motif que l'objet de la discussion est une question d'ordre éthique, et que cette discussion est nécessaire du fait de l'incertitude sur la réponse à apporter à la question posée.

S'il n'y a pas, *a priori*, de hiérarchie de valeur entre les diverses opinions exprimées, la nature des arguments aboutira à une hiérarchisation permettant de construire une décision.

LE PROCESSUS DÉLIBÉRATIF EST CONSTITUÉ DE QUATRE GRANDES ÉTAPES :

- **Problématiser : poser une question éthique.**
- **Étape de réflexion individuelle** : construction d'une argumentation par chaque acteur associé au processus décisionnel, sur la base de données concernant la personne malade et la maladie.
- **Étape de délibération collective** : échanges et débats entre les différents acteurs – le malade, les proches et les acteurs de santé –, permettant des regards croisés et complémentaires.
- **Étape conclusive** : prise de décision proprement dite.

2.2.1. Problématiser : poser une question éthique

POSER UNE QUESTION ÉTHIQUE SIGNIFIE :

- Qu'il n'y a pas d'accord *a priori* (la littérature ne répond pas à la question posée).
- Qu'il y a un ou des conflits de valeurs possibles.
- Que l'on ignore quelle est la bonne réponse.

Bien comprendre et énoncer ce qui fait question n'est pas si simple qu'il y paraît. Souvent, on sent confusément que quelque chose pose problème. Identifier puis énoncer ce quelque chose est parfois long, difficile mais cette identification de ce qui fait conflit est bien le premier temps de la démarche éthique. Il y a donc nécessité de problématiser ce qui fait question, si possible de le coucher sur le papier pour ordonner sa pensée.

La question peut concerner :
- la pertinence de la mise en œuvre ou de la poursuite, ou à l'inverse celle de la limitation ou de l'arrêt d'un traitement susceptible d'avoir un impact sur la survie et la qualité de la vie de la personne malade ;
- le sens d'une plainte ou d'une demande (plainte douloureuse, demande de soulagement de la douleur, demande d'accélération de la fin de vie...).

2.2.2. L'élaboration d'un argumentaire individuel

Les éléments de l'argumentaire sont à chercher dans trois registres concernant :
- **la maladie et l'état médical :** diagnostic, pronostic, urgence, plan de traitement, possibilités d'amélioration, etc. ;
- **la situation de la personne malade :** évaluation de sa capacité à participer à la décision ; son statut juridique ; les informations sur ses souhaits et sa volonté ; sa qualité de vie, ses références personnelles ; son environnement ; ses conditions de vie... ;
- **concernant l'offre de soins**, les possibilités de prise en charge du système de santé.

IL EST RECOMMANDÉ DE CONDUIRE SA RÉFLEXION EN S'APPUYANT SUR LES 4 PRINCIPES SUIVANTS :

1. Le principe d'autonomie
Il dicte le devoir de valoriser la capacité du patient de décider par lui-même et pour lui-même, ce qui suppose qu'il ait reçu une information claire et adaptée.

2. Principe de bienfaisance
Il enjoint d'accomplir en faveur du patient un bien sur le plan thérapeutique, ce qui implique de réfléchir sur les bénéfices possibles que la médecine est susceptible de lui apporter en terme de qualité ou de quantité de vie.

3. Principe de non-malfaisance
Il dicte au médecin le devoir de ne pas exposer le malade au risque de subir un mal qui ne serait pas la contrepartie du rétablissement de sa santé (problématique de l'obstination déraisonnable).

4. Principe de justice
Au plan individuel, toute personne dispose des mêmes droits d'accès aux soins palliatifs.
À un échelon collectif, toute offre de soin doit être pensée dans une visée d'égalité d'accès aux soins et l'équité de l'offre de soins.

2.2.3. La délibération collective

S'il ne peut pas y avoir de modèle standard pour la délibération collective, les modalités variant en fonction du lieu de prise en charge (en établissement ou à domicile), il est recommandé :
- d'inviter l'ensemble des personnes impliquées dans la prise en charge du patient (équipe soignante, psychologue, assistantes sociale, médecin référent, spécialistes en fonction des situations...) et de fixer les modalités pratiques de la discussion (lieu, nombre de participants, nombre de rencontres prévues, etc.) ;
- de déterminer un cadre temporel en tenant compte, le cas échéant, de l'urgence ;
- de désigner les participants à la délibération en déterminant celui qui consignera par écrit les débats et celui qui animera les discussions. Dès le début de la réunion, il est important d'indiquer que chacun doit être prêt à faire évoluer son avis après avoir entendu les autres participants. Chacun doit comprendre que l'avis ou l'accord final ne sera pas nécessairement conforme au sien.

© MEDLINE

Dans l'idéal, un animateur facilite la distribution de la parole. Il veille à ce que tous s'expriment, il recentre la discussion sur la question posée. Il est souvent utile que la parole soit d'abord donnée à ceux qui ne la prennent pas facilement du fait de la hiérarchie, ou d'un tempérament timide ou réservé. C'est seulement après que l'animateur donnera la parole à ceux qui ont l'habitude de s'exprimer ou se situent « plus haut » dans la hiérarchie du service ou de l'équipe. L'animateur reformule éventuellement les propos et propose au final une synthèse des arguments.

Ces exigences s'adaptent au contexte de la prise en charge : à domicile, une réunion conjointe entre le médecin généraliste, l'infirmière et l'aidant familial est parfois le maximum réalisable – *a contrario* dans certaines situations complexes, ou en cas de divergence importante des positions, le recours à d'autres expertises, en particulier un comité d'éthique, un médiateur ou un référent en soins palliatifs peut être aidant.

2.2.4. La prise d'une décision

Au terme de la délibération collective, un accord doit être trouvé. Cet accord se situe souvent à la croisée des avis. Une conclusion ou un avis doit être formalisé et transcrit par écrit. Le médecin référent est responsable de la décision et la communique aux tiers concernés ayant pris part au processus à quelque titre que ce soit.

À l'issue de la réunion, les conclusions de la délibération collective sont présentées par le médecin référent :
- au patient et à la personne de confiance ;
- et/ou à son entourage si la personne malade en a exprimé le souhait ou si elle n'est pas en capacité d'exprimer sa volonté avec tact et mesure, un temps de réflexion peut être nécessaire.

> Si le patient conscient ou son représentant légal a exprimé une volonté différente de la décision prise à l'issue du processus délibératif, le cadre législatif de la loi Leonetti (refus de traitement) s'applique.

La décision une fois prise doit être formalisée (un écrit reprenant les motivations retenues), conservée en un lieu défini, aisément accessible (dossier médical du malade, autre).

En tout état de cause, les éléments ainsi conservés relèvent du secret médical.

La conservation d'une trace écrite, concise mais précise, de la façon dont s'est déroulé le processus décisionnel dans le cas d'espèce, est très utile à l'équipe concernée. Il ne s'agit évidemment pas de mettre en place un instrument de contrôle *a posteriori* de la prise de décision. Mais, il est important, pour chaque acteur concerné, mais pas forcément impliqué dans la discussion, de pouvoir lire et analyser les différents arguments qui ont été échangés par chacun au cours du processus décisionnel, ainsi que les termes de l'accord obtenu au sein de l'équipe médicale au terme de la discussion et, globalement, comment s'est construite la décision.

**LA QUESTION DE LA POURSUITE OU DE L'ARRÊT DE L'HYDRATATION
ET DE L'ALIMENTATION ARTIFICIELLE EN FIN DE VIE FAIT DÉBAT**

- La nourriture et la boisson données à un patient encore **en capacité de se nourrir et de boire** constituent des apports extérieurs relevant des **besoins physiologiques** qu'il convient de satisfaire. Elles relèvent des soins qui s'imposent si le patient exprime une sensation de soif ou de faim. Elles ne doivent pas être administrées si le patient les refuse.

- La nutrition et l'hydratation **artificielles** répondent à une **indication médicale** et supposent le choix d'une procédure et d'un dispositif médical.

>>>

- Pour ces raisons, en France comme dans de nombreux pays, la nutrition et l'hydratation artificielles sont considérées comme des traitements, et donc sont susceptibles d'être limitées ou arrêtées selon la volonté exprimée par la personne malade.

  Toutefois, dans certains autres pays, il est considéré que l'hydratation et la nutrition artificielles ne relèvent pas d'un traitement, mais d'un soin répondant à des besoins essentiels de la personne, que l'on ne peut donc arrêter, sauf si le patient le demande, du moins lorsque le patient n'est pas dans la phase terminale de la fin de vie.

- Il ne faut pas perdre de vue que l'hydratation et la nutrition, par des moyens naturels ou artificiels, ne peuvent jamais être interrompues dans le but de provoquer la mort du patient mais pour éviter une obstination déraisonnable.

3. Se comporter de façon adaptée lorsqu'un patient formule un refus de traitement

Le médecin est parfois confronté au refus de traitement par un patient atteint d'une maladie grave et évoluée. Face à ce refus le médecin peut éprouver une gêne parce qu'il se demande d'une part si ce refus est éclairé, et parce qu'il peut se trouver confronté d'autre part à un dilemme entre le respect du choix du patient et sa conviction éventuelle d'une perte de chance voire de non assistance à une personne en danger.

3.1. Comment s'assurer qu'un refus de traitement est éclairé ?

Au nom du principe d'autonomie, lorsqu'une personne est apte à exprimer sa volonté, c'est elle qui prend sa décision, éclairée et guidée par son médecin dans le cadre de la relation de confiance qu'elle a avec celui-ci. En tout état de cause, aucune intervention ne peut être entreprise sans son accord, sauf dans des situations d'urgence – sous réserve toutefois que la personne n'ait pas déjà refusé une intervention susceptible de la « sauver ». Son refus de traitement clairement exprimé s'impose au médecin qui peut, le cas échéant, lui proposer de prendre un temps de réflexion et/ou de consulter d'autres personnes.

Mais si ce principe est partagé [1], la question de l'évaluation de l'aptitude de la personne malade à exercer sa pleine autonomie et à prendre des décisions médicales pour elle-même se pose et devrait faire l'objet d'une démarche rigoureuse de la part de soignant ainsi que d'une trace écrite.

Pour qu'une personne puisse prendre des décisions médicales pour elle-même, il faut que toutes les informations la concernant lui soient données, que sa situation lui soit expliquée. Cela n'est pas facile et impose une disponibilité et des capacités de communication (verbales et non verbales) de la part du médecin. Toute explication doit en particulier être formulée de manière à pouvoir être reçue et comprise par la personne (article 35 du code de déontologie médicale français).

Il faut évidemment que la personne soit en capacité de recevoir l'information.

---

1. Voir en particulier article 8 de la Convention européenne des droits de l'homme et article 5 et 6 de la Convention pour la protection des Droits de l'Homme et de la dignité de l'être humain à l'égard des applications de la biologie et de la médecine : Convention sur les Droits de l'Homme et la biomédecine (Oviédo).

La personne doit écouter ce qui lui est dit, ce qui apparait évident mais ne l'ai pas en situation d'annonce d'une mauvaise nouvelle. Toute personne peut en effet en une telle circonstance ne pas pouvoir (ou vouloir) écouter et donc plus encore entendre. Chez toute personne, dans de telles circonstances, des mécanismes de défense se mettent en place pour tenter de limiter la violence de l'annonce, son impact destructeur sur l'équilibre de la personne.

Il faut ensuite que la personne puisse intégrer les informations qui lui ont été données.

POUR QUE LA PERSONNE SOIT JUGÉE CAPABLE DE DISCERNEMENT, IL FAUT POUVOIR VÉRIFIER QUE PLUSIEURS NIVEAUX CONSTITUTIFS DE L'AUTONOMIE SOIENT INVESTIS

- La **capacité de compréhension** : la personne doit pouvoir comprendre les informations qui lui sont données, liées au diagnostic, aux traitements relatifs, au pronostic...
- La **capacité d'appréciation** : la personne doit être capable d'apprécier la situation dans laquelle elle se trouve, évaluer le degré de gravité, les conséquences possibles d'un traitement ou d'un non traitement dans sa propre situation.
- La **capacité de raisonnement** : la personne doit être capable de comparer les alternatives, les risques et les bénéfices d'une option, de se référer à ses propres échelles de valeur. Cette compétence fait appel à la capacité d'intégrer, d'analyser et de traiter l'information de manière rationnelle.
- La **capacité d'expression et de maintien du choix** : la personne enfin doit pouvoir manifester sa volonté, exprimer un choix et maintenir ses choix. Elle doit pouvoir communiquer une décision librement et résister à la pression exercée par autrui sur lui-même.

Demander à la personne de dire ce qu'elle a entendu et compris de ce qui lui a été dit, de justifier ses choix (en l'occurrence son refus) est donc une nécessité pour considérer qu'un refus est éclairé.

Pour autant qu'un tel processus ait été conduit et mené à son terme, on ne peut pas être sur qu'un avis est réellement libre et éclairé. Cette incertitude est ce qui impose au médecin une temporalité – quand cela est possible naturellement – dans l'annonce. Revenir sur les explications, explorer les raisons du refus est donc nécessaire.

À noter que quand bien même la personne malade ne semble pas totalement apte à exprimer une volonté libre et éclairée, il est nécessaire de la considérer comme une personne à part entière, potentiellement capable de percevoir ou de comprendre tout ou en partie ce qui lui est dit. Il faut donc être particulièrement attentif à donner les informations, à les répéter, à le faire aussi clairement que possible et à ne pas conclure trop hâtivement à l'incapacité, d'autant plus que celle-ci peut être temporaire d'une part et partielle – ce qui est probablement très fréquemment. Dans ce contexte, tout avis que la personne peut émettre, toute les expressions ou réactions qu'elle peut avoir, devraient être pris en compte et orienter autant que possible la décision qui sera prise.

3.2. La notion de perte de chance, voire de non-assistance à une personne en danger peut-elle conduire à ne pas respecter le refus si celui-ci apparaît éclairé ?

A priori, l'article L. 1111-4 du code de la santé publique français est clair : il précise à cet égard « *Toute personne prend, avec le professionnel de santé et compte tenu des informations et des préconisations qu'il lui fournit, les décisions concernant sa santé. Le médecin doit respecter la volonté de la personne après l'avoir informée des conséquences de ses choix. Si la volonté de la personne de refuser ou d'interrompre tout traitement met sa vie en danger, le médecin doit tout mettre en œuvre pour la convaincre d'accepter les soins indispensables. Il peut faire appel à un autre membre du corps médical. Dans tous les cas, le malade doit réitérer sa décision après un délai raisonnable. Celle-ci est inscrite dans son dossier médical…* ».

Le fait d'intervenir sur un patient contre son consentement est pour un médecin une faute qui engage sa responsabilité civile et l'expose à une sanction disciplinaire.

Mais rester inactif irait à l'encontre des prescriptions de l'article 9 du code de déontologie qui fait obligation à tout médecin en présence d'un blessé ou d'une personne en péril de lui porter assistance ou de s'assurer qu'elle reçoit les soins nécessaires. Un tel comportement serait en outre de nature à entraîner des poursuites pour non-assistance à personne en danger. Aux termes de l'article 223-6 du code pénal : « *Quiconque pouvant empêcher par son action immédiate, sans risque pour lui ou pour les tiers, soit un crime, soit un délit contre l'intégrité corporelle de la personne s'abstient volontairement de le faire est puni de cinq ans d'emprisonnement et de 75 000 euros d'amende. Sera puni des mêmes peines quiconque s'abstient volontairement de porter à une personne en péril l'assistance que, sans risque pour lui ou pour les tiers, il pouvait lui prêter soit par son action personnelle, soit en provoquant un secours.* »

L'omission de porter secours à une personne en péril, y compris dans le cas où c'est elle-même qui est l'origine de ce péril, peut donc être punie de peines très lourdes.

Mais au nom de quel principe imposerait-on à une personne atteinte de maladie grave, d'emprunter un chemin qu'elle ne veut pas suivre ? Ne pas imposer ses convictions argumentées peut apparaître, non pas comme une forme de non-assistance à personne en danger, mais plutôt comme le témoignage du respect de sa liberté.

Il y a donc une forme de dilemme pour le médecin entre le respect des droits et surtout de la liberté de la personne malade et son devoir d'assistance lorsqu'il estime que ne pas donner les traitements est de nature à faire perdre des chances à la personne.

Face à ce type de dilemme, alors que de surcroit il est impossible d'avoir la certitude qu'un refus est réellement éclairé, il est recommandé au médecin de s'entourer d'avis de tiers, en particulier de confrères.

CES CONSIDÉRATIONS À PROPOS DU REFUS ÉCLAIRÉ NE DEVRAIENT-ELLES PAS CONDUIRE À REVOIR LA NOTION DE CONSENTEMENT ÉCLAIRÉ ?

- Il est en effet intéressant de se demander si les questions que provoque le refus de traitement sont posées de la même manière lorsque la personne donne son consentement aux traitements proposés.

  Prend-on réellement la peine, lorsque la personne consent, de vérifier que son avis est éclairé, que la personne a compris, qu'elle discerne et est capable d'exprimer un choix libre ?

- Cela n'est pas sur, et pourtant il s'agit bien de la même problématique : celle du respect de la personne et de l'exercice de son autonomie…

BIBLIOGRAPHIE

■ **LA RÉFÉRENCE À RETENIR**

– **Guide sur le processus décisionnel relatif aux traitements médicaux dans les situations de fin de vie sur un travail en cours, Comité de Bioéthique (DH-BIO) du Conseil de l'Europe** (publication prévue en 2013).

■ **POUR ALLER PLUS LOIN**

– Fin de vie, autonomie de la personne, volonté de mourir, Avis 121 du CCNE, 1er juillet 2013, www.ccne-ethique.fr/.../fin-de-vie-autonomie-de-la-personne-volonte-de-mourir

– Jürgen Habermas, *De l'éthique de la discussion*, titre original : Erläuterungen zur Diskursethik (1991), Paris, Flammarion, 1999.

– Beauchamp T.L., Childress J. (2001), *Principles of Biomedical Ethics* (5e édition), New-York/Oxford, Oxford University Press.

POINTS-CLÉS

- **La loi Leonetti donne** :
  - le droit d'interrompre ou de ne pas entreprendre des traitements jugés « inutiles, dispropor-tionnés ou n'ayant d'autre effet que le maintien artificiel de la vie » *(art. 1, 9)* ;
  - le devoir de rechercher et de prendre en compte la volonté de la personne ;
  - le devoir d'assurer dans tous les cas la continuité des soins et l'accompagnement de la personne.

- Au nom du **principe d'autonomie**, lorsqu'une personne est apte à exprimer sa volonté, c'est elle qui prend les décisions la concernant.

- Lorsque la personne malade ne veut pas ou n'est pas ou plus capable de prendre de décision, celle-ci sera prise par le médecin, au terme d'un processus comportant une réflexion personnelle et une délibération collective conduite avec les acteurs concernés par la situation.

- Dans les situations complexes, comportant une ou des incertitudes sur les décisions à prendre, en situation de désaccord ou de divergence d'analyse entre les acteurs concourant à la prise en charge d'une personne malade, la discussion argumentée entre chacun de ces acteurs contribue à faire émerger **la réponse qui est la plus respectueuse de la personne malade, dans l'incapacité de donner son avis.**

- **Le processus délibératif est constitué de quatre grandes étapes** :
  - énoncer ce qui fait question (problématiser) ;
  - conduire une réflexion individuelle : construction d'une argumentation par chaque acteur associé au processus décisionnel, sur la base de données concernant la personne malade et la maladie en s'appuyant sur des repère éthiques ((principe d'autonomie, principe de bienfai-sance, principe de non-malfaisance et principe de justice) ;
  - étape de délibération collective : échanges et débats entre les différents acteurs (le malade, les proches et les professionnels de santé) qui expriment leurs convictions de façon argumentée, permettant des regards croisés et complémentaires ;
  - étape conclusive : prise de décision proprement dite.

- Face à un refus de traitement le médecin le médecin doit s'assurer que le refus est « éclairé ». Si le **refus semble « éclairé »**, il est du devoir du médecin de le respecter.

- Quand bien même la personne malade ne semble pas totalement apte à exprimer une volonté libre et éclairée, il est nécessaire de la considérer comme une personne à part entière, potentiellement capable de percevoir ou de comprendre tout ou en partie ce qui lui est dit. Il faut donc être parti-culièrement attentif à donner les informations, à le répéter, à le faire aussi clairement que possible et à ne pas conclure trop hâtivement à l'incapacité.

CHAPITRE 33

Les derniers moments de la vie : phase terminale, phase agonique, la mort

Pr Benoit Burucoa*, Dr Bernard Paternostre**, Dr Matthieu Frasca***

* PA-PH, Médecine Palliative, CHU de Bordeaux, Université Bordeaux Segalen

** PH, Médecine Palliative, CHU de Bordeaux, Université Bordeaux Segalen

*** PH, Médecine Palliative, CHU de Bordeaux, Université Bordeaux Segalen

OBJECTIFS PÉDAGOGIQUES

- Connaître les phases cliniques des derniers moments de la vie.
- Connaître les spécificités du maintien à domicile en fin de vie.
- Connaître les signes cliniques de la mort.
- Connaître les éléments délibératifs relatifs à l'hydratation et la nutrition en fin de vie.
- Savoir communiquer avec un patient et son entourage lors des derniers moments de vie.
- Connaître les soins du corps mort et les démarches après la mort.

© MEDLINE

La mort et l'agonie sont des réalités que le milieu médical et la société ont tendance à mettre de côté. Ces réalités sont pourtant incontournables.

Ce chapitre tente de présenter un certain nombre de repères pratiques pour soigner et accompagner la personne malade et ses proches en fin de vie.

1. La fin de vie au domicile : spécificités

La coordination et l'anticipation sont les pierres d'angle qui rendent possible la fin de vie à domicile. Le maintien à domicile implique la réunion de plusieurs conditions (tableau 1).

Tableau 1. CONDITIONS FAVORABLES À LA FIN DE VIE D'UN MALADE À DOMICILE :
• Choix, présence et disponibilité du ou des proches.
• Disponibilité et formation du médecin généraliste.
• Possibilité d'adaptation du matériel (lit médicalisé électrique, matelas anti-escarres, fauteuil garde-robe, table de malade, bassin, urinal...).
• Coordination des intervenants professionnels grâce aux transmissions par cahier, téléphone, rencontres...
• Prescriptions anticipées écrites et réévaluées de certains traitements symptomatiques.
• Contact avec le service hospitalier référent et possibilité d'hospitalisation directe sans passer par le service des urgences.
• Coordination et soutien par un réseau de soins palliatifs et d'accompagnement.
• Accompagnement et soutien par une association de bénévoles à domicile.

Pour faire face aux situations aiguës en fin de vie, le médecin généraliste doit prévoir une trousse d'urgence adaptée (tableau 2).

Tableau 2. TROUSSE D'URGENCE À DOMICILE = MÉDICAMENTS INJECTABLES
• **Opioïde** : chlorhydrate de morphine ou oxycodone.
• **Antiémétique** : métoclopramide, chlorpromazine...
• **Neuroleptique sédatif** : chlorpromazine, lévomépromazine...
• **Benzodiazépine** : clorazépate dipotassique, diazépam, clonazépam...
• **Corticoïde** : prednisone, méthylprednisolone...
• **Antispasmodique, antisécrétoire** : scopolamine...

2. Les derniers moments de la vie

2.1. Sémiologie du mourir

Par définition, la phase terminale est le moment du mourir.

Schématiquement, on peut distinguer deux moments : la « phase pré-agonique » et la phase « agonique ». Parfois, cela se déroule dans une continuité, et parfois la mort est aiguë (mort subite, infarctus du myocarde, etc.).

2.1.1. La phase pré-agonique

Elle est provoquée par la défaillance d'une ou plusieurs des principales fonctions vitales. On décrit les signes :

- **neurologiques** : conscience variable, état calme ou agitation, confusion aiguë, hallucinations visuelles ou auditives à thème de mort… ;
- **respiratoires** : fréquence respiratoire accélérée, cyanose périphérique, encombrement inconstant… ;
- **cardio-vasculaires** : pouls accéléré ou filant, tension artérielle variable, apparition de marbrures, parfois diarrhée par ischémie…

Cette phase peut être réversible et évoluer alors vers une phase palliative avec les stratégies thérapeutiques qui y correspondent.

2.1.2. La phase agonique

C'est la toute fin de la vie qui précède le moment de la mort. Cette phase est définie comme irréversible et aboutit à la mort. On décrit les signes :

- **neurologiques** : signes de décérébration, coma aréactif, hypotonie, réflexe cornéen aboli, apparition du myosis ;
- **respiratoires** : bradypnée irrégulière, râles agoniques ou « gasps », cyanose ;
- **cardiovasculaires** : pouls ralenti, tension basse, extrémités froides, marbrures des genoux…

À ce stade, les soins essentiels sont :
- le soulagement des symptômes ;
- le dégagement des voies respiratoires ;
- les soins et l'humidification de la bouche ;
- le positionnement à plat, en trois quart alterné (tableau 3) avec mobilisations fréquentes ;
- le soin des yeux.

Tableau 3. POSITION DITE DE TROIS-QUART OBLIQUE

Exemple de trois quart droit
- placer en position latérale droite ;
- disposer un traversin le long du dos, du cou au sacrum ;
- dégager l'épaule et le bras droits ;
- placer un oreiller sous la tête en inclinant la tête vers l'avant et en dégageant l'oreille ;
- placer les membres inférieurs en semi-flexion, le membre inférieur gauche un peu en arrière du droit ;
- séparer les genoux et les jambes par un coussin.

2.1.3. La mort clinique légale

Elle correspond à l'arrêt des activités cardio-circulatoires, respiratoires, encéphaliques ET neurovégétatives.

2.2 L'administration des médicaments

S'il existe déjà une chambre implantable ou un cathéter profond, la voie veineuse sera utilisée. Sinon, la **perfusion sous-cutanée**, grâce à un, cathéter court de 22 à 26 Gauges, à une tubulure avec un régulateur de débit ou un pousse-seringue, posée en région sous-claviculaire (ou abdominale), peut être très facilement utilisée pour assurer la délivrance des médicaments.

Cette technique simple permet également une hydratation sous-cutanée à raison de 500 ml à 1 litre de soluté salé isotonique lorsque le maintien de l'hydratation artificielle semble souhaitable.

En cas d'irritation locale survenant en général au bout de 3 à 7 jours, il suffit de changer de site.

2.3. La nutrition artificielle

En phase terminale, la nutrition entérale ou parentérale n'est plus utile. Son arrêt n'entraîne pas d'inconfort pour le malade. Il faut surtout en informer les proches, leur donner des explications, en étant attentifs à leurs réactions.

2.4. Délibération sur l'hydratation artificielle en fin de vie

La réhydratation à raison de 2 l/jour suffit à provoquer de nombreux effets indésirables par excès d'eau et/ou par troubles de la répartition de l'eau dans le corps tels majoration des oedèmes, du risque de rétention urinaire, pleurésie, et surtout encombrement proximal pharyngo-laryngo-trachéal et/ou broncho-pulmonaire.

Mais les indications de l'hydratation artificielle des patients en fin de vie ne sont pas bien codifiées.

2.4.1. Éléments délibératifs

- Chaque être humain a sa propre représentation de l'hydratation artificielle avec des significations variées. Pour l'entourage du patient, ce peut être : « *Si vous ne le perfusez pas, il va mourir de soif* » ; « *On va le perfuser, comme cela, il n'aura pas soif* » ; « *Il faut le perfuser, sinon, c'est l'abandonner.* » Ces différents avis ne sont pas toujours justes.

- En effet, ce n'est pas parce que les patients sont hydratés par voie parentérale qu'ils n'ont pas soif ou ne ressentent pas une sécheresse de bouche.
  - la sensation de soif peut être liée à d'autres causes qu'à une déshydratation : anémie, hypoxie, respiration bouche ouverte… ;
  - beaucoup de médicaments utilisés en phase palliative ou terminale entraînent une sécheresse de bouche (opiacés, atropiniques, neuroleptiques, antidépresseurs tricycliques…) ;
  - la mauvaise hygiène buccale des patients en fin de vie ou les infections buccales candidosiques entraînent des sensations de soif.

- En fait, un certain degré de déshydratation en fin de vie présente des avantages.

  Elle peut atténuer certains symptômes. La baisse de la diurèse limite les mobilisations potentiellement douloureuses. Les oedèmes et les ascites diminuent, de même que les secrétions aériennes supérieures et pulmonaires.

Mais la plupart des médecins et des équipes considèrent que l'hydratation est un soin de base devant être poursuivi jusqu'au décès du patient, même *a minima*, par exemple 250 ou 500 ml/jour.

- Le plus souvent, les patients en fin de vie sans hydratation artificielle ne ressentent pas de sensations de soif si des soins de bouche réguliers sont faits.

2.4.2. Quelques recommandations sur la délibération en fin de vie relative à l'hydratation artificielle

- Poser les avantages et les inconvénients.
- Introduire la question du sens : « *Dans cette situation, que cherche t-on à faire ? Quels sont nos objectifs raisonnables et prioritaires ?* »
- Associer famille et patient, si cela est possible, aux prises de décisions tout en assumant la responsabilité de la décision médicale.
- Porter attention à la représentation que se font le patient et son entourage de l'hydratation.
- Analyser globalement la situation lors de réunions d'équipe avec possibilité de procédure collégiale si le patient n'est pas juridiquement compétent.
- Exposer par écrit dans le dossier du patient la décision prise en l'argumentant.

> **Quelle que soit l'option choisie, il est essentiel de maintenir une bonne hygiène buccale et de réaliser des soins de bouche réguliers.**

3. Communications et vérités

Ces termes sont au pluriel car, pour chaque patient, ces réalités sont multiples et se modifient dans le temps.

> Auprès de la personne malade et de ses proches, le médecin aura en tête **trois objectifs essentiels** :
> - rassurer en donnant des **explications** précises et simples sur les symptômes et leurs traitements ;
> - être attentif à la parole de la personne malade et de sa famille, à leurs **attentes et demandes** ;
> - prendre en compte leurs **émotions et sentiments** par une écoute active et respectueuse à la fois.

Certaines expressions sont souvent entendues de la part de la personne malade ou de son entourage et invitent le médecin et les autres soignants à adapter leurs **attitudes** (*cf.* coup de pouce de l'enseignant).

Une attention particulière sera portée aux membres de l'**entourage** qui sont absents, soit éloignés, soit non informés.

> Lors de la phase terminale, le travail en **équipe** est primordial grâce :
> - aux compétences complémentaires,
> - aux transmissions sur la situation et son évolution,
> - au partage et au support collectif (un groupe de parole peut être une aide).

4. La mort

Les critères cliniques de la mort sont :
- signes négatifs :
  - arrêt cardio-respiratoire (test au miroir),
  - abolition de la motricité volontaire,
  - abolition de la sensibilité ;

- **signes positifs :**
  - ➤ mydriase,
  - ➤ rigidité cadavérique (en 6 heures environ de haut en bas),
  - ➤ lividité cadavérique (zone déclive maximum à 6-12 h),
  - ➤ refroidissement cadavérique (complet à 24 h).

5. Après la mort

Au moment de la mort, un temps est laissé à l'entourage auprès de la personne décédée.

Juste après la mort, il convient, sans précipitation, de s'occuper des soins du corps, du transport et du respect des rites.

La visite des proches auprès du défunt dans une chambre, démédicalisée aussi rapidement que possible (aspirations et perfusions enlevées, bouquet de fleurs, lumière discrète...) est source d'apaisement et participe au travail de deuil.

5.1. Les soins du corps mort

Des gestes sont accomplis pour présenter le corps :
- fermer les yeux ;
- positionner en décubitus dorsal, les bras le long du corps ou sur l'abdomen ;
- fermer la bouche en glissant une serviette roulée sous le menton ;
- enlever les sondes, perfusions... ;
- aspirer le contenu gastrique si besoin (occlusion...) ;
- laver le corps ;
- refaire les pansements si besoin ;
- mettre une protection sans bourrer les orifices systématiquement ;
- habiller, raser, maquiller, coiffer, parfumer avec la participation et selon les souhaits de la famille ;
- ranger et préparer la chambre : photos, fleurs, bougies...

5.2. Les soins de conservation

Le médecin doit parfois les conseiller à la famille pour un retour du corps à domicile.

Ils sont réalisés par un thanatopracteur. Ils sont interdits en cas de :
- hépatite virale ;
- rage ;
- infection à VIH ;
- maladie de Creutzfeld-Jakob ;
- et tout état septique grave, sur indication du médecin traitant (arrêté du 20 juillet 1998 – JO du 21/8/98).

5.3. La crémation

On dispose de 24 h à 6 jours au plus après le décès.

Toute prothèse de stimulation fonctionnant au moyen d'une pile (par exemple, pacemaker) doit être retirée du corps et un certificat médical doit être rempli pour l'attester.

5.4. Les rites

Le médecin prend en compte les habitudes culturelles et/ou religieuses de la personne morte et de son entourage, au mieux selon les possibilités.

5.5. Les démarches administratives

Voici les principales :
- certificat médical de décès ;
- éventuellement un certificat attestant le retrait d'une prothèse de stimulation (cardiaque ou autre) en vue de la crémation et de l'inhumation pour les prothèses contenant des éléments radioactifs.

Et selon les cas :
- depuis un hôpital, certificat autorisant le retour au domicile ou en chambre funéraire sans mise en bière (dans les 24 heures sans soins de conservation ou dans les 48 heures avec soins de conservation) en l'absence de maladie contagieuse ;
- pour un étranger un certificat autorisant le transport du corps à l'étranger (voir avec l'ambassade ou le consulat) ;
- don du corps si la personne décédée a préparé la démarche, dans les centres hospitaliers universitaires ;
- demande d'autopsie en l'absence de refus formulé par la personne décédée du temps de son vivant et après en avoir informé les proches.

Conclusion

Les conditions du mourir conditionnent probablement en bonne partie le vécu du deuil de l'entourage, famille et amis. Le soulagement des symptômes passe par une médicalisation proportionnée, adaptée. La simplification recherchée des traitements va de pair avec un renforcement des soins de confort et des soins relationnels.

POINTS-CLÉS

- En fin de vie, **des moyens thérapeutiques** doivent être mis en œuvre pour soulager les symptômes intenses et faire face aux situations aiguës.

- Il convient d'**anticiper l'évolution** et de **soutenir le malade** et son entourage grâce à des dispositions adéquates dont la trousse d'urgence, et à une écoute attentive.

- En cas de **symptôme intense d'emblée**, il peut être nécessaire d'induire **une sédation** si possible partielle et transitoire pour passer un cap difficile.

- Les derniers moments de vie peuvent être des **moments relationnels privilégiés entre le malade et ses proches**.

- **L'attention donnée au corps mort et les démarches suivant directement le décès** sont aussi des éléments qui participent au début du processus de deuil.

Conseils sur les attitudes médicales face à l'expression de craintes / peurs du patient et de son entourage.

EXPRESSIONS	ATTITUDES DU MÉDECIN
1. De la personne malade	
« J'ai peur de souffrir »	Peur de quelles souffrances ? Explications sur les symptômes et les prescriptions anticipées
« Je m'inquiète pour mon entourage »	Cerner les problèmes concrets Faciliter la parole entre le patient et sa famille
« Je suis angoissé, je panique »	Apaisement, présence, soulagement
« J'essaie d'accepter, de m'apaiser »	Partage et soutien
« C'est la fin, je vais mourir »	Ouverture au dialogue. Écoute.
« Je ne veux pas parler »	Recherche de soucis, de poids. Dépistage d'un syndrome dépressif, d'une résignation.
2. De l'entourage	
« Combien de temps va-t-il (elle) vivre ? »	Pas de précision, plutôt appréciation Recherche de compréhension en cas d'insistance
« Comment va-t-il (elle) mourir ? »	Pas de précision Explications et réassurance
« Se rend-il (elle) compte ? Entend-il (elle) ? »	Explications sur la communication non-verbale et la réceptivité du grand malade
« Souffre-t-il (elle) ? »	Partage sur l'évaluation clinique et les symptômes observables
« C'est insupportable »	Explications sur la situation, sur les soins Réévaluation du soulagement Soutien relationnel en équipe

CHAPITRE **34**

La sédation pour détresse en phase terminale et dans des situations spécifiques et complexes en fin de vie

Dr Véronique Blanchet

PH, Douleur et Soins Palliatifs Hôpital Saint-Antoine, et Médecin Libéral, Paris ;
Université Pierre et Marie Curie, Paris VI

PLAN DU CHAPITRE

1. Définitions
   1.1. Sédation
   1.2. Détresse
   1.3. Phase terminale
   1.4. La sédation pour détresse
2. Les indications de la sédation en phase terminale
   2.1. Les complications aiguës à risque vital immédiat
   2.2. Les symptômes réfractaires

3. Les indications de la sédation chez l'adulte en dehors de la phase terminale
4. La prise de décision de pratiquer une sédation
5. Modalités de mise en œuvre
   5.1. Quel médicament ?
   5.2. Mode d'administration

OBJECTIFS PÉDAGOGIQUES

– **Connaître les indications de la sédation.**
– **Savoir délibérer individuellement et collectivement pour aboutir à une décision de sédation.**
– **Savoir mettre en œuvre et évaluer les effets d'une sédation pour un patient atteint de maladie létale.**
– **Comprendre la distinction entre une sédation pour détresse en phase terminale et une euthanasie.**

MOTS CLÉS : accompagnement ; asphyxie ; décision collégiale ; détresse ; euthanasie ; hémorragie cataclysmique ; intentionnalité ; midazolam ; phase terminale ; questionnement éthique ; sédation ; soins de confort ; soins palliatifs ; symptômes réfractaires.

© MEDLINE

La sédation en fin de vie est une pratique médicale spécifique qui exige une grande rigueur de la part des équipes médicales et soignantes lors de sa mise en œuvre. Le moment de la mort est chargé de représentations, d'émotion, d'interprétation de la part de l'entourage soignant et familial. La recherche d'une « mort apaisée » comme modèle d'une « mort idéale » peut entraîner un usage inapproprié de cette pratique. En 2009, La SFAP a mis en place un Consensus Formalisé d'experts, réunissant les différentes sociétés savantes concernées par le sujet de la sédation pour détresse. Les recommandations de bonnes pratiques, présentées ici, ont toutes reçu un « accord professionnel fort », validé par la Haute Autorité de Santé.

1. Définitions

1.1. Sédation

Le terme de sédation vient du latin *sedare* qui signifie calmer, apaiser. Il est utilisé en médecine dans différentes situations : la réanimation, l'anesthésie. Il peut aussi désigner le fait de calmer une douleur (antalgie), une anxiété (anxiolyse) ou de traiter une insomnie (somnifère). Ces aspects ne seront pas abordés car traités par ailleurs. Dans d'autres situations la question d'endormir le malade peut se poser : c'est la question de la place de la sédation dans des situations de détresse.

1.2. Détresse

La sédation peut être une alternative dans des situations de détresse en phase palliative ou terminale. La détresse est définie comme : « un sentiment d'abandon, de solitude profonde. Situation critique dangereuse. Défaillance aiguë et grave d'une fonction vitale » (*Petit Larousse*, 2000). En effet, malgré les moyens mis en œuvre, il persiste des situations qualifiées d'insupportables par le patient. Ces situations sont d'autant plus rares qu'elles ont pu être anticipées.

1.3. Phase terminale

La phase terminale est définie par la défaillance des grandes fonctions vitales (neurologiques, respiratoires, cardio-circulatoires) aboutissant au décès en l'absence de réanimation.

1.4. La sédation pour détresse

> **La sédation** est la recherche, par des moyens médicamenteux, d'une diminution de la vigilance pouvant aller jusqu'à la perte de conscience.

Son but est de diminuer ou de faire disparaître la perception d'une situation vécue comme insupportable par le patient, alors que tous les moyens disponibles et adaptés à cette situation ont pu lui être proposés et/ou mis en œuvre sans permettre d'obtenir le soulagement escompté.

La sédation peut être appliquée de façon intermittente, transitoire ou continue en phase terminale ou en phase palliative. Pour éviter des confusions, il est recommandé de ne pas qualifier le terme « sédation » (sédation « terminale », de « répits », « compassionnelle »…), mais de le contextualiser : sédation en phase terminale, sédation en phase palliative.

2. Les indications de la sédation en phase terminale

Les situations dans lesquelles se posent la question d'une sédation sont rares voire exceptionnelles, lorsque les traitements symptomatiques sont mis en place, évalués, et réajustés. Ces situations doivent être anticipées.

2.1. Les complications aiguës à risque vital immédiat

Les situations qui peuvent se compliquer d'un risque vital immédiat sont les hémorragies cataclysmiques, notamment extériorisées, de la sphère ORL, pulmonaire ou digestive et les détresses respiratoires asphyxiques (sensation de mort imminente par étouffement avec réaction de panique). Il est recommandé d'évaluer la probabilité de la survenue d'une telle complication et de rédiger une prescription anticipée lorsque la probabilité de la survenue d'une telle complication est élevée.

2.2. Les symptômes réfractaires

C'est le caractère « réfractaire » et la pénibilité du symptôme pour la personne malade qui justifie la sédation. Il n'y a donc pas à établir une liste exhaustive de symptômes.

> **« Est défini comme réfractaire tout symptôme dont la perception par le patient est insupportable et qui ne peut être soulagé en dépit des efforts obstinés pour trouver un protocole thérapeutique adapté sans compromettre la conscience du patient »** (Cherny, Portenoy, 1994).

3. Les indications de la sédation chez l'adulte en dehors de la phase terminale

- **Un symptôme réfractaire en phase palliative** peut être une indication de la mise en place d'une sédation intermittente ou transitoire.
- **Lors des arrêts de ventilation assistée non invasive (VNI)** pour prévenir l'apparition de symptôme(s) insupportable(s) pour le patient, une sédation peut-être réalisée si cela peut éviter une situation de détresse.
- **Lors de l'arrêt des traitements de suppléance vitale** chez un patient cérébrolésé évoluant vers un état végétatif chronique ou un état pauci-relationnel, l'impossibilité d'évaluer un état de souffrance peut justifier la mise en place d'une sédation.
- **La sédation n'est pas toujours indiquée** lors de l'arrêt d'une alimentation ou d'une hydratation artificielle.
- **Si dans l'évolution de la maladie, une souffrance à dominante psychologique ou existentielle devient réfractaire à une prise en charge adaptée, une sédation transitoire** peut être proposée à la personne malade, après évaluations pluridisciplinaires répétées dont celles d'un psychologue ou d'un psychiatre.
- **En phase palliative, en cas de demande de sédation par le patient lui-même**, il est recommandé – sans mettre en cause le droit du patient au traitement de sa souffrance ni la légitimité de sa demande – de ne pas considérer la sédation comme une réponse obligée. La demande doit être

écoutée et analysée. En tout état de cause, si besoin était, la décision de sédation devrait être prise selon les recommandations ci-dessus et relèverait de la seule responsabilité médicale.

- **Les situations de détresses émotionnelles ou psychologiques** vécues comme insupportables par les proches et/ou les professionnels de santé **ne justifient pas**, par elles-mêmes, la mise en place d'une sédation.

- **La sédation n'est pas une réponse adaptée à une demande des proches et/ou des professionnels de santé** d'accélérer la survenue du décès lors d'une phase terminale qui se prolonge.

4. La prise de décision de pratiquer une sédation

PRISE DÉCISION DE SÉDATION
• Procédure collégiale.
• Concertation pluridisciplinaire dans une réunion.
• Consentement, directives anticipées, personne de confiance, famille.
• Décision par médecin référent.
• Avis médecin soins palliatifs.
• Arguments et décision inscrits dans le dossier.

- La prise de décision d'une sédation fait suite à une **procédure collégiale** multidisciplinaire, intégrant le consentement du patient chaque fois qu'il est possible de le recueillir.

- Lorsque le **patient n'est pas en état d'exprimer sa volonté**, la prise de décision d'une sédation fait suite à une procédure collégiale multidisciplinaire, prenant en compte ses éventuelles directives anticipées et/ou l'avis de la personne de confiance, et/ou, à défaut, de ses proches.

- **La concertation en équipe pluridisciplinaire est nécessaire** pour éclairer la décision médicale ; néanmoins, le consensus n'est pas une garantie, en soi, du bien fondé de la décision de sédation.

- La tenue d'une réunion pour une procédure collégiale doit être possible **quel que soit le lieu de soin** (institution sanitaire, médico-sociale ou à domicile).

- La décision de sédation doit être prise par **le médecin en charge du patient**, après, autant que possible, **avis d'un médecin compétent en soins palliatifs**.

- **Les arguments** développés lors de la concertation pluridisciplinaire **et la décision qui en résulte sont inscrits** dans le dossier du patient.

- **Il est recommandé d'anticiper**, autant que possible, les situations pouvant amener à la mise en œuvre d'une sédation.

- Avant toute mise en œuvre d'une sédation prolongée, **il est recommandé de discuter la poursuite de la ou des suppléances artificielles éventuelles** (y compris de la nutrition et l'hydratation).

- Lorsqu'une prescription anticipée de sédation a été **décidée lors d'une hospitalisation**, si un transfert du patient est envisagé (à domicile ou dans une autre structure), les modalités de la prescription **seront rediscutées avec le médecin** devenant responsable de la prise en charge.

5. Modalités de mise en œuvre

UN CERTAIN NOMBRE DE QUESTIONS SONT À POSER EN PRÉALABLE À LA SÉDATION

Ce questionnement est la garantie d'une démarche cohérente entre la visée éthique et la mise en application de la décision prise :

1. Quelle est **la compétence** de l'équipe ? Les médecins, les infirmières connaissent-ils les médicaments utilisés, leurs effets secondaires ? Savent-ils qualifier le contexte (phase palliative, phase terminale) ?

2. Les **conditions nécessaires** à la réalisation de la sédation sont-elles réunies dans certaines structures (disponibilité des médecins et infirmières, présence de l'entourage à domicile...) ?

3. Comment la **décision de sédation** est-elle prise ? (Procédure collégiale, inscrite dans le dossier...)

4. Quelle est **l'information** donnée sur la sédation **à l'équipe** ? (Clarification des buts de la sédation, différencier d'une euthanasie...)

5. Quelle est l'information donnée sur la sédation **au patient** et comment est-elle donnée ? (Objectifs visés, risques...)

6. Quelle est l'information donnée sur la sédation **aux proches** ?

7. La **place et le rôle de l'entourage** en particulier à domicile sont-ils clarifiés ? (Présence continue, pas de gestes techniques...)

5.1. Quel médicament ?

- Le médicament recommandé en première intention est le **midazolam** administré par titration, par voie parentérale (intraveineuse ou sous cutanée).

- Le midazolam est utilisable chez l'enfant, l'adulte, le sujet âgé, en institution et à domicile (**via une rétrocession** par une pharmacie hospitalière ou un service d'HAD).

- En cas d'inefficacité du midazolam, il faut le remplacer par un médicament sédatif d'une **autre classe pharmacologique** : il n'est pas logique de prescrire une autre benzodiazépine.

- En seconde intention, il est conseillé de **s'entourer de la compétence d'un anesthésiste-réanimateur** s'il est nécessaire d'utiliser des médicaments relevant de sa spécialité (propofol, barbituriques, gamma-OH).

5.2. Mode d'administration

- **Quel que soit le lieu d'exercice, l'infirmière applique** la prescription anticipée de sédation (protocole de soin personnalisé) :
  - dans les situations à risque vital immédiat, elle applique la prescription et appelle ensuite le médecin qui est tenu de se déplacer ;
  - dans les autres situations, elle appelle le médecin qui vérifie l'indication avec elle avant d'appliquer la prescription de sédation.

- **À domicile, comme dans toute autre structure**, seul un infirmier ou un médecin peut réaliser l'induction, et les réévaluations régulières.

- **Chez l'adulte**, la titration débute par une injection de 1 mg de midazolam toutes les 2 à 3 minutes jusqu'à l'obtention d'un score supérieur à 4 sur l'échelle de Rudkin modifiée.
- **Chez le sujet très âgé ou fragilisé**, la titration débute par une injection de 1 mg toutes les 5 à 6 minutes jusqu'à l'obtention d'un score supérieur à 4 sur l'échelle de Rudkin.
- L'entretien d'une sédation continue se fait en injectant une **dose horaire, en perfusion continue, égale à 50 % de la dose qui a été nécessaire** pour obtenir un score de 4 sur l'échelle de Rudkin.

ÉCHELLE D'ÉVALUATION DE LA SÉDATION SELON RUDKIN

1. Patient complètement éveillé et orienté.
2. Patient somnolent.
3. Patient avec les yeux fermés, mais répondant à l'appel.
4. Patient avec les yeux fermés, mais répondant à une stimulation tactile légère, (traction sur le lobe de l'oreille).
5. Patient avec les yeux fermés et ne répondant pas à une stimulation tactile légère.

L'ADAPTATION DE LA POSOLOGIE DU MÉDICAMENT SÉDATIF SE FAIT SELON LES CRITÈRES SUIVANTS :

- Le degré de soulagement du patient.
- La profondeur de la sédation par un score supérieur à 4 sur l'échelle de Rudkin chez l'adulte.
- L'intensité des effets secondaires.
- L'évaluation de la profondeur de la sédation se fait, chez l'adulte, toutes les 15 minutes pendant la première heure, puis au minimum 2 fois par jour.

- **Pendant toute la durée de la sédation, la surveillance clinique, les soins de confort** (nursing, soins de bouche...) et l'accompagnement de la personne malade doivent être maintenus.
- En cas de sédation prolongée, **le bien-fondé de son maintien** au cours du temps doit être régulièrement questionné.
- Il est recommandé, pendant toute la durée de la sédation, de maintenir une attention constante à la **proportionnalité du traitement** et à l'effet sédatif visé.
- Pendant toute la durée de la sédation, **le soutien et l'accompagnement** des proches doivent être poursuivis, voire renforcés.

LES QUESTIONS ÉTHIQUES

Faire dormir un malade dans une situation de détresse est une décision peu satisfaisante. En effet, elle **prive le malade de ses possibilités relationnelles** à un moment qui représente souvent ses dernières heures de vie. De plus, l'induction d'un sommeil à ce stade fait courir le **risque de précipiter la mort**. Il est donc essentiel de mettre en œuvre la sédation pour détresse en clarifiant les objectifs (diminuer la perception du malade face au caractère insupportable pour lui de la situation) et en poursuivant le questionnement éthique. La sédation pratiquée de façon transitoire ou intermittente permet d'évaluer l'évolution de la situation. La sédation continue jusqu'au décès est une pratique à interroger quant à l'intention sous-jacente.

BIBLIOGRAPHIE

■ LA RÉFÉRENCE À RETENIR

– Blanchet V. et coll., « La sédation en médecine palliative : recommandations chez l'adulte et spécificité du domicile », *Méd. Pal.*, 2010, 9, 59-70.

■ POUR ALLER PLUS LOIN

– Aubry R. et coll., « La sédation pour détresse chez l'adulte dans les situations spécifiques et complexes », *Médecine palliative*, 2010, 9, 71-79.

– Viallard M.-L. et coll., « Indication d'une sédation en phase terminale chez l'enfant », *Médecine palliative*, (2010) 9, 80-86.

– Blanchet V., « Quelles conduite à tenir en phase terminale » *Méd. Pal.*, 2007, 6, 285-288.

– Recommandations sur la sédation pour détresse. WWW/sfap.org.

– Cherny N-I., Portenoy R-K., « Sedation in the management of refractory symptoms : Guidelines for evaluation and treatment », J. Palliat Care, 1994, 10(2), 31-38.

– Comité Consultatif National d'Éthique, Avis 121 sur la fin de la vie, juillet 2013, http://www.ccne-ethique.fr/

POINTS-CLÉS

SÉDATION POUR DÉTRESSE EN FIN DE VIE

- **Définition**
  - Diminuer la vigilance pouvant aller jusqu'à la perte de conscience.

- **Objectif**
  - Diminuer la perception de situations qualifiées **insupportables par le patient.**

- **Indications**
  - *En phase terminale*
    - ➤ hémorragies cataclysmiques ;
    - ➤ asphyxies aiguës ;
    - ➤ symptômes réfractaires.
  - *En dehors de la phase terminale*
    - ➤ arrêt de VNI ;
    - ➤ souffrance psychologique réfractaire (sédation transitoire) ;
    - ➤ demande du patient (sédation transitoire).

- **Prise de décision de sédation**
  - procédure collégiale ;
  - concertation pluridisciplinaire dans une réunion ;
  - consentement, directives anticipées, personne de confiance, famille ;
  - décision par médecin référent ;

>>>

- avis médecin soins palliatifs ;
- arguments et décision inscrits dans le dossier.

- **Mise en œuvre**
  - questionnement préalable ;
    - ➤ information patient, famille, équipe ?,
    - ➤ faisabilité, disponibilité ?,
    - ➤ décision par procédure collégiale inscrite dans le dossier ?
  - titration par midazolam mg/mg ;
  - évaluer par Rudkin > 4.

- **Évaluation**
  - poursuivre les mesures d'accompagnement et soins de confort ;
  - évaluer le degré, l'efficacité de la sédation régulièrement.

- **Questions éthiques**
  - préciser l'**intentionnalité** de la sédation : soulagement, euthanasie ;
  - **rester objectif** pour évaluer l'insupportable exprimé ;
  - rechercher la « moins mauvaise » décision (possibilité relationnelle/niveau de conscience) ;
  - entendre les demandes de l'entourage soignant et familial **sans céder** ;
  - **interroger** la proportionnalité du traitement ;
  - si sédation prolongée **questionner** le bien-fondé de son maintien.

+++ LE COUP DE POUCE DE L'ENSEIGNANT

- Ne pas oublier que la sédation pour détresse en phase terminale est **une pratique à risque.**
- Les modalités de la prise de décision sont la garantie d'une **démarche éthique.**

Objectifs 4 et 5

CHAPITRE **35**

Savoir analyser et répondre à une demande d'euthanasie ou de suicide assisté

Dr Pascale Vinant

PH, Unité Fonctionnelle de Médecine Palliative,
Hôpital Universitaire Paris Centre – AP-HP

OBJECTIFS PÉDAGOGIQUES

- **Connaître les définitions des termes suivants : euthanasie, suicide assisté, Limitation et Arrêt de Traitement Actif (LATA), Double effet.**
- **Savoir analyser une demande d'euthanasie ou de suicide assisté : comprendre la demande et savoir rechercher les facteurs associés.**
- **Savoir mettre en place une relation aidante lors d'une demande d'euthanasie ou de suicide assisté.**
- **Savoir mettre en place un projet de soin adapté dans cette situation.**
- **Comprendre la place de la sédation dans cette situation.**

© MEDLINE

L'euthanasie et son éventuelle autorisation est un sujet de société récurrent dans notre pays et quelques pays riches dans le monde. Remettant en cause un interdit fondateur pour les sociétés humaines « l'interdit de tuer », la question, quelle que soit le système juridique adopté, reste complexe. En France, l'euthanasie et le suicide assisté sont interdits : ils ne sont autorisés actuellement dans le monde que dans quatre pays : la Suisse, la Hollande, la Belgique, le Luxembourg et trois états américains.

À côté des dimensions éthiques, sociales, politiques et juridiques, **la demande d'euthanasie est aussi une question médicale qui nécessite une approche rigoureuse.**

1. Euthanasie : clarification des définitions

On distingue :
- **l'euthanasie** : action (injection d'un produit mortel) qui va mettre fin à la vie du malade, exécutée par un tiers, à la demande d'un patient, atteint d'une maladie grave pour mettre fin à une situation jugée insupportable ;
- **le suicide médicalement assisté** : prescription par un médecin d'une drogue mortelle, à la demande du patient, et que celui-ci s'auto-administre sans intervention d'un tiers, dans les mêmes conditions que l'euthanasie (maladie grave et situation jugée insupportable) ;
- **les situations de Limitations ou d'Arrêt de Traitements Actifs (LATA)** : concernent les décisions médicales d'arrêt, de non instauration ou de non optimisation :
  ➤ de traitements de suppléance des défaillances d'organes (respirateur, hémodialyse, drogues vaso-actives…),
  ➤ de thérapeutiques curatives vis-à-vis de la maladie (chimiothérapie, chirurgie…),
  ➤ de thérapeutiques curatives de complications de la maladie (antibiothérapie, anticoagulants, mise en place d'une néphrostomie, trachéotomie…),
  ➤ ou de traitement de soutien (nutrition, hydratation, oxygénothérapie, transfusion…).

  La visée est de ne plus s'opposer à la survenue de la mort du patient. Sont en jeu la proportionnalité des traitements et le refus de l'obstination déraisonnable (*cf.* chapitre 32). Les LATA, autorisées et encadrées par la loi Leonetti, ne sont pas de l'euthanasie.
- **Les situations de mise en jeu du double effet** : en phase avancée de maladie grave, en cas de souffrance non soulagée par d'autres moyens, il est possible d'utiliser un traitement pour soulager qui pourrait avoir dans de rares situations pour effet secondaire d'abréger la vie du malade. (Exemple : Utilisation d'opiacés chez un patient en insuffisance hépato-cellulaire).

  Cette situation n'est pas une euthanasie : le médecin n'a pas l'intention de mettre fin à la vie du malade mais veut soulager. Cette pratique est autorisée et encadrée par la loi Léonetti (*cf.* chapitre 32). Les médicaments sédatifs ou antalgiques sont utilisés à la dose minimale efficace obtenue par titration. S'il s'agit d'une sédation, les recommandations seront respectées (*cf.* chapitre 34).
- **La sédation** (*cf.* chapitre 34) est l'action d'endormir le patient confronté à un symptôme réfractaire. La dose de sédatifs, obtenue par titration permet de faire dormir le malade sans provoquer de dépression respiratoire.

2. Mettre en place une relation de soin adaptée

L'irruption d'une demande d'euthanasie au sein de la relation de soin est souvent déstabilisante. Les aspects émotionnels concernent tant le patient avec à des degrés divers : désespoir, souffrance, agressivité, détresse, que le soignant, avec culpabilité, sentiment d'impuissance, sensation d'être remis en cause, incertitude sur la conduite à tenir, angoisse. Les émotions en jeu facilitent des réactions inadaptées chez le professionnel : agressivité, évitement de la relation, ou au contraire, trop grande adhésion à ce que vit le patient, passage à l'acte.

AU CONTRAIRE, LA DÉMARCHE CLINIQUE DOIT ÊTRE STRUCTURÉE.
LES DIFFÉRENTS ÉLÉMENTS DE LA DÉMARCHE SONT LES SUIVANTS :

- Mise en place d'une relation de soin aidante.
- Approche et réflexion pluridisciplinaire.
- Écoute et compréhension de la demande.
- Recherche de facteurs associés.
- Propositions de soins.

2.1. Restaurer ou maintenir une communication

L'enjeu essentiel, face à cette situation où la relation de soin apparaît comme en impasse, est de réinstaurer la communication, d'établir un dialogue à partir d'une écoute approfondie du patient. La charge émotionnelle, le caractère apparent souvent rationnel et sans issue d'une demande d'euthanasie bouscule la relation de soin avec souvent pour le médecin la tentation d'apporter une réponse au plus vite. Au contraire, une évaluation approfondie, globale est nécessaire.

Elle permet au patient de rentrer dans un processus d'exploration et d'expression de sa situation et au médecin et l'équipe de mieux comprendre les différentes composantes de sa souffrance.

LA QUALITÉ DE LA RELATION PATIENT-MÉDECIN
DANS CES SITUATIONS PASSE PAR :

- **L'écoute** sans interrompre le malade.
- Une attitude d'acceptation et d'ouverture vis-à-vis de cette discussion.
- Le maintien de la relation même en cas de divergence.
- La compétence du médecin, en matière de fin de vie ou la capacité du médecin à faire appel à ces compétences.

Les convictions du médecin sur l'euthanasie ne devraient pas être énoncées dans toute l'étape d'évaluation. En effet, un positionnement en faveur de la demande est un frein dans l'étape d'évaluation, qui apparaît dès lors comme moins nécessaire, le patient étant renforcé dans son choix. Au contraire une attitude stipulant dès le départ une opposition à la demande « c'est interdit en France » risque de provoquer l'agressivité ou le repli du patient interdisant l'instauration d'une relation aidante.

Aux questions directes du patient sur la position du soignant : « Mais vous, êtes-vous d'accord avec l'euthanasie ? » ou « Pouvez-vous le faire ? », il est préférable d'avancer : « Avant de répondre à votre question qui est très sérieuse et grave, je préférerais mieux connaître et comprendre votre situation. »

2.2. Une approche pluridisciplinaire

La deuxième compétence du médecin face à ces demandes, après sa capacité d'écoute, est de mettre en place une réflexion pluridisciplinaire. La complexité de ce qui est en jeu sur le plan humain et sociétal dans ces questions exige un partage avec d'autres : autres médecins, membres de l'équipe soignante, référent en soins palliatifs, psychologue, psychiatre et toute personne ressource.

Cette exigence ne va pas de soi. Remis en cause, parfois atteints dans leurs convictions, la réaction majoritaire des cliniciens, selon les études, est au contraire une tendance au repli, une réticence à en parler. Pourtant, seule l'approche pluridisciplinaire permet par les compétences de chacun, une meilleure appréhension de la situation du patient et de son entourage. Le simple fait de pouvoir parler d'une situation permet souvent de mieux comprendre les éléments impliqués dans la demande, de prendre de la distance vis-à-vis de ses propres émotions et ainsi de conserver une capacité d'analyse et d'objectivité. Par ailleurs, dans le cadre d'un processus délibératif éthique collectif (*cf.* chapitre 32), les interactions et la réflexion permettent une créativité dans l'élaboration de solutions et sont un soutien.

2.3. Établir une relation aidante

> Une demande d'euthanasie reflète un état de souffrance existentielle intense où la mort apparaît alors au patient comme la meilleure issue. Établir une relation empathique est un objectif prioritaire dans cette situation que l'on doit d'abord considérer comme une demande d'aide.

2.3.1. *Une écoute empathique*

Il est important d'écouter le patient sans l'interrompre, si ce n'est pour l'encourager à approfondir ou à préciser certains aspects. À ce stade, il est préférable d'essayer de ne pas répondre aux questions mais d'inciter le patient à aller plus loin dans la narration de son histoire « nous pourrons bien sûr parler de cela plus tard, mais pouvez-vous m'en dire plus sur … ». Pour les patients qui sont dans une maitrise importante, avec une demande souvent motivée par la survenue ou la crainte d'une dépendance, une certaine distance et pas trop de compassion… sont préférables. Ces patients refusent justement toute idée d'aide extérieure. C'est au contraire, en leur proposant des solutions qui leur redonnent du contrôle, que le lien de confiance s'établit.

2.3.2. *Poser un cadre structurant*

Sans banaliser, ni dramatiser la demande formulée, la nécessite de prendre un temps avec éventuellement d'autres intervenants, pour comprendre et évaluer doit être énoncée au cours de l'entretien : **« J'entends bien votre demande, mais vous me demandez de mettre fin à vos jours, c'est une question grave qui nécessite que nous prenions le temps. »**

3. Analyser la demande

3.1. Comprendre la demande

La présence chez des patients atteints de cancer en situation d'incurabilité d'un désir de mort, c'est-à-dire d'un souhait que la mort vienne plus rapidement n'est pas exceptionnelle (10 à 20 % selon les études). L'émergence d'une demande de suicide assisté ou d'euthanasie est plus rare (entre 1 et 4 %).

Lorsqu'un patient exprime une demande ou un souhait de mort, ce qu'il veut réellement n'est souvent pas très clair. Il peut s'agir tout autant :

– d'un souhait d'arrêt ou de limitation de traitements motivé par : une perte de sens, une impression d'acharnement thérapeutique, des traitements ou soins ou investigations difficiles à supporter ;
– d'un souhait de soulagement ;
– d'une demande anticipée par peur (d'étouffer, d'avoir mal, d'être une charge) ;
– d'un souhait que l'on mette fin à sa vie ;
– d'un souhait de parler de la fin de vie et des options.

> **Décoder la demande, comprendre la volonté profonde de la personne est essentiel pour formuler ensuite des propositions adaptées.**

La formulation de la demande doit être retenue. Les mots utilisés par le patient sont porteurs de sens. La phrase « Laissez-moi mourir » reflète plus une lassitude dans les traitements, voir une manière d'exprimer un refus des traitements, qu'une réelle demande d'euthanasie. « Je veux mourir » exprime un souhait de mort et pas toujours une demande d'euthanasie. Dans le contexte actuel de ce que nous appelons le « déni de la mort » des sociétés occidentales, après souvent plusieurs mois ou années de « combat » contre la maladie, la seule façon que trouvent certains patients pour évoquer leur fin de vie avec leur médecin est une demande d'euthanasie. « Faites-moi mourir » peut exprimer une réelle demande. Cependant, dans ce registre, les formulations sont parfois plus vagues « Faites quelque chose », « Faites-moi une piqûre » « Faites-moi dormir » et nécessitent d'être explorés avec le patient pour ne pas être trop rapidement interprétées, parfois de manière erronée : « Que voulez-vous dire exactement par … ? »

3.2. Comprendre le(s) motif(s) de la demande

Les raisons qui motivent le patient à faire cette demande sont envisagées par des questions directes « pourquoi souhaitez-vous mourir ? ». Il ne faut pas hésiter dans cette situation à nommer clairement ce qui est demandé. Les raisons sont multiples et parfois intriquées (tableau 1).

Tableau 1. MOTIFS DE DEMANDE D'EUTHANASIE
• Douleur et/ou symptômes d'inconfort (ou crainte de la survenue de).
• Souffrance globale, détresse : « je n'en peux plus, ce que je vis est insupportable ».
• Qualité de vie insuffisante.
• Perte d'autonomie, dépendance physique (ou crainte ou refus de la survenue de).
• Perte d'espoir (pas restrictif à la perte d'espoir de guérir, mais définie comme un état de pessimisme, de perception d'une perte d'espoir dans le sens de la vie).
• Refus ou crainte d'être une charge pour sa famille ou la société.
• Peur du processus du mourir.
• Peur de l'acharnement thérapeutique.
• Peur de perdre le contrôle (atteinte des fonctions cognitives).
• Peur de la dégradation physique.
• Atteinte de l'image corporelle.
• Sentiment de perte de dignité (encadré 1).
• Position philosophique ou idéologique (souhait de contrôler les circonstances de sa mort).

COMPRENDRE LE MOT DIGNITÉ

- **La dignité comme valeur absolue de la personne humaine** : « Tous les êtres humains naissent libres et égaux en dignité et en droits. » Déclaration universelle des droits de l'homme. Cette dignité inaltérable sollicite le respect de toute personne. Ce respect doit être une exigence professionnelle et se traduit par des attitudes adaptées (par exemple : prêter attention à l'intimité de la personne). Il s'agit donc d'une dignité qui ne peut se « perdre » mais qui peut ne pas être respectée d'où les termes de la loi Leonetti : « Le médecin sauvegarde la dignité du mourant. »

- **L'expression « perdre sa dignité »** renvoie à la notion d'estime de soi, ou d'image de soi non conforme à ce que l'on souhaiterait ou à ce que la société tolère (normes collectives), le regard des autres contribue à renforcer ou à dégrader cette estime. Il est préférable de parler de perte d'estime de soi plutôt que de perte de dignité.

- **L'expression « mourir dans la dignité »** est aussi utilisée par les partisans de la légalisation de l'euthanasie comme synonyme d'euthanasie. La dignité renvoie alors à l'idée d'une responsabilité de l'humain dans la conduite de son existence, y compris par la maîtrise de sa vie biologique. La perte de dignité est dans ce sens synonyme de dépendance envers autrui, de la perte de la maîtrise et peut être le motif de la demande d'euthanasie.

3.3. Temporalité du souhait de mort et son lien avec la maladie

« **Depuis quand pensez-vous ou souhaitez-vous mourir ?** » Il s'agit de différencier une posture existentielle ancienne, souvent précédant la maladie, d'une pensée qui a fait irruption au diagnostic de la maladie ou d'un souhait très récent, qui peut faire évoquer l'existence d'un facteur déclenchant.

Le degré d'information et d'intégration des informations du patient au sujet de sa maladie et de son évolution sont à recueillir. « Je connais votre dossier mais pourriez-vous me dire comment cette maladie est arrivée et où vous en êtes ? » ou si l'on connaît le malade « Pourriez vous me dire ce que vous comprenez aujourd'hui de votre maladie et de son évolution actuelle ? » Il s'agit de rechercher des cognitions erronées « de toutes façons, je suis foutu » alors qu'il existe des possibilités d'actions ou de traitement, vis-à-vis de la maladie ou des symptômes, ou au contraire une situation clinique évoquant un excès dans les traitements (obstination déraisonnable).

Les demandes peuvent s'appliquer à l'instant présent ou bien le patient peut envisager la solution de l'euthanasie en cas d'aggravation de son état. Le patient, dans ces demandes préventives souvent formulées peu clairement, peut chercher à obtenir un engagement du médecin : « Promettez-moi que vous ferez quelque chose quand ça n'ira pas ». Il est important de ne pas rester sur des propos ambigus et de donner au patient des réponses claires et aidantes : l'assurance que tout sera fait pour diminuer et apaiser sa souffrance, qu'il restera au centre des décisions thérapeutiques, et qu'il ne sera pas abandonné.

3.4. Rechercher des facteurs déclenchants

Certaines circonstances peuvent avoir joué le rôle de facteur déclenchant : perte d'espoir de guérison ou de soulagement, annonce brutale d'un arrêt de traitement, ou *a contrario* proposition d'un nouveau traitement alors que le patient est épuisé ou n'en voit plus le sens, annonce d'une aggravation ou d'une non récupération d'une fonction (paraplégie, incontinence…), pronostic assené. Il peut s'agir aussi de circonstances extérieures au cadre du soin (épuisement familial, difficultés financières, conflit, départ en vacances…).

3.5. Explorer les valeurs, les priorités et les peurs du patient

Une attention particulière sera portée aux valeurs auxquelles le patient accorde une importance, à ses priorités en essayant aussi d'explorer ce qui reste positif actuellement (existence de moments de plaisir, projets, envie…). Le besoin et la sensation de contrôle et de maitrise doivent être évalués car ils peuvent être au centre des demandes qui s'inscrivent sur une posture existentielle ancienne.

Les peurs vis-à-vis de la maladie (de mourir, d'avoir mal, d'étouffer, de perdre le contrôle, crainte de l'acharnement thérapeutique…) doivent être explorées de manière à pouvoir ensuite y répondre de manière adaptée.

3.6. Évaluer le degré d'ambivalence

L'ambivalence, c'est-à-dire la co-existence de souhaits opposés, ici vivre encore ou mourir, est fréquente. Dans une étude portant sur 988 patients atteints de cancer en situation palliative, la moitié des patients qui avaient formulé un souhait de mort avaient changé d'avis à 2 mois d'intervalle.

Au cours de l'entretien, le patient peut manifester son désir de vivre en évoquant un projet, un événement qu'il attend, un espoir… Cette présence d'une ambivalence doit être notée, elle peut être signifiée délicatement, le plus souvent un peu à distance, en partageant une réflexion sur la complexité de ce qui est vécu et proposer des entretiens pour approfondir ces différentes dimensions.

4. Rechercher des facteurs associés par un entretien plus directif

Les facteurs, qui peuvent être en cause dans la demande sans être évoqués par le patient doivent être recherchés (tableau 2). Ils peuvent nécessiter plusieurs entretiens et des avis extérieurs. Les facteurs fréquemment associés à une demande d'euthanasie sont : l'insuffisance de soulagement de la douleur et des symptômes, l'existence d'une dépression, d'une perte d'espoir, l'existence de troubles cognitifs. L'existence de décès difficiles dans l'entourage, ou de traumatismes dans les antécédents (maltraitance, prison, camp, immigrations…) sont des facteurs favorisants par la collusion entre ce qui est vécu actuellement et le souvenir de l'expérience traumatisante.

Tableau 2. LES ÉLÉMENTS À RECHERCHER FACE À UNE DEMANDE D'EUTHANASIE
• Faire préciser les antécédents personnels, en particulier psychiatriques (dépression, idées suicidaires, troubles de la personnalité…), émotionnels (deuils, traumatismes…), toxicomanie.
• Évaluation de la douleur et des symptômes d'inconfort.
• Évaluation de la présence de symptômes anxio-dépressifs, de troubles cognitifs.
• Existence de difficultés d'ordre social, en particulier un isolement total ou financier.
• Existence de difficultés matérielles (matériel médical, étages à monter…).
• Existence de difficultés d'ordre familiale (épuisement familial, conflit).
• Existence de difficultés dans la communication avec les professionnels de santé.
• Existence d'une souffrance existentielle (perte de sens de la vie, réactivation de deuils anciens, d'expériences traumatisantes…).

4.1. Douleur et symptômes d'inconfort

La douleur ou des symptômes insuffisamment contrôlés sont des facteurs pouvant amener les patients à vouloir mourir. La douleur est actuellement rarement seule en cause dans une demande d'euthanasie mais elle est un facteur qui compromet les capacités d'adaptation du patient dans la phase avancée de la maladie et s'associe fréquemment en cas de douleur persistante à un syndrome dépressif. Une évaluation rigoureuse et l'appel à une équipe spécialisée est nécessaire.

4.2. Dépression

La dépression est le facteur le plus fortement corrélé à une demande de mort : le risque d'un désir de mort est multiplié par 4 chez les patients atteints de cancer et dépressifs. L'existence d'un risque suicidaire doit être évalué (rechercher si le patient a un projet de suicide et quel est son degré d'élaboration et de détermination). L'évaluation psychiatrique doit donc être demandée au moindre doute. La notion de perte d'espoir est importante à rechercher, il ne s'agit pas que de la perte d'espoir de guérison mais aussi d'amélioration clinique, de soulagement d'une douleur, de retour au domicile, de temps passé avec ses proches... C'est en effet un facteur qui peut entraîner le patient dépressif vers une demande de mort.

4.3. Troubles cognitifs

Un syndrome confusionnel débutant peut être en cause dans une demande d'euthanasie et ne pas être dépisté dans sa présentation initiale. Les syndromes confusionnels sont fréquents en phase avancée de maladie. L'évaluation des fonctions cognitives doit rester présent à l'esprit, mais il serait maladroit de réaliser un MMS en début d'entretien. On prêtera attention à la cohérence du discours, des dates, à la capacité de répondre aux différentes questions, à l'orientation, à l'existence d'une certaine agitation, à des troubles du comportement signalés par l'équipe ou la famille. Au moindre doute, une évaluation rigoureuse devra être réalisée, éventuellement par un autre interlocuteur.

5. Proposer des réponses

À l'issue de cette évaluation, et au mieux après une discussion pluridisciplinaire et pluri-professionnelle, le projet de soin dans ses différentes dimensions doit être proposé, dans un cadre temporel précisé avec une réévaluation programmée et des objectifs si possible identifiés.

5.1. L'amélioration du confort

Le traitement des douleurs, des symptômes d'inconfort sont une priorité (*cf.* chapitre). Le recours à des équipes spécialisées est souvent nécessaire. Des solutions autres que médicamenteuses mais contribuant au confort peuvent être proposées, par exemple :
- perte d'autonomie ou altération de l'image corporelle et kinésithérapeute ou ergothérapeute ou psychomotricienne ;
- problème de stomies et appel au stomathérapeute.

5.2. Le traitement de facteurs associés

L'existence d'une dépression, de troubles cognitifs nécessitent une démarche spécifique (avis du psychiatre, recherche d'étiologie et soulagement de la confusion).

5.3. Limitations et arrêt de traitement

L'ensemble des traitements à visée étiologique et symptomatique, les traitements de soutien : alimentation parentérale ou entérale, hydratation, hémodialyse, respirateur, transfusions, antibiothérapie…, ainsi que le lieu de soin doivent être reconsidérés avec le patient autour d'un projet construit au plus près de ses priorités et besoins.

Il faut savoir tant proposer l'arrêt de certains traitements que ré-ouvrir des perspectives sur de nouveaux axes de soin ou modalités de soin. L'honnêteté dans ce qui est proposé (capacité des propositions à répondre à des objectifs clairement énoncés et partagés) est essentiel.

Pour les patients avec un souhait de maîtrise, il est toujours important de redonner des éléments de contrôle au patient, concernant les investigations, les traitements, le lieu de soin… Pour d'autres au contraire, et si ce qui a été en jeu dans la demande est plutôt une sensation d'abandon, un projet de soin très structuré et maîtrisé par le médecin apporte un cadre rassurant pour le patient.

5.4. L'information du patient sur les options en fin de vie

Différents thèmes peuvent être abordés :
– le cadre législatif français en fin de vie souvent non connu doit être expliqué : interdiction de l'obstination déraisonnable, droit du patient d'arrêter les traitements, soulagement sans restriction en fin de vie. L'information sur les dispositifs de la loi visant le respect de la volonté : personne de confiance et directives anticipées doivent être données ;
– le lieu de soin de fin de vie souhaité : unité de soin palliatif, domicile, service ;
– l'information sur les soins palliatifs (objectif des soins et possibilités de soulagement, structures) ;
– la possibilité de réaliser une sédation est expliquée au patient, en spécifiant néanmoins le cadre de cette pratique : processus décisionnel d'une équipe sans objectif de précipiter le décès (*cf.* chapitre).

5.5. Accompagner une détresse existentielle

La maladie grave engendre des souffrances multiples. De nombreux facteurs peuvent contribuer à l'émergence d'une détresse existentielle (perte du sens de l'existence) : atteinte de l'intégrité corporelle et intellectuelle, modification des rôles sociaux, professionnels, familiaux…, l'examen rétrospectif de son existence avec les regrets, les projets non aboutis, la culpabilité…, les incertitudes sur le futur avec une fréquente angoisse de mort, les préoccupations d'ordre religieuses ou spirituelles. La notion d'accompagnement prend ici toute sa dimension. Il s'agit, même si dans l'instant on ne peut pas agir, d'écouter, de rester présent, ce seul acte qui rejoint la notion éthique de « non abandon » est en soi thérapeutique et aidant pour le patient. L'aide psychologique est souvent un élément important de la prise en charge, attention néanmoins à ne pas proposer en quelques minutes le psychologue ! Le patient ne se sent dès lors pas entendu dans sa demande. Une thérapie de soutien dont les objectifs sont le maintien de la notion d'intégrité personnelle, le travail autour des peurs, de ce que la situation présente réactive dans l'histoire personnelle, la perte d'espoir, la perte de sens, et le renforcement des mécanismes d'adaptation peut être proposée.

BIBLIOGRAPHIE

■ LA RÉFÉRENCE À RETENIR

– Société française d'accompagnement et de soins palliatifs – Guide pratique : Face à une demande d'euthanasie, 2004. http://www.sfap.org

■ POUR ALLER PLUS LOIN

– Paula la Marne, *Vers une mort solidaire*, Presses universitaires de France, Paris, 2005.

– « Comité Consultatif National d'Éthique, Avis 121 sur la fin de vie, autonomie de la personne, volonté de mourir Avis 121 », 1er juillet 2013. http://www.ccne-ethique.fr/

– *Pratiques soignantes et dépénalisation de l'euthanasie*, Donatien Mallet (sous la dir.), L'Harmattan, novembre 2012.

– Breitbart W., Rosenfeld B., Pessin H., Kaim M., Funesti-Esch J., Galietta M., « Depression, hopelessness, and desire for hastened death in terminally ill patients with cancer », *JAMA*, 2000, 284(22), 2907-11.

POINTS-CLÉS

- **L'euthanasie** est l'action (injection d'un produit mortel) qui va mettre fin à la vie du malade, exécutée par un tiers, à la demande d'un patient, atteint d'une maladie grave pour mettre fin à une situation jugée insupportable. Elle est à distinguer des limitations et arrêts de traitements actifs (LATA) et de la mise en jeu du double effet qui sont encadrés par la loi Leonetti et ne sont pas de l'euthanasie.

- L'irruption d'une demande d'euthanasie dans la **relation de soin peut être déstabilisante**, les aspects émotionnels tant chez le patient que chez les professionnels sont toujours très présents.

- La demande de mort doit être avant tout considérée comme **un état de souffrance existentielle intense et une demande d'aide**.

- **La démarche clinique** face à cette demande doit être structurée. Les différents éléments de la démarche sont les suivants :
  – mise en place d'une relation de soin aidante avec : écoute empathique, dialogue ouvert, cadre structurant avec réévaluation programmée ;
  – écoute et compréhension de la demande et de ses motifs ;
  – exploration de l'antériorité du souhait de mort et son rapport avec la maladie ;
  – recherche de facteurs associés : douleur et symptômes d'inconfort, dépression, troubles cognitifs.

- **La mise en place d'une réflexion pluridisciplinaire et pluri-professionnelle** est nécessaire et répond à trois objectifs :
  – partager une situation difficile sur le plan émotionnel ;
  – analyser le plus objectivement possible la situation clinique, la demande et les facteurs associés ;
  – élaborer un projet de soin adapté.

- À l'issue de cette évaluation, **le projet de soin** dans ses différentes dimensions doit être proposé, avec une réévaluation programmée et des objectifs si possibles identifiés. Différents domaine doivent être considérés : l'amélioration du confort, le traitement de facteurs associés, d'éventuelles limitations et arrêt de traitement, l'information du patient sur les options en fin de vie, une démarche d'accompagnement.

+++ LE COUP DE POUCE DE L'ENSEIGNANT

- Ne restez pas seul(e) avec une demande d'euthanasie, parlez-en à l'équipe paramédicale, aux collègues, à la psychologue, à un psychiatre...

- Accueillez et écoutez la demande avec compassion ... mais sans vous laisser envahir pour pouvoir analyser avec recul la situation et pour pouvoir faire dans un second temps des propositions de soin.

- Prêter attention à ce qui se passe en vous, en l'identifiant vous diminuez le risque que vos émotions ne prennent le dessus.

Ne pas oublier : la dépression – les troubles cognitifs débutants – le facteur déclenchant.

CHAPITRE **36**

Soins palliatifs en pédiatrie et néonatalogie

Pr Marcel Louis Viallard*, Dr M. Brugirard**, Mme A. Mulliez***, Dr M.F. Mamzer****

   * PA-PH, Équipe Soins Palliatifs Pédiatriques et Périnataux, Necker Enfants Malades, Paris, EA 4569, Laboratoire d'Éthique Médicale et de Médecine Légale, Paris Descartes, Sorbonne Paris Cité

  ** PH, Équipe Soins Palliatifs Pédiatriques et Périnataux, Necker Enfants Malades, Paris

 *** Équipe Soins Palliatifs Pédiatriques et Périnataux, Necker Enfants Malades, Paris

**** PH, UF Éthique Clinique, Necker Enfants Malades, Paris, EA 4569, Laboratoire d'Éthique Médicale et de Médecine Légale, Paris Descartes, Sorbonne Paris Cité

1. Les ressources en médecine palliative pédiatrique

En France, il existe quelques équipes mobiles de médecine palliative pédiatrique dont 2 de médecine palliative périnatale et pédiatrique. Chaque région française possède une équipe régionale ressource en soins palliatifs pédiatriques (ERRSPP). Les enfants ou nouveau-nés relevant d'une démarche palliative sont pris en charge soit en structure hospitalière, soit à domicile. Pour les prises en charge les ERRSPP et les structures d'hospitalisation à domicile pédiatriques participent à la prise en charge des enfants et nouveau-nés concernés en lien avec les professionnels du système de soins ambulatoires. Elles sont également en liens également avec les équipes mobiles de médecine palliative pédiatrique et périnatale spécialisées. Les équipes mobiles et les réseaux ou services d'hospitalisation à domicile adultes, s'il n'y a pas de ressources en médecine palliative pédiatriques disponibles, peuvent être sollicités pour apporter les aides et compléments de compétences nécessaires.

2. Spécificités de la médecine palliative pédiatrique

La démarche palliative concerne six catégories d'enfants, de nouveau-nés ou de parents :
– Les enfants atteints de maladies pour lesquelles un traitement curatif existe mais avec un échec possible (sont exclus les cancers en rémission).
– Les enfants atteints de maladies pour lesquels une mort prématurée peut être anticipée mais où un traitement intense permet de prolonger une vie de bonne qualité (mucoviscidose, VIH).
– Les enfants atteints de maladies progressives pour lesquelles le traitement est uniquement palliatif (mucopolysaccharidoses, myopathies).
– Les enfants atteints de maladies sévèrement invalidantes, souvent neurologiques, prédisposant à des complications parfois mortelles (infirmité motrice cérébrale sévère, toute pathologie cérébrale majeure quelle qu'en soit la cause, maladies métaboliques et mitochondriales).
– Les nouveau-nés dont l'espérance de vie est très limitée ou imprévisible.
– Les membres d'une famille ayant perdu un enfant de façon imprévue à la suite d'une maladie, d'une situation engendrée par une cause accidentelle ou dans la période périnatale (exemples : enfants mort-nés, avortements).

- La relation triangulaire entre pédiatre (et équipe), enfant et sa famille est le socle sur lequel se bâtit la relation thérapeutique.

- Le jeune âge de l'enfant, la pathologie dont il est porteur font qu'il est incapable d'exprimer le moindre avis, que les décisions de non-mise en place ou retrait d'un traitement ou de mise en œuvre d'une sédation sont prises par le titulaire de l'autorité parentale, en règle les parents.

- Les parents se trouvent en position de dire (une fois éclairés par les médecins) ce qui leur paraît le mieux pour leur enfant, choix particulièrement difficile quand il s'agit d'opter pour des soins de confort en remplacement des soins curatifs.

- L'enfant gravement malade même en fin de vie ou en phase terminale continue d'être en développement physique, émotionnel et cognitif.

- En perpétuelle évolution, la communication de l'enfant avec autrui, sa perception du monde et ses besoins varient avec le temps mais, c'est un élément essentiel de la prise en charge. Sa compréhension intellectuelle de la mort et son vécu émotionnel se modifient. Même malade et/ou en fin de vie, il garde des droits en matière d'éducation, de formation et de créativité.

- Les parents, la fratrie, les grands-parents sont particulièrement vulnérables à la souffrance, à l'épuisement psychique et au deuil. Il faut en tenir compte lors de l'accompagnement en mettant en place un dispositif adapté de soutien de l'entourage élargi comme des soignants impliqués dans la prise en charge.

3. Soins, traitements, accompagnement d'un enfant et de son entourage lors des phases avancées de maladies létales

L'objectif premier de la prise en charge est la construction et la mise en place d'un projet de vie et de soins personnalisé et partagé entre l'enfant (dès lors qu'il le peut), les parents et l'équipe médico-soignante.

- **Les soins et traitements mis en place reposent sur les besoins spécifiques de l'enfant qui doit être considéré comme une personne à part entière et dans sa globalité :**
  - **les besoins physiques et de confort** : aide à l'autonomie, matériel adapté, hygiène, soulagement de la douleur et des symptômes d'inconfort, alimentation, hydratation ;
  - **les besoins de se sentir en sécurité** : information régulière, objectif de soin clair, réévaluation programmée, anticipation des complications, organisation des recours « en cas de problème », présence des parents. Réassurance et soutien psychologique de l'enfant comme des parents et de la fratrie ;
  - **les besoins sociaux** : sentiment d'appartenance, relations affectives (parents, fratrie, famille élargie), importance de favoriser la relation enfant/entourage, soutien de l'entourage ;
  - **les besoins de considération** : l'enfant est vivant jusqu'au bout et non « mourant », il doit être respecté en tant que personne et préservé dans son intimité, avec une attention particulière au respect de son envie de vivre et de garder un espoir. Importance de l'écoute et du regard que l'on porte à l'enfant pour qu'il garde l'estime de soi et le lien familial. Prise en compte de ses besoins ludiques et éducatifs ;

– **les besoins moraux et existentiels (spirituels)** : bien-être psychologique, recherche de sens, sentiment de culpabilité, construction et relecture de sa trajectoire, participation aux décisions.

L'accompagnement de l'enfant et de son entourage reposant sur la relation tripartite enfant-parent-médecin, le soutien tiers, neutre et bienveillant par une équipe spécialisée en médecine palliative permet d'assurer le lien entre les différentes équipes ayant à prendre en charge l'enfant jusqu'à son décès.

- Toutes les conditions d'un maintien ou d'un retour à domicile doivent être anticipées et organisées en lien avec le médecin référent, le pédiatre ou médecin de famille, l'HAD pédiatrique ou équivalent et une équipe spécialisée en médecine palliative (ayant compétence ou une formation ou une expérience en pédiatrie et/ou néonatalogie).

- Des hospitalisations de « répit » ou pour acutisation des symptômes ou épuisement des parents doivent être si possible anticipées et organisées.

- L'équipe soignante doit expliquer à l'enfant ou l'adolescent tous les éléments concernant le projet de vie et de soins ainsi que les procédures utilisées.

- Il faut utiliser des mots adaptés à son âge, à son état clinique et à son niveau d'expression. Être attentif à l'ensemble de ses réactions verbales et non verbales.

- L'information délivrée est particulièrement critique dans le cas des adolescents car ils souhaitent le plus souvent garder la maîtrise de la situation.

- L'information concernant les traitements doit porter sur l'objectif visé, les modalités choisies et les risques ou effets secondaires qui peuvent en résulter (échec ou survenue du décès). Elle nécessite un accompagnement adapté pour l'enfant, l'adolescent, les parents mais, aussi, pour les soignants qui l'entourent.

- Cette information peut se délivrer en plusieurs étapes de façon à atténuer l'effet de sidération ou l'angoisse qu'elle peut provoquer.

Il est nécessaire d'accompagner les parents afin de leur permettre de parler avec leur enfant de la mort sinon prochaine, du moins possible. Il faut se garder de tout dogmatisme ou recommandation formelle, car de nombreux facteurs entrent en considération : histoire personnelle de chacun et de la famille, culture, tradition et religion, état émotionnel du moment. La recommandation est de poser le problème au cas par cas et d'individualiser les réponses et attitudes. La non-communication sur un tel sujet est source de tension psychique anxieuse et/ou dépressive. Tout autant, forcer la parole sans accompagnement individualisé est irresponsable, voire dangereux.

- L'adolescent et ses parents doivent être écoutés dans l'après-coup de l'entretien médical, afin qu'ils puissent évoquer les élaborations subjectives et non rationnelles que l'information a pu éveiller ou provoquer. Pour obtenir la meilleure alliance entre l'enfant, l'adolescent, son entourage et les soignants, il est nécessaire de permettre aux personnes d'importance pour lui et sa famille (ce ne sont pas toujours les mêmes) d'être là aux moments difficiles.

4. Approches des principaux symptômes

4.1. Troubles anxieux

Les éléments cliniques fréquemment retrouvés dans un contexte de troubles anxieux sont :

4.1.1. Troubles anxieux généralisés

- Inquiétude excessive, agitation, difficulté de concentration.
- Épuisement, fatigue.
- Irritabilité, tension musculaire, troubles du sommeil.

4.1.2. Troubles compulsifs obsessionnels

- Diagnostic « délicat ».
- Préoccupation, crainte obsessionnelle de la maladie.
- Stress aigu ou post-traumatique.
- Torpeur, hyperexcitabilité, accès d'intrusion…
- « Réaction » à l'annonce du diagnostic au traitement, au souvenir du diagnostic au traitement fréquent au cours des maladies chroniques.

4.1.3. Phobies avec apparition de phobies sous différentes formes

4.1.4. Panique avec palpitations, nausées…

4.1.5. Troubles anxieux à la séparation avec la famille ou du domicile

4.2. Dépression chez l'enfant malade

> **5 des symptômes suivants doivent être présents pendant au moins deux semaines pour évoquer le diagnostic :**
> - humeur dépressive, triste ;
> - irritabilité ;
> - variation pondérale ;
> - variation de l'appétit ;
> - trouble du sommeil ;
> - fatigue, sensation d'épuisement ;
> - sentiments négatifs, d'inutilité, de culpabilité ;
> - trouble de la concentration ;
> - pensées morbides, de mort.

> Le traitement de ces symptômes relève d'un avis spécialisé psychiatrique car le plus souvent hors AMM, les molécules que l'on peut utiliser pour le traitement de l'anxiété sont : le Lorazepam, le Diazepam, le Midazolam (dose évoquée dans le traitement de la dyspnée). L'Hydroxyzine est un médicament sédatif et « paralysant » peu anxiolytique. Ce produit fait l'objet de discussions entre experts de différentes disciplines et n'est pas recommandé.

4.3. Symptômes neurologiques

4.3.1. Épilepsie

Il est recommandé de prendre l'avis d'un neuropédiatre. Les grandes lignes du traitement comprennent :
- prise en charge non médicamenteuses (postures, soins, accompagnement...) ;
- projet discuté avec enfant et parents ;
- anticiper (tant que possible) les convulsions terminales.

Pour les convulsions terminales : Perfusion IV ou SC de 50-300 µg/kg/h (max 160 mg/j). La voie orale et intra-rectale en discontinue sont aussi possibles.

4.3.2. Dystonie spastique

Contractions musculaires soutenues et répétitives dues aux conditions de fin de vie ou aux traitements (phénothiazines, antagonistes de la dopamine).

Tizanidine : palier de 2 mg jusqu'à efficacité (max 36 mg/j).

Baclofène : 1 à 10 ans : 0,75 – 2 mg/kg/j.

Le dantrolène peut être utilisé sur avis spécialisé d'un neuropédiatre.

Les benzodiazépines peuvent être utilisées pour leur propriété myorelaxante.

4.3.3. Myoclonies

Peuvent être dues aux opioïdes (d'autres médicaments peuvent être en cause : corticoïdes...) ou à des douleurs mal contrôlées ou sont la résultante d'une pathologie métabolique ou neuromusculaire.

Réévaluer la douleur est indispensable.

Modalités de prise en charge : Benzodiazépines ou myorelaxants, rotation des opioïdes si besoin.

4.3.4. Inversion du cycle veille/sommeil

Intérêt de la mélatonine mais indisponible en France.

Sédation nocturne intermittente pendant quelques jours pour faciliter la restauration des repère jour nuit avec l'enfant et les parents.

Adapter l'environnement à la nuit.

4.3.5. Fatigue

Due à : Anémie, dépression, anxiété, troubles du sommeil, atteintes musculaires, processus tumoral...

Maintenir une activité adaptée, expliquer et accompagner l'enfant comme les parents.

L'utilisation des corticoïdes est à discuter.

4.3.6. Delirium – agitations

Modifications cognitives sur de courtes périodes et fluctuantes.

Dysfonctionnement de la mémoire, de l'orientation temporo-spatiale.

Parfois avec conscience des épisodes mais pas systématique.

Propos et / ou attitudes incohérents et inhabituels.

Prise en charge non médicamenteuse avec environnement calme et adapté, accompagnement humain et éléments de réassurance et de relaxation.

Dans le tableau 1 sont présentés les neuroleptiques utilisables avec leurs posologies.

Tableau 1. NEUROLEPTIQUES ET AGITATION / DELIRIUM

Halopéridol	0,1 à 0,5 mg/kg
Risperidone	0,1 à 0,4 mg/kg
Olanzapine	1,25 mg/kg

4.4. Symptômes respiratoires

4.4.1. Dyspnée

4.4.1.1. Objectif du traitement

> **Objectif du traitement : enfant calme et confortable avec respiration régulière sans effort.**

> **SUR LE PLAN CLINIQUE, ON VISE :**
>
> - **Visage détendu** (sans froncement de sourcil, sans accentuation du creux nasolabial, paupières non serrées, bouche fermée ou entre-ouverte)
>   - absence de geignement.
>   - absence de battement des ailes du nez
> - **Respiration sans effort et régulière fréquence respiratoire visée :**
>   - naissance : 30 – 50 mvts/min.
>   - 1 an : 30 – 40 mvts/min.
>   - 4 ans : 20 – 30 mvts/min.
>   - Adolescence : 12 – 20 mvts/min.
> - **Absence de tirage ou tirage modéré**

4.4.1.2. Deux médicaments recommandés : la morphine et le midazolam

> **Deux médicaments sont recommandés dans ces situations : la morphine et le midazolam.**

- Morphine

  - Oramorph® solution buvable en flacon unidose de 10 mg/5 ml ; 30 mg/5 ml et 100 mg/5 ml ; 20 mg / 1 ml sirop, Sulfate de morphine injectable ampoules de 1 ml contenant 1 mg de principe actif (1 mg/ml). Chlorhydrate de morphine 2 formes disponibles : soit ampoule de 1 ml contenant 10 mg de principe actif (10 mg/ml) et ampoules de 5 ml contenant 50 mg de principe actif (10 mg/ml).

  - *Utilisation possible* : *per os*, sublinguale, intra-rectale, IV en continu ou discontinu (toutes les 4 h). PRIVILÉGIER LA VOIE *PER OS* ou SUB-LINGUALE ou intra-rectale.

- *Posologie* :
  - ➤ *Nouveau-né < 6 mois*

    Per os ou par voie intra-rectale : 20 µg/kg/h en continu ou en discontinu (posologie répartie pour administration toutes les 4 h).

    Par voie IV : 5 µg/kg/h en continu ou discontinu.

  - ➤ *Enfants de 6 mois-12 ans*

    Per os ou par voie intra-rectale : 25 µg/kg/h en continu ou en discontinu (posologie répartie pour administration toutes les 4 h).

    Par voie IV : 10 µg/kg/h en continu ou en discontinu en répartissant la dose pour une prise fractionnée toutes les 4 heures.

  - ➤ *Après 12 ans et plus de 35 kg*

    Per Os : 30 µg/kg/h en continu ou en discontinu (posologie répartie pour administration toutes les 4 h).

    IV : 10 µg/kg/h en continu ou en discontinu (posologie répartie pour administration toutes les 4 h).

- **Midazolam (Hypnovel®)**

  - Ampoules de 5 mg/1 ml ou 1 mg/1 ml – Buccolam® seringue pré remplie à 2,5 mg ; 5 mg ; 7,5 mg ; 10 mg.

  - *Utilisation possible* : *per os*, sublinguale, intra-rectale, IV en continu ou discontinu (toutes les 4 h). PRIVILÉGIER LA VOIE *PER OS* ou SUBLINGUALE ou intra-rectale.

  - *Effets recherchés* : Anxiolyse.

    Diminution du travail musculaire ventilatoire et bronchodilatation.

    Diminution du travail cardiaque (diminution de la précharge et de la postcharge par son effet vasodilatateur artérioveineux).

    Si l'enfant reste inconfortable, en fonction de la posologie on peut obtenir une sédation vigile à dose modérée, une sédation profonde à forte dose.

  - *Posologie* : pour une information plus complète *cf.* article *Revue du Praticien*, 2013 ; 63 : 1009-1018.

    Visée thérapeutique : ANXIOLYSE et ANTIDYSPNÉE.

    L'administration peut se faire par voie orale (privilégiée), par voie rectale, par voie veineuse. La méthode de la **titration** est recommandée pour assurer l'induction du traitement et le meilleur effet thérapeutique en limitant les effets secondaires indésirables. La titration permet une parfaite compréhension des objectifs du traitement par tous (enfant quand il est en capacité, parents, professionnels de santé…).

    Une fois l'objectif thérapeutique atteint, l'administration du midazolam peut être soit continue, soit discontinue. En cas d'administration discontinue, cela doit être régulier toutes les 4 heures.

4.4.2. Hypersécrétion

Scopolamine : 0,02 mg/kg/j.

Adapter les apports hydriques et nutritifs.

5. Spécificités des soins palliatifs en période néonatale (salle de naissance et service de néonatalogie)

En droit français : Avant la naissance, le fœtus n'est pas une personne juridique et n'est titulaire d'aucun droit. Il fait partie du corps de sa mère. C'est elle qui décide d'une interruption volontaire de grossesse (IVG) ou demande en cas de pathologie fœtale sévère et documentée « à toute époque de la grossesse » une interruption médicale de grossesse (IMG).

Après la naissance, le nouveau-né est un sujet titulaire de droits dès lors qu'il est né vivant (s'adapte correctement à la vie extra-utérine, soit spontanément, soit sous l'effet des manœuvres codifiées d'assistance en salle de naissance) et viable (âge de grossesse supérieur ou égal à 22 semaines d'aménorrhée [SA] ou poids de naissance 500 g).

Une inscription sur le livret de famille des fœtus dès 14 semaines est possible sans que cela ne donne un statut juridique au nouveau-né.

La seule approche légale en France est la mise en œuvre de soins palliatifs sans préjuger de leur durée.

5.1. Quand envisager une démarche palliative en période périnatale ?

Certaines situations peuvent être anticipées en période anténatale, la prise en charge peut alors être assurée en salle de naissance. D'autres s'envisagent en postnatal, l'enfant étant le plus souvent hospitalisé en réanimation néonatale.

5.2. Situations pouvant être anticipées en anténatal

5.2.1. Naissance extrêmement prématurée (âge gestationnel inférieur à 26 semaines)

En France les soins intensifs sont habituellement pratiqués en cas de naissance à partir de 26 SA, non habituellement pratiqués à 23 SA ou avant, les naissances à 24 et 25 SA correspondent à une « zone grise » de grande incertitude pronostique.

Dans ces situations, la volonté des parents est un élément majeur de la décision.

Si l'enfant présente des signes de douleur ou d'inconfort, le recours à une sédation plus ou moins analgésie est la seule alternative possible à la mise en route de soins intensifs.

L'abstention de réanimation ne signifie ni abstention de tout soin, ni recours illégal à une injection médicamenteuse à visée létale.

5.2.2. Malformations ou maladies présumées létales

Si une affection fœtale incurable particulièrement grave est diagnostiquée en anténatal deux possibilités sont proposées aux parents : soit une IMG, soit la poursuite de la grossesse.

En cas de non recours à une IMG, le nouveau-né relèvera, dès la naissance, d'une prise en charge palliative qui tiendra compte du choix des parents en concertation avec l'équipe médicale (cette prise en charge palliative n'exclut pas des gestes chirurgicaux).

Ce choix peut permettre :
- à la mère (et éventuellement au reste de la famille) de faire connaissance avec l'enfant ;
- à la mère d'être mieux investie de son statut maternel, puisqu'elle aura connu son enfant vivant.

En ce cas, le projet de soins et de vie est discuté avant la naissance (obstétriciens, néonatalogistes, pédiatres, médecins de médecine palliative). Les parents doivent être clairement informés que la durée de vie postnatale est le plus souvent imprévisible et que l'enfant est susceptible de rentrer à domicile avec une prise en charge adaptée. En particulier, l'abstention de réanimation ne signifie ni abstention de tout soin, ni recours, illégal, à une injection médicamenteuse à visée létale.

Le projet de soins et de vie mis en place, anticipé ou pas, reste basé sur l'évaluation clinique du nouveau-né par le pédiatre néonatologiste.

La prise en charge du nouveau-né pourra être assurée en salle de naissance ou dans une structure néonatale adaptée à la situation clinique du nouveau-né.

La décision de ne pas mettre en œuvre des manœuvres de réanimation et l'éventualité d'une sédation ou sédation analgésie sera envisagée en salle de naissance :
- si la gravité de la pathologie fœtale dépistée en anténatal amène à considérer que ces manœuvres seraient déraisonnables et qu'une décision d'abstention de réanimation a été prise ;
- en cas de naissance aux limites de viabilité, si une décision d'abstention de réanimation a été prise en anténatal ;
- en cas d'échec grave de l'adaptation à la vie extra-utérine. La durée de vie postnatale est le plus souvent imprévisible.

Les parents, mais aussi les médecins, sont confrontés à leurs projections, face à ce qu'ils imaginent de la vie et de la durée de vie de cet enfant avec cette malformation ou cette maladie, sans beaucoup de données objectives sur lesquelles s'appuyer.

Le projet de soins et de vie mis en place, anticipé ou pas reste basé sur l'évaluation clinique du nouveau-né par le pédiatre néonatalogiste.

5.3. Situations de non-poursuite de la réanimation néonatale

- Elles concernent des nouveau-nés qui ont bénéficié d'un projet de soins curatifs mais dont l'évolution conduit à s'interroger et à remettre en question le projet initial. Si la poursuite des différentes thérapeutiques engagées est jugée déraisonnable, intervient un changement d'orientation de la prise en charge, qui devient palliative avec ou sans limitation ou arrêt des traitements qui maintiennent artificiellement en vie (LAT) :
  - grands prématurés dont l'évolution est marquée par la survenue de complications graves en particulier neurologiques (hémorragies intraventriculaires de haut grade, lésions étendues de la substance blanche), digestives (entérocolite ulcéronécrosante grave nécessitant une résection intestinale étendue), respiratoires (dysplasie bronchopulmonaire majeure)... ;
  - nouveau-nés à terme ou proche du terme nés dans un contexte d'asphyxie périnatale ayant bénéficié initialement d'une réanimation d'attente et présentant soit une encéphalopathie anoxo-ischémique dont l'évaluation neurologique secondaire permet d'avoir la quasi-certitude d'un pronostic très péjoratif, soit une défaillance d'organe jugée irréversible ;
  - nouveau-nés porteurs d'une ou plusieurs malformations découvertes à la naissance ou dans les premiers jours de vie, dont le traitement est jugé impossible ou déraisonnable.

- La décision de réorienter la prise en charge vers des soins palliatifs est prise collégialement par l'équipe en charge de l'enfant. Elle doit prendre en compte les souhaits parentaux mais les parents ne sont habituellement pas impliqués directement dans la décision. Celle-ci leur est présentée comme la décision de l'équipe qui apparaît comme la plus raisonnable sur le plan médical. Même si la loi réserve cette décision à l'équipe médicale, il est néanmoins très délicat de l'appliquer dans les rares cas où les parents s'y opposent.

6. Le deuil périnatal et ses caractéristiques

La prise en charge du deuil périnatal nécessite un suivi spécialisé. Ce suivi doit être systématiquement proposé aux parents endeuillés comme à la fratrie du fœtus ou du nouveau-né décédé.

Ce qui caractérise le deuil périnatal, est la particularité du lien affectif entre le fœtus, le nouveau-né et ses parents. Aucune perte d'un bébé quel que soit son stade d'évolution n'est à minimiser, chaque lien affectif est unique. Les parents ont besoin que l'on reconnaisse cette perte, et ce avant tout par les professionnels de santé.

En néonatalogie, le décès est imprévisible, un bébé est désiré, conçu, pensé, il est avenir et en aucun cas pensé comme pouvant mourir ; il faut prendre en compte la courte vie de ce lien affectif, le manque parfois de représentations physiques possibles, le manque de souvenirs concrets et la rupture avec un avenir déjà imaginé.

Lorsqu'il s'agit du premier enfant c'est aussi la perte du statut de père et de mère en devenir.

BOWLBY IDENTIFIA CINQ FACTEURS QUI AFFECTENT LE COURS DU DEUIL :

- Identité et rôle du défunt, en période périnatale, l'identité du fœtus ou du nouveau-né né non vivant relève plus des représentations qu'en ont construites les parents que d'une réalité objectivable ;
- Âge et sexe de la personne en deuil.
- Causes et circonstances de la perte : en période périnatale, le projet parental est brisé, un sentiment de « culpabilité », de « responsabilité » peut interférer aussi avec de futurs projets d'enfant pour les parents.
- Contexte social et psychologique.
- Personnalité de la personne en deuil (facteur de plus grande influence selon Bowlby).

Il est important de demander aux gens quelles sont les pertes du passé, la mort d'un fœtus ou d'un nouveau-né ravive d'anciennes blessures qui n'ont parfois pas été prises en comptes, le deuil est alors d'autant plus massif et douloureux car multiple.

Un autre facteur important entre en compte **c'est la nature du décès :**
- **décès attendu** : on peut se préparer, accompagnement particulier, on se préserve d'une certaine colère et culpabilité lorsque les choses se passent de façon sereine ;
- **décès brutal** : violence inouïe, aucune préparation, traumatisme, la réalité fait effraction et il peut il y avoir des stress post-traumatique (PTSD), stress chronique, cauchemars, épuisement, dépression sont des réactions possibles ;
- **décès annoncé et intervenant avant la naissance**.

Tout comme il n'y a pas de « belle » mort, il n'y a pas de « meilleure façon » de faire son deuil.

Atteinte psychique, culpabilité intense, on ne peut la faire disparaitre mais au moins apaiser la personne.

Regarder le sommeil, l'alimentation, ne pas s'oublier, prendre soin de soi, le social, l'entourage.

Les réactions du deuil sont ravivées aux dates anniversaires.

Chaque forme de deuil périnatal a ses particularités, l'IVG, l'IMG, la fausse couche, la découverte d'une maladie après la naissance n'engendrent pas les mêmes vécus pour les parents et leur entourage.

Pour l'IVG et l'IMG on peut retrouver des réactions telles que : ambivalence suite à la décision, soulagement et en même temps culpabilité. Peur d'être jugés, honte, conflits dans le couple, avec l'entourage, etc.

Dans les couples, la perte d'un fœtus ou d'un nouveau-né renvoie aux mêmes problématiques que pour la perte d'un enfant plus âgé : le décalage de rythme dans le processus de deuil, le fait de ne pas ressentir les mêmes choses aux mêmes moments, les incompréhensions, la perte de communication, de vie affective, de vie sexuelle.

Lorsqu'il s'agit du premier enfant, la crainte d'une future grossesse, de perdre un autre enfant, et lorsque la cause est génétique cela engendre d'autant plus d'angoisses et de culpabilité.

Pour les fratries, il est important de parler de cet enfant même si ils ne l'ont jamais vu, en fonction bien sûr de leur âge et de leur niveau de compréhension.

Les enfants percevront la peine de leurs parents et ne comprendront pas l'absence de ce petit frère ou de cette petite sœur tant désiré dont tout le monde parlait et qui n'est maintenant plus.

Tout comme la perte d'un frère ou d'une sœur plus âgé, culpabilité, angoisse, peur de l'abandon des parents, recherche de réparation auprès d'eux, angoisse de mort sont des réactions possibles.

Il est important d'accompagner les parents et l'entourage (fratries, grands-parents) sur le plan psychologique dès l'annonce du diagnostic lorsque cela est possible.

Accompagnement qui doit se poursuivre, d'autant plus si une autre grossesse est envisagée par la suite.

7. Démarche palliative auprès des enfants en situation de handicap évolutif

Dans les situations de grand handicap où l'incertitude prédictive est souvent prégnante :
- la démarche palliative se pense et se décline sur un long terme (plusieurs années voire dizaine d'années) ;
- le mourir peut intervenir n'importe quand. Il n'est pas toujours possible d'anticiper une acutisation de la pathologie ou une complication intercurrente ;
- il est nécessaire de s'interroger sur la pertinence ou non de traiter les affections intercurrentes. La prise en charge pouvant avoir une visée curative pour certaines affections et palliatives pour d'autres ;
- le projet de soins et de vie doit s'adapter aux « possibles » de l'enfant ou adolescent régulièrement réévaluée mais aussi aux « possible » de ses parents, sa fratrie et de la famille élargie ;
- l'accompagnement concerne l'enfant, l'adolescent, ses parents, sa fratrie et l'entourage élargi comme des équipes professionnelles assurant sa prise en charge. La prévention des phénomènes d'épuisement autant physique que psychique de l'entourage et des accompagnants naturels comme celui des professionnels est une préoccupation de premier plan.

Les limites des traitements mis en place dans un projet de vie et de soins peuvent surgir à tout moment, parfois de façon prévisible, d'autres fois de façon plus brutale et aléatoire.

La notion de raisonnable dans des représentations « troublées » lorsque le(s) handicap(s) n'est (ne sont) pas totalement stabilisé(s) est parfois très difficile à cerner.

Là où certains penseront des conditions de vie comme inacceptables, d'autres verront la possible volonté d'éradiquer le handicap dans ce qu'il a d'insupportable pour les autres que le sujet.

Les conditions définies par la loi permettent de mener des réflexions éthiques de qualité et d'aboutir à des décisions consensuelles entre tous les professionnels et les parents.

Il est des situations extrêmes et complexes qui ne permettent pas d'aboutir à un consensus réel. Tant de subjectivité est mobilisée dans ces situations que la loi et même la morale ne peuvent apporter de réponse véritablement adaptée. La question d'un eugénisme « tranquille car non affiché en tant que tel » peut se poser en ces cas et nécessite une temporalité suffisante pour que la maturation réflexive puisse aboutir à une position qui reste avant tout centrée sur le meilleur intérêt de l'enfant.

BIBLIOGRAPHIE

■ LA RÉFÉRENCE PRINCIPALE

- Viallard M.L., Mamzer M.F., Mulliez A., Brugirard M., Hervé Ch., Soins Palliatifs en pédiatrie et néonatalogie, *Revue du Praticien*, 2013 ; 63 : 1009-1018.

■ POUR ALLER PLUS LOIN

- Himelstein Bruce P., Hilden Joanne M., Boldt Ann Morstad, *et al.*, Pediatric palliative Care, NEJM, 2004 ; 350 : 1752-62.

- Kreicbergs U., Valdimarsdóttir U., Onelöv E., Henter J.I., Steineck. G., Talking about death with children who have severe malignant disease, NEJM, 2004 ; 351 : 1175-86.

- Wolfe L., Should parents speak with a dying child about impending death ?, NEJM, 2004 ; 351 : 1251-3.

- Bétrémieux P. (sous la direction de), *Soins palliatifs chez le nouveau-né*, Springer, 2011.

- Viallard M.L. *et al.*, Indication d'une sédation en phase terminale ou en fin de vie chez l'enfant : propositions à partir d'une synthèse de la littérature, Med. Pal., 2010 ; 9 ; 80-86.

- Viallard M.L. *et al.*, Modalités pratiques d'une sédation en phase terminale ou en fin de vie en pédiatrie : prise de décision, mise en œuvre et surveillance, Med. Pal., 2010 ; 9 : 87-97.

- **Médecine palliative** nécessaire très tôt dans l'évolution de la maladie chronique potentiellement létale et **médecine centrée sur la personne** jusqu'à sa mort.
- **Équipe spécialisée en médecine palliative** : tiers neutre bienveillant et compétences complémentaires.
- **Prévention et soulagement de la souffrance** physique, psychique, sociale et existentielle.
- Prise en compte de la personne et de ses besoins de **manière globale** (pluri-expertise).
- Préserver au maximum l'**autonomie physique** de l'enfant ou adolescent et ses **droits à l'éducation comme aux loisirs**.
- **Information et communication adaptées** (patient et entourage).
- Savoir intégrer au projet de soin la notion de **projet de vie** de l'enfant ou adolescent.
- **Approche collective** : pluridisciplinaire, pluri professionnelle = pluri expertise.
- **Réévaluations programmées et adaptées au besoin du patient** et au rythme d'évolution de la maladie ou du handicap.
- **Anticipation des complications et de l'aggravation.** Mise en place de prescriptions anticipées personnalisées.
- **Coordination et communication entre les différents acteurs de soin** : continuité de soin.
- Décisions prises dans le cadre d'une **démarche éthique pluri-expertise et collégiale**.
- **Démarche d'accompagnement ouverte à la société civile**.
- **Respect de valeurs fondamentales** : Principe du respect de l'autonomie de l'enfant ou adolescent, respect de sa dignité, de son droit à l'éducation.
- **Soutien des proches** pendant la maladie et après le décès (parents, fratrie, grands-parents).
- **Soutien des équipes de soin** (prévention de l'épuisement professionnel).

+++ LE COUP DE POUCE DE L'ENSEIGNANT

- Porter une attention particulière à la notion d'espoir et d'estime de soi de l'enfant ou adolescent malade et de ses parents.

CHAPITRE **37**

Aspects spécifiques des soins palliatifs en réanimation

Pr Jean-Michel Boles*, Dr Anne Renault**

  * PU-PH, Chef de Service, Service de Réanimation Médicale,
Hôpital de la Cavale Blanche, CHRU de Brest
et Équipe d'Accueil (EA) 4686 « Éthique, professionnalisme et santé »,
Université de Bretagne Occidentale, Brest

** PH, Service de Réanimation Médicale, Hôpital de la Cavale Blanche, CHRU de Brest
et Équipe d'Accueil (EA) 4686 « Éthique, professionnalisme et santé »,
Université de Bretagne Occidentale, Brest

PLAN DU CHAPITRE

1. Les situations d'obstination déraisonnable

2. Le processus de prise de décision de limitation/arrêt de traitement en réanimation

  2.1. Le processus décisionnel

  2.2. La décision

  2.3. Signification et conséquence de la décision

3. Mise en place de la démarche palliative en réanimation

  3.1. L'amélioration de la qualité de la fin de vie en réanimation repose sur la définition d'une stratégie centrée sur le patient et sa famille

  3.2. La mise en œuvre d'une démarche palliative en réanimation

  3.3. Les mesures de soins pour le patient

  3.4. L'accueil et l'accompagnement des familles

    3.4.1. L'accueil de la famille et son soutien font partie intégrante du soin

    3.4.2. Les besoins de la famille

Conclusion

OBJECTIFS PÉDAGOGIQUES

– **Définir les situations conduisant à une obstination déraisonnable.**
– **Décrire le processus de limitation/arrêt de traitement en réanimation : procédure collégiale, déroulement, questionnement éthique.**
– **Décrire les modalités pratiques de la mise en place d'une telle démarche :**
   ➤ **pour le patient ;**
   ➤ **pour la famille.**

Les patients hospitalisés en réanimation présentent des défaillances viscérales multiples potentiellement réversibles, engageant le pronostic vital, survenant fréquemment sur un terrain de pathologies chroniques évolutives. Leur prise en charge requiert la mise en œuvre simultanée de techniques de suppléance sophistiquées, de traitements et soins complexes et d'une surveillance automatisée.

Malgré l'utilisation sans restriction de ces moyens, la mortalité moyenne en réanimation varie de 17 à 25 % selon le recrutement de chaque service. Des études ont montré que les décisions de limitation ou d'arrêt de traitement (LAT) concernaient environ 10 % des patients et qu'un peu plus de la moitié des décès en réanimation survenait à la suite de telles décisions.

La démarche conduisant à la prise de ces décisions s'inscrit dans un processus encadré par les dispositions de la loi du 22 avril 2005 relative aux droits des malades et à la fin de vie, dite loi Léonetti, prévoyant la mise en œuvre d'une procédure collégiale. Une fois la décision prise, la fin de vie du patient doit respecter, en réanimation comme dans tous les services, les conditions effectives de mise en œuvre des soins palliatifs dans le cadre d'une démarche particulière, propre à chaque service.

1. Les situations d'obstination déraisonnable

La restauration des fonctions vitales défaillantes se heurte dans un certain nombre de cas à une impasse relevant de deux ordres :
- **le patient en échec thérapeutique**, chez lequel la poursuite de traitements sans efficacité curative avérée ne ferait que prolonger inutilement l'agonie ;
- **le patient dont le pronostic est très défavorable en termes de qualité de vie**, chez lequel la poursuite ou l'intensification des traitements de suppléance des défaillances vitales apparaît déraisonnable. Les contraintes imposées par le(s) traitement(s) à l'origine d'une dépendance physique et parfois psychologique deviennent alors supérieures au bénéfice escompté.

La poursuite des traitements et suppléances engagés conduirait à une obstination déraisonnable (ex acharnement thérapeutique) contraire à l'éthique et interdite par la loi du 22 avril 2005. Définie comme « un raisonnement buté refusant de reconnaître qu'un homme ne peut guérir et/ou est inéluctablement voué à la mort », cette obstination ne respecte pas la personne, transformant celle-ci en objet de soin, d'autant plus facilement que le patient est inconscient et ne peut donc exercer son droit de refuser « tout traitement ». La difficulté vient de reconnaître ces situations suffisamment tôt pour que le malade n'en pâtisse pas.

2. Le processus de prise d'une décision de limitation/ arrêt de traitement en réanimation

2.1. Le processus décisionnel

Il s'inscrit dans cette démarche de refus de l'obstination déraisonnable et est encadré par une procédure dite collégiale, instituée par la loi du 22 avril 2005 et précisée dans un décret du 6 février 2006, puis par un décret du 29 janvier 2010.

- **Qui peut demander que la procédure collégiale soit engagée ? :**
  - le médecin ;
  - les directives anticipées du malade ;
  - la personne de confiance, la famille ou les proches.

- **Le déroulement se fait en trois étapes :**
  1. **Le recueil de la volonté du patient et de certains avis :**
     - **la volonté du patient** : l'état de conscience de la quasi totalité de ces patients est altéré ou aboli du fait de la pathologie ou d'une sédation-analgésie prolongée, ne permettant pas de savoir ce que souhaite le patient. Celui-ci peut avoir exprimé sa volonté directement :
       - ➤ auprès du médecin à l'admission ou d'un autre médecin (généraliste ou spécialiste en cas de maladie chronique) antérieurement ;
       - ➤ sous la forme de directives anticipées, nouveauté introduite par la loi du 22 avril 2005 : le médecin doit obligatoirement en rechercher l'existence et vérifier leur validité (écrites mois de 3 ans avant) ;
     - **le médecin en charge du patient doit rechercher l'avis de certaines personnes dans l'ordre :**
       - ➤ de la personne de confiance si elle a été désignée selon les règles ; en cas de procédure collégiale, la loi prévoit que « son avis prévaut sur celui de toute autre avis non médical, à l'exception des directives anticipées ». Son rôle est de rapporter la volonté du malade ;
       - ➤ de la famille : plusieurs avis sont à rechercher ;
       - ➤ ou à défaut des proches.
  2. **L'appel à un médecin consultant :**
     - celui-ci est extérieur à l'équipe et sans lien hiérarchique avec le médecin en charge du patient. Il doit venir examiner le patient, consulter son dossier, discuter avec le médecin du service et donner son avis sur la légitimité de la poursuite des soins.
  3. **Une concertation avec l'équipe soignante :**
     - incluant les membres de l'équipe paramédicale qui s'occupent effectivement de lui, le plus souvent en pratique au moins l'infirmier(e) en charge du patient ;
     - comprenant différents temps : une analyse rigoureuse de la situation médicale du patient, antécédents, pathologie en cours, évolution sous traitement ; une présentation de toutes les possibilités thérapeutiques ; une délibération s'appuyant sur un questionnement éthique intégrant la proportionnalité des actes en considérant la personne malade et ses perspectives de vie, et non seulement les organes défaillants ;
     - devant aboutir à un consensus sur la meilleure (ou la moins mauvaise) solution possible pour le patient.

2.2. La décision

Au terme de cette procédure, **la décision finale est prise par le médecin en charge du malade.**

- **La décision précise :**
  - **une limitation de traitement** : soit non instauration d'un nouveau traitement, soit poursuite des traitements déjà engagés sans majoration de leurs modalités (le premier niveau de cette limitation est la décision « de ne pas réanimer » en cas d'arrêt cardio-circulatoire) ;
  - **un arrêt de traitement** : arrêt partiel ou total de traitement(s) curatif(s) ou de suppléance déjà institué(s) : interruption de drogues (drogues agissant sur le système cardiovasculaire surtout) ou retrait d'une technique de suppléance (principalement ventilation mécanique ou épuration extra-rénale, voire arrêt de la nutrition artificielle dans certains cas) éventuellement par paliers progressifs ;

© MEDLINE

- **le(s) motif(s)** : la loi du 22 avril 2005 stipule que le médecin peut suspendre ou ne pas entre-prendre des actes « *inutiles, disproportionnés ou n'ayant d'autre effet que le seul maintien artificiel de la vie* » ou qualifiés dans les situations de fin de vie de « *n'ayant d'autre objet que la prolon-gation artificielle de la vie* ». Il s'agit d'arguments de légitimité éthique qui ont été transposés dans la loi ;
- **les modalités particulières de sa mise en œuvre** en fonction de la situation clinique du patient et d'éventuelles contraintes familiales.

- **Dans tous les cas :**
  - la décision doit être rapportée dans le dossier du malade pour en assurer la traçabilité et la dif-fusion à toute l'équipe soignante. Elle s'applique à tous les membres de l'équipe qu'ils aient par-ticipé à la procédure collégiale ou non ;
  - le médecin prévient et explique ensuite à la famille la décision prise et de ses modalités d'appli-cation au cours de ce qui est appelé une conférence familiale ; la présence de l'interne et de l'infirmier(e) en charge du patient est préconisée.

2.3. Signification et conséquence de la décision

Laisser mourir quand le temps est arrivé, consentir à la mort qui vient, sont des impératifs éthiques.

La limitation ou l'arrêt de traitements a pour conséquence de restituer son caractère naturel et inéluctable à la mort, avec le risque assumé d'en avancer le moment mais sans chercher à la provoquer délibéré-ment. L'abstention et plus encore l'interruption de technique(s) de suppléance dont le patient est dépen-dant (par exemple la ventilation mécanique en cas d'extubation de fin de vie) conduisent à la cessation plus ou moins rapide de la vie par défaut, la mort n'étant plus empêchée ni retardée par ces techniques.

Il est important de souligner que tous les patients ne meurent pas après une décision de LAT.

L'intention du médecin est bien l'enjeu éthique de sa décision et de son application. Pour être respec-tueuse de la personne, elle exclut toute volonté de provoquer la mort et donc toute utilisation de pro-duits à visée mortifère, quels qu'ils soient, car contraire à l'éthique, au code de déontologie médicale et à la loi. Même si le moment de survenue de la mort peut s'en trouver hâté, l'intention de l'acte est fondamentalement différente, ce qui n'exonère pas pour autant le médecin de sa responsabilité. Laisser la mort survenir en cessant de l'empêcher par des moyens artificiels « extraordinaires » relève, dans ces circonstances, d'un devoir d'humanité. L'utilisation raisonnée de drogues sédatives et antal-giques aux doses nécessaires pour éviter toute souffrance n'est pas et ne peut être considérée comme une euthanasie déguisée.

3. Mise en place de la démarche palliative en réanimation

La mise en œuvre d'une démarche palliative doit être un objectif en réanimation comme dans tout autre service où des personnes meurent. En effet, le fait d'être en réanimation ne peut ni ne doit priver un malade « *dont l'état le requiert … d'accéder à des soins palliatifs et un accompagnement* » ainsi que le stipule la loi du 9 juin 1999. Cette exigence humaine et éthique est aussi une obligation régle-mentaire rappelée dans quatre articles de la loi du 22 avril 2005 relative aux droits des malades et à la fin de vie : « *Le médecin sauvegarde la dignité du mourant et assure la qualité de sa fin de vie en dispen-sant les soins visés à l'article L. 1110-10* (= soins palliatifs) ».

3.1. L'amélioration de la qualité de la fin de vie en réanimation repose sur la définition d'une stratégie centrée sur le patient et sa famille

Elle associe :
- une réflexion partagée par l'équipe sur les enjeux de la mort en réanimation pour le patient, sa famille mais aussi pour les membres de l'équipe médicale et soignante ;
- une approche multidisciplinaire impliquant médecins et soignants ;
- la définition et l'adoption d'une stratégie, respectant l'esprit de l'article 11 de la loi du 22 avril 2005 sur les droits des malades et la fin de vie ;
- une formation aux bases de cette démarche, incluant une formation à la relation ;
- un soutien de l'administration hospitalière.

3.2. La mise en œuvre d'une démarche palliative en réanimation

La mise en œuvre d'une démarche palliative en réanimation repose sur :
- l'identification précoce des patients nécessitant des mesures palliatives, soulignant l'importance d'un dialogue précoce entre les différents médecins impliqués dans la prise en charge du patient et prise en compte de ses symptômes ;
- la prise de décisions centrées sur les besoins du patient et de sa famille ; communication ; continuité des soins ; soutien émotionnel et pratique ; traitement adéquat de symptômes et mesures de confort ; soutien spirituel ; soutien émotionnel et organisationnel pour le personnel ;
- une réflexion sur la transmission et la circulation de l'information au sein de l'équipe et avec la famille lors des entretiens répétés avec elle ;
- la rédaction de protocoles de soins ;
- la mise en place de mesures destinées aux personnels soignants afin de les impliquer dans le processus et son suivi ;
- le développement d'une collaboration avec l'équipe mobile de soins palliatifs, lorsque celle-ci existe, pour affiner les protocoles de prise en charge ;
- l'évaluation des actions entreprises, garant de leur portée et de leur pérennité.

3.3. Les mesures de soins pour le patient

Les mesures de soins pour le patient associent :
- l'adaptation de la posologie des antalgiques et des sédatifs afin que le patient ne souffre pas et, si cela est possible, qu'il puisse communiquer avec sa famille ; ce traitement de la souffrance doit être mis en œuvre même lorsque celle-ci n'est pas évaluable du fait de l'état de conscience (décret du 29 janvier 2010) ;
- la poursuite de tous les soins de base et de confort, en limitant tout acte inutile et *a fortiori* douloureux ;
- la diminution des apports nutritionnels par voie digestive ou suppression par voie intraveineuse dans certains cas et une limitation des apports hydriques ;
- la prévention d'une dyspnée et de râles trop importants en cas d'extubation de fin de vie ;
- la suppression de tout examen complémentaire, devenu inutile ;
- la suppression des cathéters, sondes et appareils de suppléance devenus inutiles ;
- la suppression des modalités de surveillance automatisée et des alarmes sonores ;
- le maintien des visites médicales et des passages de l'infirmière et de l'aide soignante.

3.4. L'accueil et l'accompagnement des familles

3.4.1. L'accueil de la famille et son soutien font partie intégrante du soin

Accueillir un patient, c'est accueillir toute une famille et lui faire place, prenant ainsi conscience de sa présence, les familles n'étant pas « de simples visiteurs en réanimation ». L'hospitalisation d'un proche est toujours une épreuve pour sa famille, source d'anxiété, de dépression encore plus fréquente quand celui-ci meure en réanimation et que la famille est impliquée dans la décision de LAT.

L'attitude du médecin, la qualité de la relation nouée avec la famille, la politique du service sont des éléments majeurs dans la façon dont ses membres vont vivre et se souvenir du séjour et du décès de leur proche.

Dans cet esprit, lorsqu'une fin de vie est annoncée, la présence des familles doit être favorisée et facilitée :
- proposition systématique de rester en permanence auprès du patient et/ou dans le service si elles le désirent, afin que « l'au revoir au mourant » puisse se faire ;
- absence de limitation du nombre de personnes présentes dans la chambre du patient ;
- en revanche, toutes les familles ne souhaitent pas être présentes auprès du patient et ont alors besoin d'être rassurées de leur choix. Mais elles devront être prévenues d'une aggravation et d'une mort imminente.

> L'accueil de la famille est un ensemble d'attitudes et d'éléments matériels dont la réalisation simultanée est indispensable à sa qualité.

3.4.2. Les besoins de la famille

Les besoins, qui ne sont pas toujours exprimés explicitement, comprennent :

• **L'assurance de bénéficier de soins de qualité**

La famille attend que leur proche bénéficie d'une qualité de soins irréprochable, en particulier ce qui concerne le contrôle de la douleur.

• **Prendre du temps pour écouter, pour expliquer**

Un médecin référent doit être désigné, devant s'assurer de la compréhension, par la famille, du processus en cours, expliquer la transition des soins curatifs aux soins palliatifs.

Les familles éprouvent souvent un grand besoin de parler. Les échanges ne doivent pas se réduire à la seule communication sur l'état du patient. La famille peut chercher à obtenir des explications sur le processus de mort en cours, ce qui va se passer lors de l'arrêt de tel ou tel suppléance ou traitement.

Il est essentiel d'aller au devant des familles et de leur proposer une information, un dialogue. Ce temps donne à la famille le sentiment d'avoir été écoutée et entendue et permet la construction d'une véritable confiance sous-tendant un réel soutien. La qualité d'écoute du soignant est primordiale afin de ne pas interpréter, mais d'aider l'autre à exprimer ses émotions.

Une stratégie de communication avec les familles de patients en fin de vie permet de réduire les désordres liés au syndrome post traumatique décrits chez les familles de patients décédés en réanimation.

• **Rendre possible la communication avec son proche en fin de vie**

Si l'entourage le souhaite, il faut lui permettre de parler avec son parent, le toucher, lui dire adieu.

- **Favoriser l'intimité du patient et de ses proches**

La famille a besoin d'être seule avec le patient pour dire, pour partager. Il faut également permettre au conjoint de rester seul avec le malade si tel est son désir.

Les stores des vitres de la chambre seront baissés pour préserver l'intimité.

- **Créer un environnement dans la chambre du patient**

Les familles peuvent désirer apporter des affaires personnelles dans la chambre du patient (photos, dessins…), mettre de la musique. Dans la mesure où ces demandes ne créent aucune gêne pour le fonctionnement du service et les soins, il faut y accéder afin de créer un environnement un peu personnalisé.

- **Besoin de soutien**

La présence d'accompagnants-bénévoles formés à l'écoute dans le service de réanimation est une aide appréciée par de nombreuses familles. Leur intervention peut aider l'équipe dans ce temps d'écoute sans empiéter sur le rôle de l'équipe soignante.

En cas de situation difficile voire conflictuelle, entre équipe et famille ou à l'intérieur de la famille, l'intervention d'un psychologue peut être utile pour dénouer les tensions.

- **Mise à disposition d'un espace pour la famille**

Idéalement, il s'agit d'un salon de réception permettant à la famille de se retrouver, d'exprimer ses émotions et de se reposer dans un cadre apaisant. Ce salon est aussi le lieu des entretiens médico-infirmiers.

- **Respect des rites religieux et culturels**

La famille doit avoir la possibilité d'exercer les rites religieux ou autres rites culturels dans la chambre du patient : celle-ci est considérée comme un domicile privé ; il faut lui demander ce qu'elle souhaite à cet égard.

- **Après la mort**

Il est important de laisser du temps à la famille auprès du défunt afin qu'elle puisse dire « tranquillement » au revoir à celui qui vient de mourir, puis ensuite l'accompagner dans les démarches administratives.

Il est possible de lui donner les coordonnées d'associations auprès desquelles elle pourra trouver de l'aide par la suite.

> Il n'existe pas de recette d'accompagnement, mais un ajustement permanent entre les acteurs de la fin de vie est la règle essentielle. Cela peut nécessiter une modification du fonctionnement habituel du service lors de ces moments. Il faut laisser à la famille le choix de la place qu'elle souhaite tenir auprès de son parent mourant, tout en allant régulièrement vers elle et en évaluant ses besoins.

L'implantation d'une démarche palliative dans un service de réanimation doit s'accompagner de mesures destinées au personnel, reposant notamment sur la formation aux soins palliatifs et à la relation, ainsi qu'une réflexion sur la souffrance des soignants, pour lesquels un espace de parole doit être prévu en cas de situation difficile voire conflictuelle.

Conclusion

Le nombre important de patients qui meurent en réanimation et les conséquences psychologiques de la mort d'un proche dans ce contexte sur les membres de la famille justifient pleinement que les services de réanimation promeuvent et développent activement une démarche palliative. De nombreux travaux ont montré une véritable amélioration de la qualité des soins de fin de vie perçue par les familles. La collaboration avec les unités et équipes mobiles de soins palliatifs ne peut qu'être positive en confrontant problèmes et solutions et en apportant des compétences nouvelles. Ce développement suppose un engagement du service tout entier dans la mise en œuvre d'un projet réfléchi, prenant en compte son retentissement sur l'ensemble des membres de l'équipe.

BIBLIOGRAPHIE

■ LA RÉFÉRENCE À RETENIR

- Les limitations et arrêts des thérapeutique(s) active(s) en réanimation adulte : recommandations de la Société de Réanimation de Langue Française, 2009.
  http://www.srlf.org/rc/org/srlf/htm/Article/2011/20110907-224803-887/src/htm_fullText/fr/2008_%20actualisation_des%20recommandations_de_la_SRLF_concernant_les_limitations_therapeuti-ques.pdf

■ POUR ALLER PLUS LOIN

- Enjeux éthiques en réanimation. Sous la direction de L. Puybasset. Paris, Springer-Verlag, 2010.

- Boles J.-M., Renault A., « Soins palliatifs et réanimation », in *Manuel de soins palliatifs*, sous la dir. de D. Jacquemin et D. de Broucker, 3ᵉ édition, Dunod, Paris, 2009, pp. 413-428.

- Loi n°2005-370 du 22 avril 2005 relative aux droits des malades et à la fin de vie. http://www.legifrance.gouv.fr

- Décret n°2006-120 du 6 février 2006 relatif à la procédure collégiale prévue par la loi du 22 avril 2005. http://www.legifrance.gouv.fr

- Décret du 29 janvier 2010 relatif aux conditions de mise en œuvre des décisions de limitation ou d'arrêt de traitement.

- Loi n°-99 du 9 juin 1999 relative aux soins palliatifs. http://www.legifrance.gouv.fr

- Code de déontologie médicale. http://www.conseil-national.medecin.fr

POINTS-CLÉS

- **Arrêt de traitement**

  Action d'interrompre les traitements curatifs et de suppléance entrepris.

- **Limitation de traitement**

  Action de ne pas instaurer ou de ne pas optimiser les traitements curatifs ou de suppléance entrepris.

- **Obstination déraisonnable (ex acharnement thérapeutique)**

  Il s'agit de la poursuite ou de l'instauration de traitements ou la réalisation d'examens à visée diagnostique alors qu'ils apparaissent inutiles ou encore que leur bénéfice, en termes de confort ou de qualité de vie, sont disproportionnés par rapport aux risques, aux désagréments, à la douleur ou à la souffrance morale qu'ils génèrent, ou, enfin, qu'ils ont pour seul but le maintien ou la prolongation artificielle de la vie.

- **Procédure collégiale**

  Procédure particulière instaurée par la loi du 22 avril 2005 à mettre en œuvre lorsqu'une décision de limitation/arrêt de traitement est envisagée.

- **Proportionnalité**

  Principe fondant une décision, ici médicale, sur le rapport de grandeur entre les différents éléments objectifs considérés = le rapport bénéfices/risques, et l'équilibre de ces différents éléments d'un tout = la personne dans sa globalité.

+++ LE COUP DE POUCE DE L'ENSEIGNANT

- **Qu'est-ce que le questionnement éthique ?**

Temps de la réflexion, du débat, du recul pris par le médecin devant une situation professionnelle complexe où le choix est difficile. Le médecin est confronté à des conflits de valeur et à des conflits de devoir où il peut se trouver en contradiction entre respect de la règle déontologique ou légale et la gestion humaine d'une situation singulière.

CHAPITRE **38**

Conséquences du deuil sur la santé. Du deuil normal aux complications du deuil

Pr Marie-Frédérique Bacqué

PU, Professeure de Psychopathologie Clinique à l'Université de Strasbourg, Présidente de la Société de Thanatologie

---

PLAN DU CHAPITRE

1. Préambule historique

2. Épidémiologie du deuil

3. Qu'est-ce que le deuil « normal » ?

4. Différences entre la tristesse (normale) du deuil et celle de la dépression (pathologique)

5. Les manifestations du deuil normal

6. Récapitulation des plaintes adressées au médecin

7. Les complications du deuil

8. Les pathologies du deuil

OBJECTIFS PÉDAGOGIQUES

– **Distinguer un deuil normal d'un deuil pathologique.**
– **Argumenter les principes de prévention et d'accompagnement.**

MOTS CLÉS : deuil normal ; complications du deuil ; risque cardio-vasculaire ; dépression ; soutien des endeuillés

1. Préambule historique

L'espèce humaine est la seule à se savoir mortelle. Cette connaissance, bien que repoussée tout au long de la vie ne conduit pas, pour autant, à une vision pessimiste du temps limité imparti à chaque individu. Au contraire, l'hypothèse d'un refus de la mort chez l'enfant et l'adolescent, puis d'une forme de déni (selon Freud, l'inconscient ne connaît pas la temporalité et donc la finitude), semble expliquer l'attitude active et toujours créative des humains. Le grand vieillissement même ne conduit

© MEDLINE

pas à un abandon du désir. Nombreux sont ceux qui goûtent encore du plaisir à être en vie, dans la mesure où leur qualité de vie est encore appréciée et où la collectivité les accepte.

Les paléontologues ont mis au jour au Moyen-Orient, les plus anciennes traces de **rites funéraires** datant d'environ 100 000 ans. Elles témoignent d'une conscience de la mort, d'une attitude de socialisation accompagnant le défunt, enfin de représentations de l'au-delà. Les **religions** polythéistes et monothéistes offrent toutes, dans la lignée de ces pratiques prototypiques, la promesse d'une continuation de l'existence, au moins spirituelle. Les **croyances modernes** rejoignent les plus anciennes : attente de la régénération, de la résurrection, d'une thérapeutique médicale novatrice, enfin insistance sur la part mémorielle dans l'éventuelle éternité de l'âme.

Si toutes les cultures du monde admettent les principes d'une après-mort, elles ont aussi développé des **pratiques sociales spécifiques** qui soutiennent mourants et endeuillés. Même lors de grandes guerres, de catastrophes naturelles ou d'épidémies, le respect des morts et leur devenir matériel sont réalisés. Les deux guerres mondiales ont toutefois modifié le degré d'authenticité des rites : ces derniers sont aujourd'hui principalement rappelés par les entreprises funéraires, les religions sont convoquées plus par habitude culturelle que par nécessité spirituelle. En effet, en Occident et plus globalement sur la planète, les croyances ont diminué. En France, seuls 10 % de la population s'estiment pratiquer une religion.

Le défaut d'accompagnement religieux a laissé un vide qui se traduit par un questionnement au sujet de la mort, mais surtout par une **angoisse de mourir et plus encore de perdre un être aimé**. La quête d'un soutien s'est donc orientée vers les personnes dotées d'un savoir sur la vie et sur l'âme. **Médecins, soignants et psychologues sont des ressources vers lesquelles, les personnes en deuil se tournent de plus en plus fréquemment.** Depuis les années 1990, on peut parler d'une forme de médicalisation de la mort et du deuil, et même d'une psychologisation. En effet, le groupe social s'est peu à peu délité depuis les années cinquante, en raison de l'urbanisation et du travail des femmes.

La nature même du travail du deuil a été remise en question : trop dur, trop long, inutile... Nombreux sont ceux qui se plaignent de ce temps qui suit la perte d'un proche. La lourdeur des émotions du deuil, le refus d'être triste, la perte de productivité d'une période où l'on a plus envie de rien, sont les arguments qui vont contre l'idée de reconnaître et de partager l'état du deuil. C'est pourquoi une part importante de la demande faite au médecin concerne **l'allègement du chagrin par des médicaments**. De même, les psychologues sont sollicités pour **faciliter le deuil et donc le raccourcir**. Ces professionnels sont souvent questionnés sur la « normalité » du deuil. **Oui, le deuil est normal, il est douloureux et il prend du temps.** Ce constat ne conduit pas pour autant à l'abandon du patient et de sa famille. Au contraire, l'écoute, l'information, l'expérience sont des moyens indispensables et efficaces pour aider les endeuillés et leur permettre de sortir progressivement d'un état particulièrement douloureux. Par ailleurs, les conséquences du deuil sur la santé peuvent conduire à la mort par glissement, acte inconscient ou par laisser-aller.

Deuil et mortalité :
- La mortalité cardio-vasculaire double chez l'homme la première année du veuvage.
- Le taux de mortalité des pères qui ont perdu un enfant pendant sa première année est multiplié par deux et celui des mères par quatre. Ce risque de surmortalité, bien que s'affaiblissant avec les années, perdure jusqu'à trente ans après la perte.
- L'alcoolisation, le tabagisme, la prise de risque conduisant au suicide volontaire ou involontaire sont bien connus. Enfin un deuil compliqué majore la souffrance, la rend chronique et la transmet aux générations suivantes.

La connaissance par le médecin de l'ensemble du phénomène du deuil contribue à diminuer la morbi-mortalité liée à la perte et améliore la santé de l'endeuillé et de ses proches. Le médecin peut aussi orienter ses patients en deuil vers les spécialistes ou le monde associatif. De nombreuses possibilités de **soutien thérapeutique** s'offrent aux endeuillés et permettent au médecin de ne pas rester isolé face à la vulnérabilité psychique de ses patients.

> **Le deuil et la mort seront ainsi mieux acceptés des médecins pour leur patientèle mais aussi pour eux-mêmes, car prétendre aider l'autre sans avoir soi-même réfléchi aux conséquences de la perte est une impasse éthique et thérapeutique.** Nous espérons dans ce chapitre faciliter la relation du médecin à la mort et aux deuils des patients, condition humaine universelle.

2. Épidémiologie du deuil

La prévalence du deuil sur toute la vie en France est en moyenne de 10,4 % (16 % pour les femmes et 3 % pour les hommes). Le deuil le plus fréquent est celui de l'épouse âgée qui perd son compagnon. Mais ce deuil banal est peu bruyant, ni visible. Les médias mettent plus l'accent sur les deuils exceptionnels, ce qui trouble nos contemporains en augmentant l'angoisse de mort.

> Pourtant, d'ici 2050, le nombre de décès va augmenter de 38 % en France, la prospective évoque 750 000 décès/an. Le deuil n'aura donc rien d'exceptionnel.

La mort en France se déroule aujourd'hui principalement en institution sanitaire, pour 70 % des cas au moins. L'amélioration des conditions d'accompagnement permet souvent que la famille soit prévenue. Cependant de nombreuses personnes âgées meurent seules ou n'ont que des proches aussi âgés et trouvent avec les soignants de l'institution un accompagnement généreux mais souvent inapproprié.

3. Qu'est-ce que le deuil « normal » ?

Le mot latin *dolere* (souffrir) est à l'origine du mot *dol* qui a donné en français « deuil », mais surtout « douleur ». Le deuil est un « état affectif douloureux provoqué par la mort d'un être aimé ». Il désigne aussi une période, « la période de douleur et de chagrin qui suit la disparition » À la fois vécu subjectif et temps passé douloureux, le mot « deuil » a une version sociale qui signifie renoncer à quelque chose pour passer à une nouvelle étape. L'expression « faire son deuil » a ainsi fait flores et sature tant l'expression courante que certains endeuillés ne la supportent plus lorsqu'elle implique une obligation au conformisme ambiant.

4. Différences entre la tristesse (normale) du deuil et celle de la dépression (pathologique)

Freud définit le deuil en 1915 comme « ... la réaction à la perte d'une personne aimée ou d'une abstraction venue à sa place, comme la patrie, la liberté, un idéal, etc. ». Il compare la psychopathologie classique de la mélancolie (humeur profondément triste, désinvestissement du monde extérieur, inhibition, autodépréciation et idées délirantes de ruine), et la rapproche de celle du deuil grave sauf pour une seule dimension : celle de la dévalorisation du sentiment de soi. Sa formule est radicale : « Dans le deuil, le monde est devenu pauvre et vide, dans la mélancolie c'est le moi lui-même. »

Les psychanalystes qui suivront insisteront sur le modèle précoce du deuil tiré de la façon dont chaque enfant a vécu et supporté les premières séparations. L'aptitude au deuil résulte de ces premiers détachements. Donnent-ils l'occasion à l'enfant d'éprouver une haine ambivalente vis à vis de leur mère ? Le deuil forme, dans ces conditions, un modèle pour la compréhension des compétences affectives et cognitives de l'être humain. C'est un organisateur fondamental du développement de l'enfant qui limite les décompensations comportementales et même psychiatriques, lors des pertes et des renoncements de la vie. Véritable facteur de personnalité, l'attachement et son corollaire, l'aptitude au deuil, jouent un rôle non négligeable dans les réactions à la mort d'autrui et à la mort de soi.

5. Les manifestations du deuil normal

On appelle deuil normal les conséquences d'une perte naturelle, « dans l'ordre des choses » : perte de ses vieux parents, d'un malade usé par une affection chronique, dont *le pré-deuil* a été commencé.

MANIFESTATIONS DU DEUIL NORMAL :

1. **L'état de choc de la mauvaise nouvelle** provoque la sidération, puis les cris de détresse. Le refus de la réalité entraîne un état de malaise psychique qui confine à la dissociation (être là et ailleurs en même temps, soi et un autre).
   Les affects sont anesthésiés, les perceptions émoussées.
   La personne est totalement bloquée, effondrée, ou, au contraire, elle présente des mots, des gestes automatiques, comme la fuite ou la recherche du défunt.

2. **La reconnaissance de la réalité de la mort** peut se traduire dans un premier temps par des sentiments de révolte contre l'injustice de la mort, mais parfois de violence contre le défunt qui a « abandonné » l'endeuillé.
   Une fatigue intense découle de ces premiers moments ; elle préfigure la dépression.

3. **L'effondrement dépressif du deuil.**
   Les larmes constituent une décharge motrice et somatique de la tension (souvent retenue par les hommes, ils peuvent retourner la tension contre eux-mêmes et les autres).
   Bien que présentant les caractéristiques somatiques, comportementales et intellectuelles de la dépression, le travail du deuil reste globalement dynamique.

4. **Le travail du deuil commence :** il se compose de ruminations, culpabilité, mais aussi du rappel de tous les souvenirs (bons et mauvais) partagés avec le défunt et sur lesquels le sceau de la réalité doit s'imposer.

5. **Le processus de remémoration** va conduire au bout d'un temps variable à l'intégration de la perte et à l'intériorisation des qualités et des défauts du disparu.

6. **La terminaison du travail du deuil est difficile à définir,** et plus ou moins nettement perçue par l'endeuillé. Mais lorsqu'il peut évoquer mentalement l'être perdu sans s'effondrer, regarder des photos ou écouter de la musique autrefois partagée avec le défunt, alors la tempête émotionnelle du décès semble calmée.

7. **Les réactions anniversaire** sont souvent redoutées et le retour saisonnier de la période de la mort est l'occasion de ressentir à nouveau les affres de la perte. Ces « rechutes » sont de courte durée mais plongent l'endeuillé dans la crainte du retour de la douleur. Elles doivent être annoncées aux endeuillés et prévenues. Les périodes de réjouissances collectives sont également vécues avec amertume, illustrant l'anhédonie.

---

6. Récapitulation des plaintes adressées au médecin

- **Sur le plan physique :**
  - **l'insomnie** complète suit souvent les quarante-huit/soixante-douze heures après l'annonce de la mauvaise nouvelle. Elle cède la place à un sommeil de mauvaise qualité, à des rêves pénibles et parfois des hallucinations liées à la dette de sommeil paradoxal ;
  - **l'anorexie** est liée à la perte du désir, mais aussi à celle du plaisir (anhédonie) ;
  - **l'épuisement physique** est dû aux efforts extrêmes et contradictoires de se remémorer la vie d'avant tout en essayant de reculer la nécessaire adaptation au monde nouveau, sans le mort.
- **Sur le plan intellectuel :**
  - le ralentissement de la pensée est responsable de la longueur du travail de réminiscence. Cette centration sur le passé affaiblit l'attention et la concentration.
- **Sur le plan affectif :**
  - douleur morale plus que tristesse, l'humeur de l'endeuillé est sombre.

> Le grand risque du deuil est l'isolement par incompréhension et manque d'intérêt.

7. Les complications du deuil

Les Occidentaux, présentent des taux de complications variables selon les études : en moyenne 17 % de complications et 5 % de deuils pathologiques.

Le deuil normal est un **processus psychodynamique** qui varie selon les personnes mais qui présente toujours des fluctuations entre des rappels émotionnels tristes et d'autres plus gais, témoignant d'une relation complexe avec le défunt. Lorsque le processus n'apparaît pas, se bloque ou est d'une longueur pesante, on peut alors parler de complications du deuil.

> Les facteurs de complications sont : la perte précoce de parents du premier degré, la perte d'un enfant ou d'un petit-enfant, le nombre de deuils vécus et surtout le nombre de deuils « importants » vécus. La personnalité vulnérable et enfin, la violence ou la brutalité de ces deuils sont des facteurs amplificateurs de la souffrance.

Le deuil peut être bloqué à plusieurs niveaux. Lors de l'annonce du décès, c'est un deuil traumatique. Lors de la phase dépressive, c'est une dépression majeure réactionnelle au deuil. Le travail du deuil peut également être retardé (différé) ou inhibé. Il peut enfin devenir chronique et ne jamais atteindre la réadaptation. Ainsi, des complications entravent le déroulement habituel du travail de deuil, mais n'aboutissent pas à une maladie mentale caractérisée.

Parmi les signes de complication, perdurent dans le temps (au moins six mois après la perte) des idées inhabituelles : la personne souhaite disparaître, elle s'accuse de tous les maux, y compris de l'origine de la mort. Elle se dévalorise et s'estime indigne de continuer à vivre alors que l'être cher l'a quittée, elle peut aussi en vouloir au défunt de l'avoir abandonnée et justifie ainsi de sa propre dévalorisation. La culpabilité et l'auto-dépréciation sont, dans le deuil compliqué, sans commune mesure avec la réalité. Leur intensité peut même être délirante, et *a minima* disproportionnées.

Outre ces symptômes marqués dans le discours dépressif, le ralentissement psycho-moteur profond et l'incapacité prolongée signent l'état dépressif majeur, entraînant alors la question du traitement psychotrope.

8. Les pathologies du deuil

> Ce sont d'authentiques maladies qui surviennent au cours du deuil et dérivent directement de la personnalité de l'endeuillé, révélée à cette occasion. Le deuil-maladie mentale est cependant assez rare.

Des deuils psychiatriques peuvent toutefois être repérés lorsqu'une personnalité bipolaire décompense sur un mode maniaque ou mélancolique ou lorsqu'une personnalité hystérique tente de se suicider pour « imiter » le défunt ou se fondre avec lui. Enfin, les deuils obsessionnels suivent souvent un amour ambivalent. La culpabilité de l'endeuillé laisse alors filtrer d'anciens désirs de mort et des images mentales obsédantes du défunt. L'obsessionnel est progressivement envahi par des scenarii morbides contre lesquels il lutte mentalement au prix d'une fatigue qui peut aussi le conduire à choisir la mort.

BIBLIOGRAPHIE

■ LA RÉFÉRENCE PRINCIPALE

– Bacqué M.-F., *Apprivoiser la mort*, (2003) Paris, Odile Jacob.

■ 5 RÉFÉRENCES POUR ALLER PLUS LOIN

– Bacqué M.-F., Hanus M. (2000, 2014), *Le deuil*, 5e édition, Que sais-je, Paris, PUF.

– Bacqué M.-F. (2013) (dir.), *La Médecine face à la Mort*, Paris, L'esprit du temps.

– Bacqué M.-F. (2013), Vulnérabilité psychique liée au deuil dans la prévention, le dépistage et les soins du cancer, *Psycho-oncologie*, 4.

– Bacqué M.-F. (2013), Parler du deuil pour éviter de parler de la mort ? La société occidentale face aux changements démographiques et culturels du XXIe siècle, *Annales médico-psychologiques*, 171 : 176-81.

– Bourgeois M.-L. (2003), Deuil normal, deuil pathologique, Paris, Doin.

POINTS-CLÉS

- **La perte d'un proche, bien qu'universelle, est encore mal connue au plan de ses conséquences somatiques** : la morbi-mortalité cardio-vasculaire double chez l'homme dans l'année qui suit le veuvage.

- **Les conséquences psychiques** comme le suicide, les dépression majeure et chronique posent la question d'un traitement par antidépresseurs. Ce dernier n'est pas recommandé *a priori* car le deuil est d'abord une dépression réactionnelle à la perte, mais dont sont absentes la culpabilité quant à la mort et l'autodévalorisation.

- **En cas de complication**, un spécialiste évaluera la nécessité de prescription de psychotropes.

- Dans tous les cas, **le deuil normal a besoin de temps**, de soutien mais passe par la souffrance du détachement.

- Les **rites funéraires** aident cependant l'endeuillé à tolérer le travail du deuil, les **associations d'endeuillés** agissent avec les professionnels grâce à des moyens modernes : expertise du deuil, groupes de partage et thérapeutiques, internet, visioconférences, blogs.

- Le deuil fait partie d'un nouveau champ de recherche, celui des études sur la mort. Il n'est plus une psychopathologie mais croise les sciences humaines, comme la psychologie, la sociologie et l'anthropologie. Dans les soins palliatifs, l'enseignement sur le deuil et la mort permet de mieux aborder les fins de vie et de limiter l'épuisement professionnel.

Accompagnement et prise en charge palliative en cancérologie

CHAPITRE 39

Pr François Goldwasser*, Dr Pascale Vinant**

* PU-PH, Service de Cancérologie,
Faculté de Médecine Paris Descartes

** PH, Unité Fonctionnelle de Médecine palliative,
CHU Cochin, AP-HP

MOTS CLÉS : arrêt des traitements ; cancérologie ; décision ; discussion anticipée ; incertitude ; pluridisciplinarité ; réflexion éthique ; soins palliatifs précoces.

Les cancers forment la principale cause de mortalité en France. Le cancer reste une maladie incurable et mortelle dans près de 50 % des cas. Les cancers tuent un homme sur 3, une femme sur 4.

Un premier défi est d'assurer une prise en charge palliative de qualité à chacune des 150 000 personnes qui décèdent chaque année de cancer.

L'incurabilité peut définir le champ de la médecine palliative en cancérologie. Néanmoins, si la plupart des cancers métastatiques sont incurables, des traitements anti-tumoraux sont susceptibles d'accroître la survie. En conséquence, en situation d'incurabilité, **les décisions thérapeutiques ne peuvent pas être automatiques et exigent un questionnement pour chaque situation de chaque patient :** jusqu'où faut-il aller ? Le malade gagne-t-il à être réanimé ? Sur quels critères estimer l'absence de bénéfice à engager un nouveau traitement anti-tumoral et décider un arrêt des anti-tumoraux ? Comment faire participer le patient au processus décisionnel ?

Ceci constitue le deuxième défi : Offrir pour tous les patients, un temps de réflexion et un processus décisionnel structuré.

1. Définir les objectifs thérapeutiques en situation d'incurabilité

- **En cancérologie, les terminologies souvent utilisées de « phase curative » et « phase palliative » ne sont pas appropriées pour définir une situation clinique pour 2 raisons :**
  - un projet curatif avéré n'a pas de phase, il s'achève avec la guérison. Il faut réserver l'adjectif curatif aux situations pour lesquelles il existe un traitement validé qui conduit à la guérison et non pas une intention, un espoir sans support validé ;
  - le fait qu'il soit possible d'augmenter parfois considérablement (plus de 10 ans par exemple) la survie d'une personne ayant un cancer incurable, rend inopérante la description binaire « curatif ou palliatif » car l'incurabilité va revêtir deux situations cliniques à distinguer clairement :

➤ soit le patient a besoin d'une **prise en charge palliative intégrée** aux traitements anti-tumoraux,

➤ soit le patient a besoin d'une **prise en charge palliative exclusive.**

- Les patients atteints de cancer curable (procédure connue validée conduisant à la guérison) ne relèvent pas d'une prise en charge palliative, la prise en charge globale de ces patients nécessite des soins de support pluridisciplinaires : soutien social, psychologique, nutritionnel, consultation douleur, réhabilitation…

1.1. L'incurabilité en cancérologie

Un patient est en situation d'incurabilité lorsque la guérison n'est pas un objectif atteignable, selon une procédure connue. L'incurabilité est fréquente en cancérologie. Elle correspond à la grande majorité des cancers métastatiques et à certains cancers de développement loco-régional sans possibilité de traitement radical (ex : cancer du pancréas localement avancé).

L'incurabilité ouvre le champ potentiel de la médecine palliative telle qu'elle est définie par l'OMS : elle vise à l'amélioration de la qualité de vie des patients atteints d'une maladie potentiellement mortelle, **en association avec** les traitements anti-tumoraux (*cf.* chapitre 1).

La médiane de survie des patients en situation d'incurabilité est très variable en fonction de la tumeur primitive. Elle indique le temps nécessaire pour observer le décès de la moitié d'une population étudiée.

À titre d'exemple, en 2013, la médiane de survie au stade métastatique des patients atteints d'un adénocarcinome pulmonaire, d'un adénocarcinome pancréatique et d'un adénocarcinome colique est de 12, 6, et 28 mois, respectivement. La médiane de survie est une donnée statistique qui ne dit rien du pronostic individuel du patient, celui-ci étant potentiellement sur n'importe quel point de la courbe de survie de la population de même diagnostic.

> **Le pronostic du patient va être conditionné par :**
> – les facteurs pronostiques présents au diagnostic (donnée *a priori*), par exemple l'existence d'un amaigrissement massif ;
> – la réponse aux traitements anti-tumoraux (donnée *a posteriori*) ;
> – l'existence de co-morbidités.

1.2. Les objectifs thérapeutiques

> En situation d'incurabilité, il est important d'identifier pour chaque patient l'objectif du soin. Celui-ci doit être réaliste. Il sera partagé avec le patient.

Il peut s'agir :

- **D'un objectif de gain en survie** : les moyens thérapeutiques existants permettent d'envisager de contenir la maladie qui devient chronique, évolue par poussées évolutives, les traitements permettent d'allonger significativement la survie.

  Ainsi, un cancer épithélial de l'ovaire métastatique est associé à une survie spontanée de quelques semaines à quelques mois, mais avec des traitements anti-tumoraux la survie est habituellement de plusieurs années.

- **D'un objectif palliatif d'amélioration du confort et de la qualité de vie.** Dans cette situation, il n'existe pas de traitement anti-tumoral efficace pour augmenter la survie ou la décision est prise de ne pas recourir à ces traitements en raison de la minceur du bénéfice, ou de l'ampleur des risques ou par la volonté du patient. La prise en charge relève de soins palliatifs. Dans

© MEDLINE

certains cas, une chimiothérapie « palliative » peut avoir un sens (cela peut sembler paradoxal puisque l'objectif palliatif est d'améliorer le confort et que les cytotoxiques ont beaucoup d'effets indésirables cliniques) et être proposée si les symptômes que présente le patient sont directement induits par le syndrome tumoral (ex : compression clinique, ascite, et..) et que la maladie est chimio-sensible.

> - **Une chimiothérapie palliative** a pour objectif d'améliorer les symptômes liés au syndrome tumoral. L'évaluation de son efficacité est clinique : réduction d'un épanchement, diminution d'une dyspnée, d'une douleur, amélioration de l'activité.
> - **Une chimiothérapie palliative n'est pas une chimiothérapie à visée compassionnelle ou psychologique : un traitement potentiellement toxique dont on sait qu'il n'est pas efficace ne doit pas être proposé, la recherche d'un effet placebo pour ne pas désespérer ne doit pas devenir un nocebo (du fait de la toxicité du médicament investi).**

2. Les spécificités de l'accompagnement des patients atteints de cancer incurable

2.1. Une trajectoire de soin souvent longue et complexe

L'évolution des cancers incurables est souvent émaillée par une succession de phases de rémissions et de rechutes de la maladie. Le retentissement clinique est très variable d'un patient asymptomatique qui continue de travailler à un patient en perte totale d'autonomie et avec des symptômes d'inconfort permanents.

En situation d'incurabilité, des traitements anti-tumoraux peuvent se succéder (lignes thérapeutiques) puis se discute, par inefficacité et/ou toxicité excessive, l'arrêt des anti-tumoraux. Cet arrêt à bon escient, au bon moment est une condition pour éviter l'obstination déraisonnable, la prise en charge thérapeutique repose alors sur des soins palliatifs exclusifs. Il est important de noter que la chimiothérapie à mauvais escient, « de trop », peut raccourcir la survie des patients par rapport à la mise en œuvre de soins palliatifs exclusifs adéquats (Temel et coll. N. Engl J Med, 2010).

2.2. De nombreux symptômes d'inconfort et des complications somatiques pléiomorphes

- **La douleur est fréquente** : 60 à 90 % des patients au stade métastatique ont des douleurs qui, dans plus de 50 % des cas sont d'intensité sévère (*cf.* chapitre : douleur du cancer).

- **Les symptômes d'inconfort** sont également nombreux et fréquents (*cf.* chapitre), ils peuvent être liés aux traitements anti-tumoraux (anorexie, nausées, asthénie…), au syndrome tumoral (exemple dyspnée liée à des métastases pulmonaires), au syndrome inflammatoire et à la dénutrition (fonte musculaire, asthénie).

- **Des complications aiguës** (tableau 1) peuvent survenir, en rapport avec les localisations tumorales. L'intensité et l'agressivité des traitements à mettre en œuvre pour traiter ces complications s'inscrit dans un processus décisionnel délibératif qui prend en compte l'état général, le pronostic et la volonté du patient (*cf.* chapitre 32) (exemple 1).

TABLEAU 1. LES PRINCIPALES COMPLICATIONS LIÉES À L'ÉVOLUTION DU CANCER
• Syndrome occlusif (cancer digestif et ovarien principalement). • Obstruction biliaire. • Insuffisance hépatique. • Insuffisance rénale obstructive (cancers urothéliaux, prostatique et cervico-utérins).
• Rétention urinaire. • Complications thrombo-emboliques. • Syndrome hémorragique. • Dyspnée et détresse respiratoire.
• Épanchement pleuraux, péricardiques, péritonéaux (ascite). • Syndrome cave supérieur et inférieur. • Hypertension intra-cranienne, convulsions, déficit neurologique. • Lymphoedème.
• Fractures osseuses. • Compression médullaire ou radiculaire.
• Troubles métaboliques (hypercalcémie, hyponatrémie...). • Sepsis.
• Dénutrition et cachexie.

Exemple 1 : Attitude face à une Insuffisance rénale aiguë par envahissement pelvien d'une tumeur du col utérin

Mme J., 38 ans, après deux ans de traitements par chimiothérapie pour une récidive de tumeur du col utérin qui envahit l'ensemble du petit bassin est en prise en charge palliative exclusive. L'envahissement du plexus sacré est responsable de douleurs intenses nécessitant une pompe d'analgésie autocontrôlée délivrant de fortes doses d'oxycodone associées à de la kétamine. La patiente est PS-3, dénutrie. La récidive d'une insuffisance rénale aiguë par dilatation des cavités pyélo-calicielles bilatérales, malgré des sondes JJ, posées 48 heures plus tôt, fait discuter la réalisation de néphrostomies. L'état général précaire et l'espérance de vie qui en résulte, l'existence de douleurs, le risque de survenue d'autres complications à court terme (syndrome occlusif) plus pénibles, le caractère invasif du geste et la dépendance qu'il génère, amène à une discussion collégiale pour savoir si le geste ne relève pas d'une obstination déraisonnable. En concertation avec la patiente et son entourage, il est décidé de ne pas réaliser de néphrostomies et de traiter exclusivement symptomatiquement la patiente qui décèdera 10 jours plus tard.

2.3. Un cheminement entre peurs et espoirs

Le diagnostic de cancer s'associe dans l'esprit du public à l'idée de souffrance et de mort.

Après l'annonce initiale du diagnostic et les premiers traitements, peut survenir en cas d'incurabilité, une alternance de rémission et de rechutes. Le patient fait l'expérience de différentes pertes : perte de rôles familiaux, arrêt du travail, perte d'une fonction du corps, mutilation, perte de la mobilité... Le patient va devoir s'adapter à ces pertes et annonces de progression de la maladie et d'échecs des traitements. Chaque consultation, chaque imagerie d'évaluation peut générer une anxiété notable.

En cas de cancer incurable et avancé, la question de la fin de vie est présente au moins implicitement. L'angoisse générée par cette réalité, que le patient perçoit, au travers des résultats, et de ses propres perceptions physiques, peut être majeure, souvent atténuée par des mécanismes de défense. Ces mécanismes, fréquents, inconscients, fluctuants, ont pour but de réduire l'angoisse, ils ont une fonction adaptative et protègent la personne d'une réalité vécue comme intolérable. Ils s'exacerbent dans les situations de crises et d'appréhension. Il est essentiel de les respecter. Si les mécanismes de défense sont dépassés, les risques de décompensation psychiatrique, suicidaire et de demande d'euthanasie, émergent.

Le patient souvent oscille entre l'espoir, parfois totalement démesuré devenant alors illusion, et une clairvoyance qui peut aller jusqu'au désespoir. Ce mouvement de va-et-vient entre ces deux états, constitue l'ambivalence. Elle peut s'exprimer le même jour à des interlocuteurs différents, ce qui peut être déconcertant. Cependant, cette alternance, entre attentes et réalisme, aide paradoxalement le patient à vivre, au jour le jour, cette réalité, dominée par l'incertitude. L'ambivalence du patient, peut générer, dans l'esprit des soignants, le doute, quant à l'information délivrée au malade, sur le diagnostic ou le pronostic par le médecin. Il faut toujours garder à l'esprit que si information a été dite, elle n'est pas pour autant ni intégrée, ni acceptée.

> **L'ambivalence, oscillant entre réalisme et espoirs démesurés, fréquente et aidante pour le patient, justifie des temps de concertation pluridisciplinaire pour appréhender au mieux la réalité vécue par le patient par l'échange d'informations entre professionnels, paramédicaux et médicaux.**

3. L'intégration des soins palliatifs dans la prise en charge d'un patient atteint de cancer en situation d'incurabilité

3.1. La notion d'anticipation

3.1.1. Un objectif : Prévenir des souffrances évitables pour le patient et sa famille

Avec l'évolution de la maladie, un des concepts essentiels à comprendre est celui de la prévention de la souffrance par l'anticipation des complications et des situations de crise. En effet, face à ces aggravations cliniques successives auxquelles s'opposent des ressources anti-tumorales de moins en moins efficaces, le patient et sa famille sont souvent démunis si aucune réponse aidante n'est activement proposée (exemple 2).

Exemple 2 : L'absence d'anticipation

M.M. 42 ans, père de deux enfants en bas âge a un cancer du poumon non à petites cellules, diagnostiqué avec des métastases osseuses synchrones, 6 mois auparavant. Il a reçu 2 lignes de chimiothérapie, avec une progression tumorale d'emblée, notée à chaque évaluation trimestrielle de l'efficacité. Lors de sa dernière consultation, le bilan montre une nouvelle progression de la maladie, une troisième ligne de chimiothérapie est proposée. Il est douloureux, et reçoit un traitement par analgésiques de palier 3. Il est dyspnéique à l'effort, a perdu 10 kg depuis le début de sa maladie, et il passe la moitié de son temps au lit (PS-3). L'albuminémie est à 23 g/l. Il vient le lendemain pour sa chimiothérapie.

Quinze jours plus tard, la situation s'aggrave, le patient est épuisé, a du mal à se lever, la dyspnée se majore, sa femme ne sait plus quoi faire, le patient est adressé aux urgences.

La prise en charge ici a été exclusivement centrée sur le traitement anti-tumoral. Alors que tous les paramètres pronostiques indiquent un pronostic péjoratif à court terme, aucune anticipation de l'aggravation ici prévisible n'a été mise en place.

Alors que l'évolution clinique était prévisible, le patient et sa famille vivent une situation de détresse pour laquelle le seul recours en situation de crise est le recours en catastrophe au service d'urgences de l'hôpital. Cette situation était évitable.

3.1.2. La démarche d'anticipation

Anticiper l'aggravation de la maladie (exemple 2 revisité), c'est prévoir à l'avance en fonction de la situation clinique, ce qu'il va pouvoir se passer sur le plan somatique (symptômes et complications) et sur le plan psycho-social (épuisement d'une famille par exemple) de manière à éviter les situations de crise et de détresse qui peuvent conduire le patient aux urgences, à un recours aux services de réanimation, de manière inadaptée.

Exemple 2 (suite) : La démarche d'anticipation pour M.M eut été d'avoir :

1) Identifié le pronostic du patient par la prise en compte des paramètres pronostiques lors de la dernière hospitalisation (PS, albuminémie, plusieurs symptômes d'origine différente, maladie chimio-résistante).

2) Défini le projet de soin en évaluant le rapport bénéfice/risque d'une chimiothérapie de 3ᵉ ligne, ici défavorable.

3) Mis en place une prise en charge par une équipe de soins palliatifs dès l'apparition de symptômes d'inconfort, en complément du traitement anti-tumoral.

4) Initié une démarche d'information progressive sur le pronostic :
   – avoir informé de l'incurabilité dès le diagnostic ;
   – avoir informé régulièrement sur la progression de la maladie ;
   – abordé, si c'est possible, avec le patient et sa famille les options en cas d'aggravation (statut réanimatoire, lieu de fin de vie).

L'anticipation requiert une information du patient et de son entourage sur l'évolution réelle de la maladie et les risques (exemple 2, suite). Cette information est complexe et délicate mais son absence garantit les situations de crise.

Exemple 2 (suite) : La communication avec M.M lors de la dernière consultation

– Docteur, je suis de plus en plus fatigué et les douleurs sont plus fortes, que montre le scanner ?
– Le scanner montre une progression de votre maladie, au niveau du poumon et des os.
– On fait une nouvelle chimiothérapie ?
– Il semble que vous soyez très fatigué…
– Oui, de plus en plus.
– Et vous avez perdu beaucoup de poids, votre bilan biologique montre des signes importants de dénutrition.
– Oui, je n'ai pas trop d'appétit.
– Il me semble que compte tenu de votre fatigue et de votre état de dénutrition, la chimiothérapie n'est pas la bonne solution, ça ne favorise pas l'appétit ! Et l'on sait maintenant que lorsque l'on est dénutri, le risque de complication avec la chimiothérapie est très élevé. Je vous propose de refaire le point en hôpital de jour avec plusieurs personnes de l'équipe : la diététicienne pour optimiser si

possible vos apports, et l'équipe des soins de confort que vous connaissez pour améliorer le traitement antalgique et mettre en place un suivi rapproché. Nous nous reverrons ensuite avec un nouveau bilan biologique pour refaire le point.

3.2. Savoir mettre en place une prise en charge palliative pluridisciplinaire en situation d'incurabilité

Les modèles internationaux de soins préconisent une prise en charge palliative intégrée à la prise en charge oncologique en association avec les traitements anti-tumoraux et non pas après l'arrêt de ceux-ci. Pallier à la souffrance, et aux symptômes d'inconfort est pertinent dès le diagnostic. Cet objectif doit être co-investi par l'équipe de cancérologie et le patient, en tant qu'objectif prioritaire, dès le départ, et ne pas être réduit au moment des soins palliatifs exclusifs.

> **Recourir aux soins palliatifs après une annonce d'arrêt des traitements anti-tumoraux est traumatisant pour le patient et inefficace en terme de qualité de fin de vie.**

3.2.1. Le concept de soins palliatifs précoces

L'intégration précoce d'une prise en charge palliative spécifique en situation d'incurabilité a plusieurs intérêts. Elle permet d'établir une relation de soin avec l'équipe de soins palliatifs qui facilitera ultérieurement l'étape de l'arrêt des anti-tumoraux. Celle-ci sera moins traumatisante pour le patient et ne sera pas vécu comme un abandon de l'équipe de cancérologie, mais la continuité d'une démarche déjà initiée. Elle permet par ailleurs de par sa mission clinique :
– d'évaluer avec précision les symptômes d'inconfort et la douleur, les besoins du patient, son pronostic et les risques de complications ;
– d'apporter des réponses aux différentes souffrances et inconforts ;
– de soutenir le patient et son entourage par l'écoute et en renforçant les mécanismes d'adaptation ;
– d'ouvrir progressivement une discussion sur la compréhension de l'évolution de la maladie, la volonté du patient, et les options en fin de vie (lieu de soin, limitation de traitement, sédation…) ;
– de participer au processus décisionnel délibératif ;
– de faire le lien entre acteurs de la ville, du service aigu et des unités de soins palliatifs.

> **Le moment pour appeler une équipe de soins palliatifs est variable selon les organisations et les patients. Il prend en compte plusieurs données :**
> – l'existence d'une maladie incurable, évolutive, peu ou devenue peu chimio-sensible ;
> – les facteurs pronostiques validés, présents chez le patient ;
> – l'existence d'un besoin pour le patient ou l'entourage : douleur, symptôme d'inconfort, souffrance, besoin de soutien ou d'accompagnement.

3.2.2. Une pluridisciplinarité adaptée

Une première pluridisciplinarité a été mobilisée pour définir le traitement le plus performant, en réunion de concertation pluridisciplinaire de cancérologie spécialisée, en considérant une maladie tumorale à un stade donné. Elle associe expertises diagnostiques (imagerie, anatomo-pathologie, biologie moléculaire) et thérapeutiques (chirurgien, cancérologue, spécialiste d'organe). Une seconde pluridisciplinarité, cette fois centrée sur la personne et non la maladie, vise à identifier les besoins, les risques, les souffrances, et la manière d'y répondre ou de les prévenir. Cette autre pluridisciplinarité fait appel à d'autres professionnels en sus du cancérologue : expertise analgésique et palliative, psychologue, infirmière, diététicienne, assistante sociale, voire psychiatre et nutritionniste.

4. Les facteurs pronostiques en phase avancée de la maladie

- **En cancérologie, pouvoir évaluer l'espérance de vie en phase métastatique avancée est très important pour faire des propositions thérapeutiques adaptées.** Ainsi, l'espérance de vie requise pour pouvoir être inclus dans un essai thérapeutique de phase I est supérieure à 3 mois. Inversement, identifier une survie de seulement quelques jours peut éviter des transferts de patients inopportuns, ou des traitements ou investigations inutiles.
- **Les paramètres pronostiques validés et indépendants du syndrome tumoral, sont** : La performance status ≥ 3 (voir encadré), la présence d'une dénutrition, d'une sarcopénie, l'albuminémie, un syndrome inflammatoire sans composante infectieuse (CRP élevée, orosomucoide élevée), une lymphopénie, une élévation des LDH. Ainsi,
  - l'association PS-4, cachexie clinique, albuminémie à 19 g/l, CRP 150 mg/l, lymphocytes 300/mm3, chez un patient atteint de cancer métastatique, s'accompagne d'une espérance de vie inférieure à 2 semaines ;
  - inversement, l'association PS-1, absence de perte de poids, albumine > 30 g/l, LDH normaux, absence de syndrome inflammatoire, est associée à une espérance de vie supérieure à 3 mois.

Indice d'activité : PS (échelle ECOG/OMS)

0 : Non symptomatique, activité normale.
1 : Le patient présente quelques symptômes mais a une activité normale.
2 : Activité professionnelle impossible, alité moins de la moitié de la journée.
3 : Alité plus de la moitié de la journée.
4 : Le patient reste au lit toute la journée.

---

5. La décision thérapeutique en phase avancée de la maladie

5.1. Le rôle des discussions pluridisciplinaires en situation d'incurabilité

Nous avons décrit plus haut les acteurs de la réflexion pluridisciplinaire en situation d'incurabilité, pour fonder une décision centrée sur la personne.

L'intérêt des discussions sera :
- de surmonter la difficulté à appréhender la volonté du patient du fait de sa possible ambivalence, par l'échange entre l'ensemble des acteurs qui l'ont approché ;
- de surmonter la charge émotionnelle, prédominant sur le médecin référent, pour envisager la meilleure option, en l'aidant à prendre le recul nécessaire ;
- d'échanger des informations qui par nature ne sont pas connues des mêmes soignants (situation de la maladie, effet des traitements, situation familiale à domicile, difficultés sociales, priorités personnelles du patient, réactions de l'entourage) et en faire la synthèse pour dégager la meilleure action ;
- de répéter au cours du temps les échanges d'information pour saisir « le bon moment » pour délivrer une information qui serait une mauvaise nouvelle ou pour mettre en place des

© MEDLINE

organisations adaptées au domicile ou en milieu hospitalier, en fonction de l'évolution clinique du patient ;
– de décider collectivement la meilleure attitude thérapeutique, sans exonérer le médecin référent de sa responsabilité, pleine et totale in fine.

5.2. Les facteurs qui fondent la décision

La décision thérapeutique repose sur l'analyse du rapport bénéfice/risque des options thérapeutiques envisageables, puis leur confrontation au sens pour le patient afin de s'assurer que la proposition est bien vécue comme une aide pour lui.

5.2.1. Évaluation du bénéfice attendu d'un traitement

Évaluation du bénéfice attendu d'un traitement :
– **à partir de données extérieures au patient** : les preuves disponibles dans la littérature médicale à partir d'essais thérapeutiques dans la même situation carcinologique, les données de l'expérience acquises sur des patients similaires, les données scientifiques à partir de l'analyse moléculaire de la tumeur ;
– **à partir de l'anamnèse et de l'histoire thérapeutique du patient** : facteurs pronostiques initiaux au diagnostic de la maladie, sensibilité aux traitements antérieurs (intensité et durée de l'effet) ;
– **à partir de l'état clinique présent du patient** : site tumoral habituellement sensible aux traitements ou sanctuaire (ex : méninges). État clinique correspondant aux situations d'efficacité (PS < 2) ;
– **proposition thérapeutique cohérente par rapport à la nature des menaces** : chimiothérapie ou radiothérapie peuvent améliorer un syndrome tumoral mais sont facteurs d'aggravation d'une pré-cachexie.

5.2.2. Évaluation du risque

Les risques thérapeutiques encourus sont généralement sous-estimés car les données des essais cliniques ont été réalisées avec des patients ayant pas ou peu de co-morbidités et en bon état général.

Les facteurs à prendre en compte sont :
– état clinique : PS, état nutritionnel, immunitaire (lymphopénie, corticothérapie), plaie non cicatrisée, fistule, foyer infectieux chronique ;
– co-morbidités : cirrhose, hémopathie, BPCO diabète, coronaropathie…
– vieillissement ;
– situation biologique : fonctions hépatique, rénale, compatibles avec une administration de cytotoxiques avec une exposition normale, sans retard d'élimination ;
– capacité d'adaptation : bonne compréhension des conduites à tenir en cas de toxicité aiguë, isolement, vieillissement avec troubles sensoriels, de la marche ou cognitifs, patient toxicomane, éthylique ou fragilisé par une psychopathologie.

5.2.3. Évaluation du sens

Évaluation du sens :
– évaluation de l'espérance de vie spontanée à partir des données validées : atteinte d'organes vitaux, dénutrition sévère… ;
– expression de la volonté du patient et de ses priorités : le médecin ne sait pas et ne peut pas les prédire. Il faut donc confronter la proposition envisagée et la volonté du patient pour s'assurer que l'action envisagée est bien au service d'une personne et donc aidante et soignante.

5.3. L'arrêt des traitements anti-tumoraux

L'arrêt des traitements anti-tumoraux :
- est facilité par un discours initial qui ne résume pas la prise en charge thérapeutique et le lien thérapeutique aux seuls anti-tumoraux ;
- n'est pas incompatible avec l'espoir d'amélioration clinique ;
- n'est pas synonyme de mort imminente mais de syndrome tumoral insensible aux anti-tumoraux disponibles, la maladie peut avoir une évolution spontanée lente ou ne pas s'associer à une atteinte d'organe vital et se manifester par une dénutrition progressive ;
- est associé à la mise en œuvre de traitements palliatifs adaptés, et au maintien d'un lien thérapeutique aussi régulier qu'auparavant.

5.4. L'obstination déraisonnable

L'obstination déraisonnable peut être la conséquence de plusieurs facteurs isolément ou associés :
- le manque de discernement dans l'analyse du rapport bénéfice/risque : excès d'optimisme par majoration du bénéfice attendu ou minoration du risque réel, conduisant à un acte sans bénéfice et exposant à des conséquences cliniques potentiellement lourdes de manière inadaptée ;
- l'action automatique par paresse intellectuelle, conduit à corriger toute anomalie identifiée sans évaluation du rapport bénéfice/risque, quitte à ce que la correction d'un état puisse générer inutilement un état encore plus pénible ;
- l'absence d'attention et de recueil de la volonté du patient, au risque de la mise en place d'actes ressentis comme une agression, un irrespect, une incohérence ;
- l'erreur (ou pire l'absence) d'évaluation pronostique conduit à persévérer dans des traitements anti-tumoraux inefficaces alors qu'il devient urgent de mettre en place les conditions d'accompagnement d'une situation clinique instable qui se dégrade.

Ceci se traduit par des conséquences cliniques pénibles et évitables, des décès aux urgences, ou en réanimation, par iatrogénie et mauvaise évaluation pronostique.

BIBLIOGRAPHIE

■ LA RÉFÉRENCE À RETENIR

- Temel J.S., Greer E., Gallagher S., « Early palliative care for patients with metastatic Non-Small-Cell lung cancer », *N. Engl. J. Med.*, 2010, 363(8), 733-741.

■ POUR ALLER PLUS LOIN

- La relation médecin-malade en cancérologie, collectif dirigé par François Goldwasser, De la théorie à la pratique, JBH Santé Éd.

- *Éthique, médecine et société*, collectif dirigé par Emmanuel Hirsch, Édition Vuibert, Paris, 2007 : François Goldwasser, « La décision médicale en cas de cancer incurable » ; Pierre Boitte, « La démarche d'éthique clinique » ; Pascale Vinant, « L'annonce pronostique en fin de vie ».

- **Les cancers forment la principale cause de mortalité en France.** Le cancer reste une maladie incurable et mortelle dans près de 50 % des cas.

  L'incurabilité est fréquente en cancérologie et définit le champ potentiel de la médecine palliative.

  Il est actuellement préconisé d'introduire précocement, c'est-à-dire avant l'arrêt des anti-tumoraux, une approche palliative.

- **En situation d'incurabilité, le patient peut relever :**
  - d'une prise en charge palliative intégrée aux traitements anti-tumoraux lorsque l'objectif thérapeutique est l'augmentation de la survie ;
  - d'une prise en charge palliative exclusive lorsque l'objectif thérapeutique est centré sur le confort.

- **Avec l'évolution de la maladie, un des concepts essentiels à comprendre est celui de la prévention de la souffrance par l'anticipation des complications et des situations de crise.**

  La démarche d'anticipation comprend :
  1/ l'identification du pronostic du patient par l'analyse des facteurs pronostiques validés en phase avancée de maladie ;
  2/ l'élaboration d'un projet de soin adapté avec analyse du bénéfice/risque des traitements et investigations proposés, mise en place précoce d'une approche palliative ;
  3/ une démarche d'information progressive et continue du patient.

+++ LE COUP DE POUCE DE L'ENSEIGNANT

- **Utile :**

  En phase avancée de maladie, les patients sont souvent ambivalents, seule une discussion pluridisciplinaire permet de comprendre le patient dans sa globalité : le médecin ne détient pas toujours LA vérité...

  L'humilité est une qualité essentielle pour un médecin : il ne sait pas tout, ne comprend pas tout, ne peut pas prédire avec beaucoup d'acuité, ne peut savoir ce que le malade pense et veut profondément sans dialogue avec lui et les soignants.

- **À ne pas oublier :**

  L'incurabilité doit être évoquée avec le patient le plus rapidement possible sous réserve de son état psychologique et de ses mécanismes de défense. Cela implique le deuil de la guérison mais pas de l'espoir souvent raisonnable de survie prolongée (notion de maladie cancéreuse chronique).

  L'homme n'est pas immortel... : la mort n'est pas un échec médical

- **Les erreurs à ne pas commettre :**

  Recourir aux équipes de soins palliatifs après l'arrêt des anti-tumoraux : elles sont d'autant plus utiles qu'elles sont introduites tôt.

>>>

- **Les pièges à éviter :**

  Décider seul, la médecine est une activité qui s'améliore et s'enrichit par l'échange de points de vue entre professionnels.

- **Très important :**
  - Devant une situation clinique, ne pas avoir de réponse automatique, s'interroger sur le sens du soin : suis-je bien en train d'aider le patient ? Le confirme-t-il ?
  - Anticiper l'aggravation et prévenir les complications en mettant en place les conditions de sécurité du parcours de soins en équipe.

  L'élaboration d'un projet de soin en phase avancée de maladie nécessite une concertation pluridisciplinaire adaptée, incluant l'équipe de soin paramédicale, l'équipe de soins palliatifs, le médecin traitant. Ce dispositif permet la prise en compte de la volonté du patient, et de son éventuelle ambivalence, normale dans ces situations.

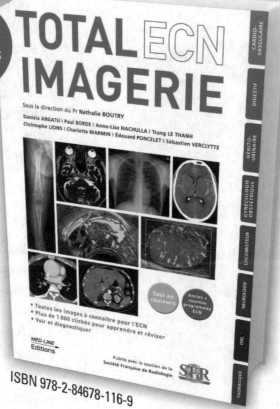

RÉFÉRENTIEL | MED-LINE

La collection de livres de référence pour se préparer à l'ECN

▶ **Récemment parus**

40 €

39 €

9e édition

39 €

35 €

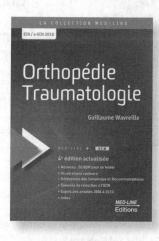

4e édition

30 €

30 €

www.med-line.fr

Éditions Med-Line • 127, rue Jeanne d'Arc, 75013 Paris • Tél. : 09 70 77 11 48
www.med-line.fr • Diffusion distribution VG
Tous nos ouvrages sont disponibles en librairie

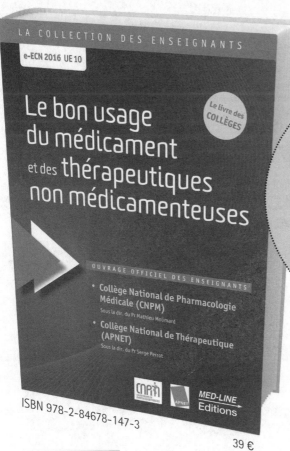

Achevé d'imprimer en avril 2015
sur les presses de la Nouvelle Imprimerie Laballery
58500 Clamecy
Dépôt légal : mars 2014
Numéro d'impression : 503279

Imprimé en France

La Nouvelle Imprimerie Laballery est titulaire de la marque Imprim'Vert®